PUERTO DE MOYOGALPA 1945

LA UNION

Monika und Michael Höhn

Alltag in Nicaragua

Vom Leben der Menschen auf der Insel Ometepe

Vida cotidiana en Nicaragua

La vida de la gente en la Isla de Ometepe

Monika und Michael Höhn

Alltag in Nicaragua

Vom Leben der Menschen auf der Insel Ometepe

Vida cotidiana en Nicaragua

La vida de la gente en la Isla de Ometepe

Gronenberg Verlag

Wir danken für die finanzielle Unterstützung bei der Herausgabe dieses Buches zum 15. Geburtstag des Ometepe-Projektes Nicaragua.

Agradecemos por el apoyo financiero en caso de la edición de este libro al 15 eumpleaños del Proyecto Ometepe-Nicaragua.

Dietrich-Bonhoeffer-Gymnasium, Wiehl
Johannes-Gutenberg Realschule, Köln-Godorf
Konrad-Adenauer-Hauptschule, Wenden
Königin-Luise-Schule, Köln
Dr. Stefan Baum, Wiehl
Ilse Braun, Hilden
Sarah und Andreas Bettermann, Unna-Kessebüren
Erika und Wilhelm Fuchs, Wiehl
Städtepartnerschaft Herne-Ometepe
Volksbank Wiehl

IMPRESSUM

Herausgeber:	Monika und Michael Höhn
Übersetzungen:	Irina Kühn, Sabine Lennartz, Hans-Ludwig Mayer, Benjamin Weber
Fotos und Layout:	Monika und Michael Höhn
Gesamtherstellung:	Gronenberg GmbH & Co. KG
Copyright:	2008 by Monika und Michael Höhn
ISBN:	978-3-88265-280-2

INHALT – INDICE

INHALT – INDICE

INHALT – INDICE

INHALT – INDICE

ZUM FÜNFZEHNJÄHRIGEN BESTEHEN DES OMETEPE-PROJEKTES NICARAGUA

Ein herzlicher Dank an alle – in Nicaragua und in Europa –
die zur Entstehung dieses Buches beigetragen haben.

AL DECIMOQUINTO ANIVERSARIO DEL PROYECTO OMETEPE ALEMANIA

Un agradecimiento cordial a todos – en Nicaragua y en Europa –
que han contribuido a la aparición de este libro.

Zum Alltag im Land der Seen, Vulkane und Poeten

VON MONIKA UND MICHAEL HÖHN

Bis heute kann man in den ärmsten Hütten auf dem Land auf ein Bild des bekanntesten Dichters Nicaraguas, Rubén Darío, stoßen und die Menschen wissen, wer er ist, auch wenn sie nicht lesen und schreiben können. Viele kennen seine Gedichte, auch ohne sie lesen zu können. Ein Dichter, der sowohl für die innere und äußere Autonomie dieses Kontinents plädierte und kämpfte.

Poesie und Rebellion waren von jeher Markenzeichen dieses kleinen mittelamerikanischen Landes Nicaragua, eines Landes, „in dem Freiheit ihre schönsten Höhenflüge und Unterdrückung ihre brutalsten Ausmaße hatten" (Hermann Schulz).

Mit diesem Buch veröffentlichen wir einen dritten Bildband über unsere Begegnungen mit Menschen in Nicaragua seit 1993. In unseren Büchern „Nicaragua – Ometepe, mi amor", „Lust auf Nicaragua - kulinarische Reiseskizzen" und „Unterwegs in Nicaragua – Und Esmeralda tanzte" waren es unsere persönlichen Begegnungen und der Beginn unserer Projektarbeit auf der Insel Ometepe. Wir haben auch Tagebuchnotizen unserer Freundinnen und Freunde festgehalten, die Nicaragua zum ersten Mal besuchten. Es waren erste Eindrücke von einem Land, das wir kaum kannten. Wir haben uns diesem Land und vor allem seinen Menschen im Laufe unserer jährlichen Aufenthalte in 15

Jahren vorsichtig angenähert. Freundschaften haben sich entwickelt, die uns viele Türen geöffnet und sehr persönliche Einblicke in die Lebenssituation der Menschen in ihrem Alltag ermöglicht haben. Aus unserem Blickwinkel wollten wir nun in diesem Band den Alltag und das Überleben der Menschen beschreiben, die wir kennen gelernt haben. So war unser Konzept noch im Februar 2006. Im Sommer des gleichen Jahres flogen wir ein weiteres Mal nach Nicaragua.

Da hatte sich unser Vorhaben schon geändert. Warum sollten die Menschen, mit denen wir sprachen, nicht ganz persönlich erzählen, was sie bewegt? Sie könnten doch selbst beschreiben, was sie in ihrem Land beschäftigt: Ihren Alltag. Ihre Arbeit. Ihre Familie und Kinder. Ihre Sorgen, ihre Wünsche und Perspektiven.

Es ist uns tatsächlich gelungen, sie dazu zu motivieren. Unsere Freundinnen und Freunde haben geschrieben. Ihre Texte, die wir hier zusammengetragen haben, spiegeln ihren Eindruck vom Leben auf der Insel Ometepe wider: es sind Frauen und Männer, Schülerinnen und Studenten, Campesinos und Intellektuelle - es kommen Menschen aus sehr verschiedenen Bereichen zu Wort. Unter ihnen der katholische Padre aus Altagracia, der Bischof aus Granada, verschiedene Ärzte, eine Zahnärztin und ein Physiotherapeut, ebenso eine Psychologin. Der Leiter einer genossenschaftlichen Kleinkreditbank, Tierschützer, Agraringenieur, indigener Poet und überzeugter Vegetarier kommt ebenso zu Wort wie der ehemalige Bürgermeister aus Altagracia, der seine Zukunftsvorstellungen für „seine Insel" aufgeschrieben hat. Aktivitäten und Biografien von Schülerinnen und Studenten und von einem jungen Dichter mit Behinderung finden sich in diesem Buch ebenfalls. Auch Hotelbesitzer haben wir interviewt und sie

gaben uns gerne Auskunft darüber, wie sie sich die touristische Zukunft für ihre Insel vorstellen.

Wie erlebt eine Nicaraguanerin, die auf der Insel aufgewachsen ist, den Wechsel von einem Entwicklungsland nach Österreich? Welche Erinnerungen hat sie an die Traditionen und Feste und wie empfindet sie den Lebensalltag in Europa?

Solchen und ähnlichen Fragen sind wir nachgegangen. Wir haben die Äußerungen unserer „Autorinnen und Poeten" nicht verändert. So ist aus den vielen Puzzleteilchen ein Buch entstanden, das die Alltagssituation aus der Sicht der Nicaraguaner widerspiegelt. Wir selbst ergänzen den einen oder anderen Aspekt durch unsere persönliche Sichtweise. Darüber hinaus möchten wir dieses Land, das uns so sehr ans Herz gewachsen ist und in das wir uns vor vielen Jahren verliebt haben, einer breiteren Leserschicht bekannt machen. Gerade auch weil unser anfängliches Verliebtsein längst schon einer nüchternen,

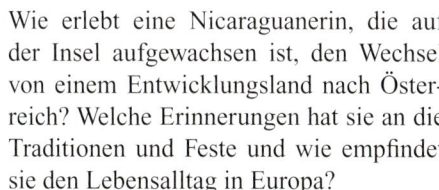

aber liebevollen Betrachtungsweise gewichen ist. Bei aller Begeisterung für die Schönheiten des Landes, die armselige Wirklichkeit mit ihren Widersprüchen und Widrigkeiten durch seine authentischen Berichte bekannt zu machen, das ist das Anliegen dieses Buches.

Wir hoffen, dass uns das auch mit diesem Bildband und unseren Fotos gelungen ist. Und vielleicht gehen Sie ja aus diesem Buch mit dem Gefühl wieder heraus, dass auch Sie etwas tun möchten für dieses zweitärmste Entwicklungsland Mittelamerikas.

Dazu haben Sie mit dem Kauf dieses Buches schon ein wenig beigetragen.

Literatur kann keine Revolution machen, keine Schlachten gewinnen, wohl aber können Literaten politisch und militärisch Handelnde sein, wie es unser Freund Hermann Schulz in seinen Erinnerungen und Gedanken über die Literatur in Nicaragua in diesem Buch beschreibt.

Ob wir die Schlacht gegen die Armut eines Tages gewinnen? Wir wünschten es uns so sehr!

AL DÍA COTIDIANO DEL PAÍS DE LAGOS, VOLCANES Y POETAS

POR MONIKA Y MICHAEL HÖHN

Hasta hoy en día se puede encontrar en la casita más pobre en el campo un imagen del poeta más conocida de Nicaragua, Rubén Darío y la gente saben quien es aún cuando no pueden leer y escribir. El fue un poeta, que luchaba para la autonomía interna y externa de este continente.

Poesía y rebellión siempre fueron elementos de este pequeño país centroamericano llamado Nicaragua, un país, "en el cual libertad tenía sus vuelos altos más bellos y opresión sus dimensiones más bestiales" (Hermann Schulz).

Con este libro publicamos nuestro tercer tomo ilustrado acerca nuestros encuentros con gente en Nicaragua desde 1993. En nuestos libros "Nicaragua - Ometepe, mi amor", "Ganas de conocer Nicaragua - Es-

bozos culinarios" y "De camino en Nicaragua - y Esmeralda bailaba" se describe nuestros encuentros personales y el inicio de las obras del proyecto en la isla Ometepe. Sujetamos tambien notas de diarios de nuestras amigas y nuestros amigos que visitaron por primera vez a Nicaragua. Nos acercamos a este país y a su gente durante nuestras estadías anuales durante 15 años cautelosamente. Se desarollaron amistades, que nos abrieron puertas y permitieron vistazos personales en las condiciones de la vida diaria de la gente. Desde nuestro punto de vista queriamos describir en este cuarto tomo la vida diaria y la supervivencia de la gente que podíamos conocer. Esto fue nuestra concepción hasta Febrero 2006. En verano del mismo año volabamos otra vez a Nicaragua. Ya se habían cambiado nuestros planes. Porque no pueden contar la gente, con que hablamos, personalmente lo que se conmueve? Ellos mismos pueden describir lo que les parece importante en su país. De su vida

diaria. De su trabajo, su familia, sus niños. Sus inquietudes, sus deseos y perspectivas.

Realmente podiamos convencerlos de hacer esto. Nuestras amigas y nuestros amigos escribieron. Sus textos, que juntamos aquí, reflejan sus impresiones de la vida en la isla de Ometepe: ellos son mujeres y hombres, estudiantes, campesinos y intelectuales - gente de diferentes grupos sociales toman la palabra. Entre ellos, el padre católico de Altagracia, el obispo de Granada, diferentes medicos, una dentista y un fisioterapeuta de igual como una psicologa. El director del Fondo de Crédito, protector de animales, ingeniero agronomo, poeta indígena y vegetariano convencido toma de igual la palabra como el anterior alcalde de Altagracia, que anotó sus ideas del futuro de "su isla". Actividades y biografías de estudiantes y de un joven

poeta discapacitado se encuentra tambien en el libro. Tambien dueños de hoteles entrevistamos y ellos nos dieron con gusto información acerca sus imaginaciones del futuro turistico de su isla.

Que experiencia tiene una nicaragueñse, crecida en la isla, de un cambio de un país en desarollo a Austria? Que recuerdos tiene ella de sus tradiciones y fiestas y como siente ella la vida cotidiana en Europa?

Seguimos preguntas como estas. No cambiamos las manifestaciones de nuestros autores y poetas. Asi nace de muchas particulas un libro, que refleja la situación cotidiana desde el punto de vista de los Nicaraguenses. Nosotros complementamos el uno y el otro desde nuestra perspectiva personal. Encima de todo esto queremos dar a conocer este país, que ha crecido en nuestro corazón enamorando-

nos desde hace años en el. Mucho más como nuestro amor inicial se transformó en un modo de verlo sobrio pero cariñoso. Hacer conocer la realidad de pobreza con sus contradicciónes y adversidades a travez de los reportes auténticos es el deseo de este libro. Esperamos que esta intención sea exitosa con este libro y sus fotos. Y tal vez Usted concluye la lectura de este libro con la sensación de tener que hacer algo para este país pobre en desarollo de Centroamérica. Ya con la compra de este libro Usted contribuyo algo.

Literatura no puede hacer revoluciones, no puede ganar batallas, pero el literato puede ser una persona actuando politicamente y estrategicamente, como nuestro amigo Hermann Schulz lo hizo con sus recuerdos y pensamientos acerca la literatura en Nicaragua en este libro. Si ganamos algún día la batalla contra la pobreza? Lo deseamos muy profundo!

GELEITWORT

Liebe Monika Höhn, lieber Michael Höhn,

erneut legt Ihr mit diesem Buch ein eindrucksvolles und anschauliches Zeugnis der Gemeinschaft mit den Menschen auf Ometepe vor. Schon seit einigen Jahren begleite ich Euer Projekt. Ich bin immer wieder erstaunt, mit wie viel Kreativität und Menschenfreundlichkeit Ihr es erreicht, die engen Grenzen des eigenen Lebenshorizontes zu überschreiten und Menschen in Nicaragua in ihrem Lebensalltag in den Blick zu nehmen.

Insbesondere im Bereich der Medizin und der Bildung habt Ihr in den vergangenen Jahren eine Fülle von Hilfsmaßnahmen organisiert. Mittlerweile ist ein beachtliches System der medizinischen Versorgung auf Ometepe entstanden. Die Gründung der Schule „La Esperanza" mit angeschlossener Kinderspeisung ist ein besonderer Anlass zur Freude. 72 Kindern, für die es sonst keine Ausbildung geben würden, werden Perspektiven für ihr Leben erschlossen. Durch den Hausbau auf Ometepe und die Gründung einer Kreditgenossenschaft setzt Ihr Zeichen der Nächstenliebe und Solidarität.

Alle diese Aktivitäten geschehen aus einer christlichen Grundausrichtung heraus und aus dem Wissen um die Verantwortung für den Nächsten in der einen Welt Gottes. Es ist der Geist der Liebe, der Euch immer wieder neu zu verantwortlichen Taten der Mitmenschlichkeit und Nächstenliebe führt. Insofern beschreibt Jesu Doppelgebot der Liebe aus Mk. 12,30 f Eure Initiative sehr gut: „Du sollst den Herrn, deinen Gott, lieben von ganzem Herzen... und deinen Nächsten wie dich selbst."

Alle Unterstützungsmaßnahmen sind nur möglich durch ein großes Team sehr motivierter, engagierter Mitarbeiterinnen und Mitarbeiter in diesem Projekt. Jeder bringt seine Gaben, Fähigkeiten, seine Kräfte und seine Zeit für dieses Projekt ein. Aus der Liebe zu den Menschen entstehen so neue Zeichen der Hoffnung.

Ich wünsche Euch für die Verbreitung des neuen Buches, dass sich viele Leserinnen und Leser in die anschaulich geschilderten Lebensbedingungen in Nicaragua hineinversetzen lassen, dass sie Anteil nehmen am Alltag der Menschen auf Ometepe und dass so die lebendige Verbindung über die Kontinente hinweg weiter gefestigt wird und neue Früchte trägt.

Mit herzlichen Grüßen
Euer
Jürgen Knabe
Superintendent des Ev. Kirchenkreises
An der Agger

Palabras de animo

Querida Monika Hoehn,
querido Michael Hoehn,

Con vuestro libro estáis dando de nuevo otro impresionante y expresivo testimonio de vuestra solidaridad con la gente de Ometepe. Desde hace años que conozco y acompaño vuestro proyecto y siempre me sorprenden de nuevo la extraordinaria creatividad y el inagotable amor al prójimo con que conseguís transgredir los límites de vuestra propia vida enfocando el interés hacia la vida cotidiana de la gente de Nicaragua.

Sobre todo en el ámbito de la medicina y de la educación habéis organizado, en los últimos años, gran número de acciónes de apoyo para desarrollar un sistema considerable de atención médica en Ometepe. Sobre todo la fundación de la escuela "La Esperanza" y su funcionamiento, el cual incluye una comida diaria para cada niño es motivo de alegría. Para 72 niños, que sin esta escuela tendrían pocas oportunidades de recibir educación, se abren mejores oportunidades en sus vidas. Con la construcción de casas y con la fundación de una empresa inter-comunal de crédito estáis realizando obras de caridad y solidaridad sin par. Todas estas actividades se basan en vuestra convicción fundamentalmente cristiana y en la conciencia de responsabilidad por el prójimo en este mundo único creado por Dios. Es el sentido del amor que os lleva siempre de nuevo a realizar actos humanitarios de responsabilidad y de amor. Vuestro compromiso corresponde exactamente a lo que dijo Jesús en su doble mandamiento de amor (Ev. de Marco, 12.30-31).

Y amaras al Señor, tu Dios, con todo tu corazón, con toda tu alma, con toda tu mente y con todas tus fuerzas. Amarás a tu prójimo como a ti mismo.

Todas estas acciones que emprendéis con el proyecto sólo pueden realizarse con la ayuda de colaboradores motivados y comprometidos. Cada uno aporta sus dones, sus capacidades, sus fuerzas y su tiempo. De este amor al prójimo están naciendo nuevas esperanzas.

Para la realización de vuestro libro os deseo que sus lectores se pongan en la situación y las circunstancias de vida de la gente de Nicaragua tomando parte de la vida cotidiana de los ometepinos. Que se refuercen los contactos vivos ya existentes entre los continentes para originar nuevos frutos de solidaridad.

Un cordial saludo
Jürgen Knabe
Superintendente del Ev. Kirchenkreis
An der Agger

GELEITWORT

Nicaragua - damit verband ich vor meinem Besuch im Februar 2006 vor allem die großen Probleme des Landes: Armut, die Anfälligkeit für Wirbelstürme, für die der Hurrikan Mitch ein besonders dramatisches Beispiel war; Erdbeben und Dürre; Dörfer ohne grundlegende Infrastruktur wie Schulen und Trinkwasser; niedrige landwirtschaftliche Produktivität und Probleme mit der Vermarktung. Seit 1978 führt die Welthungerhilfe Entwicklungsprojekte in Nicaragua durch; sie verstärkte ihre Aktivitäten erheblich ab 1999 nach dem Hurrikan Mitch. Sie führt Projekte der ländlichen Entwicklung durch und engagiert sich in Projekten der Katastrophenvorsorge. Gemeinsam mit Partnerorganisationen wird ein weit verzweigtes Frühwarnsystem aufgebaut. Wirbelstürme kann man nicht verhindern, aber man kann dafür sorgen, dass die Schäden für die Menschen begrenzt werden. Selbsthilfe und Beteiligung der Bevölkerung haben sich bei der Entwicklung des Frühwarnsystems und bei allen anderen Projekten als Schlüssel zum Erfolg erwiesen.

Nach meinem Besuch konnte ich diese Projekte ganz konkret mit Menschen und ihrer Geschichte verbinden. Besonders beeindruckt hat mich Maria Gilma Rosales de Vindell, die früher Mitarbeiterin in einem von der Welthungerhilfe finanzierten Projekt war und später zur Bürgermeisterin der Stadt San Juan de Limay gewählt wurde. Mit Temperament und Engagement setzt sie sich für die Belange der Stadt und für den Kampf gegen die Armut ein. Ein persönlicher Erfolg für sie war die Einladung zur Internationalen Konferenz zur Katastrophenvorsorge in Bonn, um das Vorsorgeprojekt ihrer Provinz auch als ein Modell für andere Länder vorzustellen.

Ich glaube, dass die Begegnungen mit Menschen und das Verständnis ihres Alltags geeignet sind, ein solch abstraktes Ziel wie „Armutsminderung" für die Menschen in Deutschland begreifbar zu machen. Die Kenntnisse darüber, in welcher Umwelt Menschen leben, wie sie ihren oft schwierigen Alltag meistern, wie sie aber oft auch ganz ähnliche Wünsche wie wir hier im Norden haben, dies alles verhilft uns dazu, sie als Nachbarn zu sehen. Genau dies ist auch das Anliegen des Ometepe-Projekts und dieses Buches. Es braucht Menschen im Süden wie im Norden, die sich für die Minderung der Armut bei unseren Nachbarn stark machen.

Ich wünsche dem Buch deshalb einen großen Leserkreis.

Ingeborg Schäuble
Vorsitzende der
Deutschen Welthungerhilfe

PALABRAS DE ANIMO

Nicaragua: Antes de mi visita el febrero 2006, con ese nombre asociaba, sobre todo, los grandes problemas del país tales como pobreza, huracanes (entre los que el huracán Mitch fue un ejemplo dramático), terremotos, sequías y pueblos sin infraestructura básica como escuelas y agua potable, baja productividad agrícola y problemas de comercialización. Desde 1978, Agro Acción Alemana (DWHH) realiza proyectos de desarrollo en Nicaragua. Desde 1999, después del huracán Mitch, ha incrementado notablemente sus actividades. Lleva acabo proyectos de desarrollo agrícola y fomenta medidas preventivas contra catástrofes naturales. En colaboración con organizaciones similares y los habitantes de los pueblos se formó un sistema amplio de alarma preventiva. No se pueden impedir los huracanes pero se pueden evitar daños mayores a la población. Se ha comprobado que la autoayuda y participación de la población son las claves del éxito tanto en el desarrollo del sistema de alarma preventivo como en todos los demás proyectos.

Después de mi visita pude relacionar estos proyectos con seres humanos concretos y sus historias personales. Entre ellas, me impresionó particularmente el caso de María Gilma Rosales de Vindell, quién había participado como miembro en un proyecto financiado por Agro Acción Alemana y posteriormente fue elegida Alcaldesa del Municipio de San Juan de Limay. Ella siempre participaba con energía y compromiso a favor de los intereses del municipio y de la lucha contra la pobreza. Para élla, la invitación a participar en la Conferencia Internacional para la Prevención de Catástrofes en Bonn fue un logro personal que le permitió presentar el proyecto de prevención regional como un modelo para otros países.

Creo que los encuentros con personas y el entendimiento de su vida cotidiana permiten a los alemanes comprender un objetivo tan abstracto como el de la ´Lucha Contra la Pobreza´. El conocimiento del entorno en el que viven y del modo que superan su, a menudo, difícil vida cotidiana estos seres humanos, y la semejanza entre sus deseos y los nuestros nos ayuda a comprenderlos mejor y a interceder a favor de ellos. Exactamente este es la intención del Proyecto Ometepe-Alemania y de este libro. Necesitamos gente tanto en el sur como en el norte que apoyen a los que viven en la pobreza.

Por eso le deseo un gran éxito a este libro.

Ingeborg Schäuble
Presidente de
Agro Acción Alemana (DWHH)

GRUSSWORT

Liebe Leserinnen und Leser,

als Monika und Michael Höhn 1993 das erste Mal auf der Insel im Großen Nicaragua-See zu Besuch waren, haben sie sich sicher nicht träumen lassen, dass sie ein Hilfsprojekt mit einer Ambulanz, einer kleinen Klinik, einer Vorschule, einer Schule, einem Hausbau-Projekt und einer Reihe weiterer Hilfsangebote auf die Beine stellen werden. Doch die große Armut, die Hunger, Krankheiten und katastrophale Bildungsdefizite nach sich zieht, haben den evangelischen Pfarrer und seine Frau nicht unberührt gelassen. Seither sammelt das Paar aus Wiehl Spenden, knüpft Verbindungen und wirbt unermüdlich für das Ometepe-Projekt – wie mit diesem Buch.

Das Engagement von Monika und Michael Höhn ist kein Strohfeuer. Die beiden haben ein Hilfsprogramm auf die Beine gestellt, das nachhaltig wirkt. In der Schule „Die Hoffnung" können Kinder ihren Wissensdurst genauso stillen wie beim Mittagessen ihren Hunger. Ein Darlehenprogramm ermöglicht begabten Studenten den Zugang zur Hochschule. Mit Saatgut-Krediten können Landarbeiter Reis und Bohnen anpflanzen. Monika und Michael Höhn helfen gemeinsam mit vielen anderen Menschen in Deutschland und auf Ometepe mit solchen und anderen zukunftsorientierten Programmen den Menschen aus eigener Kraft auf die Beine.
Im Sinne der Menschen auf Ometepe wünsche ich allen, die sich mit Monika und Michael Höhn für das Hilfs-Projekt engagieren, dass sie noch lange als Glücksbringer tätig sind.

Hagen Jobi
Landrat des Oberbergischen Kreises

PALABRAS DEL GOBERNADOR DEL "OBERBERGISCHER KREIS"

Estimados lectores,

cuando Monika y Michael Hoehn visitaron por primera vez la isla en el Gran Lago de Nicaragua, seguramente no se imaginaron, que van a levantar un proyecto de ayuda con una ambulancia, una clinica, un preescolar, una escuela primaria, construcción de casas y varias otras ofertas de ayuda. Pero la pobreza que conlleva hambre, enfermedades y un deficit enorme de educación no dejaron sin afecto al Pastor lutherano y su esposa. Desde este entonces la pareja de Wiehl recoge donaciones, establece enlaces y hace publicidad para el proyecto de Ometepe - como con este libro.

El compromiso de Monika y Michael Hoehn no es ningún humo de paja. Ellos levantaron un proyecto sostenible. En la escuela "La Esperanza" los niños pueden satisfacer de igual su deseo de educación como con el almuerzo su hambre. Un programa de créditos lo permite a estudiantes talentosos un estudio en las universidades. Con créditos para semilla los campesinos pueden cultivar arroz y frijoles. Monika y Michael Hoehn ayudan en conjunto con muchas otras personas en Alemania y en la isla Ometepe con estos y otros programas giados por el futuro para la autoayuda.
En el interés de la gente de Ometepe deseo a todos, que se comprometen con Monika y Michael para el proyecto de ayuda, que pueden seguir mucho tiempo más.

Hagen Jobi
Gobernador del Oberbergischer Kreis

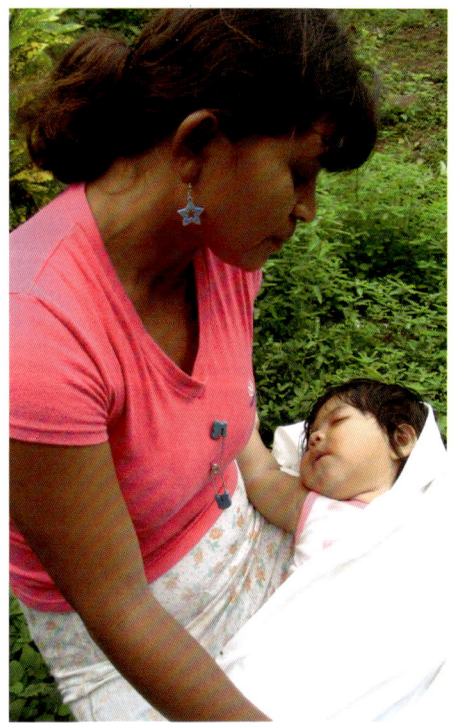

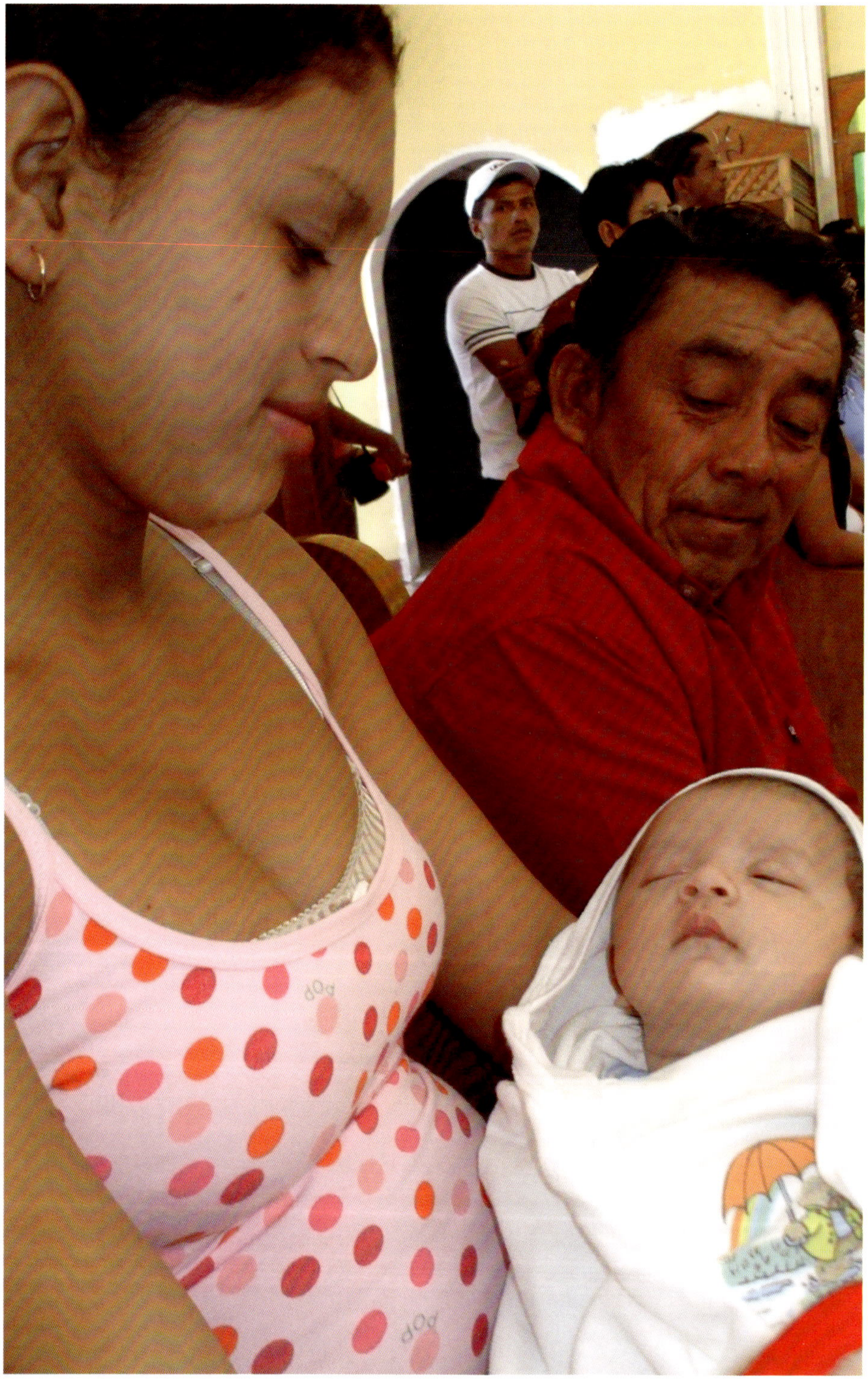

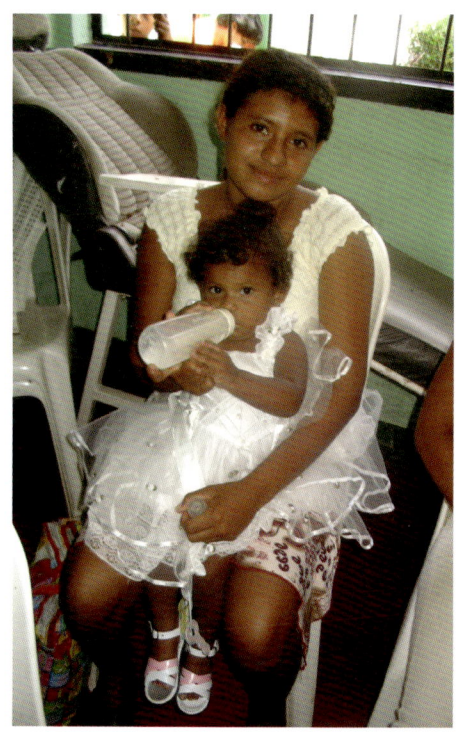

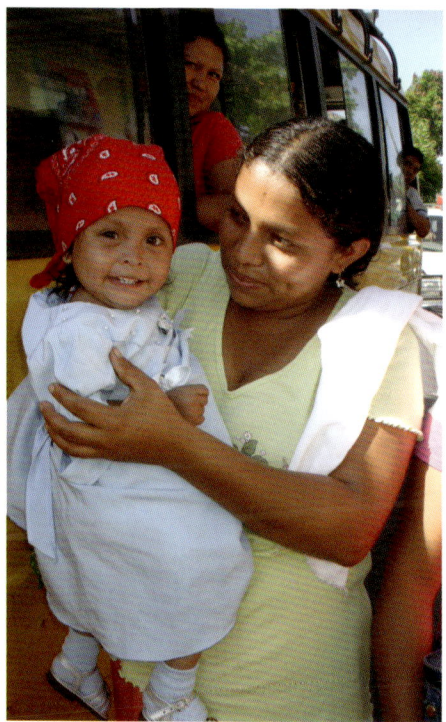

NEUGIERIG AUF NICARAGUA?

VON MONIKA UND MICHAEL HÖHN

Das sollten Sie sein, wenn Sie dieses Land bereisen wollen.

Ein sonniges und heißes Land, das so unendlich viel Schönes und für uns Fremdes und Neues zugleich zu bieten hat. Es gibt Farben, die für uns kitschig und unvorstellbar leuchtend und gegensätzlich sind, dass wir mit unseren Fotos nur einen Teil der Wirklichkeit einfangen konnten.

Es gibt Blumen und Bäume, die das ganze Jahr über Blüten hervorbringen. Es gibt unzählige Früchte. Süße und saure, bittere und solche von ungewöhnlichem Aussehen und Geschmack. Und es gibt ein reichhaltiges Angebot verschiedenster Natur-Getränke, für „Ökos" und solche, die die hier so beliebte Coca Cola meiden wollen. Es gibt die unterschiedlichsten Vogelarten und wenn Sie sich auf den Gesang der tropischen Vögel einlassen, erleben Sie das wahre Paradies, in dem Ihnen noch die Affen von den Bäumen zuschauen, wenn Sie mit dem Pferd unterwegs sein sollten, um z.B. zu einer Kaffeeplantage oder zu einer Finca zu reiten.

Es gibt Poeten und Künstler. Und viele Nicas sind wahre Poeten. Ihr Talent beweisen sie oft nach einer Fiesta mit reichlich Cususa (Schnaps). Und immer gibt es Musik, die so laut sein kann, dass Sie eine Unterkunft in ihrer Nähe am besten meiden. All das lieben die Nicas jedoch sehr. Und nicht selten mischt sich in die lautstarke Musik einer Disko noch der schrille Gesang der Gläubigen und die missionarische Rede des Pastors einer Pfingstgemeinde mit ein. Aber Gottesdienste ohne Gesang und Feste ohne Musik und Tanz sind keine richtigen Feste.

Die Nicaraguaner lieben *„dulce"* - auf Zucker und sehr Süßes sind sie immer ansprechbar und nicht selten erlebten wir, dass sie sich gleich mehrere Löffel Zucker in den Kaffee taten. Sie sind auch nicht körperfeindlich. Sie mögen durchaus den

Hautkontakt. Männer begrüßen sich freundlich, geben sich die Hand, schlagen sich auf die Schulter oder umarmen sich hin und wieder. In den überfüllten Bussen auf der Panamericana ist diese Nähe selbstverständlich, wenn man – dichtgedrängt an seinen Nachbarn - nach einer Haltemöglichkeit sucht, wenn der Bus mit der Aufschrift „Jesus liebt dich" oder „Ein Geschenk Gottes" über die löchrige Straße rattert, die oft von arbeitenden Kindern mit Sand ausgebessert wird, die die Autos anhalten und dafür ein paar Pesos verlangen. Schlägereien unter Alkoholeinfluss gehören vermutlich andererseits auch zum Thema Nähe und Körperzugewandtheit.

Es gibt noch viel unberührte Natur, wie sie nur in wenigen Ländern dieser Welt anzutreffen ist. Vor allem aber gibt es Menschen, die von einer Freundlichkeit sind und uns durch ihre Offenheit ermöglicht

haben, dass dieses Buch zustande kommen konnte. Wir haben viele selbstbewusste Frauen und Mädchen kennen gelernt und ebenso viele Männer, die sehr zärtlich mit ihren Kindern umgingen – und das in einem Land, das andererseits sicherlich auch vom *machismo*, dem „Männlichkeitswahn", geprägt ist.

Eine völlig andere Welt, so hat ein Freund uns schon vor Jahren erklärt – das ist Nicaragua in der Tat. An seine Worte haben wir uns bei der Entstehung dieses Buches oft erinnern müssen. Wir glaubten, schon so viel zu kennen. Und trotzdem sind wir bei jedem Besuch neu überrascht von dem, was wir noch nicht kannten.

Im Laufe unserer fünfzehnjährigen Entwicklungszusammenarbeit auf der Insel Ometepe im Großen Nicaragua-See haben sich über unsere Arbeit hinaus Freundschaften zu nicaraguanischen Familien entwickeln können. Aus den Kindern und Jugendlichen von damals sind unterdessen erwachsene Frauen und Männer geworden, die ihre Kinder in die Schule „La Esperanza" schicken, die von uns damals mit ins Leben gerufen worden ist.

Aus älteren Menschen, die wir ehemals kennen gelernt haben, sind Kranke und sehr Alte geworden. Einige von ihnen sind inzwischen verstorben. Eine blinde alte *partera*, eine indigene Hebamme, haben wir wie in jedem Jahr besucht. Sie lag schwerkrank auf ihrem Holzbett. Drei Tage später nahmen wir im Kreis ihrer Familie Abschied von ihr an ihrem Sarg, der vor dem kleinen Haus unter einem Schattendach aufgebahrt war. Wenige Meter weiter war vor einer Woche ein kleiner Junge geboren worden. Das achte Kind von Maria, die wir am Tag zuvor besucht hatten. Geburt und Tod, Freude und Trauer – alles liegt hier so dicht beieinander und offen zu Tage.

Die Insel Ometepe im Großen Nicaraguasee haben wir am genauesten kennen ge-

lernt. Daher konzentrieren wir uns in diesem Buch vor allem auch auf die Beschreibung des Alltags dieser ländlichen Bevölkerung Nicaraguas. Es gibt Fachleute, die behaupten, dass sich auf Ometepe Vieles von ganz Nicaragua wieder findet. Eine Freundin, eine *campesina*, (indigene Landarbeiterin), sagte vor ein paar Tagen sehr zufrieden: „Unser Land ist so schön und wir haben eigentlich alles – auch wenn noch vieles fehlt..." Dabei hatte sie kürzlich erst große Sorge gehabt, ob sie die ärztliche Behandlung ihrer Tochter bezahlen könnte.

Das Inselparadies hat zwei Seiten, über die wir uns unterhalten. Neben den Schönheiten, die diese Insel zu bieten hat, ist bereits auf den ersten Blick die äußere Armut nicht zu übersehen, wenn man als Tourist über die Insel fährt. Nach San Pedro, dem letzten Dorf hinter dem Vulkan Maderas, gab es bis vor einigen Jahren noch keine durchgehende Straße. „Die Regierung hat uns hier vergessen", hörten wir immer wieder die Stimmen der Dorfbewohner. Bis heute gibt es keine Elektrizität. Durch eine amerikanische Partnerorganisation erhielt San Pedro erst vor einigen Jahren eine Trinkwasserleitung, die frisches Vulkanwasser liefert.

Es fehlen Latrinen und feste Häuser. Ein *Centro de Salud*, ein Gesundheitsposten, konnte durch Spendengelder aus Deutschland errichtet werden. Nun werden die Menschen hier medizinisch versorgt. Kürzlich erhielt der kleine Gesundheitsposten durch ein von deutschen SchülerInnen unterstütztes Solar-Projekt Licht und einen solarbetriebenen Kühlschrank. Und auch die nahe gelegene Schule wurde durch Solarenergie unterstützt. Ein Ambulanzauto, ebenfalls mit Spendengeldern aus Europa finanziert, fährt mit einheimischen Ärzten einmal monatlich in dieses abgelegene Dorf und versorgt die „vergessene" Bevölkerung.

Bildung und Gesundheit – sind zwei der lebenswichtigen Dinge, deren Zugang für

jeden Menschen selbstverständlich sein sollte. Zur Gesundheit gehört eben nicht nur Medizin und ärztliche Hilfe. Gesundheit hat mit ausreichender und gesunder Ernährung zu tun, mit menschenwürdigen Wohnverhältnissen, mit einer gesunden Umwelt. Sie hat auch mit einem Einkommen zu tun, das nicht nur zum Überleben, sondern zum Leben reicht, auch dann, wenn man, wie immer mehr Menschen, keine Arbeit hat oder die Arbeit nicht will, die einem zugewiesen wird. Sie hängt schließlich nicht zuletzt mit der Teilhabe an einem freien, gerechten und sicheren Gemeinwesen ab und von der Achtung der individuellen und sozialen Menschenrechte. Wo das fehlt, werden Menschen krank. Gesundheit ist eine Frage der Rechte, die man hat oder die einem verweigert werden. Unter den Bedingungen der Globalisierung können solche Rechte nicht mehr nur im sozialen Rahmen, sondern müssen überall durchgesetzt werden, als unbedingte Rechte aller.

Der Schuldenerlass für Nicaragua hat bisher für die Ärmsten in diesem Land keine Erleichterung gebracht und die Mittel wurden ausgerechnet in den Bereichen Bildung und Gesundheit gekürzt.

Wenn Sie dieses Land besuchen, sollten Sie sich Zeit nehmen. Vielleicht gefällt Ihnen der Aufenthalt auf der Insel Ometepe und Sie bleiben für eine längere Zeit an einem einzigen Ort, um vom Alltag der Menschen hier mehr zu erfahren. Die Insulaner erzählen gern und lassen sich ebenso gerne fotografieren. Zeigen Sie Ihnen die Fotos, die Sie von ihnen gemacht haben auf dem Display Ihrer digitalen Kamera, dann haben Sie gleich eine ganze Gruppe von Menschen, die sich lachend um Sie scharen.

Wir haben vom „Reichtum der Armen" auf der Insel Ometepe viel gelernt und sind dankbar für die Nähe, die sie uns ermöglicht haben.

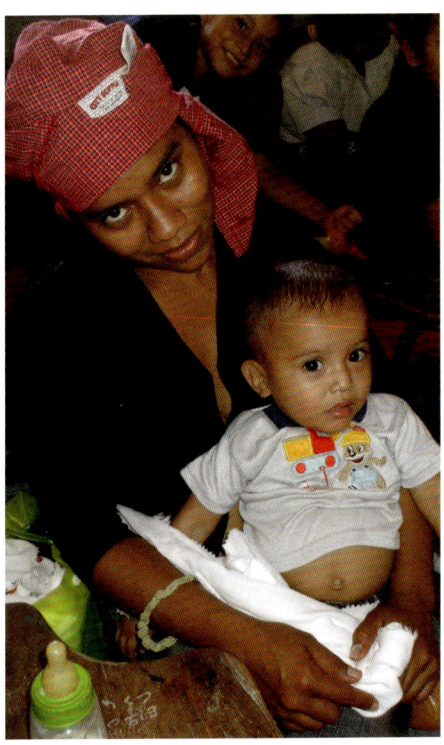

TIENE CURIOSIDAD POR CONOCER NICARAGUA?

POR MONIKA Y MICHAEL HÖHN

Deben que tenerla si quieren viajar por este país.

Un país soleado y caliente que ofrece un sinfín de tantas bellezas y cosas que para nosotros son extrañas y nuevas al mismo tiempo. Hay colores que para nosotros están cursilería, increible luminosos y contrarios de modo que solo pudimos capturar parcialmente con nuestras fotos la realidad.

Hay flores y árboles que florecen todo el año. Hay una incontable variedad de frutas. Dulces y agrias, amargas y tales que son de aspecto y sabor insólito. Y hay un surtido abundante de varias bebidas naturales para los ecologistas y los que quieren evitar la Coca-Cola que en este país es muy popular. Hay varias especies de pájaros y si usted se mete al canto de los pájaros tropicales, van a vivir el paraíso verdadero en el cual los monos le observan a usted cuando montando caballo esté en camino a una plantación de café o a una finca. Hay poetas y artesanos. Y muchos Nicas son verdaderos poetas. Su talento demuestran muchas veces en una fiesta con mucha *cususa*. Y siempre hay música que puede ser tan alta que mejor eviten un alojamiento en la cercanía. Pero todo esto los Nicas lo quieren mucho. Y no es raro si se mezcla bajo la música fuerte de una disco el canto estridente de los creyentes y la prédica de un pastor evangélico. Pero una misa sin canto y fiestas sin música y baile no son fiestas verdaderas.

Los Nicas quieren el *"dulce"* – azúcar y todo lo azucarado está muy codiciado y no pocas veces vimos que echaron varias

cucharadas de azúcar en el café. El contacto físico en Nicaragua es una cosa normal. Los hombres por ejemplo se saludan muy amigable, se dan la mano y/o una palmada en el hombro y de vez en cuando se abrazan. En los buses repletos en la Panamericana esta cercanía es normal cuando se busca apoyo entre la gente apretada mientras el bus está en marcha sobre la calle llena de baches que a menudo niños intentan mejorar con arena y para ello exigen unos pesos de los conductores que paran. Asimismo pertenecen por otra parte las peleas bajo influencia de alcohol al tema "contacto físico".

Siempre hay mucha naturaleza intacta como sólo se puede encontrar en pocos países en este mundo. Pero sobre todo conocimos a tanta gente amable y abierta que hicieron posible la realización de este libro. Muchas mujeres y niñas seguras de sí mismas así como muchos hombres que tratan con cariño a sus niños. Y esto en un

27

país que por otro lado también está marcado por el *machismo*.

"Un mundo totalmente diferente", así nos explicó ya hace años un amigo este país – y esto es Nicaragua en efecto. Realizando este libro teníamos que pensar muchas veces en sus palabras. Creemos que ya conocemos tanto de Nicaragua. Y sin embargo cada vez de nuevo estamos sorprendidos de lo que no conocimos todavía.

A lo largo de los 15 años de nuestra cooperación al desarollo en la isla de Ometepe en el gran Lago de Nicaragua se formaron aparte muchas amistades con familias nicaragüenses. Mientras tanto los niños y jóvenes de aquel entonces son adultos y cuyos niños ahora van a la escuela "La Esperanza" que nosotros y otros fundamos hace años. Personas viejas que conocimos al principio, hoy están enfermas y mucho más viejas. Algunos murieron entretanto. Una partera indígena – vieja y ciega – que visitamos cada año. Estaba muy enferma en su cama de madera. Tres días después la despedimos con su familia ante su ataúd, velado ante la casita en la sombra. Unos metros más allá nació un niño hace una semana. El octavo niño de María que visitamos un día antes. Nacimiento y muerte, alegría y luto – todo tan cercano y visible en la vida aquí en Nicaragua.

La Isla de Ometepe la hemos conocido de lo más exacto. Por tanto nos centramos en este libro a la descripción de la vida cotidiana de la población rural de Nicaragua. Hay expertos que dicen que en Ometepe se encuentra mucho de lo característico de todo Nicaragua.

Hace unos días una amiga que es campesina dijo contentamente: "Nuestro país es tan lindo y en realidad tenemos todo – aún cuando falta mucho todavía …" Lo dijo aunque hace poco se preocupaba mucho si pudiera pagar la asistencia médica para su hija.

La isla paradisíaca tiene dos lados. Aparte de las bellezas que hay en la isla, se puede ver ya a primera vista la pobreza cuando se viaja como turista en la isla. Una calle continua a San Pedro – el último pueblo tras el volcan Maderas – no existía hasta hace unos años. "El gobierno nos ha olvidado", escuchamos decir muchas veces a los pobladores. Hasta hoy no hay electricidad. Por medio de una organización norteamericana se instaló en San Pedro una tubería de agua, que lleva agua fresca del volcán. Pero faltan letrinas y casas robustas. Un *centro de salud* se pudo construir con donativos de Alemania. Ahí hoy en día se atiende a la gente. Hace poco este centro recibió por medio de un proyecto solar apoyado por alumnos alemanes un refrigerador que funciona con energía solar. Un coche de ambulancia – también financiado por donativos de Europa – va una vez al mes a este pueblo distante y atiende a la gente "olvidada". Educación y salud son dos cosas vitales a las cuales el acceso para cada uno debía ser por supuesto. Salud no es solamente tener acceso a medicina y atención médica. Salud tiene mucho que ver con una alimentación suficiente y sana, con condiciones de viviendas humanas, con un medio ambiente sano. Además tiene que ver con un ingreso que no solamente alcanza para sobrevivir sino para vivir. Y esto también en el caso cuando uno no tiene trabajo – como factualmente es la situación de mucha gente – o no quiere el trabajo que le fue asignado. Y por último la salud está relacionada con la participación de cada uno en una comunidad libre, justa y segura así como con el respeto de los derechos humanos individuales y sociales. Donde falta esto, la gente se pone enferma. Salud es una cuestión de los derechos que uno tiene o se les niega. Bajo las condiciones de la globalización tales derechos hay que hacerlos valer en todo el mundo como derechos absolutos de cada uno.

Hasta ahora la condonación de la deuda para Nicaragua no ha llevado alivio para los más pobres en este país y no obstante se reducen los recursos en la educación y la sanidad.

Si usted visita este país, usted debía tomarse tiempo. Tal vez le gusta la estancia en la Isla de Ometepe y se queda durante algún tiempo en un sólo lugar para enterarse de la vida cotidiana de la gente. A los isleños les gusta contar así como les gusta estar fotografiados. Muestreles en el display de su cámara digital las fotos que ha tomado y directamente usted tiene un grupo de personas riendo que se reune alrededor de usted.

Nosotros hemos aprendido mucho de la "riqueza de los pobres" en la Isla de Ometepe y somos agradecidos por la cercanía que la gente ahí nos demostraron.

WENN ICH AN OMETEPE DENKE

VON MARISOL SILVA-PLATZER

Von meiner Geburt 1965 bis Ende der 70er Jahre lebte ich zusammen mit meinen Eltern Don Hamilton Silva Monge und Doña Zoila Martínez sowie fünf Geschwistern auf der Insel Ometepe. Im meinem Heimatort Altagracia war es ruhig, die Leute schienen meist zufrieden und ausgeglichen. Ich verbrachte eine schöne Kindheit. Gemeinsam mit meinen drei Schwestern und zwei Brüdern und Kindern aus der Nachbarschaft tollte ich den ganzen Tag im Freien herum. Wir bauten Hütten aus Palmenwedeln, erzählten uns Geschichten und spielten am Strand von Tagüizapa, Paso Real oder Guyú.

Eine schöne Tradition der Dorfbewohner war, sich täglich auf der Strasse zu begrüßen und ein wenig zum Plaudern zu verweilen. Man fragte immer nach dem Gesundheitszustand des Gesprächspartners und der anderen Familienmitglieder. Auf den Straßen sah man Männer, die eine Machete und einen Ast mit Kochbananen trugen. Frauen balancierten auf dem Kopf ein Bündel Wäsche und gingen in Richtung Seeufer, um es dort zu waschen. Kinder und Jugendliche ritten auf Ochsen, um Trinkwasser vom See zu holen.

Für mich galt es als Seltenheit, in andere Dörfer zu reisen. Es gab keine asphaltierte Straße auf der Insel und nur einen einzigen Autobus; und der fuhr sehr langsam. Ab und zu besuchte uns meine Tante Aurora aus der Ortschaft Los Angeles oder Tante Nora aus der Hauptstadt Managua. Wir waren dann immer sehr aufgeregt und glücklich.

Der Hauptplatz von Altagracia liegt gegenüber der Kirche. Am Wochenende, nach der Heiligen Messe, spielte die Beis-bol-Mannschaft. Während des Dorffestes benutzte man den großen Platz für das Stierreiten und für die kirchlichen Aktivitäten des Heiligen San Diego oder zum Karfreitag. Während dieser Feste gab es einen Vergnügungspark mit einem Riesenrad und fliegenden Stühlen aus Rivas. Diese Tage waren sehr spannend, weil viele Menschen kamen, die man sonst in Altagracia nicht traf.

Zu dieser Zeit gab es auf der Insel weder Elektrizität noch ein kommunales Wasserversorgungsnetz.

Nach Sonnenuntergang verwahrte meine Mutter die Lebensmittel und machte noch kurze Zeit Licht mit Hilfe einfacher Gaslampen, bevor wir uns alle zwischen 18:30 und 19:00 Uhr schlafen legten.

Doña Juliana Ramos war meine Ur-Uroma und sie war eine ganz besondere Person für mich. Sie hatte viel von einer typischen Indianerin; sie war klein, zierlich und trug bis ins hohe Alter lange schwarze Haare und spazierte immer mit einem Holzstock herum. Sie war lieb zu mir und ich begleitete sie gerne überall hin. Als sie starb, war ich sehr traurig und vermisste sie lange Zeit.

Hinter unserem Hause lag damals ein großer Garten. Er war sehr üppig bewachsen und es gab viele Kochbananenstauden und Obstbäume. Mich faszinierten immer die Pflanzenblätter, denn keines davon glich dem anderen. Diese Vielfalt der Natur beeindruckte mich als Kind sehr.

Ab dem 7. Lebensjahr ging ich zur Schule. Die Schule in Altagracia hat den Namen „Rubén Darío". Wir trugen alle weiß-blaue Schuluniformen. Meine Lehrerin hieß Rosita, sie brachte mir Lesen und Schreiben bei.

An den Nachmittagen, nach den Hausaufgaben, war ich wieder mit meinen Geschwistern unterwegs und suchte nach Früchten, die gerade reif waren. Als ich äl-

ter wurde, zog ich an den Nachmittagen nicht mehr herum, sondern lernte bei meiner Tante Helia Monge de Castillo stricken, denn meine Eltern waren der Meinung, wir Mädchen müssten Handarbeiten lernen.

Als ich 15 Jahre alt wurde, kam ich in einen anderen Rang. Ich sollte mich von nun an wie eine Erwachsene benehmen, so will es die Tradition.

Unter anderem war es unschicklich, zu offen mit Männern zu sprechen, ich durfte nicht alleine unterwegs sein und sollte an der Unterhaltung von Erwachsenen teilnehmen. Damals besuchte mich mein erster Freund, der von meinen Eltern die Erlaubnis bekam, mich zu Hause zu besuchen, wie es üblich war. Doch bald kam ich darauf, dass ich dafür noch nicht reif war.

Zu dieser Zeit – 1979 - hatte die Revolution in Nicaragua gesiegt und die Sandinisten kamen an die Macht. Das bis dahin herrschende traditionelle Leben änderte sich mit einem Schlag komplett. Das alte System existierte plötzlich nicht mehr, neue Zivilorganisationen entstanden und alle wollten an dem Änderungsprozess teilnehmen.

Als Jugendliche hatte ich meine eigenen Träume über die Zukunft.

Ich wollte vor der Familiengründung eine Fachausbildung abschließen. Dafür hätte ich aber nach Granada oder Managua gehen müssen, was zu jener Zeit für mich aber nicht möglich war.

Ich besuchte gerade das Instituto Ladislao Chalbinsky, als im Zuge einer Alphabetisierungskampagne Pädagogen aus Kuba nach Ometepe kamen. Die kubanischen Lehrer teilten uns mit, dass es möglich sei, eine Fachschule auf Kuba zu besuchen. Sofort meldete ich mich dafür.

1980 bis 1986 verbrachte ich als Stipendiatin auf Kuba, machte eine Fachausbildung als Laborantin im Lebensmittelbereich und lernte die Kultur und Menschen dort kennen. Das Klima und die Ernährungsweise waren ähnlich wie in Nicaragua.

Als ich 1986 nach Nicaragua zurückkehrte, herrschte hier eine wirtschaftliche Notlage. Die USA hatten ein Handelsembargo durchgesetzt und finanzierten Angriffe der Contras an den Grenzen zu Honduras und Costa Rica. Zum anderen war von den Sandinisten die Militärdienstpflicht eingeführt worden, um das Land gegen die Invasoren verteidigen zu können. Aufgrund dieser Geschehnisse waren viele Männer nach Costa Rica und den USA ausgewandert. Die Insel schien mir wie verlassen, viele Bekannte aus meiner Generation waren nicht mehr da.

Ich begann im Norden des Landes, in einem Agrar-Projekt „Valle de Sébaco" in

Matagalpa zu arbeiten, welches von der ungarischen Entwicklungszusammenarbeit geleitet wurde. Im Norden war viel mehr vom gegenwärtigen Kriegszustand zu merken. Die Präsenz des Militärs war stark und täglich kamen von der Front Leichen von Gefallenen in unsere Eingangshalle, bevor sie zu den Familienangehörigen weitergeschickt wurden. Die ganze Situation belastete mich sehr, ich suchte Ruhe und fand diese nur für kurze Zeit am Wochenende auf Ometepe.

1987 entschied ich mich, eine sich mir bietende Chance zu ergreifen und in die Deutsche Demokratische Republik (DDR) zu reisen, um dort ein Hochschulstudium zu beginnen.

Die Reise nach Deutschland:

Die Reise kam mir unendlich lang vor. Es war September und mir war furchtbar kalt, denn ich trug keine ordentliche Herbstbekleidung. Ich kam am riesigen Leipziger Bahnhof an. Ich fragte mich erstaunt, wer dieses Bauwerk wohl geplant und gebaut hat. Ich wusste nicht, wie viele Stunden ich nicht geschlafen hatte, weder im Flugzeug noch in der Bahn.

Meine ersten Eindrücke von Deutschland waren, dass es fast unmöglich sein würde, die Sprache zu lernen und dass das Klima kaum auszuhalten war. Überhaupt war alles anders.

Die Ernährung:

Das angebotene Essen war mir zum größten Teil unbekannt. Es gab keine Kochbananen, keine kleinen roten oder schwarzen Bohnen, kaum Fisch. In den Supermärkten gab es fast alles, aber ich kannte wenig davon. Vor allem die große Vielfalt an Brot- und Wurstwaren war echt beeindruckend. Ich begann vorwiegend Backhuhn, Pommes und Bratwurst zu essen. Das Trinkwasser kaufte ich in Flaschen, das aus der Wasserleitung hatte eine leicht braune Färbung. Es wurde mir empfohlen, dieses Wasser nur zum Waschen und Kochen zu verwenden.

Allgemeine Eindrücke:

In den Straßen war keine Musik zu hören, die Leute blieben nicht stehen, um sich zu unterhalten.

Weil die Leute so ruhig waren glaubte ich, sie seien unglücklich, vielleicht wegen der Kälte.

Es gab keine Straßenverkäufer und auch keinen offenen Markt, wie den von Rivas oder Managua.

Ich hatte kaum Möglichkeit in Kontakt mit den Deutschen zu kommen, denn ich wohnte in einem Studentenheim, in dem nur Ausländer untergebracht waren. Die deutschen Studenten schlossen kaum Freundschaft mit Ausländern, die kulturellen Unterschiede waren zu groß.

Mir schienen sie immer im Stress zu sein, denn sie gingen stets unbeirrt einem bestimmten Tagesplan nach. Darin gab es kaum zusätzliche Zeit, um neue Bekanntschaften zu machen.

Ich erinnerte mich daran, wie die ersten Rucksacktouristen nach Ometepe kamen. Die Einheimischen waren sehr freundlich zu ihnen. Als sie fragten, wo es etwas zu essen gäbe, wurden sie von einer Familie einfach zum Essen eingeladen, weil es damals noch kein Hotel und Restaurant gab. Die Leute sagten: Schau her, der „Chele" (Ausdruck für Hellhäutige) will die Insel kennen lernen. Zeigen wir ihm alles, damit er glücklich in seine Heimat zurückkehrt.

Deutsche Pünktlichkeit:

Die Pünktlichkeit kam mir extrem vor. Ein bis fünf Minuten später als vereinbart zu kommen, galt schon als Verspätung und man durfte nicht mehr am Unterricht teil-

nehmen. Oft beeilte ich mich so sehr und trotzdem schaffte ich es nicht. Es dauerte eine Zeit, bis ich mich angepasst hatte. Auf Ometepe gab es keinen strikten Tagesplan. Zeit ist genug vorhanden und 30 Minuten Verspätung sind normal.

Die deutsche Familie hat in der Regel einen genauen Tagesablauf. Vater und Mutter gehen in der Früh zur Arbeit, die Kinder in die Schule. Mittags kehren die Mütter normalerweise mit den kleinen Kindern nach Hause zurück. Am Nachmittag treiben die meisten Kinder eine Sportart oder lernen ein Musikinstrument spielen.

Die Partnerschaft:

Das Liebesleben der Deutschen war sehr durchsichtig. Die Studentenpärchen, die ich kannte, verbrachten viel Zeit zusammen, wohnten sogar unverheiratet zusammen. Es schien deshalb keine Vorurteile zu geben; sehr liberal dachte ich. Die Partnerschaften waren sehr stabil, hatten keine Kinder und geheiratet wurde erst, nachdem sich beide in der Arbeitswelt etabliert hatten. In meiner Kultur hat das Ganze einen völlig anderen Ablauf. Vor der Heirat eine offene Beziehung zu haben, ist ein absolutes Tabu, sodass viele Jugendliche ihre ersten sexuellen Erfahrungen ohne vorherige Aufklärung machen und heiraten, ohne sich wirklich zu kennen. Jene, die eine Beziehung haben, ohne verheiratet zu sein, sind einer starken Kritik von Seiten der Gesellschaft ausgesetzt, wobei vor allem den Frauen die Hauptschuld dafür gegeben wird.

Ein anderer Aspekt ist die Treue dem Partner gegenüber. Auf Ometepe ist es oft der Fall, dass ein verheirateter Mann mehrere Kinder mit verschiedenen Frauen hat. Dieses Verhalten ist u.a. auf indianische Gewohnheiten zurückzuführen. Die Monogamie wurde erst durch die Kolonisierung und den katholischen Glauben eingeführt und wurde nicht freiwillig übernommen. Ich bemerkte bei den Deutschen kein typisches Rollenverhalten der Geschlechter. Frauen studieren und arbeiten vollkommen gleichberechtigt mit den Männern. In meiner Jugend lernten die Frauen auf Ometepe sehr früh gute Hausfrauen, und wenig später, gute Mütter zu sein. Gegenwärtig gehen junge Frauen auch in Nicaragua ihren Berufen als Sekretärin, Krankenschwester, Zahnärztin, Rechtsanwältin, Lehrerin oder Bankangestellte nach.

Der Fall der Berliner Mauer:

Im November 1989 studierte ich im 3. Semester an der Humboldt-Universität in Berlin, als die Mauer fiel. Als ich davon erfuhr, war es Nachmittag, ich fuhr gerade mit der U-Bahn zum Alexanderplatz. Am Weg zur Busstation sah ich eine lange Kolonne vollbeladener „Trabis", alle wollten über die Grenze nach West-Berlin. In diesem Moment war ich fest überzeugt, es würde nicht lange dauern, bis die Grenze wieder geschlossen wird. Ich ging weiter und dachte: „Toll, zuerst Nicaragua mit der Revolution der Frente Sandinista und nun mitten drin in diesen unglaublichen Geschehnissen. Hoffentlich gibt es keine Schiesserei zwischen der Polizei und der Bevölkerung". Ich ging eilig die Allee Unter den Linden entlang und war total nervös. Doch überraschenderweise verschwanden die Strukturen der DDR von einem Tag zum anderen und alles verlief friedlich. Ich war glücklich darüber.

Die Graduierung zum Diplom-Ingenieur der Lebensmitteltechnologie feierte ich dank der Unterstützung der Deutschen

Demokratischen Republik (DDR) und dem Deutschen Akademischen Austauschdienst (DAAD) im Jahre 1993.

Meine Persönlichkeit wurde in dieser Ausbildungszeit stark geprägt, ich hatte wichtige Momente in der deutschen Geschichte erlebt und neue Freundschaften geschlossen. Nun war ich bereit, meinen Beitrag zur Entwicklung meiner Heimat zu leisten. Ich kehrte nach Nicaragua zurück. Dort war Gott sei Dank kein Krieg mehr. Doña Violeta Barrios de Chamorro war die neue Präsidentin des Landes.
Ich arbeitete an der technischen Universität in Managua in der Leitung eines Fortbildungsprogramms im Lebensmittelbereich. Jedes Wochenende fuhr ich nach Ometepe und es war mir eine große Freude, meine Familie, Verwandte und Schulfreunde wieder zu sehen.
In dieser Zeit lernte ich meinen heutigen Mann Michael kennen, der aus Österreich stammte. Ich zeigte ihm die Insel und er war von der Naturvielfalt und Schönheit beeindruckt. Wir lebten sechs Jahre in Nicaragua und besuchten regelmäßig die Insel. Dort unternahmen wir ausgedehnte Wanderungen und erst jetzt lernte ich die gesamte Insel kennen. Als unsere Tochter Sarita im Jahr 2000 zur Welt kam, fuhren wir noch öfter hin, um sie mit der ganzen Verwandtschaft bekannt zu machen.

Das Leben in Österreich:
2003 entschieden wir uns in die Heimat meines Mannes, nach Österreich, umzusiedeln.
Als wir ankamen, stellte mich Michael allen Verwandten und Freunden vor. In der Kleinstadt der Wachau, Krems an der Donau, wo wir jetzt leben, begrüßen sich die Leute wie auf Ometepe, wenn sie sich auf der Straße treffen. Die Donaulandschaft weckt in mir Erinnerungen an die Ufer des Nicaraguasees. Die Weinproduktion und

der Tourismus sind die Haupteinnahmequelle der lokalen Bevölkerung.

Der Beruf Hausfrau:
Schnell merkte ich, was es in Europa bedeutet, Hausfrau zu sein.

Hier ist die Frau für den Haushalt sowie für die schulischen Leistungen und die Freizeitgestaltung der Kinder verantwortlich. Die moderne österreichische Mutter ist Meisterin in Management. Es ist unglaublich!
In Nicaragua ist die Hausfrau ebenfalls für den Haushalt der Familie mit durchschnittlich fünf Kindern verantwortlich, sie wird aber auch von anderen Familienmitgliedern oder Dienstmädchen bei den diversen Tätigkeiten unterstützt.
Die Freizeitgestaltung der Kinder wird von nicaraguanischen Hausfrauen praktisch nicht organisiert.
Die Rolle und Mithilfe des Mannes im Haushalt ist in beiden Ländern unterschiedlich; in Nicaragua ist sie jedenfalls minimal.

Das Konsumverhalten:
In Europa gibt es einen scheinbaren Überfluss an Gütern. Man spürt einen gewaltigen Konsumdruck und muss lernen, mit dem Geld umzugehen.
Täglich erhält jeder Haushalt eine Unzahl an Prospekten, in denen Spielzeuge, Schmuck, Kosmetik und sogar Autos angeboten werden. Auf Ometepe konzentriert sich der Konsum auf Lebensmittel, Bekleidung und Medikamente. Wenn man gesund und satt ist, dann ist man glücklich.
In Europa besitzen die meisten Familien zumindest eine Eigentumswohnung und ein Auto. Es ist normal, diverse Versicherungen abzuschließen, um das Leben und sein Eigentum 100% abzusichern. Trotzdem gibt es viele unglückliche Menschen und ich bin noch nicht in der Lage, sie zu verstehen.

Der Führerschein:
Eine Person ohne Führerschein kann in Europa nur schwer alle Aktivitäten bewältigen. Auf Ometepe ist Autofahren Män-

nersache. Die täglichen Erledigungen macht man zu Fuß oder mit dem Bus. Man nimmt sich zumindest den halben Tag dafür Zeit.

Eine bunte Kulturmischung:
Privat erlebe ich die Mischung zweier Kulturen. Es ist eindeutig zu merken - auch an meiner Kochkunst. Ich koche oft Reis, Bohnen und Fisch, ab und zu kaufe ich in speziellen Gemüsemärkten in der Hauptstadt Wien Kochbananen, Yucca- und Quequisque-Wurzeln. Ich koche natürlich auch mit den Gemüsesorten und Gewürzmischungen, die hier typisch sind, sodass meine Rezepte als nicaraguanisch-österreichisch bezeichnet werden können. In der Region, in der wir jetzt leben, genieße ich die „Heurigen", typische rustikale Lokale oder Weinkeller, in denen der

Wein der letzten Weinlese verkostet wird. Dazu isst man verschiedene Käse und Wurstsorten.
Ich probiere gern von allem, weil ich denke, wenn es der Bevölkerung schmeckt, dann muss es gut sein.

Kommunikation:
Wir sind jetzt in ständigem Kontakt mit meiner Familie in Nicaragua. Dank Internet kann ich täglich mit meinen Eltern und Geschwistern kommunizieren und die aktuellen nicaraguanischen Tageszeitungen lesen. Außerdem telefoniere ich regelmäßig und erkundige mich nach den aktuellen Neuigkeiten von Ometepe; wie das Inselfest gelaufen ist, welche Familien Kinder bekommen haben und wer gestorben ist. Wir haben auch vor, in regelmäßigen Abständen nach Nicaragua zu fliegen

und dem Besuch von Ometepe genügend Zeit zu widmen. Unser Anliegen ist, dass sich unsere Sarita auch mit der Insel identifiziert. Sie ist jetzt acht Jahre alt und erzählt ihren Freundinnen, dass sie in Nicaragua geboren ist und dort eine wunderschöne Insel kennt.

PENSANDO EN OMETEPE

POR MARISOL SILVA-PLATZER

Yo viví en la Isla de Ometepe desde mi nacimiento en 1965 hasta finales de los años 70. Tuve una niñez linda junto a mis padres Don Hamilton Silva Monge y Doña Zoila Martínez así como con mis 5 hermanos. El pueblo de Altagracia era bien tranquilo, la gente me parecía muy pacífica y tranquila, la naturalidad de las personas era única.
Mi niñez en la Isla de Ometepe fué maravillosa, junto a mis 3 hermanas y 2 hermanos así como con muchos amiguitos de las casas vecinas jugabamos todo el día, construíamos casitas con hojas de plátano, nos contabamos cuentos en la acera de la casa y jugabamos en la playa de Tagüizapa, Paso Real ó Guyú.
Algo tradicional en mi pueblo era que la gente se saludaba diario, se preguntaba por su estado de salud y el de la familia, era común pararse en la calle a platicar un rato. Los hombres caminaban con un machete y un gajo de plátanos verdes, las mujeres con un motete de ropa en la cabeza pues iban a lavar a la playa de Guyú ó Paso Real. Los niños y jóvenes iban a traer agua a la playa montados en un buey.
Para mi era raro que fueramos a otro pueblo. No había carretera pavimentada ni vehículos; solamente un bus que corría bien lento. Cuando nos visitaba mi Tía Aurora que venía de los Angeles ó mi tia

Nora que venía de Managua nos alegrabamos mucho.

La plaza central esta ubicada frente a la Iglesia y era un predio vacío. Este lugar era ocupado por los equipos de beisbol para jugar los domingos después de la misa y para las festividades de Semana Santa y San Diego. Las fiestas patronales se celebraban con muchas festividades en la iglesia. Llegaban vendedores de todos lugares, la rueda chicagua, los tauretes y se hacían montadas de toros todas las tardes. Había mucho movimiento de gente y era bien alegre.

En esa época no había luz eléctrica ni agua potable. Cuando se iba la luz del sol, mi mamá procedía a guardar la comida y prendía los candiles, nos acostabamos a dormir entre las 6.30 y 7 de la noche.

Mi bisabuela Juliana Ramos era bien cariñosa conmigo. Ella era pequeña, delgada y tenía el pelo bien largo. A mi bisabuela le gustaba pasear bastante, siempre andaba con un bastón y yo la acompañaba en todos sus paseos. Cuando murió yo la extrañe mucho tiempo.

Detrás de la casa de habitación había un patio grande con mucha vegetación, árboles frutales y chagüite. A mi me gustaba observar las hojas de las plantas; me fascinaban porque ninguna era igual, cada planta me parecía una creación única.

A los 7 años me tocó mi ir a la escuela "Rubén Darío" en Altagracia. Todos vestíamos el uniforme azul y blanco. El primer día lo recuerdo muy bien todavía. Mi maestra se llamaba Rosita, con ella aprendí a leer y a escribir.

Por las tardes hacíamos las tareas y luego me iba con a mis hermanos a buscar frutas ó lo que estuviera en cosecha en el momento.

Cuando ya era mayorcita iba todas las tardes a tejer donde mi tía Helia Monge de Castillo, pués mis padres eran de la opinión que las mujercitas deberíamos aprender a hacer manualidades.

Cuando cumplía mis 15 años entraba a otra categoría. Dejaba de ser una niña y pasaba a ser una señorita. Bajo las tradiciones, la mujer pasa a tener otras responsabilidades. Había que cuidar la postura, es decir, no hablar mucho con los hombres, no salir sola a los bailes, y tomar parte en las conversaciones de los mayores. En esta época me visitó en mi casa mi primer novio. Recuerdo que él tuvo que pedir permiso a mis padres para poder visitar la casa y poder platicar conmigo. Muy pronto me dí cuenta que no era lo suficientemente madura para este tipo de relación.

En 1979 ganó la Revolución Sandinista. Percibí cambios fuertes en la estructura que existía. El Frente Sandinista se organizaba y cada quien quería contribuir en la formación del nuevo sistema. Se crearon organizaciones nuevas y toda la población tomó parte en esto.

Yo tenía mis propios deseos de jóven, no quería casarme ni tener hijos a temprana edad, quería estudiar una carrera técnica y entonces la Isla no ofrecía formación técnica; para ello, había que irse a Granada ó a Managua pero no era posible para mí. Ya estaba en el Instituto Ladislao Chalbinsky cuando se habló de la Cruzada Nacional de Alfabetización para el Cerro Madera. Llegaron unos Maestros Cubanos a dar clases y explicaron que se podía ir a estudiar a Cuba.

De 1980 hasta 1986 me fuí a Cuba y tuve la oportunidad de recibir la educación politécnica como laboratorista en alimentos. Conocí la cultura y la gente cubana; el clima y la alimentación eran similares.

Cuando regresé a Nicaragua en 1986 percibí las consecuencias del embargo económico que había puesto los Estados Unidos contra Nicaragua. Por otro lado, el Frente Sandinista había introducido la ley del servicio militar obligatorio y muchas perso-

nas de mi generación se habían ido de la isla.

Yo trabajé en el norte del país, en el pueblo Valle de Sébaco ubicado en Matagalpa. Trabajé como laboratorista en un proyecto Agro-Industrial dirigido por los Húngaros. Aquí se sentía la guerra cruda pues había mucha presencia militar en el Norte y a diario llegaban caidos de guerra a nuestras instalaciones, de aquí eran enviados a sus familiares a los departamentos del país. Viajaba los fines de Semana a la Isla para buscar como olvidar los acontecimientos de la semana. Recuerdo que me quedaba en el muelle de Altagracia mirando la playa. Yo sufría mucho por la situación del país porque sentía que no era placentera ni normal para nadie.

En este tiempo se me ofreció una beca para estudiar en la universidad. En 1987 me fui a estudiar a la República Demócrata de Alemania (RDA).

Viaje a Alemania:
El viaje fué cansadísimo. Era mediados de Septiembre hacía frío pues, no tenía la ropa adecuada. La estación central de trenes en Leipzig era gigantesca, habían como 23 rieles, me quedé con la boca abierta y pensaba sobre quien pudo hacer esto tan gigante. No supe cuantas horas llevaba despierta pues no dormí durante el vuelo ni durante el viaje en tren.

Al llegar a Alemania me di cuenta que el idioma es casi imposible de aprender y el frio imposible de aguantar; todo era diferente.

La Alimentación:
La comida que ofrecían en el comedor estudiantil era desconocida para mí, no había plátanos, frijoles rojos ni negros, tortillas y pescado. En los supermercados se encontraba de todo, pero muy poco conocía, la variedad de queso y pan era increíble. Nada podía comer con placer. Co-

mencé comiendo solamente papas fritas, algunos embutidos y pollos asados.

El agua para tomar la compraba en botella. El agua del apartamento salía de color marrón y se ocupaba solo para bañarse.

Percepción general:
No se oía música por ningún lado, nadie conversaba en las calles, ni en los tranvías. Todo era muy silencioso y por eso creía que la gente es infeliz, pensé que era por el frío.

No habían vendedores ambulantes, ni ventas de comida por las calles, tampoco había un mercado abierto como el de Rivas.

Sentí imposible hacer amistad con alemanes, pues los extranjeros vivían en una casa estudiantil.

Los alemanes de la universidad no hacían amistad muy fácilmente con los extran-

jeros; la barrera cultural era el factor principal.

Me parecía que los alemanes siempre andaban estresados pues caminaban en función de su agenda de actividades. En los restaurantes y los cafés no se entraba en contacto tan rápido con nadie.

En la Isla cuando un extranjero llegaba con su mochila, la gente era bien servicial. Entonces no habían restaurantes ni hoteles y cuando preguntaba donde podía comer, almorzaba en casa de alguna familia junto a los demás. Siempre se decía "El chele quiere conocer la Isla, hay que enseñarsela para que se vaya alegre".

Exactitud alemana:
La puntualidad me pareció extrema; de 1 hasta 5 minutos pasado de la cita ya es tarde y no se permitía entrar al aula de clases. Al inicio me pareció muy exagerado, por mucho que me esmeraba en ser puntual no lo lograba.

En la Isla uno no lleva un calendario de actividades estricto. La puntualidad es relativa, es normal retrasarse de 15 a 30 minutos.

La vida de familia alemana es bien organizada, el papá y la mamá salen a trabajar temprano y los niños van a la escuela. Al medio día muchas mamás regresan a casa con los niños pequeños. Por la tarde muchos niños aprenden a tocar un instrumento musical ó a hacer alguna actividad deportiva dirigida.

La relación:
La vida amorosa de los alemanes que conocí, era bien transparente. Los novios tenían contacto sexual abiertamente, ellos dormían juntos sin ningún prejuicio ni se escondían de los padres para hacerlo, como es común en mi cultura. Muy liberal pensaba yo. Las parejas eran bien estables, no tenían hijos a temprana edad y se casaban después de lograr establecer la vida la-

boral. En mi cultura la diferencia radica en lo que establece las reglas sociales. El sexo es tabú y cada quien lo experimenta sin previa información. Por eso, muchas parejas se casan sin conocerse bien. Otros, tienen relaciones prematrimoniales e inmediatamente se ven confrontados con un embarazo y con la mala conciencia de haber hecho algo malo. La sociedad culpa sobre todo a las mujeres por permitir el acercamiento masculino.

Otro aspecto social es la fidelidad. Al contrario de los Isleños, los alemanes normalmente no tienen otra u otras amantes, ni hijos fuera del matrimonio. En la isla se puede ver a menudo que un hombre (sobre todo los mayores) tiene varios hijos con varias mujeres. El origen de este comportamiento; creo que radica en las costumbres indígenas pués, no eran monógamos y durante la colonización se introdujeron nuevas reglas de comportamiento que no fueron asumidas espontáneamente.

Entre los alemanes no noté que hubiera una separación de actividades entre hombres y mujeres. Las mujeres hablaban de estudio y trabajo como un derecho de generaciones.

En la Isla se decía antes, que la mujer debe aprender primero a ser una buena mujer de la casa y a atender bien a su esposo y a los hijos. Actualmente muchas jóvenes son Secretarias, Farmaceuticas, Dentistas, Abogadas, trabajan en los Bancos ó son Maestras.

Caída del muro de Berlín:
En 1989 estaba cursando el 3. semestre en Berlín, cuando cayó el muro de Berlín. Una tarde, quería ir a una consulta con un Profesor, viajaba con el metro, cuando quise tomar el bus en Alexander Platz ví una fila de vehículos "Trabis" haciendo fila para cruzar la frontera por la puerta de Brandenburgo. En ese momento pensé que la frontera la habían abierto por unas horas

y que pronto la cerrarían. Mientras caminaba pensaba: "Que mala suerte la mía, primero en Nicaragua con la guerra y ahora en medio de los acontecimientos del muro de Berlín. Espero que la policía no comience a dispararle a la gente". Caminé por la calle "Unter den Linden" iba increiblemente nerviosa.
Toda la escructura de la RDA desapareció pacíficamente de un día a otro; fué interesante observar los cambios de estructuras que vivieron los alemanes.

Me gradué Ingeniero Diplomado en Tecnología de los Alimentos en 1993, gracias al apoyo de la RDA, y del Deutscher Akademischer Austausch Dienst (DAAD). Estaré siempre muy agradecida por haberme dado la oportunidad de conocer su historia única del mundo.

Para esa época ya me había acostumbrado al frio, ya tenía varias amigas y amigos alemanes, ya llevaba una agenda de actividades.
Mi compromiso con el DAAD era de regresar a mi país y trabajar para apoyar el desarrollo social y económico de Nicaragua.
Cuando regresé a Nicaragua ya no había guerra pues Doña Violeta Barrios de Chamorro era la nueva Presidenta del país. Yo trabajé en la Universidad Nacional de Ingeniería en Managua, fuí la responsable de Projectos de Educación Superior en la Tecnología de Alimentos. Los fines de semana viajaba a la isla y era inmensamente feliz cuando me encontraba con mis amigos de infancia y familiares.
En esta época, conocí a mi esposo Michael, originario de Austria. Cuando le enseñé la Isla le impresionó mucho la naturaleza. Después de algunos años nos casamos. Visitamos la Isla periódicamente y hacemos caminatas por toda la Isla. En el año 2000 nació nuestra hija Sarita y la llevamos a menudo a la Isla para que conozca a todos sus familiares.

Integración en Austria:
Para el año 2003 tomamos la decisión de trasladarnos a vivir en la ciudad de Krems que está ubicada en el patrimonio cultural del Valle del Danubio llamado "Wachau". Al llegar Krems, Michael me presentó ante sus familiares y amistades. La gente es muy amable, se saludan al encontrarse en la calle como en la Isla y el paisaje del Danubio ofrece un ambiente acojedor y romántico. Cuando camino a orillas del Danubio siempre pienso en el lago.
Las actividades económicas principales de las personas de la región son la producción del vino y el turismo.

Vida cotidiana de una ama de casa:
Muy pronto me di cuenta que para la mu-

jer austriaca las actividades laborales y privadas se pueden llevar solamente con un sigiloso plan de actividades. Las mujeres siempre organizan las actividades escolares y de tiempo libre para los hijos. La madre moderna Austriaca es master en management. ¡Es increíble!

La ama de casa en Nicaragua tiene en promedio 5 hijos y es la responsable de los quehaceres de la casa. Ella recibe mucho apoyo de los familiares o de empleadas domésticas. No es común que se organicen actividades de tiempo libre para los hijos.

El papel del hombre en las tareas de la casa es diferente en ambos países; en Nicaragua, en todo caso, es mínimo.

El Consumo:

En Europa, la vida lleva otro ritmo; en la abundancia de las ofertas da la impresión que hay presión de consumo. Semanalmente vienen ofertas de todo tipo; joyas, juguetes, cosméticos, hasta ofertas de vehículos. Hay que aprender a manejar el dinero sigilosamente.

En Ometepe el consumo se centra a la compra de lo necesario para comer y vestirse; si están saludables, la gente es feliz. Aquí el estandard es otro, la gente tiene por lo general un carro, una casa y puede viajar a conocer otros países. Para todo hay Seguros (Seguro de vida, Seguro de la casa, Seguro del carro etc.) sin embargo, hay mucha gente que no es feliz; yo no los entiendo todavía.

Permiso de conducir:

En Europa, cualquier persona sin permiso de conducir no puede hacer muchas actividades. Al contrario, en la Isla esta actividad se considera tarea para hombres, es raro ver una mujer manejando una camioneta ó un camión de carga.

La gente hace sus mandados a pie o en bus, para ello se toman todo el medio día. Mezcla de culturas:

En lo personal soy la fusión de dos culturas. En la cocina sigo viviendo bajo las costumbres Isleñas; cocino mucho pescado, arroz, hago sopas de res, y de vez en cuando compro en el mercado de Viena plátanos y hago tajadas fritas, cocino frijoles. A los platos nicaragüenses les he integrado los condimentos y las verduras que aquí hay, así que son recetas Nica-austriacas. Amenudo vamos a los restaurantes típicos de la región, los "Heurigen". Aquí se degusta el vino de la sesión sobre todo el vino Blanco "Grüner Veltliner" y el "Riesling". Este vino se acompaña con embutidos especiales y el pan típico del valle del Danubio llamado "Wachauer Laberl" que son el orgullo de la región.

Me gusta probar de todo porque pienso que si a la población le gusta, es porque es bueno.

Comunicación:

Siempre estoy en comunicación con mi familia gracias al Internet. La comunicación es excelente, chateamos, y hablamos por este medio. Leo los periódicos nicas, que ofrecen en el internet. Cuando habló con mi papá, pregunto siempre sobre las noticias de la Isla, como fueron las fiestas patronales de noviembre, quien ha tenido hijo y quién ha muerto.

Cuando viajo de vacaciones con mi esposo y mi hija, mucho tiempo se lo dedicamos a la Isla porque queremos que Sarita se sienta también parte de ella. Ella con sus 8 años ya le cuenta a sus amiguitas que nació en Nicaragua y que ella conoce una isla muy bonita.

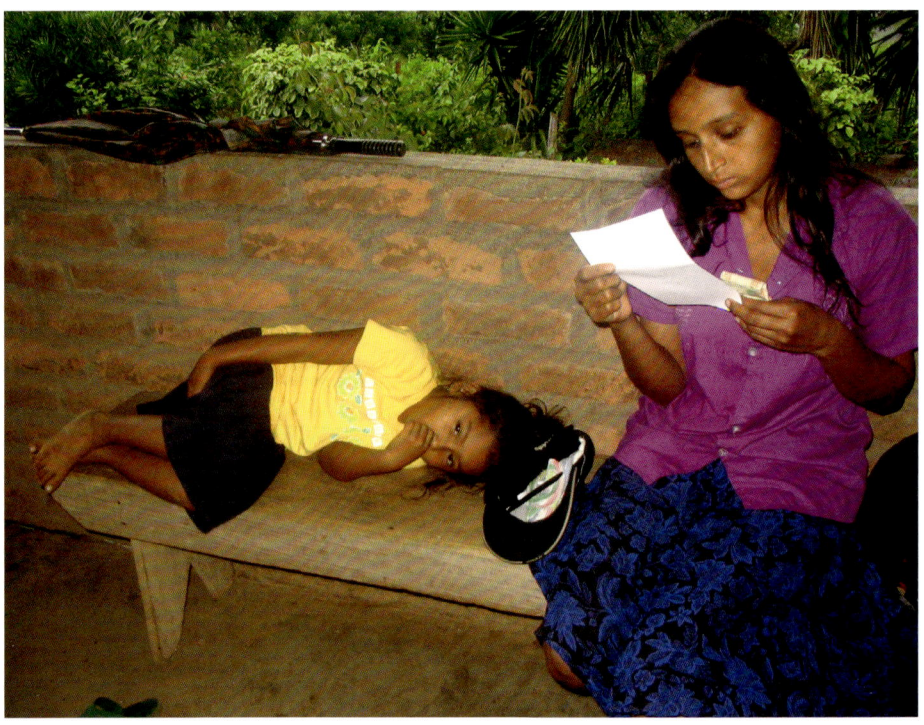

OMETEPE HEUTE – DIE AKTUELLE SITUATION AUF DER INSEL OMETEPE IN SOZIO-ÖKONOMISCHER, KULTURELLER UND ÖKOLOGISCHER HINSICHT

VON JORGE QUINTANA

Nicaragua ist ein kleines, armes und unterentwickeltes Land. Dies ist besonders in den ländlichen Gebieten sichtbar. Auch die Insel Ometepe liegt im ländlichen Raum und wurde von den Sozialprogrammen der Regierung wie von den internationalen Organisationen vernachlässigt. In verschiedenen Gemeinden gibt es weder Schulen noch Gesundheitsstationen noch Kindergärten oder, falls doch vorhanden, sind sie in einem schlechten Zustand. Auf der ganzen Insel gibt es keine Studienmöglichkeiten – Universitäten oder technische Schulen -, wo junge Menschen von der Insel ausgebildet werden könnten. Das nationale Gesundheitsprogramm (MINSA) existiert in den meisten Gemeinden praktisch nicht. Auch gibt es keine Unterstützung in Form von Krediten und/oder technische Assistenz für die verschiedenen KleinproduzentInnen (Bauern und Bäuerinnen, FischerInnen, KunsthandwerkerInnen, und HändlerInnen).

Das Wegenetz auf Ometepe ist einem sehr schlechten Zustand und der öffentliche Verkehr, sowohl zu Land als auch zu Wasser, steht dem nicht nach.

Die aufgeführten Faktoren sind alles Gründe, weshalb in den ländlichen Gemeinden auf der Insel hohe Armut herrscht und es kaum Arbeit gibt. Außerdem fehlt vielen Familien eine adäquate Unterkunft.

Die Insel Ometepe liegt mitten im Großen

Nicaragua-See. Der nächst gelegene Punkt auf dem Festland liegt zehn Kilometer östlich des Hafens San Jorge (Rivas). Es gibt zwei Wasserwege, die von Booten und Fähren bedient werden: San Jorge – Moyogalpa (17 km, 1 Stunde Reisezeit) und Granada – Altagracia (65 km, 4 Stunden Reisezeit).

Ometepe ist 274 km² groß. Es gibt zwei Bezirke – Moyogalpa und Altagracia (71 bzw. 203 km² groß) -, in denen zusammen etwas mehr als 34.000 Menschen leben. Schätzungen gehen davon aus, dass in den beiden größten Orten der beiden jeweiligen Bezirke (sie heißen, wie die Bezirke selbst – Moyogalpa und Altagracia) jeweils etwa 2500 Menschen leben. Der Rest der Bevölkerung lebt in den insgesamt 28 Gemeinden oder in kleinen Dörfern. Die größten Gemeinden im Bezirk Moyogalpa sind La Paloma, Esquipulas, La Flor, Los Angeles und San José del Sur. In Altagracia sind es Urbaite, San Marcos

und Balgüe (jeweils etwa 1000 Einwohner). In den übrigen Ortschaften variiert die Einwohnerzahl zwischen teilweise unter Hundert bis einigen Hundert. Mehr als 50 Prozent der Insulaner leben außerhalb von irgendwelchen Gemeinden oder Dörfern.

Die landwirtschaftliche Produktion (Viehhaltung, Bananen, Früchte und Getreide) ist die hauptsächliche wirtschaftliche Aktivität der Bewohner Ometepes, gefolgt von Fischerei (zum Verkauf wie zum Eigenkonsum) und vom Kunsthandwerk, gefertigt aus lokal vorhandenen, natürlichen Materialien wie Lehm, Holz, Leder, Blättern, Samen, etc. Allerdings müssen die allermeisten das Wenige, das sie produzieren zu sehr niedrigen Preisen verkaufen. Ihnen fehlt der Zugang zu den Märkten, es gibt keine adäquate Infrastruktur um Überproduktionen zu lagern und keine Vermarktungsstrukturen.

Größere Händler gibt es wenige, u. a. drei Eisenwarenhandlungen, sieben Mischwarenhändler sowie drei Kaufläden.

Der Tourismus hat in den letzten vier Jahren einen Aufschwung erlebt und der Strom an ausländischen wie inländischen Touristen hat sichtbar zugenommen und damit auch die touristischen Dienstleistungen, wie Hotels und Herbergen, Restaurants und der touristische Transportsektor. Der Bevölkerungsdruck auf Ometepe und um den See herum auf dem Festland hat verheerende Konsequenzen auf das ökologische Gleichgewicht und die natürlichen Ressourcen auf der Insel Ometepe. Einige Wasserquellen haben eine reduzierte Wassermenge oder sind ganz verschwunden. In den letzten Jahren werden auffällig viele tote Fische an den Stränden der Inseln angespült. Die Gründe werden in der Verschmutzung des Sees oder in Veränderungen der chemischen Zusammensetzung und der Temperatur des Wassers vermutet. Einige Tierarten, wie Papageien, Hoch-

wild oder andere sind bereits verschwunden oder stehen kurz davor endgültig auszusterben. Die Wälder leiden unter starkem Holzeinschlag, was sich besonders an den Vulkanabhängen bemerkbar macht. Ab und zu kommt es bereits zu Bergrutschen in der Regenzeit wegen zunehmender Erosion der Böden, denen der Halt durch Bäume und Buschwerk fehlt. Ebenso leiden die landwirtschaftlichen Flächen aufgrund fehlerhafter Produktionsmethoden unter Erosion und dadurch an mangelnder Produktivität.

Es ist notwendig, Bildung, Gesundheitswesen, die Infrastruktur für Produktion und Verkehr wie auch den Schutz der Umwelt und der natürlichen Ressourcen zu fördern, damit Ometepe eine wirtschaftliche Zukunft hat, mit gebildeten und ausgebildeten Bewohnern, die gesund sind und Arbeit haben.

SITUACIÓN ACTUAL DE LA ISLA DE OMETEPE – SOCIO-ECONOMICA, CULTURAL Y AMBIENTAL

POR JORGE QUINTANA

Nicaragua es un país pequeño, pobre y subdesarrollado. Estas condiciones son más notables e intensas en el área rural. Obviamente, la Isla de Ometepe, por su misma condición de isla en área rural, ha sido relegada por los programas del gobierno y de organismos internacionales. En varias de las comunidades no existen escuelas, puestos de salud, guarderías infantiles, o funcionan en instalaciones de condiciones precarias. En toda la Isla no existen centros de educación superior (universidades o escuelas tecnicas) donde los estudiantes locales puedan obtener una profesión. El sistema nacional de salud (MINSA) no tiene presencia en estas comunidades. No existe programa de apoyo, crédito y/o asistencia técnica, a productores de ningún tipo (agropecuarios, pescadores, artesanos, comerciantes, etc). Los caminos de acceso se encuentran en muy mal estado y las alternativas de transporte, terrestre y acuático, son muy pocas y de servicio deficiente. Por lo tanto, las comunidades rurales de Ometepe presentan condiciones acentuadas de pobreza y falta de fuentes de trabajo. Una gran proporción de la población carece de viviendas adecuadas.

La Isla de Ometepe está ubicada en medio del lago Nicaragua. La distancia más cerca de tierra firme es de 10 Km al este del puerto lacustre de San Jorge (Rivas). Líneas de barcos cubren dos rutas: San Jorge-Moyogalpa (17 km, una hora de viaje), y Granada – Altagracia (65 km, cuatro horas). La extensión territorial de Ometepe es de 274 km cuadrados. Políticamente está dividida en dos Municipios: Moyogalpa y Altagracia (71 y 203 km cuadrados, respectivamente). La población total de Ometepe es un poco mas de 34,000 habitantes. Se estima que los principales centros urbanos de los municipio (Villa de Altagracia y Ciudad de Moyogalpa) cuenta con una población de 2,500 habitantes cada una. El resto de la población esta distribuida en otras 28 comunidades y caseríos rurales. Los centros de población con mayor número de habitantes son La Paloma, Esquipulas, La Flor, Los Angeles y San José del Sur en Moyogalpa, y Urbaite, San Marcos y Balgue en Altagracia (aproximadamente 1,000 habitantes cada uno). El tamaño de estas poblaciones y otros caseríos oscila desde unas pocas decenas a varios cienes de habitantes. Más de 50 % de la población habita fuera de caseríos.

La producción agrícola (ganado, plátano, frutas y granos básicos) es la principal actividad económica de los habitantes de Ometepe, seguido por la pesca artesanal (venta y autoconsumo), la producción artesanal de objetos hechos con varios productos naturales y locales (arcilla, madera, cuero, hojas, semillas, etc). Por otro lado, lo poco que logran producir y vender lo tienen que hacer a precios reducidos debido al difícil acceso a los mercados, falta de infraestructura adecuada para el acopio del exceso de producción local y la falta de canales de comercialización de los productos. Las actividades comerciales son limitadas y se concentran en unos cuantos negocios de mediana envergadura (3 ferreterías, 7 misceláneas, 3 tiendas).

El rubro del turismo ha tornado auge durante los ultimos cuatro años y el flujo de turistas nacionales y extranjeros se ha visto aumentado rapidamente, al igual que la cantidad y tamaño de hoteles, restaurantes y transporte turístico.

Las condiciones ambientales y recursos naturales también se están deteriorando y desapareciendo debido a la presión poblacional en Ometepe y alrededor de las riberas del lago Nicaragua. Varias fuentes de agua han desaparecido o disminuido su caudal. En los ultimos años se ha visto con frecuencia la acumulación de peces muertos en las playas de la Isla. Se presume se deba a contaminación de las aguas o a cambios en la composición química y temperatura de las aguas. Muchas especies de fauna local, como papagayos, venados y otros han desaparecido o están en peligro de desaparecer totalmente. Los bosques también han sufrido despale, lo cual es notable en las laderas de los volcanes donde ocacionalmente se producen derrumbes en época de lluvias debido a la erosión incrementada por la falta de una capa de protección vegetal (arboles y arbustos). Los suelos cultivables han sufrido erosión y pérdida de productividad debido al mal de técnicas no apropiadas.

Es necesario promover las condiciones de educación, salud e infraestructura productiva y de comunicación, asi como la protección de los recursos naturales y el ambiente, para aspirar a que en un futuro Ometepe sea una economía floreciente, con un pueblo educado, con salud y con fuentes de trabajo.

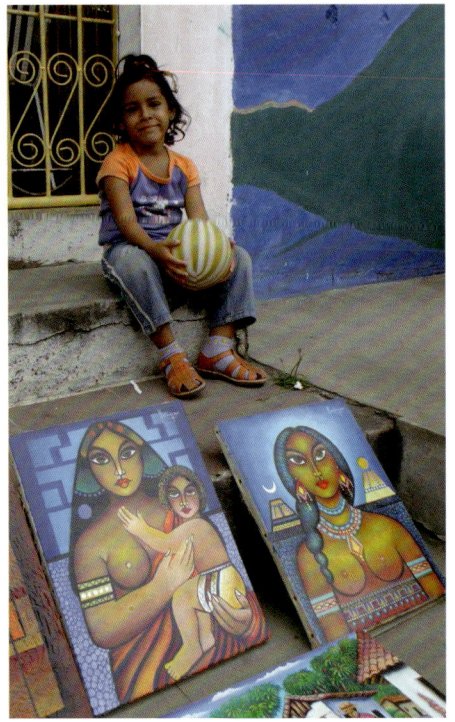

ES RIECHT NACH HOLZFEUER

VON JANA HÖHN

Es riecht nach Holzfeuer, die Luft ist warm, hinter mir ragt die Silhouette Sandinos in den Himmel, vor mir liegen die Lagune von Tiscapa und die Stadt Managua. Von hier oben aus habe ich einen guten Blick über die Hauptstadt Nicaraguas.

Bis zum schweren Erdbeben 1972 war Managua fast vollständig zugebaut, und was das Erdbeben nicht wegfegen konnte, hat 1998 der Hurrikan Mitch erledigt. Es fasziniert mich, wie es Menschen trotz Bürgerkrieg und Naturkatastrophen gelingt, immer wieder aufzustehen und weiterzumachen und trotz immer neuer Tiefschläge nicht den Mut zu verlieren.
Ist es vielleicht das, was mich als deutsche Touristin in dieses kleine Land Lateinamerikas führt?

Heute ist Managua überwiegend grün und weitläufig und von den alten Gebäuden ist kaum etwas geblieben. In der Ferne ist von hier aus der Vulkan Momotombo zu sehen, und man ahnt wenig von dem quirligen Treiben da unten. Von den Kindern, die zum Teil jünger sind als mein sechsjähriger Neffe und Süßigkeiten verkaufen oder an der Ampel mal eben die Autoscheiben putzen; von den Menschen, die sich durch Müllberge wühlen auf der Suche nach etwas Essbarem; von den Hun-

44

den, die überfahren oder ausgemergelt und tot auf der Straße liegen.

Wie soll ich als Reiseveranstalterin Menschen für eine Reise nach Nicaragua gewinnen?

Vielleicht so, wie es mir eine Kundin im Reisebüro mal empfohlen hat, als wir über die Dominikanische Republik sprachen? „Wenn Sie am Flughafen in den Reisebus steigen, ziehen Sie am besten die Vorhänge vor, bis Sie in Ihrem Hotel angekommen sind. Dann kriegen Sie auch nichts mit von diesen schrecklichen armen Hütten...und passen Sie natürlich immer gut auf Ihren Koffer auf!"

Warum also nehme ich einen Flug von 14 Stunden in Kauf, um ein Land wie Nicaragua zu bereisen?

Vielleicht, weil dieses Land neben seiner Armut, die ich als Reisender mit offenen Augen und wachem Verstand nur schwer übersehen kann, einen Reichtum bietet, der mir bisher nur an wenigen Orten der Welt begegnet ist.

Wenn ich in Managua aus dem Flughafengebäude trete, weiß ich, dass ich ab jetzt einen „Gang runterschalten" und mein typisch deutsches inneres Getriebensein für einige Wochen ablegen darf. Ich glaube, dass dies nicht nur der Tatsache zu verdanken ist, dass ich jetzt Urlaub habe, sondern auch einem anderen Lebensgefühl, das viele Menschen in Nicaragua ausstrahlen. Vielleicht spüre ich hier, anders als in Deutschland, - wie es das Wort schon sagt - mehr Leben und Gefühl und bin nicht so sehr darauf ausgerichtet, zu funktionieren. Mein Rhythmus hier ist ein anderer, manches kann bis morgen - „mañana" - warten und niemand nimmt es mir übel. Für mich als deutsche Touristin in Nicaragua Erleichterung und Herausforderung zugleich, weil ich doch immer wieder in die Versuchung gerate, meine eigene Uhr als Maßstab anzulegen.

Ein weiteres Lebensgefühl empfinde ich

auch, wenn ich die Stadt Managua hinter mir lasse und eintauche in eine einzigartige Natur: Seen, Vulkane, tropischer Regenwald, karibisches Meer und pazifische Wellen... satte, intensive Farben und Gerüche, die ich als Europäerin gierig aufsauge.

Es ist diese Faszination aus Fremde und gleichzeitig Willkommensein und „Sichzuhause-fühlen", die mich an Nicaragua reizt.

Auf keiner meiner Reisen bin ich so oft angelächelt und angesprochen worden: woher ich komme, was ich mache, wie lange ich bleibe...

Nirgendwo anders habe ich mich bisher so von Musik und Tanz und Lebensfreude anstecken lassen, wie in Nicaragua.

Ohne wochenlange Vorausplanungen werden „Flor de Caña", Limetten, Cola und ein paar Tortillas und Häppchen zusammengetragen und scheinbar aus dem Nichts entsteht innerhalb weniger Stunden eine rauschende Fiesta.

Ich bin eine Fremde und fühle mich dennoch nicht allein in diesem Land. Ich glaube nicht, dass ich das mit einer solchen Selbstverständlichkeit auch als Fremde in Deutschland behaupten könnte.

Spätestens, wenn die kleine Fähre in San Jorge den Hafen verlässt, um auf die Insel Ometepe überzusetzen und vor mir die beiden Vulkane Maderas und Concepción im riesigen Nicaraguasee herausragen, ist Deutschland weit weg.

Ich freue mich auf meine Zeit morgens in der Hängematte, wenn über dem Nicaraguasee die Sonne aufgeht, auf Papageien und Brüllaffen und darauf, dass Oscar Flores uns in der Finca „El Porvenir" zeigt, wo der Pfeffer wächst oder die Ananas und auf der Finca Magdalena zu sehen, wo mein Kaffee herkommt. Ich freue mich auf Kokosnuss und frischen Fisch und Menschen, die mir morgens zuwinken, wenn ich die Straße hinuntergehe, statt mit mürrischem Blick auf den Boden zu starren, wie ich es aus Deutschland kenne.

Ich bin gespannt auf alte Kolonialstädte wie Granada und León, fast unberührte Strände an Pazifik und Karibik und farbenprächtiges Kunsthandwerk auf den verschiedenen Märkten.

Ich bin neugierig darauf, mir von Horacio und seinen Studenten, die von ihm als lokale Reiseführer ausgebildet werden, „ihr" Ometepe zeigen und erklären zu lassen, neugierige Fragen zu stellen und selbst gefragt zu werden:

Was machst du hier? Was hältst du vom Tourismus in Nicaragua?

Wenn ich dann nach einigen Wochen nach Deutschland zurückkehre und von Kunden gefragt werde: warum sollte ich denn nach Nicaragua reisen? – dann versuche ich, die Farben, die Musik, die Wärme und die freundlichen Gesichter so gut es geht in Worte zu fassen.

Und ich wünsche mir, dass es mir gelingt, auch andere Menschen für eine Reise nach Nicaragua zu begeistern:

- Menschen, die nicht zu der Gruppe der „Nörgelweltmeister" gehören, zu denen laut Studien jeder fünfte deutsche Tourist gehört, wenn in seinem Urlaub nicht alles so perfekt funktioniert.
- Menschen, die berücksichtigen, dass der Tourismus in Nicaragua noch in den Anfängen begriffen ist und die sich bewusst sind, dass sie mit ihren Ansprüchen maßgeblich mitbestimmen, ob sich der Tourismus für ein Land positiv oder negativ entwickelt.
- Menschen, die den Reichtum Nicaraguas zu schätzen wissen und dabei die Armut nicht ausblenden müssen.
- Menschen, denen „Begegnungen auf gleicher Augenhöhe" wichtig sind, die offen und unvoreingenommen sein können und nicht schon die Antworten auf ihre Fragen im Gepäck haben.

In diesem Sinne wünsche ich Ihnen eine gute Reise!

EN EL AIRE SE SIENTE OLOR A MADERA

POR JANA HÖHN

En el aire se siente olor a madera. Hace calor. Detrás de mí se alza la silueta de Sandino. De frente tengo la laguna de Tiscapa y la ciudad de Managua. De donde me encuentro observo una vista panorámica de esta ciudad capital de Nicaragua.

En 1972 el centro de Managua fue destruida por un potente terremoto. Subsecuentes desastres naturales y guerras civiles causaron mayor destrucción. Todavía hoy es posible observar ruinas de edificios en ciertos sectores de la ciudad. Sin embargo, es impresionante ver como los habitantes locales se han levantado y siguen adelante con sus vidas a pesar de los tremendos golpes sufridos. Esta actitud es tal talvez lo que más me atrae de este pequeño país latinoamericano.

Hoy Managua tiene muchas áreas verdes y la ciudad crece en todas direcciones. Los viejos edificios han sido derribados dando lugar a nuevas obras de progreso. A lo lejos se divisa el pico del volcán Momotombo. Desde mi lugar de observación es difícil darse cuenta de las dificultades y penurias sufridas día a día por un amplio sector de la población que vive en pobreza. Niños, algunos más jóvenes que mi sobrino de seis años, venden dulces o limpian los vidrios de los autos que se detienen en los semáforos. Otros niños y adultos buscan entre la basura por desperdicios para comer. Perros vagabundos, completamente esqueléticos yacen muertos en las calles después de ser atropellados por vehículos. Como puede una persona como yo, que trabaja en una agencia de viajes, despertar el interés en viajar a Nicaragua? Quizá un buen consejo fue el que me dio una clienta que viajaba a República Dominicana.

"Después de abordar el bus en el aeropuerto es mejor cerrar las cortinas de las ventanillas para no ver las chozas y no perder de vista el equipaje". Por qué entonces me tomo el trabajo de volar 14 horas para visitar un país así ? La razón para esto es que, como visitante con los ojos abiertos y de frente a la realidad, he podido ver y sentir que este país, a pesar de su pobreza, ofrece riquezas que he visto en pocos países del mundo.

Al llegar al aeropuerto de Managua se que tengo que reducir la velocidad del ritmo de vida que llevo en Alemania y tomar todo con calma por algunas semanas. No solamente porque estoy de vacaciones sino también contagiada por la alegría de vivir que se nota en los nicaragüenses. Quizá aquí siento que es más importante disfrutar la vida y sentir que sólo funcionar como máquina como en Alemania. El ritmo de la vida es completamente diferente. Lo que no se logro hacer hoy se hará mañana y a nadie le molesta. Como turista en Nicaragua me siento libre y al mismo tiempo lista para enfrentar los desafíos de la vida pero de vez en cuando me sorprendo yo misma haciendo otra vez todo a mi manera. Otra grata experiencia para mí es dejar atrás la ciudad de Managua y descubrir la singular belleza natural del país. Sus lagos, volcanes, la selva tropical, el mar caribe, las olas del océano Pacífico, sus colores intensos y sus olores nuevos que yo aspiro a todo pulmón.

La sensación de sentirme al mismo tiempo extraño y bienvenido y sentirse como 'en su casa' es una de las cosas que más me atrae de Nicaragua. En ninguno de mis numerosos viajes a otros lugares he sido acogida con tantas sonrisas e interés. Muchas preguntas sobre de donde vengo, que hago, cuanto tiempo estaré en el lugar … En ningún lugar hasta ahora he sido influenciada tanto por la música, el baile y la alegría de vivir como en Nicaragua. Sin necesidad de planear por varias semanas un evento, casi por 'arte de magia' aparecen la 'Flor de Caña', limones, cola, tortillas y bocadillos y se arma una fiesta.

Soy extranjera pero en ningún momento me siento sola en este país. No me pasa lo mismo en Alemania donde creo que me sentiría más sola si fuera extranjera. Más tarde, viajando en el pequeño ferry que parte del puerto de San Jorge rumbo a la Isla de Ometepe en medio del lago de Nicaragua y de frente a los volcanes Maderas y Concepción, siento que Alemania está muy lejos.

Yo disfruto de las mañanas en mi hamaca cuando sale el sol en Nicaragua. Adoro el sonido de los papagayos y monos aulladores. Me encanta cuando Oscar Flores nos instruye sobre como crecen la pimienta y la piña y ver como producen, en Finca Magdalena, el café que consumo. Me gustan los cocos, el pescado fresco y sobre todo la gente que saluda alegremente por los caminos en vez de encontrarme con las caras agrias y mirada hacia abajo que observo en Alemania. Estoy fascinada por la arquitectura de las ciudades coloniales de Granada y León, de las playas casi vírgenes del Pacífico y del Caribe, y de las artesanías y coloridos en los diferentes mercados típicos.

Estoy ansiosa de ver a Horacio y a sus alumnos, a los cuales entrena para ser guías turísticos en Ometepe, preparados para contestar preguntas de los visitantes o interrogarlos por ejemplo. Que haces aquí ? Que piensas del turismo en Nicaragua ? Después de unas semanas estoy de regreso en mi agencia de viajes en Alemania. Cuando un cliente me pregunta. Por que me propone viajar a Nicaragua ? Entonces trato de explicar con palabras todo el colorido, la música, el calor humano y los rostros amigables de la gente de ese país esperando que la gente se anime a viajar a Nicaragua.

Para disfrutar de dicho viaje no hay que pertenecer al sector de los 'quejosos', los cuales no disfrutan si en sus vacaciones algo no funciona a la perfección. Según estudios, uno de cada cinco alemanes pertenece a este grupo. Se estimula a viajar a las personas que entiendan que el sector turismo en Nicaragua se encuentra en su etapa inicial y que de su aporte depende que dicho turismo tenga un desarrollo positivo o negativo. Personas que aprecien las riquezas del país y no se impresionen negativamente por la pobreza existente. En fin, a personas a quienes les es importante tratar a las otras personas como iguales. Que sean de mente abierta y sin prejuicios. No se necesita de personas que ya saben de antemano las respuestas a todas las preguntas.

De esta manera, le deseamos un feliz viaje!

DOÑA PAULITA SCHNITZT KALEBASSEN

VIVA IGUANA!

VON MICHAEL HÖHN

Berta saß mit fünf Männern vor ihrem Haus, als wir mit dem Auto vorüber fuhren. Wir winkten ihnen freundlich zu. Am nächsten Tag erzählte sie uns, warum sie dort zusammen gesessen hatten. Einer von ihnen, ein Bauarbeiter aus Moyogalpa, hatte kurz zuvor einen weiblichen Leguan gefangen. Leguane graben sich in den Boden ein und legen ihre Eier in einem tiefen Loch ab. Der Bauarbeiter hatte das Weibchen beim Nestbau überrascht. Es war von grüner Farbe und hatte einen dicken Bauch voll mit Eiern. Es wog etwa drei Pfund. Ein Leckerbissen für viele Nicaraguaner! Es ist zwar gesetzlich verboten, Leguane zu schlachten. Dennoch gibt es gerade in der Osterzeit in vielen Familien Leguan zu essen.

Das Weibchen lag mit zusammengebundenen Füßen neben ihnen auf dem Boden und sie beratschlagten, was nun zu tun sei. Es stellte sich schnell heraus, dass der Jäger Mitleid mit dem Tier hatte und es laufen lassen wollte. Es habe so mitleiderregend zu ihm aufgesehen.

Daraufhin entschlossen sich alle Beteiligten, den Leckerbissen laufen zu lassen, auch wenn es einigen schwer fiel, weil ihnen schon beim Anblick das Wasser im Mund zusammen gelaufen war.

Als wir vorüber fuhren, feierte die Gruppe gerade die *Fiesta de Iguana viva,* das Fest des lebenden Leguan.

Wie ein Leguan zubereitet wird

Dem gefangenen Leguan wird mit einer Machete der Kopf abgeschlagen und man

Viva Iguana!

POR MICHAEL HÖHN

Berta estaba sentada con cinco hombres frente su casa cuando pasámos en el vehículo. Les hicimos señas amistosas. El próximo día nos contó porque estaban sentados juntos. Uno de ellos, un obrero de Moyogalpa, atrapó poco antes una iguana. Iguanas se entierran y ponen sus huevos en un hoyo profundo. El obrero la cogió por sorpresa haciendo su nido. Era de color verde y tenía una barriga llena de huevos. Tenía un peso de tres libras. Un bocado exquisito para muchos Nicaragüenses! En efecto es prohibido por ley matar iguanas. No obstante, especialmente en el tiempo de las Pascuas, muchas familias comen iguana.

La hembra quedó en el piso al lado de ellos con las piernas amarradas y ellos discutieron lo que iban a hacer. Rápido se vió que el cazador tenía lastima por el animal y lo quería dejar ir. Por esto decidieron dejar ir el bocado exquisito, aunque a algunos ésto fue dificil, porque al verla se les hizo agua la boca.

Cuando pasamos, estaban celebrando la *"fiesta de la iguana viva"*.

Como se prepara una iguana

De la iguana detenida se corta la cabeza con un machete y se deja desangrar. Otros le cortan la garganta. Luego la ponen algún tiempo en un fuego abierto para tostarla. Después se raspa la piel del animal y se lo destripa. Se corta la iguana en pedazos y se cocina en agua caliente. Para animales tiernos se necesita unos 30 minutos tiempo de cocción, para adultos algo más. Después se la deshace más y se revuelve con una masa de maíz. La masa de maíz se hace de la siguiente manera: Se tuestan los granos de maíz y se los muele con un molino y se cocina toda la masa con agua. A la masa se pueden mezclar verduras y todo esto se come parecido al *"Indio Viejo"*.

lässt ihn ausbluten. Andere schneiden nur die Kehle durch. Dann wird er kurze Zeit in ein offenes Feuer gelegt und angeröstet. Danach wird ihm die Haut abgeschabt und er wird ausgenommen. Man schneidet ihn in Stücke und kocht ihn in heißem Wasser. Für zarte Tiere braucht man etwa 30 Minuten Kochzeit, für ältere entsprechend länger. Anschließend wird er in Stücke zerlegt und in eine Masse aus Maisbrei untergemischt.

Der Maisbrei wird auf folgende Weise hergestellt: man röstet die Maiskörner leicht an, mahlt sie grob in einer Mühle und kocht das Ganze als Brei mit Wasser auf. In den Maisbrei wird Gemüse untergemischt und das Ganze wird ähnlich gegessen wie *Indio viejo*.

FRAGEN AN DEN AGRARINGENIEUR ALCIDES FLORES

Du bist Agraringenieur und hast viel Erfahrung in der Rinderzucht. Was genau ist deine Aufgabe?

Ich kümmere mich um die Herde und sorge dafür, dass sich gute Ergebnisse in der Milch- und Fleischerzeugung einstellen. Dazu gehört auch darauf zu achten, das Vieh unter guten Bedingungen zu halten.

Warum hast du die Insel Ometepe der Stadt vorgezogen?

Abgesehen davon, dass ich auf Ometepe geboren und aufgewachsen bin, bietet die Insel bessere Konditionen für eine produktive Tätigkeit durch eine höhere Stabilität des sozialen Gefüges. Auf dem Festland zum Beispiel ist der Viehdiebstahl weit verbreitet.

Welchen Stellenwert haben Ochsen und Pferde auf der Insel?

Traditionell wurden beide Tiere als Lastenträger genutzt, weil der Zustand der Wege für den motorisierten Transport zu schlecht war. Aktuell hat der Gebrauch der Ochsen abgenommen, ebenso wie der Pferde. Die Dorfbewohner nutzen häufiger das Fahrrad. Pferde sind aber immer noch beliebt, da sie touristisch genutzt werden können.

Gibt es eine lange Tradition in der Rinderzucht in Nicaragua?

Rinder wurden von den Spaniern nach Nicaragua gebracht und die Zucht begann auf den großen Haciendas der Großgrundbesitzer. Nichtsdestotrotz lag die eigentliche Arbeit der Aufzucht in den Händen der indianischen und mestizischen Bevölkerung.

Unter den momentanen Bedingungen, wie der geringen Technisierung, ist die Rinderzucht auf Ometepe nicht lukrativ. Sie ist kaum fähig, sich selbst zu erhalten.

Der größte Teil der Milch wird als solche an die lokale Bevölkerung verkauft. Was übrig bleibt wird zu Frischkäse und *cuajada* verarbeitet, so dass nichts von der Milch verloren geht. Zurzeit kostet der Liter Milch in Altagracia sieben Cordobas.

In Santo Domingo arbeiten etwa 20 Personen, die sich um die Weiden und Aufzucht der Tiere kümmern. Vier von ihnen melken die Kühe.

Es gibt zwei Typen von Rindern, die für den Verkauf in Frage kommen. Die alten Tiere, die nur noch wenig produktiv sind und Jungtiere, die einmal im Jahr verkauft werden.

Welche Probleme kommen auf die Landwirte mit dem Wechsel der Jahreszeiten zu?

Die Regenzeit ist für die meisten Landwirte die Produktionsphase. Sehr wenige von ihnen sind dazu fähig, während der Trockenzeit zu produzieren aufgrund der fehlenden Mittel für die Einrichtung von Bewässerungssystemen.

Welche Aufgabe haben die Pferde auf der Insel?

Obwohl sich insgesamt die Nutzung von Pferden verringert hat, ist das Pferd weiterhin hauptsächlich Transportmittel für Personen und Gepäck, vor allem in den abgelegenen Dörfern. Dort sind auch gewöhnlich Frauen und Kinder auf Pferden zu sehen. Heutzutage werden Pferde auch an Touristen vermietet und aus diesem Grund ist der Preis eines Pferdes deutlich gestiegen. Zum Beispiel hat ein Pferd vor 10 Jahren noch 40 USD gekostet, heute ist sein Preis 350 USD. Normalerweise werden sie nur auf den lokalen Märkten gehandelt. Es gibt auch keinen bestimmten Pferdetypus der bevorzugt wird, da die meisten gewöhnlich sind ohne irgendeinen Stammbaum.
Auf Ometepe gibt es keine spezielle Feier für das Aufmarschieren mit Pferden. An allen traditionellen Festen nehmen Reiter teil.

Gibt es in Nicaragua etwas Ähnliches wie das „Milchprogramm" für Kinder auf Kuba?

Die Regierung hat ein Programm initiiert, das sich der „Milchtropfen" nennt und ein Glas Milch pro Grundschulkind vorsieht. Aber die Umsetzung funktioniert nur in einigen Regionen des Landes und auch dort nicht regelmäßig. Auf Ometepe gibt es das Programm nicht. In Altagracia verteilt das "Proyecto Ometepe-Alemania" Nahrungsmittel an Kinder aus der CICO (Centro Infantil Comunitario = Kommunale Kinderzentren) und an Vorschulkinder, insgesamt über 1.000 Kinder.

PREGUNTAS PARA INGENIERO AGRÓNOMO ALCIDES FLORES

Como Ingeniero Agrònomo involucrado por mucho tiempo en la crìa de ganado vacuno cual era tu tarea?

Llevar el control del hato haciendo cruces para mejorarlo y obtener mejores rendimientos de leche y carne manteniendo el ganado en condiciones saludable

Porque preferistes la Isla de Ometepe a la Ciudad?

Además de ser nacido y criado en la Isla de Ometepe, el lugar ofrece mejores condiciones de estabilidad social para realizar cualquier actividad productiva. En otros sitios fuera de Ometepe existe mucha actividad de abigeos.

Que importancia tienen los bueyes y caballos en la Isla?

Tradicionalmente, ambos han sido utilizados para carga debido a la poca facilidad que los caminos ofrecìan para el transporte motorizado. Actualmente, el uso de bueyes ha decaìdo. El uso de caballos tambièn ha decaìdo y ha sido sustituida por la bicicleta entre los pobladores locales aunque representan una fuente de entretenimiento para ser ofrecida a los turistas

Existe una larga tradición en la crìa de ganado en Nicaragua (indígena)?

El ganado fue introducido en Nicaragua por los conquistadores españoles y su crianza se inicio en las grandes haciendas de su propiedad. Sin embargo, la mano de obra directa para su cuido y crianza eran los

Der Weichkäse - cuajada - wird zubereitet
El cuajada esta preparada

La estación de lluvia es la època de producción para la gran mayorìa de los agricultores. Muy pocos son capaces de producir durante la època seca debido a la falta de recursos econòmicos para instalar sistemas de riego.

Que tarea tienen los caballos en la Isla?

Aunque su uso ha disminuido bastante, la principal funciòn es servir de medio de transporte para personas y cargas, sobre todo en las comunidades màs alejadas. En estas comunidades es comùn mirar mujeres y niños encima de caballos. Ahora tambièn son usados para alquilar a turistas y por esta razón su precio ha subido mucho. Por ejemplo: un caballo que hace 10 años costaba US$ 40, ahora su precio es US$ 350. Generalmente se venden sòlo a nivel local. No hay preferencia por tipo de caballo ya que la gran mayorìa son caballos comunes sin ningún tipo de pedigree. En Ometepe no existe ninguna fiesta especial para la demostración de caballos. Los jinetes participan en las fiestas tradicionales.

Existe en Nicaragua algo similar al programa de leche para niños de Cuba?

El Gobierno Central tiene un Programa llamado `La Gota de Leche` que provee un vaso de leche a estudiantes de escuelas primarias pero sòlo funciona de forma intermitente en algunas regiones del paìs. Este programa no funciona en Ometepe. En Altagracia, el Proyecto Ometepe-Alemania distribuye alimentos para más de 1,000 niños de CICO y pre-escolares en toda la isla.

mestizos e indígenas. La crianza de ganado en Ometepe en las actuales condiciones de baja tecnificación no es lucrativa. Apenas es capaz de mantenerse. La mayor parte de la leche se vende en forma lìquida a la población local. El excedente es procesado en queso fresco y cuajada para evitar que se pierda. El precio actual del litro de leche en Altagracia es de C$ 7.00. En Santo Domingo trabajan cerca de 20 personas en el mantenimiento de potreros y crianza de animales. Cuatro de ellos trabajan en el corral de ordeño. Hay dos tipos de animales para vender. El ganado de descarte que son animales viejos y/o poco productivos y una venta anual de novillos (jóvenes).

Que problemas de producción enfrentan los agricultores con el cambio de estación?

Das verheissene Paradies – Arbeiten in Costa Rica

Monika Höhn

Ticas y Nicas son hermanos - Costa Ricaner und Nicaraguaner sind Brüder - lasen wir auf einem Schild an der Grenze von Peñas Blanca nach Costa Rica, nur etwa 30 km von der Bezirksstadt Rivas entfernt. Voll Stolz zeigt uns Alvaro seine Papiere, die er gestern für seine Ausreise nach Costa Rica bei der Steuerverwaltung in der Bezirkshauptstadt Rivas auf dem Festland erhalten hat. Nächste Woche wird endlich die gewünschte Ausreise klappen.

350 Cordoba hat er für seinen Pass zahlen müssen, für die Einwohnermeldebehörde noch einmal 54 Cordoba. Seine Freundin, 25 Jahre alt, arbeitet in der Administration eines Hotels in Merida. Mit ihr hat er eine siebenjährige Tochter. Sie wohnen gemeinsam in einem Häuschen in Merida. Und sie wird mit ihm gehen. „Für fünf Monate wollen wir erst einmal bleiben", sagt er. „Ich habe noch drei weitere Kinder. Sie sind vierzehn, zwölf und neun Jahre alt, mit meiner ersten Liebe...ich war damals sehr jung..." Sie hatte ihn verlassen.

Alvaro ist Elektrotechniker und hat nach dem Abschluss der weiterführenden Schule eine Ausbildung in der Hauptstadt Managua absolviert. Er ist 35 Jahre alt und

hatte neun Jahre lang bei der spanischen Elektrizitätsfirma Union Fenosa gearbeitet, die einen Sitz in Altagracia auf der Insel Ometepe hat. Bei dieser Firma hatte Alvaro einen Fünfjahresvertrag, wurde alle 14 Tage bezahlt und verdiente im Monat ca. 2000 Cordoba. Seine Arbeit bestand darin, dass er Überlandleitungen und Transformatoren wartete. Die Arbeit an Starkstromleitungen wurde ihm zu gefährlich. Er berichtet von einem Unfall, den er in der Nähe der Hafenstadt Moyogalpa hatte. Bei den Wartungsarbeiten an einem defekten Transformator bekam er einen heftigen Stromschlag von etwa 220 V, so dass er drei Monate lang Probleme mit seinem Kopf hatte. Er erzählt, dass er fast ein viertel Jahr lang immer wieder „Sternchen gesehen" und starke Kopfschmerzen gehabt habe. Das sei vor allem der Grund gewesen, sich um eine andere Arbeit zu bemühen, die er auf einer Finca fand. Hier verdient er an einem Tag 80 Cordoba.

Wie sein Verdienst in Costa Rica ausfallen würde, wisse er noch nicht ganz genau. Auf alle Fälle würden Elektriker gesucht. Alvaro ist davon überzeugt, dass er so viel mehr verdienen wird, dass er wieder auf die Insel zurückkehren kann, um seine Pläne zu verwirklichen. Er möchte gerne seine Freundin heiraten, und das Haus fertig bauen, für das er noch einiges Material benötigt. Er ist dankbar, dass seine Eltern so schwer gearbeitet haben, um ihm und seinen Brüdern eine Ausbildung zu ermöglichen. Ein Kind seiner Eltern sei bereits bei der Geburt gestorben, zwei weitere als Säuglinge. Vor fünf Jahren ist seine Mutter mit 62 Jahren an einer Blutkrankheit gestorben. Sein Vater, 68 Jahre alt, lebt in der Nähe von Altagracia. Alvaro besucht ihn jedes Wochenende mit dem Fahrrad, da die Fahrtkosten mit dem Bus für ihn zu hoch sind. Früher hatte sein Vater bei der Tabakherstellung gearbeitet, eine unregelmäßige Arbeit, so dass er in der freien Zeit mit der Axt zu Fuß unterwegs war, um Holz zu schlagen, das er als *leña*, Brennholz, verkaufte. Vor einigen Jahren beendete er nach Ostern seine Arbeit. Ein Tabakofen, in dem der erfahrene Arbeiter Feuer gemacht hatte, war ausgebrannt. Heute verkauft er Bananen.

Alvaro ist in einer „*Ranchita de Palmas*" groß geworden, in einer Hütte mit Palmblättern als Dach. Sein Großvater mütterlicherseits besaß eine Ziegelbrennerei und erlaubte seinem Vater, mit den dortigen Materialien ein eigenes Haus zu bauen. Alvaro ist später nach Merida gezogen, weil er dort ein Grundstück hat, das er auch landwirtschaftlich nutzt.

„Mein Dorf Merida ist sehr arm und viele möchten raus", sagt Alvaro. „Leider gibt es keine großen Arbeitsmöglichkeiten. Mein größter Wunsch und der der meisten Jugendlichen ist, Arbeit zu bekommen."

**Alvaro Ortiz Hernández,
35 Jahre**

Geburtsort Barrio San Miguel, Gemeinde Altagracia.

Wir sind fünf Brüder, ich habe keine Schwester. Wir waren acht Geschwister, aber drei davon starben. Einer davon starb an einer Blutung. Was mich persönlich betrifft, macht mir meine Arbeit sehr viel Freude. Es gefällt mir und ich bin stolz darauf, mit meiner Arbeit Geld zu verdienen. Für mich ist Arbeit etwas sehr Schönes, wo immer ich auch sie verrichte. Meine Freundin und ich müssen in ein anderes Land gehen, nach Costa Rica, nicht, um es kennen zu lernen, sondern um dort zu arbeiten und zwar für die Projekte, die wir uns für die Zukunft vorgenommen haben.

Die Insel Ometepe ist sehr schön. Es ist ein wunderbares Paradies und ich glaube, dass viele Leute sich wünschen würden, so etwas zu haben oder für immer hier zu leben. Aber nicht alles, was man sich wünscht, ist auch möglich.

Mir gefällt die Insel auch deswegen, weil wir auf ihr eigenen Grund und Boden haben, wo wir den Samen pflanzen können, um später davon zu ernten (Reis, Bohnen, Mais, Bananen...)

Ich wurde auf der Insel geboren und ich hoffe, auf ihr zu sterben, wenn mein Schöpfer mir das erlaubt.

Ich stamme aus einer armen Familie und deswegen, weil meine Familie arm war, konnte sie nicht für alle sorgen. Ich habe zwei Brüder, die Lehrer sind. Einer lebt in Costa Rica, einer arbeitet für DISSUR als Sicherheitsbeauftragter und seine Ausbildung hat er als Elektriker gemacht.

Ich beschwere mich nicht über mein Leben, sondern ich danke im Gegenteil Gott dafür, dass ich dieses Leben bis zum heutigen Tag habe.

Ich möchte, dass alle wissen, dass ich eine positive Person bin mit dem Mut, immer nach vorne zu sehen.

EL PARAÍSO PROMETIDO – TRABAJAR EN COSTA RICA

Ticas y Nicas son hermanos - costarricenses y nicaragüenses son hermanos – leemos en un rótulo en Peñas Blancas – un puesto fronterizo entre Nicaragua y Costa Rica, aproximadamente 30 km al sur de Rivas.

Lleno de orgullo Alvaro nos enseña sus papeles que ayer recibió en la Administracion de Rentas en Rivas para su salida a Costa Rica. Por fin en la próxima semana funcionará el viaje muy deseado. Tenía que pagar 350 Cordoba por su pasaporte y por la migración 54 Cordoba mas. Su novia, 25 años de edad, trabaja en la administración de un hotel en Merida. Con ella tiene una hija de siete años. Viven juntos en una casita en Merida. Ella irá con él. "Para empezar queremos quedarnos cinco meses en Costa Rica", dice él. "Tengo tres niños más. Tienen catorce, doce y nueve años, con mi primer amor… era muy joven por aquel entonces.." Ella lo había abandonado.

Alvaro es electrotécnico. Después de la escuela superior hizo una formación en la capital Managua. Tiene 35 años y trabajaba nueve años en una empresa espanola de electricidad, Unión Fenosa, que tiene su sede en Altagracia en la isla de Ometepe. Alvaro tenía un contrato laboral de cinco años, era pagado cada 14 días y ganaba aprox. 2000 Cordoba por mes. Su trabajo era revisar las líneas y transformadores. El trabajo en líneas de corriente de alta intensidad le volvió tan peligroso. Informa de un accidente que tenía cerca de la ciudad portuaria Moyogalpa. Trabajando con un transformador defectuoso de repente le dio un calambre de aproximadamente 220 V de manera que tenía durante tres meses problemas con su cabeza. Cuenta, que durante casi un cuarto año una y otra vez veía las estrellas y tenía dolor de cabeza muy fuerte. Sobre todo por eso empezó a buscar otro trabajo que por fin encontraba en una finca. Allí gana 80 Cordoba por día.

Todavía no sabe exactamente cuanto ganará en Costa Rica. De todos modos se buscan electricistas. Alvaro está convencido de que ganará tanto más así que pueda volver a la isla y realizar sus planes. Quiere casarse con su novia, y seguir construyendo la casa para la cual necesita bastante material todavía. Está agradecido a sus padres, que trabajaban duro para permitirles una formación a él y a sus hermanos. Un niño de sus padres ya murió en el parto, dos más cuando eran bebes. Hace cinco años su madre murió con 62 años por una hemopatía. Su padre tiene 68 años y vive cerca de Altagracia. Alvaro lo visita cada fin de semana con la bicicleta como el viaje en el autobús es tan caro para el. Antes su padre trabajaba en el tabaco, pero era un trabajo muy irregular. Por lo tanto iba a maderar en su tiempo libre y lo vendía como leña. Hace algunos años después de la Pascua dejó su trabajo. Un horno de tabaco en el cual el obrero experto había hecho fuego, había quemado. Hoy vende plátanos.

Alvaro se crió en una "Ranchita de Palmas", en una cabaña con un techo de hojas de palmera. Su abuelo por parte materna poseía una fábrica de ladrillos y le permitía a su padre construir una propia casa con los materiales de allí. Luego Alvaro se mudó a Merida porque allí tiene un terreno que también utiliza agrariamente.

"Merida es muy pobre y muchos quieren salir del pueblo," dice Alvaro. "Desgraciadamente no hay muchas posibilidades para trabajar. Mi mayor deseo y el de la mayor parte de los jóvenes es conseguir trabajo."

Alvaro Ortiz Hernandez, 35 años

Lugar de Nacimiento: Barrio San Miguel, Municipio Altágracia.
Somos cinco hermanos, no tengo hermana. Éramos ocho hermanos, pero tres de ellos fallecieron. Uno de ellos murió de una hemorragia. En lo que a mí me concierne, mi trabajo me encanta mucho. Me gusta ganar dinero trabajando. Es algo que me enorgullece. Para mí el trabajo es algo lindo, igual en cual lugar tengo que hacerlo. Mi novia y yo tenemos que salir a otro país, a Costa Rica, no para conocer, sino para trabajar, para salir adelante en los proyectos que queremos realizar.

La isla de Ometepe es muy linda. Es un paraíso fantástico y pienso que alguna gente desearía tener algo único como la isla o vivir para siempre en ella. Pero no todo lo que se desea se puede realizar.
También me gusta la isla porque aquí tenemos la tierra donde podemos sembrar la semilla y cosechar (arroz, frijoles, maíz, plátanos...)
Nací en la isla y espero que el que ha creado todo me permite morir en ella.
Soy de una familia pobre y por lo tanto no pudo cuidar a todos. Tengo dos hermanos que son profesores. Uno vive en Costa Rica, uno trabaja para DISSUR como inspector de seguridad y hizo una formación como electricista.
No me quejo de la vida, sino al contrario le doy las gracias a Dios por tener esta vida hasta hoy día. Quiero, que sepan que soy una persona positiva con ánimo que siempre mira para adelante.

LANDEIGENTUMS-SITUATION IN NICARAGUA UND AUF OMETEPE

VON JORGE QUINTANA

Vor der Ankunft der Spanier war Land nationales bzw. kommunales Gut und war nicht im Eigentum irgendeiner Person oder speziellen Gruppe. Den Einzelnen wurden Parzellen zur Nutzung zugespro-chen mit dem Ziel, auf dieser zu produzie-ren. Der Ertrag des Bodens gehörte dann demjenigen, der ihn bewirtschaftet hatte. Ein Teil des Ertrages wurde als Tribut oder Steuer an den Staat übergeben. Mit der Er-oberung des Landes und der Kolonisie-rung durch Soldaten und andere Immi-granten vor 500 Jahren, diktierten die spa-nischen Könige ein Dekret, mit dem sie die so genannten „Encomiendas" etablier-ten. Das war das Recht für die Personen, die als „Encomenderos" eingesetzt wur-den, diese großen Ländereien zusammen mit den auf ihnen lebenden Menschen, die

diesen Herrschaften zu Diensten sein mus-sten, auszubeuten. Die einzige Pflicht die-ser Herren war, ihre Dienerschaft zum ka-tholischen Glauben zu bekehren.

Die nachfolgenden Generationen dieser Familien erbten die Rechte über diese Ländereien von ihren Eltern. Mit der Un-abhängigkeit von Spanien im Jahre 1821 stellten sich diese Familien über die Län-dereien der „Encomiendas" Eigentumsur-kunden aus, da die Dekrete der spanischen Krone ihre Gültigkeit verloren. Am Be-ginn des 20. Jahrhunderts, mit der Einver-leibung der Atlantikküste, wurden die

Ländereien in nationale, gemeindeeigene und private sowie in Ländereien der indigenen Gemeinden klassifiziert. Der größte Teil der privaten Ländereien gehörte Großgrundbesitzern spanischer Herkunft. Einige wenige unabhängige Kleinbauernfamilien besaßen kleine Parzellen.

Nach dem Zweiten Weltkrieg wurden aufgrund des Landdrucks der kleinbäuerlichen Mestizen mehrere Agrarreformen durchgeführt, bei denen den Kleinbauern kleine Parzellen in abgelegenen Gegenden des Landesinneren übergeben wurden. Diese Regionen wurden dann bekannt als die so genannte „Agrarfront". Da diese Neusiedler keine große technische oder finanzielle Hilfe erhielten, waren ihre Parzellen in wenigen Jahren ausgelaugt und sie verkauften sie zu niedrigen Preisen an Großgrundbesitzer. Sie selbst drangen weiter in die Regenwälder ein und schlugen die Bäume für ihre neuen landwirtschaftlichen Parzellen ein. Dieser Prozess hat sich seit der Zeit in immer beschleunigter Weise wiederholt und die Agrarfront befindet sich mittlerweile weit innerhalb der Wälder der Atlantikküste, nachdem sie bereits alle Wälder der Zentralregion und um die Vulkane der Pazifikregion zerstört hatte, wie man auch um den Vulkan Maderas auf der Insel Ometepe feststellen kann.

Mit der Sandinistischen Revolution 1979 wurden viele Ländereien beschlagnahmt und in kollektive staatliche Ländereien oder Genossenschaftsland umgewandelt. So kam es, dass die Ländereien der Familie Somoza und weiterer zweier Familien am Vulkan Maderas beschlagnahmt und in Genossenschaften umgewandelt wurden. 1990, mit der Machtübernahme einer rechten Regierung, wurden viele dieser staatlichen Ländereien den Mitarbeitern übergeben, die in ihrer großen Mehrheit das Land in kleine Parzellen aufteilten, de-

ren Eigentümer jeder einzelne wurde. Auch viele Genossenschaften haben sich aufgelöst.

1990 begannen auch die früheren Besitzer oder Käufer von diesen wieder ihr Land, das ihnen beschlagnahmt worden war, zu beanspruchen. Auch die Kämpfer der Contra und des Sandinistischen Heeres, die demobilisiert wurden, beanspruchten aufgrund der Friedensvereinbarungen das Recht auf eigene Landparzellen. Der Prozess der Landzuteilung ist nicht sehr klar und viele Eigentümer haben zwei oder mehr Eigentumstitel. In anderen Fällen verkauften skrupellose Leiter der Genossenschaften oder Funktionäre der staatlichen Kollektive das Landeigentum hinter dem Rücken der Genossen und der Nutzer der Parzellen.

Aufgrund dieser Situation gab es in mehreren Regionen des Landes Aktionen der Vertreibung der Kleinbauern. Die jüngste Landvertreibung ereignete sich 2005 bei Chinandega. Dabei wurden drei Personen von der Polizei getötet.

Im Jahre 2002 ereignete sich ein solcher Vorfall in der Gemeinde von Perú auf der Insel Ometepe, wo die Polizei 13 Familien durch den Einfluss eines Großgrundbesitzers vertrieb. Obwohl es Schüsse und leicht Verletzte gab, war niemand ums Leben gekommen oder schwer verletzt. Dennoch wurden die 13 einfachen Wohnungen bis auf ihre Fundamente zerstört und die Familien mit ihren Kindern, Alten und Kranken mussten für einige Zeit im Freien schlafen, bis sie wieder über eine eigene Wohnung, die vom POA-Projekt bereitgestellt wurde, verfügen konnten.

Tag für Tag besteht die akute Gefahr der Vertreibung für viele Kleinbauernfamilien im Land. Ein Fall, den man in letzter Zeit oft erwähnt hatte, war der von Tismal in der Gemeinde Tipitapa bei Managua.

Ein anderer Fall ist der der Genossenschaft Corozal auf der Insel Ometepe, wo ein

Großgrundbesitzer Ansprüche erhebt. Eine andere, vielleicht sogar größere Gefahr ist die ökonomische „Vertreibung", bei der Kleinbauernfamilien aufgrund finanzieller Notlagen ihre Parzellen zu niedrigen Preisen an nationale oder ausländische Investoren verkaufen.

Diese Situation ist auf der Insel Ometepe wegen des touristischen Charakters weit verbreitet. Mehrere spanischstämmige oder ausländische Familien haben Grundbesitz auf der Insel gekauft und dort ihre Geschäfte aufgebaut. Die Familien, die ihre Ländereien verkauft haben, gehörten danach meist zu den Armen des Landes ohne eigene Wohnung.

SITUACIÓN ACTUAL DE LA TENENCIA DE LA TIERRA EN NICARAGUA Y EN LA ISLA DE OMETEPE

POR JORGE QUINTANA

Antes de la llegada de los españoles, la tierra era de carácter nacional y comunal y no pertenecía a ninguna persona o grupo en particular. Se asignaban parcelas con el propósito de hacerlas producir, y el producto de la tierra pertenecía al que la trabajaba. Una parte del producto era entregado al estado como tributo o impuesto. Con la conquista del país, 500 años atrás, y el establecimiento del proceso de colonización por soldados conquistadores y otros inmigrantes, los Reyes de España dictaron un Decreto estableciendo "Las Encomiendas". Estas no eran más que una autorización real para que las personas designadas como Encomenderos tuvieran el derecho de explotar a su gusto y antojo grandes extensiones de tierra junto con la población indígena que la habitaba que pasaban a ser siervos de estos señores. La única obligación de estos Señores era la de convertir a sus siervos a la Fé Católica. Las siguientes generaciones de las familias Encomenderas heredaron los derechos de sus padres sobre las propiedades encomendadas. Con la llegada de la Independencia de España en 1,821, estas familias se extendieron títulos de propiedad sobre las tierras encomendadas ya que los decretos Reales dejaron de tener validez. Al inicio del Siglo XX, con la reincorporación de la Costa Atlántica, las tierras se clasifican en nacionales, municipales, comunidades indígenas y propiedad privada. La mayor parte de esta última estaba en manos de grandes terratenientes de familias criollas. Unas pocas familias campesinas independientes poseían pequeñas parcelas. Para después de la Segunda Guerra Mundial, debido a la presión por tierra de los campesinos mestizos, se implementaron varios diseños de reforma agraria cediéndole pequeñas parcelas a campesinos en lugares retirados en la selva del interior del país, región que comenzó a conocerse como 'La Frontera Agrícola'. Debido a que estos 'Colonos' no recibían mucha atención técnica y financiera en unos pocos años sus parcelas se volvían improductivas y vendían a bajos precios a terratenientes mientras que éllos se internaban aún más en la selva tropical a despalar nuevos lugares para agricultura. Desde entonces este proceso se ha venido repitiendo aceleradamente y 'La Frontera Agrícola' ya se encuentra muy adentro de la llanura costera del Atlántico después de destruir todos los bosques de la región central del país, y alrededor de los volcanes en la zona del Pacífico, tal como se puede apreciar alrededor del volcán Maderas en la Isla de Ometepe.

Con la revolución Sandinista, en 1,979, muchas propiedades fueron confiscadas y convertidas en colectivos estatales o en cooperativas de campesinos. Así es como tierra en el Volcán Maderas confiscada a Somoza y otras dos familias son convertidas en Cooperativas. En 1,990, con la llegada al poder de un gobierno de derecha varios colectivos estatales son entregados a los empleados los que en su gran mayoría dividieron y repartieron las propiedades en pequeñas parcelas. También hubieron muchas cooperativas que se desintegraron.

A partir también de 1,990 comienzan los reclamos de los antiguos dueños que habían sido confiscados, o de personas a la que éllos les habían vendido las propiedades. También los combatientes de la Contra y del Ejercito Sandinista que están siendo desmovilizado tras el Acuerdo de Paz reclamán el derecho a obtener parcelas. El proceso de asignación de parcelas no es muy claro y muchas propiedades tienen dos o más Títulos de Propiedad. En otros casos, directivos inescrupulosos de las cooperativas y funcionarios de colectivos estatales vendieron propiedades a espalda de los cooperados y parceleros.

Debido a esta situación se han dado actos de desalojo de campesinos en varias regiones del país, incluyendo el más reciente que ocurrió en Chinandega en 2,005 con el resultado de 3 personas muertas por disparos de la policía.

En 2,002 se dio un incidente en la comunidad del Perú, Isla de Ometepe, donde la policía desalojo a 13 familias por la fuerza por ordenes de un terrateniente. A pesar de haber disparos y heridos leves, no hubieron muertos ni heridos de gravedad en 2,002. Sin embargo las 13 humildes viviendas fueron desbaratadas desde sus cimientos, y las familias con sus niños, ancianos y enfermos tuvieron que dormir a la interperie por un tiempo hasta poder disponer de otra vivienda provista por el POA.

Día a día existe el peligro eminente del desalojo para muchas familias campesinas alrededor del páis. Un caso muy sonado en la actualidad es el del Tismal en el Municipio de Tipitapa, Managua. Otro caso es el de la Cooperativa del Corozal en la Isla de Ometepe donde existe un reclamo de parte de los terrenos de la Cooperativa por un terrateniente. Otro peligro mayor aún es el desalojo económico en donde familias campesinas con necesidades financieras venden a bajos precios sus parcelas a inversionistas, nacionales o extranjeros. Esta situación es mayormente acentuada en la Isla de Ometepe por su calidad turísticas. Varias familias Criollas de Nicaragua y extranjeros han comprado propiedades y establecido negocios en estos lugares. Las familias que vendieron sus parcelas generalmente pasan a aumentar el número de pobres y familias sin viviendas en el país.

WENN DER VULKAN GAS UND ASCHE SPUCKT

VON MICHAEL HÖHN

„Wenn der Vulkan Concepción Gas und Asche spuckt", sagte Alvaro lächelnd, „dann macht sich kaum einer Sorgen. Schlimmer ist es in der Regenzeit, wenn der heftige Dauerregen die Schlamm- und Gerölllawinen, so genannte Lahare, von den Hängen herunter ins Tal treibt. Da bekommen schon einige Insulaner Angst." Und er erzählte, dass nach dem Hurrikan Mitch im Herbst 1998 ein solcher Lahar mit einer Geschwindigkeit von wenigen Metern in der Stunde erst kurz vor dem Ort San Miguel zum Stillstand kam. „Die Bewohner hatten Wachen aufgestellt und wollten erst dann nach Altagracia evakuiert werden, wenn die Schlammlawine ihren Ort erreicht hatte."

Der Vulkan Concepción ist ein Stratovulkan und hat einen der vollkommensten Kegel in Zentralamerika. Die häufig angegebene Höhe von 1610 m ist aufgrund der zahlreichen Ausbrüche in der zweiten Hälfte des 20. Jahrhunderts vermutlich auf über 1700 m angewachsen.

Beim Ausbruch im Sommer 2005 hatte die letzte Fähre gerade eben im Hafen von Moyogalpa angelegt. Die schwarze Rauchsäule über dem Vulkan schraubte sich im Licht der untergehenden Sonne hinauf in den Himmel. Der heftige Wind fegte Rauch und Gase vom Osten kommend quer über den nordwestlichen Teil der Insel.

Wir standen hinten auf der Ladefläche des Pickups und fuhren durch den Ort Esquipulas, am Haus des Künstlers Carlos Vargas vorüber, als es mit einem Mal heftig in den Augen brannte. Wir begannen zu husten. Am Straßenrand saßen gelassen die Einwohner und hielten sich Handtücher vors Gesicht. Rasch zogen auch wir unsere Badetücher heraus und schützten Augen, Nase und Mund vor dem beißenden Auswurf des Vulkans. Nur einige Kilometer weiter südlich war nichts mehr davon zu spüren. Beim Zurückschauen sahen wir, dass sich die Rauchsäule bereits in Luft aufgelöst hatte.

CUANDO EL VOLCÁN CONCEPCIÓN RETUMBA Y HECHA GASES Y CENIZAS

POR MICHAEL HÖHN

"Cuando el volcan Concepción retumba y hecha gases y cenizas," Alvaro dice sonriente „Nadie le hace caso. Lo peor es en el tiempo de lluvia cuando después de dias con lluvia sin parar se dejan venir corrientes de lodo y ripio llamado lahare hacia el valle. Entonces algunos de los isleños se ponen temerosos."

Y el cuenta que cuando el huracán Mitch en el otoño de 1998 un lohar que bajaba con todo furor se detuvo justo algunos metros antes del caserio San Miguel. "Los habitantes estaban alertas y dispuestos a evacuar Altagracia sólo si el aluvion entraba al pueblo".

El volcán Concepción es un volcán estratosfero y tiene uno de los conos más perfectos de America Central. La altura - que sube a 1610 m - se debe a numerosas erupciones que tuvo a mitad del siglo veinte - se calcula que ha crecido hasta 1700 m. En la erupcion de verano 2005, acababa de llegar en el último ferry al puerto de Moyogalpa. La negra columna del volcán se mezclaba con la luz del sol poniente. Un viento fuerte llevaba humo y gases del este al noroeste de la isla.

Nos encontrabamos atrás en el Pickup en el que atravesabamos el pueblo de Esquipulas a la altura de la casa del artista Carlos Vargas, cuando sentimos gran ardor en los ojos. Empezamos a tocer y al borde de la calle los habitantes estaban tranquilamente sentados con sus rostros cubiertos por pañuelos. Rapidamente nos cubrimos con toallas nuestros ojos, nariz y boca para protejernos de las arenas del volcan. Solo a varios kilómetros hacia el sur, estaba todo normal; al ver para atrás, vimos que el humo se desvanecía en el aire.

FÜR DEN AUGENBLICK LEBEN

VON BARBARA KOOIJMAN UND
KASPAR ZÜRCHER

In Nicaragua hat man noch ein unverkrampftes Verhältnis zum Körper. „Gordita" („Dickerchen") sagt man hier zu fast jeder Frau, die nicht gerade Modellmaße hat – und niemand fühlt sich dabei gekränkt. Das bedeutet aber nicht, dass es

hier keinen Körperkult gäbe, im Gegenteil:

Unsere Nachbarsfamilie ist seit ein paar Tagen ganz aus dem Häuschen. Die zwölfjährige Ingrid erzählt uns voller Stolz, dass sie an der Wahl zur „Reina de Tagüizapa" teilnehmen wird. An drei Abenden soll unter fünf Bewerberinnen die Schönste zur Königin erkoren werden. Nun werden eifrig Modekataloge angeschaut und schließlich mehrere Abendkleider beim Schneider in Auftrag gegeben. Die Mutter, die ihre schöne Tochter sonst

jeden Moment behütet und sie ein paar Wochen zuvor noch für ein paar Tage von der Schule geholt hat, weil sie sich offenbar in einen Mitschüler verliebt hatte, legt sich mit viel Ehrgeiz und Stolz auf ihre Älteste ins Zeug. Die ganze Nachbarschaft verfolgt, wie sich das Mädchen von nebenan in eine bezaubernde junge Dame verwandelt, mit Stöckelschuhen und langem Beinausschnitt. In vielen Abendkursen lernen die Mädchen die Choreografie für ihre Auftritte.

Wir werden herzlich zum Anlass eingeladen und versprechen, ihn auch gebührend fotografisch festzuhalten. Das Fest erweist sich als Disco, etwas außerhalb des Dorfes und erst etwa gegen 11 Uhr nachts werden die blutjungen „Chicas" dem erwachsenen und überwiegend männlichen Publikum vorgeführt. Sie tanzen Merengue und Volkstänze und modeln zu US-Hits wie ihre großen Vorbilder.

Nach drei Samstag-Abenden ist die Show vorbei, die Eltern haben wohl mehrere Monatseinkommen für die vielen Kleider und Schuhe ausgegeben. Ingrid hat ihre Sache gut gemacht, sie ist zwar knapp nicht Reina geworden, aber immerhin Novia de la Fiesta, also Zweite.

Was uns als Außenstehende überrascht, ist, wie eine arme Familie keinen Aufwand scheut, um ihre Tochter für einen einzigen Anlass so herauszuputzen. Da spielt es keine Rolle, dass man hinterher wieder in das einfache Haus ohne Fenster zurückkehrt, wo man den einzigen Raum mit Hunden und Schweinen teilt. Man feiert den Tag in vollen Zügen und denkt nicht an das Morgen. Wie ein Feuerwerk, das gerade deshalb so schön ist, weil der Traum Sekunden später schon wieder vorbei ist.

Ob wir mit unserem Streben nach nachhaltigem Handeln und zukunftsorientierten Denken wohl die Art der Leute hier je richtig verstehen lernen?

VIVIR POR EL MOMENTO

Por Bárbara Kooijman y Kaspar Zurcher

En Nicaragua no se toma tan en serio el tamaño de una persona. 'Gordita' se le dice a toda mujer que está un poco pasada de peso y nadie se siente ofendido. Esto no

quiere decir que sean descuidados con su persona, si no que es todo lo contrario. Nuestros vecinos están muy orgullosos. Ingrid, de 12 años está feliz pues participará como concursante en la elección de 'Reina de las Fiestas de Taguizapa'. Durante tres noches escogerán a la Reina de entre cinco candidatas. Buscarán en los figurines modelos para dar a elaborar varios vestidos de noche. La Madre de Ingrid, quien controla todos los movimientos de la hija a tal punto de retirarla de asistir a la escuela por haberse enamorado de un condiscípulo, ahora se empeña para que gane el concurso. Todos los vecinos son testigos de la transformación de la hija del vecino en una joven dama con zapatos de tacón alto y una abertura de media pierna en el vestido. Las concursantes aprenden la coreografía de la presentación en prácticas nocturnas.

Nos invitaron cordialmente y prometimos tomar muchas fotografías esas noches. La fiesta se realizó en el local de una 'Disco' en las afueras del pueblo y alrededor de las 11 de la noche, las candidatas fueron presentadas ante el público asistente compuesto principalmente por adultos del sexo masculino. Ellas bailaron merengues, bailes típicos nacionales y canciones de sus ídolos y modelos de Norte América. Después de tres sábados de fiestas, se terminó el evento. Los padres gastaron varios meses de sueldos en vestidos y zapatos. Ingrid obtuvo el segundo lugar y fue nombrada 'Novia de la Fiesta'.

Lo que más nos llamó la atención fue que una familia tan pobre no puso reparo para cubrir todos los gastos incurridos para hacer que su hija brillara en dicha ocasión. No les importo seguir viviendo en una casa sin ventanas, de un solo cuarto y junto con perros y cerdos. Celebraron esos días con toda pompa sin pensar en el mañana. Como los fuegos artificiales, lindos pero breves.

Me pregunto si nosotros con nuestra manera de pensar y actuar siempre pensando en el futuro y consecuencias podremos alguna vez entender a esta gente.

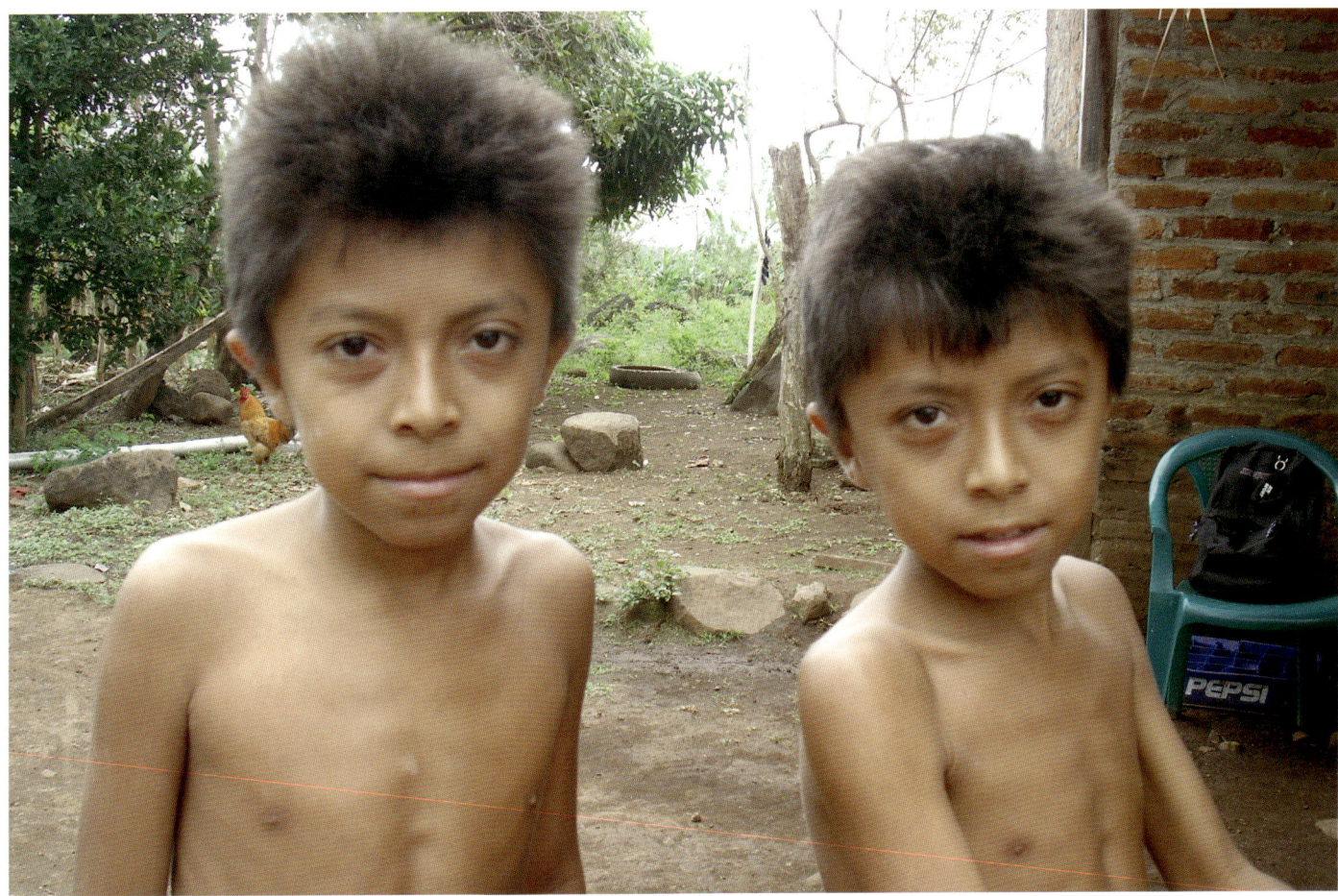

URSACHEN DER ARMUT IN NICARAGUA

VON JORGE QUINTANA

Nicaragua ist ein widersprüchliches Land. Oder zumindest war es ein solches. Reich an Ressourcen und arm an Menschen, die diese verteidigen. Vor mehr als 500 Jahren war es ein blühendes Land freier einheimischer Völker, bewohnt von Bauern, Fischern, Jägern, Handwerkern, Künstlern und Wissenschaftlern. Die Bewohner ihrer Siedlungen waren arbeitsame Leute, ohne viel Luxus. Sie waren nicht reich an materiellen Dingen, aber Hungersnöte existierten nicht und es gab soziale Sicherheit durch die Fürsorge verschiedener kommunaler Institutionen für Kinder, Alte, Kranke und Verletzte. Es gab kein Elend unter den Bewohnern. Die Bevölkerungszahl war niedrig (nach nationalen Historikern belief sie sich auf ca. 500.000 Personen). Sie hatten einen großen Respekt vor der Natur, weshalb es im Überfluss natürliche Ressourcen (Wälder, Tierwelt, Flüsse, Lagunen und Berge, Erzadern) gab und ein hoch entwickeltes Bewusstsein für Zusammenarbeit und soziales Zusammenleben.

Die Situation änderte sich drastisch durch die weltweit bekannten Ereignisse, die anfangs „Die Entdeckung, Eroberung und Kolonisierung Amerikas", in den letzten Jahren „Das Zusammentreffen zweier Welten" genannt wurde (Anmerkung: dieses Zusammentreffen war dann wie die Spazierfahrt mit dem Fahrrad, das frontal mit einem Zug in voller Geschwindigkeit zusammentrifft). Das war die totale Katastrophe für die lokale Bevölkerung. Diese Begegnung äußerte sich anfangs in der massenhaften Abschlachtung der lokalen Bevölkerung und der Zerstörung ihrer Städte und Siedlungen. Im weiteren Verlauf verwandelten sich die Eroberer in Siedler, die das Land in „Besitztümer des

Königs" aufteilten. Das eroberte Land gehörte also dem spanischen Königreich, aber der Siedler erwarb das Recht der Krone zur Nutzung des Landes und der darauf lebenden Leibeigenen. Damit wurde die überlebende einheimische Bevölkerung zu Sklaven der Invasoren auf ihrem eigenen Land.

Die Periode der Kolonisierung stellte sich jedoch noch als schlimmer heraus als die Eroberung selbst. Die Einheimischen wurden gezwungen, ihre eigene Sprache, ihre Kleidung aufzugeben, ihre kulturellen Werte und religiösen Überzeugungen zu vergessen und dafür die von den Siedlern aufgezwungenen anzunehmen. Es wurden auch schon die negativen Effekte auf die natürlichen Ressourcen sichtbar. Die neuen Herren eröffneten Minen an verschiedenen Orten zur Ausbeutung von Gold, Silber und anderen Metallen und zerstörten dabei Wälder und Böden, rotteten die Fauna aus und verseuchten die Wasserquellen. Mit dem Import der Rinder aus Europa begann die Ausbeutung durch die Viehzucht, die die Zerstörung weiterer Waldgebiete an der pazifischen Küste zur Folge hatte, um Platz für die Viehzucht zu schaffen. Im selben Zeitraum begann auch die erzwungene Vermischung der Bevölkerung und damit die Zeit der Armut der lokalen Familien. Obwohl eigentlich legitime Eigentümer und Bewirtschafter des Landes, mussten sie den größten Teil ihrer Produktion an den Kolonialherren abgeben, um Essen zu erhalten, das kaum zum Überleben ausreichte. Sie wurden auch vom Schulbesuch und von der Teilnahme an sozialen und politischen Aktivitäten ausgeschlossen.

Mit der Unabhängigkeit des Landes 1821 änderte sich die Situation der Indio- und Mischbevölkerung nicht wirklich. Es gab zwar einen Erlass zur Abschaffung der Sklaverei, aber in Wirklichkeit wurde die soziale Sklaverei der Indios und Mestizos fortgesetzt. Diese hatten ohne die ökonomischen Mittel und ohne Bildung keine Alternativen und konnten nur die Bedingungen der neuen Grundbesitzer akzeptieren, anderenfalls wurden sie vertrieben. Die Bedingungen waren genau die gleichen wie zu kolonialen Zeiten: Kein Zugang zu Bildung und Gesundheitsversorgung, keine soziale oder politische Beteiligung und der größte Teil der Produktion musste weiterhin an die jetzt unabhängigen „Kreolen" abgegeben werden (Die Unabhängigkeitsbewegungen in ganz Lateinamerika waren organisiert, finanziert und gesteuert durch die örtlichen aristokratischen Nachfahren der Ausländer, die aufgrund der Schwäche des spanischen Reiches wegen der Invasion durch Napoleon entschieden, nicht weiter Steuern an Spanien zu zahlen und die Gelegenheit zur Unabhängigkeit zu nutzen).

Nun fehlte die Kontrolle der spanischen Krone, und die Ausbeutung der natürlichen Ressourcen wurde noch intensiver und irrationaler. Mitte des 19. Jahrhunderts trug das „Fieber" des Kaffeeanbaus dazu bei, dass ein großer Teil der Wälder der Zentralregion des Landes zerstört wurde. Diese Region bot wegen ihrer Höhenlage gute Voraussetzungen für den Kaffeeanbau. Die Zerstörung der Wälder brachte es mit sich, dass die dort lebenden Familien verdrängt wurden und so der Prozess der voranschreitenden „Agrarfront" mit der Migration dieser Familien auf Neuland in den Urwaldgebieten begann. Die Familien, die nicht abwanderten, vergrößerten die Reihen der Wanderarbeiter mit miserablen Löhnen und armseligen Lebensbedingungen auf den Haciendas der weißen Grundeigentümer.

Auch die Ausbeutung der Minen erfuhr einen größeren Aufschwung, zerstörte dabei verstärkt Wasserquellen und kostete das Leben vieler Arbeiter. Dieses Jahrhundert war gekennzeichnet durch interne Revolten und Kämpfe um die Macht zwischen verschiedenen Fraktionen der weißen Eigentümer, bei denen die Arbeiter in der Regel gezwungen waren, sich den Kampfverbänden der weißen Generale anzuschließen.

Das 20. Jahrhundert brachte nicht viel Veränderung der sozialen Bedingungen der Mestizen und Indios, aber in deren Lebensqualität, da durch das Bevölkerungswachstum und der Entstehung einer lokalen Industrie die Nachfrage anstieg und sich der Druck auf die natürlichen Ressourcen erhöhte. Zunehmend begann die Landbevölkerung in die Städte abzuwandern, insbesondere nach Managua in die Hauptstadt. Dort waren sie Teil der Masse städtischer Arbeitskräfte, die in den Elendsvierteln um die Städte herum lebten. Die Löhne, die sie erhielten, waren niedrig, so dass sich lediglich Art und Ort

der Ausbeutung geändert hatten.

In diesem Jahrhundert wurde die Zerstörung der natürlichen Ressourcen weiter beschleunigt. So kam man zur heutigen Situation, in der lediglich 5 % der Fläche des Landes noch von Wäldern bedeckt ist. Alle Arten von Wildtieren sind in Gefahr ausgerottet zu werden, die Mineralvorkommen sind erschöpft, die Böden erodiert und ausgelaugt und die Wasserquellen einschließlich strömungsstarker Flüsse und große Seen sind ausgetrocknet oder verseucht.

Die gegenwärtigen Sozialindikatoren sind haarsträubend. Der Analphabetismus liegt bei ca. 30 %, die Arbeitslosigkeit beträgt mehr als 30 % und erreicht zusammen mit der Unterbeschäftigung annähernd 60 %. Fehlender Wohnraum beläuft sich auf ca. 25 %.

70 % der Familien leben eingepfercht in kleinen Zimmern. Der Indikator der absoluten Armut liegt über 20 %. Die einzige Hoffnung der Bevölkerung auf eine Verbesserung der Situation ruht auf der augenblicklichen Regierung. Aber diese Hoffnung war bei jeder neuen Regierung und Partei, die die Macht im Land übernommen hat, immer vergeblich. Die Regierenden gehören zu den „Kreolen"

(Weißen), die seit 500 Jahren gewohnt sind, die Macht zur Schau zu stellen und die Bevölkerung und die natürlichen Ressourcen auszubeuten. Sie fühlen, sehen und erleiden nicht die Bedürfnisse der restlichen Bevölkerung. Der Kampf gegen die Armut in Nicaragua ist ein verlorener Kampf, wenn sich die Mentalität der regierenden Kaste nicht ändert, wenn Gott nicht eine solche Änderung erwirkt.

Orígenes de la Pobreza en Nicaragua

Por Jorge Quintana

Nicaragua es un país paradójico. O al menos lo fue. Rica en recursos y pobre en gente que los defienda. Hace un poco más de 500 años era una tierra próspera de pueblos nativos independientes habitados por agricultores, pescadores, cazadores, artesanos, artistas y científicos. Los habitantes de sus poblados eran gente laboriosa y sin grandes lujos. No eran ricos en cosas materiales pero no existían hambrunas y

tenían seguridad social a través de varias instituciones comunales de cuidado a niños, ancianos, enfermos y heridos. No existía "Miseria" entre los pobladores. La población era pequeña (de acuerdo a historiadores nacionales era cerca de 500,000 de personas) y tenían un alto respeto por la naturaleza por lo que había abundancia de recursos naturales (bosques, fauna terrestre, aérea y acuática, ríos, lagunas y vertientes, vetas minerales) y alto nivel de conciencia de cooperación y convivencia social. La situación cambió drásticamente su curso a través de eventos mundialmente conocidos y referidos, inicialmente, como "El Descubrimiento, Conquista y Colonización de América" y, en los últimos años, como "El Encuentro de Dos Mundos" (NA. Igual a salir a pasear en bicicleta y encontrarse de frente con un tren a toda velocidad). Fue un total desastre para los locales. El encuentro inicialmente resultó en el exterminio masivo de los pobladores locales y destrucción de sus ciudades y caseríos. A continuación, los Conquistadores se convirtieron en Colonizadores y se dividieron el territorio en "Encomiendas del Rey". El territorio conquistado pertenecía al Reino de España, pero el Colonista obtenía concesiones de la Corona que le "Encomendaba" el cuido de sus tierras y vasallos. De forma práctica, la población nativa sobreviviente pasó a ser esclava, en su propia tierra, de los invasores.

El período Colonial resultó aún peor que la Conquista misma. Los indígenas fueron forzados a abandonar el uso de su idioma y vestiduras y a olvidar sus valores culturales y creencias religiosas para adoptar las impuestas por los colonizadores. También se empiezan a ver los efectos negativos sobre los recursos naturales. Se abren minas en varios yacimientos para extraer oro, plata y otros metales destruyendo bosques y suelos, eliminando la fauna y contaminando las fuentes de agua. Con la importación de ganado de Europa se inicia la explotación ganadera lo que implicó la destrucción de mayor área de bosques en la zona costera del Pacífico para abrir más área para la crianza de ganado. En este mismo período se da el mestizaje impuesto y se inicia la situación de pobreza de las familias locales ya que a pesar de ser los legítimos dueños de la tierra y de ser los que verdaderamente la hacen producir, tienen que entregar la mayor parte de su producción al señor Colonista por lo que obtienen comida para apenas sobrevivir. También son excluidos de asistir a escuelas y participar en actividades sociales y políticas.

Con la llegada de la Independencia del país en 1,821, la situación de la población mestiza e indígena no sufre ningún cambio real. Se emite un decreto aboliendo la esclavitud. En la realidad, la esclavitud social sigue siendo practicada porque las familias indígenas y mestizas, sin los medios económicos y sin educación, no tienen más alternativas que aceptar las condiciones de los nuevos dueños de la tierra o ser expulsados de ella. Las condiciones son exactamente igual al período Colonial. No acceso a educación y salud, no participación social o política, y entregar la mayor parte de su producción al Criollo Independentista (NA. Los movimientos de "Independencias" en toda América Latina fueron organizadas, financiadas y dirigidas por la Aristocracia Criolla (descendiente de extranjero) local que viendo la debilidad de España en esos momentos (invasión Napoleónica) decidieron no seguir enviando más impuestos a España y obtener su independencia).

Una vez sin el control de la Corona Española, la explotación de los recursos naturales se hizo más intensa e irracional. A mediados del Siglo XIX, la fiebre del cultivo de café hizo que se destruyeran gran parte de los bosques de la región cen-tral del país. Región apropiada, por su altura, para la producción de este cultivo. La destrucción de los bosques también trajo consigo la expulsión de familia residentes en esos territorios iniciándose el proceso de expansión de la "Frontera Agrícola" con la migración de estas familias a tierras más adentro de la selva. Las familias que no emigraban pasaban a engrosar las filas de peones con sueldos miserables y condiciones de vida paupérrimas en las haciendas de los Criollos. También la explotación minera tomó mayor auge destruyéndose más suelos y fuentes de agua y costándole la vida a muchos peones mineros. Este siglo fue de revoluciones internas y luchas intestinas por el poder entre facciones de Criollos locales por lo que los peones eran regularmente obligados a engrosar los ejércitos de los "Generales" Criollos.

El Siglo XX no trajo mayor cambio en la condición social de mestizos e indígenas pero sí en su calidad de vida ya que con el incremento de la población y desarrollo de la industria local hubo mayor demanda de productos y mayor presión sobre los recursos naturales. Mucha población rural empezó a emigrar a las ciudades, particularmente a Managua, la Capital, y pasaron a formar parte de la masa laboral urbana y a habitar en los cinturones de miseria en los alrededores de las ciudades. Los salarios devengados eran bajos y sólo cambiaron de forma y lugar de ser explotados. En este siglo también se acelero la destrucción de los recursos naturales hasta llegar a la situación actual donde únicamente el 5% del territorio nacional está cubierto de bosques, todas las especies de fauna silvestre están en peligro de extinción, los yacimientos minerales están extenuados, los suelos están erosionados y agotados y las fuentes de agua, incluyendo ríos caudalosos y lagos grandes están secos y contaminados.

En el presente los índices sociales son espeluznante. Analfabetismo es cerca del 30%, el desempleo es mayor del 30% y junto con el sub-empleo casi alcanza el 60%, la falta de viviendas es de 25% y el 70% de las familias viven hacinadas en pequeños cubículos. El índice de pobreza extrema es mayor del 20%. La única esperanza de la población para que la situación mejore es que el Gobierno de turno se preocupe por ellos, sin embargo, está ha sido una esperanza vana con cada nuevo Gobierno y partido político que asume el poder en el país. Los gobernantes pertenecen a la casta Criolla, acostumbrada por 500 años a ostentar el poder y a explotar a la población y a los recursos naturales, y no sienten ni miran, y por lo tanto no sufren, las necesidades del resto de la población. La lucha contra la pobreza en Nicaragua es una guerra perdida si no existe un cambio en la mentalidad de la casta gobernante o, Dios lo quiera, un cambio de casta gobernante.

71

FRAUEN IN DER „DRITTEN WELT"

VON MONIKA HÖHN

Weltweit haben Frauen seit Jahrtausenden unter Unterdrückung und Verfolgung zu leiden, sie werden ausgebeutet, bedroht und misshandelt. Während die Frauen in den Industrieländern es teilweise geschafft haben, sich Gleichberechtigung zumindest auf dem Papier zu erkämpfen, ist die Si-

tuation in den Ländern der so genannten Dritten Welt nach wie vor katastrophal. Vor allem im ökonomischen Bereich spiegelt sich die krasse Ungleichbehandlung von Frauen wider. Frauen verdienen oft das Geld als unterbezahlte Arbeitskräfte. Sie arbeiten in den Markthallen oder an den Straßenrändern, verkaufen Obst und Gemüse oder arbeiten als ungelernte Kräfte im Dienstleistungsbereich und internationalen Hotelketten und oftmals verdienen sie sich ihr Geld durch Prostitution. Sie besitzen selten Privateigentum und

werden für den größten Teil ihrer Arbeit nicht bezahlt.

Haushalt, Kindererziehung und oft die Feldarbeit liegen in den Händen der Frauen. Kredite erhalten meist nur Männer. Die meisten der an Unternährung sterbenden Menschen sind Frauen und Kinder. Schwere Misshandlungen von Mädchen und Frauen sind an der Tagesordnung und völlig legal. Schläge werden zum Beispiel als „anerkannter Brauch" bezeichnet (natürlich nur für männliche Schläger). Und oft wird weggeschaut, wenn die Menschenrechte von Frauen verletzt werden. Auch auf Ometepe ist Gewalt kein Fremdwort. Und wir erlebten Kinder, die die vorgelebte Gewalt bereits an ihre kleinen Geschwister weitergegeben haben, sie mit einem Lederriemen schlugen, weil sie mit der Beaufsichtigung ihrer vielen Geschwister überfordert waren, wenn die Mutter im Reisfeld arbeiten musste, weil sie allein erziehend war und allein gelassen wurde. Dass viele Frauen die gegen sie gerichteten Schläge in einigen Dörfern als etwas völlig Normales akzeptierten, berichtete uns eine Hebamme.

„Eine Frage von Bildung", sagte sie uns, „doch es gibt immer mehr Frauen, die sich ihrer Stärke bewusst werden."

MUJERES EN EL „TERCER MUNDO"

Por Monika Höhn

En todo el mundo, mujeres tienen que sufrir de opresión y persecución, son explotadas, amenazadas y maltratadas. Mientras las mujeres en los países industrializados lograron parcialmente igualdad de derechos por lo menos en el papel, la situación en los países del llamado „Tercer Mundo" sigue siendo un desastre.

Sobre todo en el sector económico se refleja el extremo trato desigual de mujeres. Mujeres muchas veces ganan el dinero como mano de obra con baja paga. Trabajan en los mercados y las orillas de las calles vendiendo frutas y verdura o trabajan como mano de obra no calificada en el sector de servicios y cadenas de hoteles internacionales o muchas veces se ganan su dinero con prostitución.

Pocas veces tienen propiedad privada y no

reciben pago por la mayor parte de su trabajo. Los trabajos del hogar, la educación de los niños y muchas veces el trabajo en el campo está en manos de las mujeres. Los créditos generalmente son recibidos por los hombres. La mayoría de personas que mueren de desnutrición son mujeres y niños. Maltratos graves de niñas y mujeres son usual y parecen legal. Golpes se ve como costumbre usual (por supuesto solamente de hombres). Y muchas veces se mira para otro lado cuando los derechos humanos de mujeres son violados.

Tambien en Ometepe violencia no es una palabra desconocida. Miramos niños maltratando a sus pequeños hermanos, pegandoles con una faja, porque fueron sobrecargados con el cuido de todos los hermanos durante el tiempo cuando la madre sola tenía que trabajar en el cultivo de arroz.

Que muchas mujeres aceptan los golpes contra ellas como algo normal nos contó una partera. „Es una pregunta de educación", nos dijo, "pero hay cada vez más mujeres que son conscientes de su poder."

ALS NICARAGUANERIN IN DEUTSCHLAND

VON NORA BALTODANO PANIAGUA DE ALBRECHT

Ich bin Nicaraguanerin, verheiratet mit einem Deutschen, dem ich aus Nicaragua nach Norddeutschland folgte, wo ich nun seit über 20 Jahren lebe. Ich habe mich gefragt, wie ich es geschafft habe, so viele Jahre in einem Land zu wohnen, das nicht mein Land ist und das sich so sehr von Nicaragua unterscheidet wie der Tag von der Nacht.

Da ist zuerst die deutsche Sprache mit ihrer harten Aussprache, mit Worten, die vier oder mehr Konsonanten ohne Vokal zu haben scheinen und lange Redewendungen ohne Präpositionen. Das Spanische hingegen, basierend auf Latein, ist weich und viel leichter auszusprechen. Trotzdem ist es für Ausländer, die in Deutschland leben, von höchster Priorität, die Sprache zu beherrschen, damit man sich im Alltag problemlos integrieren kann.

Das Klima war und ist für mich ein großes Problem, denn hier im Norden ist es sehr kalt und windig, und im Winter muss man schon früh am Tag die Lampen anmachen und sieht oft tagelang die Sonne nicht. Das beeinflusst auch die Leute, die mit einem Gesicht umherlaufen wie 7-Tage-Regenwetter. In Nicaragua hingegen hebt die Sonne die Stimmung der Menschen erheblich, man sieht die Farben der Natur intensiver, die Bäume verlieren ihre Blätter nicht und die Blumen blühen das liebe lange Jahr lang. Die Leute in Nicaragua sind immerzu fröhlich trotz aller Probleme, die das Land hat, denn die große Mehrheit der Menschen muss ums tägliche Überleben kämpfen – aber man sieht sie immer voller Lebensfreude.

In Deutschland gibt es ein erstklassiges soziales Netz; die Steuern sind andererseits sehr hoch, dafür muss man sich keine Sorgen ums Alter machen. Die Rentner in Deutschland leben sehr gut und auch wegen der phantastischen medizinischen Versorgung leben sie im Schnitt 80 Jahre lang. Heutzutage wird das sogar zum Problem, denn in der baldigen Zukunft wird es mehr Rentner geben als arbeitende Personen, die Steuern zahlen und die Alten finanzieren müssen.

In Nicaragua erscheint eine 60jährige Person viel älter und ist durch das harte Leben ausgebrannt – vor allem die Frau, denn sie bringt fünf bis acht Kinder zur Welt und oft genug ist es die Frau alleine, die alle Kinder ernähren muss.

Der Nicaraguaner ist offen, liebenswert und stets zu Diensten. All die Jahre lang haben mir Leute, die aus den unterschiedlichsten Motiven in Nicaragua waren, immer wieder bestätigt, dass die ‚Nicas' wirklich ganz spezielle Menschen sind. Sie waren begeistert von der Freundlichkeit und von der Tatsache, dass Ausländer mit offenen Armen empfangen werden. Der Deutsche, speziell der im Norden, ist reserviert – es ist nicht leicht, mit ihm Kontakt aufzunehmen. Aber wenn einmal das Eis gebrochen ist (was manchmal Jahre dauert oder gar nicht erreicht wird) sind sie wahre Freunde, auf die man sich immer verlassen kann. Einer der Gebräuche, die mich am meisten fasziniert haben, ist ‚Brüderschaft' zu trinken. Die Leute in Deutschland siezen sich und das Duzen ist Zeichen von Freundschaft und Vertrauen. Es gibt Personen, die kennen sich 20 Jah-

re, aber sie duzen sich nicht, obwohl sie gut miteinander auskommen. Wenn dir eine Person das Du anbietet, ist das eine große Sache, und es folgt eine kleine Zeremonie: Man nimmt ein Glas mit einem alkoholischen Getränk, dann werden die Arme gekreuzt, und man stößt an und nennt seinen Vornamen und von diesem Moment an nennt man sich Monika und Nora und nicht mehr Frau Höhn und Frau Albrecht. Ein anderes Problem, mit dem ich konfrontiert wurde, war das Heimweh und dass ich meine Familie vermisste. Das Leben in Nicaragua war für mich einfach grandios und neben meiner Familie muss ich meinen Angestellten danken: den drei Kindermädchen, Wasch- und Bügelfrauen, Köchinnen, meinem Gärtner, meinem Chauffeur – sie haben den Haushalt geführt und geholfen, meine Kinder zu erziehen. So konnte ich halbtags arbeiten, und wenn ich mittags nach Hause kam, war das Essen fertig, das Haus sauber und der

Garten wunderschön. Bis zum heutigen Tag bin ich mit ihnen im Kontakt und versuche ihnen zu helfen.

Das Leben in Deutschland mit vier Kindern war für mich anfangs sehr, sehr hart. Ich war 14 Jahre lang ‚nur' Hausfrau und habe mich um die Kinder gekümmert bis sie anfingen zu studieren – erst dann arbeitete ich wieder bis heute dreimal in der Woche. Nur mit der Hilfe Gottes und meines Mannes hatte ich irgendwie die Kraft gefunden, mich in einem Land zu integrieren, das so völlig verschieden ist und manchmal auch gegen den Strom zu schwimmen.

Zweifellos hat mich Deutschland beeinflusst, wie ich als Erwachsene bin, und ich habe viele positive Dinge von diesem großen Land gelernt – so sehr beeinflusst, dass wenn ich meine Familie in Amerika besuche, meine Nichten sagen: „Tante Nora, Sie sind aber sehr deutsch geworden!" (Ist das positiv oder negativ?)

Deutschland ist das Land der Schilder, Gesetze und Ordnung. Alles ist geregelt, was man darf und vor allem, was man nicht machen darf, was leider zu oft das Spontane tötet. Mit anderen Worten: was in Nicaragua fehlt, gibt es hier im Übermaß – der goldene Mittelweg wäre auch hier genial. Eine andere große Erfahrung war für mich der ‚Sperrmüll'. Ich ging eines Tages mit meiner kleinen Tochter zum Kindergarten und staunte, Möbel am Straßenrand zu sehen. Ich dachte, wer da wohl umzieht? Die Möbel waren komplett im tadellosen Zustand. Was mich am meisten wunderte: Wie können die sonst so ordentlichen Deutschen ihre Sachen einfach auf der Strasse lassen, ohne sie wenigstens abzudecken? Erst mein Mann klärte mich auf, dass dies Sperrmüll sei und von einem Spezialwagen abgeholt und platt gemacht wird. Ich konnte diese Nacht nicht schlafen, musste an diese guten Möbel denken, die in Deutschland weggeworfen werden, nur um sich neue und noch teurere Dinge zu kaufen. In Nicaragua wären so viele Leute glücklich, solche Sachen zu besitzen, die sie sich niemals würden leisten können. Einmal mehr sah ich die Ungerechtigkeit, wie materielle Güter in unserer Welt verteilt sind und fing an, mein Scherflein dazu beizutragen, Nicaragua ein wenig zu helfen.

Ein anderer wichtiger Aspekt von großer Bedeutung ist der riesige Unterschied der Speisen beider Länder. Es ist sehr schwierig, hier die typischen nicaraguanischen Gerichte zu kochen, weil die notwendigen Zutaten fehlen. Man muss mit dem Wenigen, was man hier findet, improvisieren. Die Grundlage für richtige Tortillas fehlt, Reis muss man in chinesischen Spezialgeschäften kaufen und die Frijoles (Bohnen) bringen wir aus den USA mit. Auch ist der Käse hier völlig anders als der in Nicaragua.

Die deutsche Küche hat viele leckere Gerichte, nur eben von völlig anderem Geschmack, an den man sich gewöhnen muss. Was wirklich phantastisch ist, das sind die unzähligen Brotsorten, Weine und der Aufschnitt. Viele Besucher aus Nicaragua haben das genossen. Aber trotzdem ist es für meine Familie immer ein Feiertag, wenn ich nicaraguanisch koche und wir zum Essen ‚Flor de Caña', unseren hochklassigen Rum, trinken, den ich immer aus der Heimat mitbringe.

All die Jahre, die ich nun schon in Deutschland lebe, war Gott immer sehr großzügig mit mir und meiner Familie, wir leben gut und in Frieden, wir haben viele gute Freunde. Ich bewundere dieses Land, das so warmherzig ist armen Ländern gegenüber, das die Natur schützt; ich bewundere ihre Bewohner, die so großzügig und effektiv sind. Es gibt unzählige Vereine und Gruppen, die Menschen in Not helfen – alles in allem ist es ein großes Land, das meinen Respekt verdient.

Und Nicaragua, mein geliebtes, armes, leidendes Nicaragua? Es verdient meine Liebe! Und wie unser großer Poet Rubén Darío sagte: "Si la patria es pequeña, uno grande la sueña!" (In etwa: „Obwohl die Heimat klein ist, träumt man sie groß!")

UNA NICARAGUENSE EN ALEMANIA

POR NORA BALTODANO DE ALBRECHT

Soy una nicaragüense casada con un ciudadano alemán y he residido en el norte de Alemania por más de veinte años en compañía de mi esposo. Ahora me pregunto como he podido vivir tanto tiempo en un país que no es el mío y que es tan diferente a Nicaragua como el día y la noche.

En primer lugar, el idioma alemán es de fuerte pronunciación y tiene combinaciones de 4 o más letras consonantes juntas, sin vocales, y frases muy largas sin preposiciones. El español, derivado del latín, tiene pronunciación más suave. Sin embargo, viviendo en Alemania es necesario aprender el idioma para integrarse a la vida cotidiana de la sociedad local.

El clima fue y sigue siendo uno de los grandes problemas ya que el norte de Alemania es frío, ventoso y con muy poca luz solar durante los meses de invierno. Creo que esto influye para que los pobladores locales tengan caras serias y adustas. En Nicaragua el brillo del sol influye en el ánimo de la gente. La naturaleza tiene colores más intensos, los árboles no pierden el follaje y se producen flores todo el año. Se observa a la gente sonriendo la mayor parte del tiempo a pesar de los problemas económicos del país donde la gran mayoría tiene que luchar día a día para sobrevivir.

En Alemania existe un sistema de asistencia social de primera clase. Los impuestos son altos pero los ciudadanos no tienen que preocuparse por aspectos económicos y médicos durante su vejez. Los pensionados de Alemania viven bien y con la fantástica asistencia médica que reciben viven un promedio de 80 años. Alemania tiene el problema que en un período de 10 años habrán más pensionados que trabajadores que paguen los impuestos para mantener a los pensionados. En Nicaragua, una persona de 60 años aparenta más edad por el tipo de labores duras que tiene que realizar para ganarse el alimento. La mujer se desgastas aún más debido a que tienen entre 5 a 8 hijos. En muchos casos, la mujer es el único sustento de la familia.

El nicaragüense es abierto, amigable y servicial. A través de los años muchas personas que han visitado mi país por diversos motivos me han expresado que los nicaragüenses son muy especiales y que regresan agradecidos de su amabilidad y hospitalidad. Los alemanes del norte son muy reservados y es difícil establecer relaciones con ellos. Sin embargo, después de roto el hielo (lo que puede tomar mucho tiempo o no se logra) son amigos con los que se cuenta en todo momento.

Una de las costumbre alemanas que más me ha interesado es 'Bruderschaft'. Las personas en Alemania se tratan de Usted. Tutear a alguien es muestra de mucha amistad y confianza. Hay personas que se conocen por más de 20 años y no se tutean aunque tengan buena relación. Cuando una persona te permite tutearla se realiza una pequeña ceremonia en la que se brinda con una copa de licor con los brazos entrelazados e intercambian el nombre de pila. Desde ese momento se llaman Mónika y Nora y no más Frau Hoehn y Frau Albrecht.

Otros de mis problemas fue la añoranza de los lugares y familiares en Nicaragua. Mi vida en Nicaragua fue maravillosa y tengo mucho que agradecer a mis familiares y a mis empleados que cuidaban mi casa, 3 domésticas, mi jardinero y mi chofer. Me ayudaron a criar a mis hijos. Yo trabajaba por la mañana y regresaba al mediodía a casa donde el almuerzo estaba listo, la casa limpia y el jardín lindo. Todavía mantengo contacto con mis empleados y siempre trato de ayudarlos.

La vida en Alemania con mis 4 hijos fue dura para mí al principio. Pase 14 años de ama de casa. Fue hasta que mis hijos iniciaron sus estudios universitarios que empecé a trabajar 3 veces a la semana lo cual todavía hago. Sólo con la ayuda de Dios y de mi esposo pude obtener las fuerzas para integrarme en la sociedad de este país tan diferente a la de Nicaragua. Sin lugar a duda, la vida en Alemania ha influido en mi forma de ser adulta y he aprendido muchas cosas positivas de este gran país. Uno de los comentarios de mis sobrinas cuando

visito U.S.A. es: 'Tía, Usted está bien alemana'.

Alemania es el país de rótulos, leyes y ordenanzas. Todo está reglamentado sobre lo que se puede y no se puede hacer. No hay espontaneidad. Lo que en Nicaragua hace falta en Alemania sobra y viceversa. Un término medio sería grandioso.

Otra gran experiencia para mí fue el 'Sperrmull'. Una mañana camino del kin-

dergarten con mi hija quede sorprendida de ver muebles en las calle. Al instante pensé que alguien se mudaba de casa pues eran casi todos los muebles y en perfecto estado pero me llamó la atención que, a pesar de que los alemanes son muy ordenados, los muebles estaban sin cubrir y en media calle. De regreso a casa le comenté el hecho a mi esposo y él me explicó que

los muebles habían sido descartados de las casas y serían destruidos por un camión especial. No pude dormir pensando en las cosas que aquí se tiran como basura para comprarse cosas más modernas o más caras y que en Nicaragua harían felices a muchas familias que nunca podrán comprarlas. Una vez más vi la manera injusta en que los bienes materiales del mundo están repartidos y decidí aportar mi grano de arena para cambiar las cosas.

También existe una gran diferencia en los tipos de comidas entre los dos países. En Alemania es difícil preparar los platos nicaragüenses pues hacen falta los ingredientes necesarios por lo que hay que improvisar con lo que están disponibles. No existen tortillas, el arroz tiene que adquirirse en tiendas chinas y los frijoles son importados de Estados Unidos. Los quesos son totalmente diferentes. La comida alemana tiene muchos platos deliciosos pero de sabor exótico al que hay que acostumbrarse. Lo que sí es fantástico es la gran variedad de panes, fiambres y vinos. Los visitantes de Nicaragua gustan mucho de estos alimentos. Para mi familia es día de fiesta el día que cocino un plato nicaragüense acompañado de 'Flor de Caña'- que nos traen de mi Madre Patria.

Dios ha sido bondadoso conmigo y mi familia durante mi estadía en Alemania. Vivimos bienestar y paz. Tenemos muchos queridos amigos sinceros. Admiro la generosidad de este país con otros países que tienen menos y su cuidado y preservación de los recursos naturales. La generosidad de sus ciudadanos es grande y han formado muchos clubes y grupos de solidaridad con personas y países necesitados. Es un país y pueblo que merece todo mi respeto. Y Nicaragua? Mi pequeña, querida, pobre y sufrida Nicaragua merece mi amor. Como dijo nuestro gran poeta Rubén Darío. 'Si la patria es pequeña, uno grande la sueña'.

Marañon – Cashew-Frucht und Cashew-Kerne

Die Frucht das Kakaobaums – La fruta de Cacao

Achiote - der Samen des Orleansbaums
Semillas de arbol de Orleans

Anona-Frucht – La fruta de Anona

ETWAS ÜBER MICH

VON KARLA VARELA

Ich möchte etwas über mich erzählen. Aber was bloß?

Also, zuerst möchte ich über all das sprechen, was meine Person ausmacht oder zumindest über einen Teil davon.

Einleitend sei erwähnt, dass ich ständig pleite bin - ich war schon immer in Geld-nöten - wenn ich nicht gerade eine feste Arbeit habe. Ein Grund, weshalb ich nie übermäßig Geld habe, ist, dass ich mich gegenüber allen möglichen Leuten verpflichte, ihnen in der einen oder anderen Sache zu helfen. Ich liebe das Leben und ich bin eine sehr humane Person, die Freude an den Menschen hat und an all dem, was sie mit sich bringen, unabhängig davon, ob sie meine Hilfe schlecht oder gut entlohnen. Ich helfe nicht, damit sie es mir danken. Ich helfe, weil es meinem Wesen entspricht zu helfen, auch, wenn viele etwas anderes sagen.

Die Armut ist interessanter Bestandteil (meines Lebens) über die ich gerne sprechen möchte, indem ich sie aus verschiedenen Blickwinkeln betrachte.

Ich habe nie in extremer Armut gelebt, aber ich wuchs in ärmlichen Verhältnissen auf, so dass ich danach strebte vorwärts zu kommen, mich anzustrengen, zu lernen mich selbst zu lieben und zu bewundern. Jetzt laufe ich der Armut immer hinterher und ich weiß nicht zu welchem Zweck. Um zu helfen, sie zu analysieren oder um sie zu überwinden?

Wie soll ich mein Zuhause oder sagen wir eher mein Häuschen beschreiben? Es ist nicht gerade stattlich, es ist schlicht und ziemlich landestypisch, aber ich versuche, etwas daraus zu machen und dass es ein wenig mir selbst ähnelt. Eine Vase an der Eingangstür und ein Korb, den ich mit trockenen, selbst gesammelten Blumen schmücke, falls ich Zeit für so etwas finde. Du wirst eine von mir selbst hübsch gezeichnete Botschaft entdecken, eine Botschaft von Job, die ich in einem meiner Bücher von Frida Kahlo gefunden habe. (Er, Schöpfer unzähliger, großartiger und wunderbar unergründlicher Werke.) Du wirst im ganzen Haus Bilder von Frida finden, ebenso wie eine kleine Postkarte mit dem Bild des Chè (Guevara). Beide – Frida und Chè – sind besondere Menschen für mich, wegen ihrer Unsterblichkeit und weil sie ihr Leben geliebt und es der Menschheit hingegeben haben. Sie haben dies gerne getan, was für die meisten Menschen eine zu große Last gewesen wäre. Sich herzugeben, ohne etwas zu erwarten ist ihre Lehre über das Leben, die sie uns hinterlassen haben.

Aber besonders Frida hat mir gezeigt, dass der größte Schmerz auch größtes inneres Wachstum bedeutet und man stets nach vorne schauen muss.

Meine Praxis und Therapieraum ist zugleich mein Rückzugsort, um nachzudenken und zu schreiben. Er ist ganz und gar mein Raum und auch, wenn ihn viele andere Menschen betreten, wird er immer mein Ort bleiben, wo ich malen, schreiben und wirklich ich selbst sein kann. Dort nutze ich auch Räucherstäbchen und höre entspannende Musik, die mir inneren Frieden geben.

Ich bin sehr unordentlich und zudem noch ziemlich vergesslich, so dass ich ständig hier und da nach meinen Unterlagen suche. Vergeblich habe ich versucht diesen Teil meines Lebens zu verbessern.

Ich liebe es, allein zu sein und zu meditieren und in einer klaren Nacht Mond und Sterne zu betrachten. Die Sterne haben mir schon so viele schöne Dinge geschenkt und ich mag es, die Sterne zu bitten, mir einen Wunsch zu erfüllen. Ich glaube sehr daran, an die Energie und die Kraft, die die Sterne ausstrahlen. Ich bin verrückt, verrückt und noch mal verrückt…und ich bin glücklich, selbst im größten Trubel, vor dem jemand anderes schon längst die Flucht ergriffen hätte.

Mich repräsentiert der Schmetterling wegen seiner Freude am Fliegen, der Freiheit, die er atmet und seiner Farben. Seine Farben sind außergewöhnlich schön und sie sind die Farben des Lebens. Wenn man einen Schmetterling einsperrt, verbleichen seine Farben und das Leben verschwindet. Ich höre gerne Musik, die von der Revolution handelt. Es ist sehr logische und rationale Musik. Ich mag Silvio und Pablo[1] und ich kann ihnen bis zum Umfallen zuhören. Ich identifiziere mich mit ihrer Musik und am liebsten höre ich die beiden im Duett. Ab und zu höre ich auch Arjona[2] und fühle mit Fito Paéz[3] wenn er "Mariposa technicolor" singt.

Mir gefällt Musik, die einem etwas beibringt, eine Botschaft hat und in der ich mich wiedererkenne.

Manchmal höre ich auch mir selbst zu. Ich singe zwar nicht, aber ich kann entzücken. Ich würde gerne einmal eine komplette folkloristische Tracht tragen, obwohl Pablo Antonio Cuadra[4] natürlich Recht hatte, als er sagte, dass die "Nicas" keine eigenen typischen Trachten haben.

Deshalb bewundere ich auch unsere zentralamerikanischen Brüder und Schwestern – die Guate oder chapines[5] -, die ihre Identität viel klarer vor Augen haben als wir und ihre Trachten mit Stolz tragen.

Ich selbst trage häufig "Cotonas"[6], als Symbol für mein indigenes Erbe, das ich in meinem Blut trage. Aber ich mag auch Overalls, die sehr charakteristisch für mein Äußeres sind.

Ich verbringe viel Zeit alleine, arbeite und lese viel. Das ist auch der Grund, weshalb sich Guillermo mehr in seinem Haus als in meinem aufhält. Aber für mich ist das in Ordnung. Auch mit meinen Kindern verbringe ich viel Zeit. Wir machen es uns auf einer Matratze gemütlich, spielen, reden und lachen zusammen.

Meine Kinder sind wunderbar. Karlos lernt viel und ich wundere mich, wie schnell er lernt. Er ist ein so besonderes Kind, sehr gefühlsbetont, das immer das sagt, was es fühlt und ganz spontan seine Zuneigung zu anderen Menschen ausdrückt. Katarina ist schweigsamer, aber eine gute Beobachterin. Die Dinge, die Karlos nicht sieht, sieht Katarina und zusammen bilden sie ein beeindruckendes Duo. Ich lade gerne Freunde zu mir nach Hause ein, um einen guten Film zusammen anzuschauen. Der erste Film, der mich in seinen Bann zog, war „Einer flog über das Kuckucksnest" mit Jack Nicholson. Lange Zeit war er mein Lieblingsfilm, aber inzwischen mag ich auch „El cartero de Neruda", „Das Leben ist schön" und „Los tres entierros de Melquíades Estradas" von Tommy Lee Jones.

Ich liebe die Poesie und sehe mich selbst als Avantgardistin. Carlos Martínez Rivas hat es mir angetan, mich fasziniert die Erotik und der Feminismus der Gioconda Belli und ich bin eine Verehrerin Benedettis. Ich mag es einfach dazusitzen und Gedichtbände durchzugehen und ich bin dabei zu lernen, Borges zu lesen.

Was soll ich über Rubén Darío sagen? Um ihn zu beschreiben, fällt mir kein anderes Wort als „Genie" ein. Auch, wenn seine Metrik in meinen Augen nicht perfekt ist, werde ich ihn immer bewundern.

Mein liebster Schriftsteller ist Eduardo Galeano. Sein Schreibstil, seine Intelligenz und seine Analysen beeindrucken mich. Aber auch andere Bücher, die ich gelesen habe, haben mich mit ihren Botschaften gefangen genommen. Zum Beispiel „Bajo la horca" von Julios Fiusic, die Biografie Einsteins und Paulo Coelhos „Am Ufer des Río Piedra saß ich und weinte".

Es gibt viele gute Schriftsteller, aber keiner erreicht Eduardo Galeano. Sein Stil, seine Spontaneität und seine breit angelegte Vision vom Leben sind einzigartig.

Manchmal leide ich darunter, nicht ich selbst zu sein und etwas vorspielen zu müssen. Aber ich habe mich sehr gut weiter entwickelt, fühle mich stark in vielen Situationen und habe gelernt, bescheidener zu sein, auch wenn es mir manchmal schwer fällt. Der Kampf des Lebens hat mich viel gekostet, aber ich bin vorangekommen und ab und an musste ich meine Zurückhaltung aufgeben, um meine Ideale oder Prinzipien zu verteidigen.

Ich wollte mein Leben gegen ein anderes eintauschen. Ein Leben, das ich nicht kannte und nicht einmal verstand.

Mein Wille ist es, weiter innerlich zu wachsen und wenn ich wirklich ich selbst bin, werde ich glücklicher sein.

Ich kämpfe für die Rechte der Frauen, besonders für die meinigen. Ich fürchte mich davor zu kämpfen, ohne Resultate zu sehen und ich verabscheue die soziale Ungerechtigkeit. Deshalb bereite ich mich auf etwas Großes vor, obwohl ich nicht weiß, wie mein Schicksal aussehen wird. Aber es gibt eine Stimme in mir, die mir sagt, dass ich einmal Menschen helfen werde, die um das tägliche Überleben kämpfen. Oder werde ich diejenige sein, die Hilfe benötigt?

Ich glaube an meine Transzendenz und dass sie mit meiner Hingabe an meine Mitmenschen zu tun hat.

Ich arbeite daran, mich von den materiellen Dingen zu befreien und zu lernen mit dem Nötigsten zu leben, auch wenn es in dieser globalisierten Welt schwierig ist, dieses Ideal zu erreichen.

Manchmal würde ich gerne um die Welt reisen, ohne Ziel und Richtung, und viele verschiedene Dinge und Menschen kennen lernen.

Da ich unstet bin, möchte ich einfach davonfliegen und Menschen kennen lernen, die mich verstehen.

ALGO SOBRE MI

POR KARLA VARELA

Hablarè un poco de mì. Que decir? …
Bueno, en primer lugar quiero hablar sobre mì y todo lo que eso significa, o por lo menos un poco lo que significa. Para iniciar, siempre ando palmada. Siempre estoy con apuros de dinero. Cuando no tengo un trabajo fijo, claro, me comprometo con todo el mundo para ayudarles en una u otra cosa. Es una de las grandes razones por las que digo que nunca tengo dinero de sobra. Amo la vida. Soy una persona muy humana. Me encanta la gente y todo lo que conlleva, independientemente si pagan mal o bien. No ayudo para que me lo agradezcan. Lo hago porque es mi naturaleza, aunque el mundo diga lo contrario.

La pobreza es un componente interesante que me gusta debatir. Me gusta verla desde los diferentes ángulos. No vivì la pobreza extrema, pero crecì en un rango de pobreza que me impulsò a salir adelante, a esforzarme, a aprender a amarme a mì misma y admirarme. Ahora siempre ando detràs de ella y no se por què. Si para ayudar, para analizarla o para superarla.

Mi hogar o mi casita. Como es? Bueno, nada vistosa. Es sencilla, muy a lo tìpico, o por lo menos es lo que pretendo. Se parece a mì. Un jarròn en la propia entrada y una canasta linda a la cual le voy a poner flores secas recolectadas por mì misma cuando tenga tiempo. Hay un mensaje muy bonito pintado con mis manos. Un mensaje de Job que encontrè en uno de mis libros de Frida (El, hacedor de cosas grandes e insondables de maravillas sin nùmero). Hay pinturas de Frida en toda la casa, igual que una postal pequeñita del Chè. Son mis dos personajes favoritos por su inmortalidad y por haber amado la vida y haberla dado a la humanidad y haber disfrutado lo que para la mayorìa era agobio. Nos dejaron una lección de vida; entregarse sin esperar nada. Frida, en especial, me enseñó que el dolor màs grande genera un mayor crecimiento interior y hay que seguir adelante.

Mi consultorio, mi lugar de terapias, es tambièn mi refugio y mi lugar favorito para pensar y escribir. Es mi todo. Es mi lugar, aunque entra mucha gente siempre serà mi rincón para pintar, escribir y ser yo realmente. Que te parece? También tengo incienso de diferentes colores y olores. Eso trae paz interior, ademàs de la mùsica relajante.

Soy muy desordenada con todas mis cosas. Busco por aquí y por allà mis folletos y papeles. Tengo una mente super olvidadiza. He hecho de todo para mejorar esa parte de mi vida pero es imposible. Me encanta estar sola y meditar. Miro la luna y las estrellas cuando el cielo està estrellado. Ellas me han regalado cosas lindas. Me encanta pedir deseos a los astros. Creo mucho en eso, en su energìa y poder que emanan. Soy loca, loca, loca … y soy feliz aùn en medio de turbulencias que a cualquiera harìan correr.

Me representa una mariposa por su felicidad al volar, por esa libertad que pueden respirar. Sus colores son colores de vida. Son extraordinariamente lindas. Dan vida.

Si las encierran se vuelven blancas, sin vida y desaparecen sus colores.

Me encanta la mùsica revolucionaria, la mùsica con mucha lògica, mucho racionalismo. Escuchò a Silvio y Pablo[1] hasta empacharme. Me siento identificada con ella (la prefiero compartida) hasta el cansancio. Escucho a Arjona[2] de vez en cuando y a veces me siento a escuchar a Fito Pàez[3] (Mariposa Technicolor). Me encanta la música que te enseña, que señala, que cuestiona, que te da un mensaje. La mùsica que habla de mì. De cuando en cuando tambièn me escucho a mì misma. No canto pero encanto.

Me gusta vestir ropa típica. Una de mis fantasìas es ponerme un traje folklòrico completo aunque se que es cierto lo que decìa Pablo A. Cuadra[4] de que los Nicas no tenemos traje tìpico, razòn por la cual admiro tanto a los Guatemaltecos o Chapines[5], nuestros hermanos centroamericanos que tienen màs clara su identidad y usan sus trajes con orgullo. Usan muchas cotonas[6]. Es algo que llevo en la sangre. Amo el indigenismo que llevo dentro. Tambièn uso overoles, me caracterizan.

Paso mucho tiempo sola en mis asuntos de trabajo, leyendo porque a Guillermo le gusta estar màs en la casa de su familia que en la mìa. Pero me gusta esta situación ya que me permite disfrutar màs tiempo con mis hijos. Nos acostamos en una colchoneta y jugamos, hablamos, reìmos y me deleito.

Mis hijos son preciosos, me encantan. Karlos està aprendiendo mucho y me asombra la rapidez con que aprende. Es un niño tan especial. Es emocional, siempre dice las cosas que siente. Habla del amor a los demàs con espontaneidad. La Katarina es callada pero observadora. Las cosas que Karlos no ve, ella las observa. Los dos hacen un dùo impresionante (Bueno, son mis hijos).

Me gusta invitar a mis amigos (Gustavo, Tay, Pati) a ver algunas películas interesantes. La primera película que me cautivo fue ``Alguien volò sobre el nido del cucù``. Fue mi preferida con Jack Nicholson. En ese grupo de buenas películas, aunque la anterior es una de las màs importantes, tambièn estàn ``El Cartero de Neruda`` y ``La vida es bella``. Aunque en una època me impresionò mucho ``Los tres entierros de Melquíades Estrada`` de Tommy Lee Jones.

Amo la poesìa. Me declaro Vanguardista. Me encanta la poesìa de Carlos Martìnez Rivas. Me gusta Gioconda Belli por su erotismo y su feminismo. Soy amante de Benedetti. Me gusta releer poesìas de vez en cuando. Estoy aprendiendo a leer a Borges. Que decirte de Darìo? Es un genio. No se duda semejante afirmación aunque en mi personalidad no calza la mètrica perfecta, pero la admirarè toda la vida.

Mi escritor favorito es Eduardo Galeano. Siempre su estilo, inteligencia y análisis en sus escritos me trastornan. Hay libros que he leìdo que me han capturado sin ser de Eduardo. Contienen grandes mensajes. Entre ellos se encuentran: "Bajo la Horca" (Julios Fiusic), "Biografía de Einstein", "A orillas del Rìo Piedras me sentè y llorè (Pablo Coelho). Me gusta Galeano. Aunque hay buenos escritores no hay quien le llegue. Me gusta su estilo tan particular, su espontanidad y su visiòn de la vida que por cierto es muy amplia.

Sufro no ser yo misma y a veces tener que fingir lo que no quisiera aunque he crecido mucho. Me siento grande en muchas situaciones. He aprendido a ser màs sencilla aunque a veces se me pasa la mano. Me ha costado tanto la lucha de la vida. He salido adelante. He tenido que abrir la boca muy grande y hablar a gritos mis ideales, o los que llamo mis principios. He querido cambiar mi vida por otra que no conozco y que ni siquiera percibo. Quiero seguir creciendo interiormente, y cuando sea realmente yo, serè màs feliz.

Me gusta luchar por el derecho de las mujeres, sobre todo por los mìos. Temo vivir en luchas sin ver resultados. Odio la injusticia social y estoy preparàndome para algo grande. Aùn no se que me depara el destino pero hay una voz que me dice que servirè a un grupo de gente que està sucumbiendo o algo asì. O serà a mì que me tocarà sucumbir. Creo en mì trascendencia y tendrà que ver con mi entrega a los otros. Lucho por despojarme de cosas materiales y aprender a vivir con lo necesario, aunque en este mundo globalizado cuesta seguir ese ideal.

A veces quisiera salir por el mundo y conocer mucho. La gente. Perderme o no se que… Soy inestable y esa inestabilidad me hace querer volar y conocer a gente que por fin me comprenda.

INDIGENAS AUF OMETEPE

VON JORGE QUINTANA

Bei Ankunft der Spanier war Mesoamerika, die Region zwischen dem Zentralbecken von Mexiko und der Nicoya-Halbinsel im Norden des heutigen Costa Rica, von zwei indianischen Hauptkulturen bevölkert: von den Mayas, welche die zentralen Gebiete und die Atlantikküste im Süden Mexikos und den Nahua aus der Sprachgruppe der Nahualt, die das Zentralbecken von Mexiko und die pazifischen Küstenregionen Zentralamerikas besiedelten.

Eine Legende erzählt, dass die Niquiranos, ein nahuatisches Volk, das sich im Bezirk von Rivas, in Nicaragua und auf der Insel niederließ, als Emigranten aus Mexiko gekommen waren, um einen Ort mit einer Insel mit zwei Vulkanen zu finden, die mitten in einem See lag. Dies hatte ihnen eine Prophezeiung vorausgesagt. Ometepe war lange Zeit ein zeremonielles Zentrum und Friedhof zugleich, wie die große Zahl von Petroglyphen, Skulpturen, Bestattungen, Begräbnisurnen und anderer Objekte zeigt, die dort gefunden wurden.

Da Ometepe eine Insel ist, siedelten sich dort kreolische Familien wesentlich später an als auf dem Festland. Dieser Umstand trug dazu bei, dass sich die kulturelle Assimilation zwischen Kreolen und Indios auf

Ometepe verzögerte. Die große Mehrheit der Einwohner der mehr als dreißig Dörfer und Weiler, die es auf Ometepe gibt (hier vor allem Altagracia), zeigen heute in ihren Gesichtszügen einen starken indigenen Einschlag, und auch die indigene Kultur der Gastfreundschaft und der Sozialorganisation der Großfamilie sind immer noch stark verwurzelt.

Ohne Zweifel sind Sprache, religiöse Feiern oder kulturelle Traditionen der Nahua sowie ihre typischen Gerichte oder andere Praktiken den neueren Generationen mittlerweile verloren gegangen. Die ländlichen Gemeinschaften sind klein und arm, Wege und Unterkünfte sind in schlechtem Zustand und zu klein für die Großzahl der Familienmitglieder, die gedrängt dort leben. Im Allgemeinen haben sie keinen Anteil an der Gesundheitsversorgung und Schulbildung, keinen Zugang zu elektrischer Energie oder Trinkwasser. Auch die Arbeitsmöglichkeiten sind sehr knapp.

Ein Großteil der ländlichen Bevölkerung lebt immer noch hauptsächlich von landwirtschaftlicher Produktion und zu einem kleineren Anteil vom Fischfang.

Die Anwohner der Mehrheit der Gemeinden sehen sich selbst nicht als ‚Indios'. Trotzdem gibt es an der Seite des Vulkans Concepción fünf Gemeinden (Urbaite, Las Pilas, Los Ramos, Sintiope, Tilgüe), die sich als indigene Kommunen verstehen und auch als solche offiziell von der Zentral- und Gemeinderegierung anerkannt werden. 1885 organisierten sich die Einwohner dieser Kommunen und fanden sich beim lokalen Bürgermeister, Don Cristófono Obregón, ein, um zu erbitten, dass ihre Grundstücke, die in der Eigentumsregistratur der Besitzungen von Rivas eingetragen waren, endgültig zu ihren Gunsten festgelegt werden sollten. Nach dieser Bitte wurde eine Vergrößerung der Ländereien um 1,960 manzanas (1,380 Hektar) bewilligt. Messungen in der vergangenen

Dekade ergaben eine Gesamtmenge von 5,600 manzanas (3,940 Hektar). Die Kommunen erhielten während der Regierung von Violeta Chamorro (1990-1996) rechtliche Genugtuung.

Jedes Jahr wählen die Gemeinden einen Vorstand, der früher vom Regierungsminister vereidigt wurde, doch seit 1977 geschieht dies durch den städtischen Bürgermeister. Früher hatten ein Stabsbürgermeister (Alcalde de Vara) und ein Kommunalrat die kommunale Regierung inne, doch diese Ämter gibt es heute nicht mehr. Auch wenn andere indigene Gemeinden des Landes die Autonomie haben, ihre Steuern eigenständig zu erheben und anwenden zu können – die Kommunen Ometepes sind hinsichtlich dieser Bedürfnisse vom Bürgermeisteramt abhängig.

Die indigenen Gemeinden haben die gleichen kulturellen und sozialen Konditionen wie andere Gemeinden der Insel. Ein Großteil ihrer Tradition, Sprache und Gerichte ist in Vergessenheit geraten. Gastfreundschaft, enge Familienverknüpfungen und Großfamilien sind aber immer noch existent. Das Wichtigste ist das stark ausgeprägte Gefühl der indigenen Identität, die es in diesen Gemeinden weiterhin gibt und die in den anderen Gemeinden völlig verdrängt wurden.

Es ist zu erwähnen, dass es keinen Unterschied in der körperlichen Beschaffenheit zwischen der Bevölkerung der indigenen und der anderen Gemeinden gibt. Die indigenen Kommunen haben eine Reihe vorrangiger Probleme benannt, die gelöst werden müssen, um ihren zukünftigen Fortschritt voranzutreiben und zugleich ihre Existenz zu gewährleisten. Diese Probleme sind:

- Fehlende oder mangelhafte Trinkwasserversorgung

können. Die Gemeinden stellen das Land, einige Materialien und Arbeitskräfte zur Verfügung. Was sie jedoch brauchen, ist finanzielle Unterstützung, um hierfür ein Haus zu bauen und Büromaterial zu kaufen.

Diese Gemeinden sind sehr daran interessiert, am sozioökonomischen Fortschritt des Landes teilzuhaben und zugleich aber ihre indigene Identität und Zusammenhalt zu bewahren.

Trotzdem wären diese Wünsche keine Belastung für die Zentral- und Stadtverwaltung, da die Gemeinden eigenständig finanzielle Unterstützung aus anderen Quellen suchen und finden wollen, um ihre Ziele zu erreichen.

- Schlechter Zustand von Straßen und Zufahrtswegen
- Mangelhafte elektrische Versorgung
- Fehlende öffentliche Beleuchtung
- Fehlende Bildungszentren für weiterführende technische Fortbildung
- Knappheit und schlechter Zustand von Wohnhäusern
- Fehlende Quellen für landwirtschaftliche Kredite und Förderung
- Ständige Verletzung der Rechte der Gemeinden
- Mangelhafte Verkehrssicherheit
- Instabile bürgerliche Sicherheit

Eine unmittelbare und vorrangige Notwendigkeit ist die Einrichtung eines Verwaltungsbüros für den Fortschritt der indigenen Gemeinden, wo Besucher betreut und mit Informationen ausgestattet werden können und von wo aus Fortschrittsprojekte geplant und ausgeführt werden

INDIGENAS EN OMETEPE

POR JORGE QUINTANA

A la llegada de los Españoles, Meso America, la región comprendida entre el valle central de México y la peninsula de Nicoya en el norte de Costa Rica, era habitada por dos culturas indigenas principales: los Mayas que ocupaban las áreas centrales y del atlantico del sur de Mexico y Centro América, y los Nahua (lengua Nahualt) que poblaron el valle central de México y las areas costeras del pacífico de Centro America.

Cuenta la leyenda que los Niquiranos, el pueblo Nahua que se estableció en el Departamento de Rivas, Nicaragua, y pobló la Isla de Ometepe, vino emigrando desde México buscando un lugar donde hubiera una isla con dos volcanes en medio de un lago según lo había señalado su profecia. Ometepe fue por mucho tiempo un centro ceremonial indígena y cemente-

rio a como lo testifica la gran cantidad de petroglifos, esculturas, entierros, urnas funerarias y otros objetos descubiertos en el lugar.

Debido a su condición de isla, Ometepe fue intervenida por colonos de familias criollas más tarde que tierra firme, lo que permitió resistir a la asimilación cultural por mucho más tiempo. Hoy, la gran mayoria de los pobladores de los más de treinta poblados y caseríos que existen en Ometepe, sobre todo en Altagracia, muestran fuertes rasgos indígenas y su cultura de hospitalidad y organización social en Familia Extendida todavia persiste. Sin embargo idioma, celebraciones religiosas o culturales tradicionales, comidas tipicas otras prácticas se han perdido entre las nuevas generaciones. Las comunidades rurales son pequeñas, pobres, caminos y viviendas en mal estado y muy pequeñas para el número de miembros familiar los cuales viven en condiciones de hacinamiento. Generalmente no tienen servicio de atención de salud y servicios de educación, energia electrica, agua potable. Hay escasez de fuentes de empleo. La mayor parte de la población rural todavia vive principalmente de la producción agricola y, en menor escala, la pesca.

Los habitantes de la mayoría de las comunidades no se identifican a si mismo como ´Indios´. Sin embargo existen en el lado sur del volcan Concepción cinco comunidades (Urbaite, Las Pilas, Los Ramos, Sintiope, Tilgue) que además de identificarse a si mismo como comunidades indígenas también son reconocidas oficialmente como tales por los Gobiernos Central y Municipal. En 1885, los habitantes de estas comunidades se organizaron y acudieron donde el Alcalde local, Don Cristófono Obregón, para solicitar delimitar las tierras de las comunidades las cuales luego fueron inscrita en el Registro de la Propiedad de Rivas donde se emitió una escritura publica por una extensión de 1,960 manzanas (1,380 hectareas) de terreno. Mediciones en la década pasada arrojaron un total de 5,600 manzanas (3,940 ha). Las comunidades recibieron su personería jurídica durante el Gobierno de Violeta Chamorro (1,990-96).

Las comunidades elijen a una Junta Directiva de once miembros cada año. Esta junta era juramentada por el Ministro de Gobernación pero a partir de 1,977 es juramentada por el Alcalde Municipal. Antes el gobierno comunal era ostentado por un Alcalde de Vara y un Consejo Comunal que ya no existen. A pesar de que otras comunidades indígenas del país tienen autonomía para recaudar e invertir sus propios impuestos, las comunidades de Ometepe dependen de la Alcaldia para estos mene-

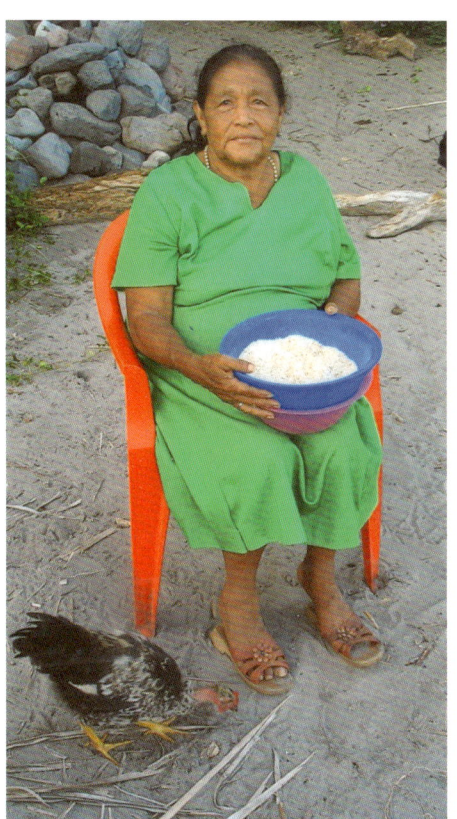

steres. Las comunidades presentan las mismas condiciones culturales y sociales de las otras comunidades en la Isla. La mayoria de las tradiciones, lenguaje, comidas se han olvidado. La hospitalidad y estrecha familia extendida aún persisten. Lo más importante es el fuerte sentido de identidad indígena que todavía existe en estas comunidades y que ha sido casi totalmente relegado en el resto de comunidades. Es de notar que no existe ninguna diferencia en las características fisicas y raciales entre la población de las comunidades indígenas y las otras comunidades.

Las comunidades indígenas han identificado una serie de problemas prioritarios a ser resueltos para promover el desarrollo futura de ellas misma y fomentar su preservación como tal. Estos problemas son:
- Falta o deficiente servicio de agua potable
- Deficiente servicio de energia eléctrica
- Falta de alumbrado publico
- Falta de centros de educación superior y tecnica
- Escasez y mal estado de viviendas

- Falta de fuentes de creditos agricolas y de fomento
- Frecuente violación a los derechos de la comunidades
- Deficiente seguridad vial
- Seguridad ciudadana inestable

Una necesidad inmediata y prioritaria es el establecimiento de una Oficina de Administración y Desarrollo de las Comunidades Indigenas donde puedan atender y brindar información a los visitantes y donde puedan dirigir la planificación y ejecución de obras de desarrollo. Las comunidades disponen de terreno, algunos materiales y mano de obra, pero requieren de recursos monetarios para construir una casa y equipo de oficina.

Estas comunidades están muy interesadas en integrarse al desarrollo socio-económico del país manteniendo su cohesión e identidad indígena. Sin embargo, estos deseos no son una preocupación para los Gobiernos Central y Municipal por lo que las comunidades tendrán que buscar y encontrar apoyo de otras fuentes alternas para alcanzar sus objetivos.

TAGESABLAUF EINER CAMPESINO-FAMILIE

Von Monika Höhn

Frau:

„Ich stehe um 4.30 Uhr auf, bereite das Frühstück für die Familie vor. Die Kinder stehen um fünf Uhr auf. Wir haben insgesamt 40 kleine Hühner und zwölf große Hähne. Außerdem haben wir drei Pferde, die wir brauchen, wenn wir unsere Felder bestellen. Ab und zu verleihen wir sie auch an Touristen zum Reiten.

Die Kinder müssen ihre Schulkleidung selbst sauber halten, waschen und bügeln. Zur Schule gehen sie zu Fuß. Das Fahrgeld ist inzwischen sehr teuer geworden. Die Kinder sind das Laufen gewohnt, viele Jugendliche besitzen mittlerweile auch ein Fahrrad.

Seit einiger Zeit haben wir zwei getrennte Räume, das ist wichtig, jetzt, wo die Kinder erwachsen werden. Außerdem besitzen wir einen kleinen Gasherd, so dass ich jetzt auch ohne Holz feuern und kochen kann.

Die älteste Tochter geht mit in die Kirche, die ist auch evangelisch.

Einen Garten besitzen die meisten Familien nicht. Wir sind gewohnt, dass die Schweine frei umherlaufen. Wenn wir etwas anbauten, müssten wir Zäune setzen und dazu haben die meisten kein Geld. To-

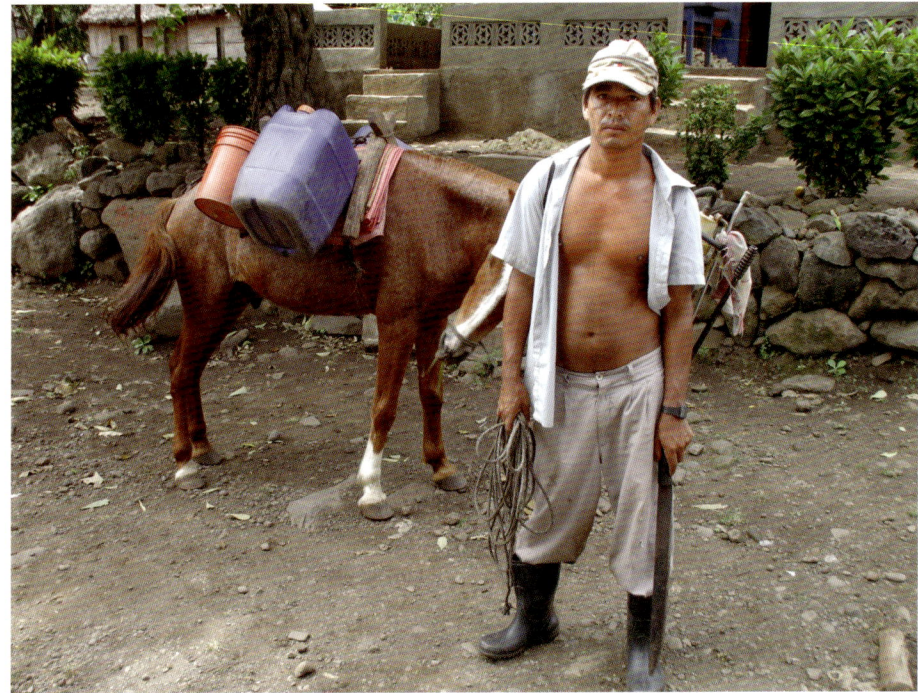

zwölf Liter Milch, eine Nachbarin macht Käse daraus, den ich verkaufe. Demnächst nehme ich an einer Alphabetisierung teil, die uns angeboten wird. Ich bin 46 Jahre alt und hatte nie die Gelegenheit, Lesen und Schreiben zu lernen. Unsere älteste Tochter, deren leiblicher Vater während des Krieges erschossen wurde, studiert Touristik auf dem Festland. Meine beiden leiblichen Kinder, 19 und 17 Jahre alt, besuchen die Schule."

EL DÍA DE UNA FAMILIA CAMPESINA

POR MONIKA HÖHN

Mujer:

„Me levanto a las 4.30 y preparo el desayuno para la familia. Los niños se levantan a las cinco. En total tenemos 40 gallinas pequeñas y doce gallos grandes. Sobre eso hay tres caballos que necesitamos para cultivar la tierra. De vez en cuando los alquilamos a turistas.

Los niños mismos tienen que mantener limpia su ropa de escuela así como lavar y plancharla. A la escuela van a pie. Hoy día el viaje en bus está muy caro. Los niños en general están acostumbrados a caminar y algunos jovenes ya tienen una bicicleta. Desde hace cierto tiempo tenemos dos cuartos separados. Esto es importante ya que los niños casi son adultos. Además tenemos una cocina de gas así que yo pueda cocinar sin hacer fuego.

La hija mayor ya va a la iglesia, una evangélica.

La mayoría de las familias no tienen un jardín y por tanto estamos acostumbrados que los cerdos corretean libre. Si cultivaramos algo tendríamos que cercar nuestro

maten, *chiltoma, ayote, pipian, sandia* und *melon* gibt es zu kaufen. Der Gemüsewagen fährt jeden Samstag an den Häusern vorbei. Aber viele Sachen können die Leute auch nicht kaufen, weil sie zu teuer sind und der Lohn zu gering. Ich liebe meine Insel und würde nie von hier fortziehen, aber es fehlt an so vielem, das Leben ist sehr teuer."

Mann:

„Wir besitzen keine Uhr, die Hähne wecken uns. Zwischen 20 und 21 Uhr gehen wir zu Bett.

Wir haben einen kleinen Fernseher, der hat aber ein so schlechtes Bild, dass wir die meiste Zeit nicht gut sehen können. Außerdem gibt es viele Stromausfälle, so dass wir wenig zum Fernsehen kommen. Nachrichten hören wir im Radio, oder die Nachbarn erzählen uns, was es Neues gibt.

Ich stehe um 5 Uhr auf. Das Essen bereitet meine Frau zu: *gallo pinto* und *platanos*, manchmal mit etwas Hühnchen oder auch Fleisch. Das Essen nehme ich mit und frühstücke später. Unsere Hunde begleiten uns, weil sie wissen, dass vom Essen etwas für sie abfällt. Sie warten, bis wir mit der Arbeit im Reisfeld fertig sind. Viele Hunde werden auch für die Jagd auf *iguanas* (Leguane) abgerichtet, die wir sehr gerne essen. Meine Frau geht sonntags in die Kirche, ich gehe in die Nachbardörfer zum Baseball. Da spielen die Mannschaften der verschiedenen Dörfer, es gibt Musik und man trifft sich dort.

Ich arbeite vier Stunden am Tag, von morgens sechs Uhr bis um zehn und verdiene 30 Pesos (= Cordobas) am Tag. Der Sonntag wird bei uns mitbezahlt, so dass ich in der Woche 210 Pesos verdiene. Ich besitze zwei eigene Kühe, eine Kuh gibt sieben Liter Milch. Für einen Liter Milch bekomme ich vier Pesos. Die andere Kuh gibt

terreno y para esto la mayoría no tiene el dinero. Tomates, chiltoma, ayote, pipian, sandia y melon se puede comprar. Cada sábado uno que vende verduras pasa por las casas. Pero mucho de lo que ofrece la gente no puede comprar porque está tan caro y el salario tan bajo. Amo la isla y nunca me iría de aquí. Pero hace falta de muchas cosas y la vida está muy caro."

Hombre:

"No tenemos un reloj, los gallos nos despiertan. Entre las 8 y las 9 de la noche nos acostamos. Tenemos una televisión pequeña pero tiene una imagen tan mala que en la mayoría no podemos ver muy bien. Aparte hay muchos apagones de forma

que podemos ver la tele muy poco. La noticias escuchamos en la radio o los vecinos nos informan de lo que ha pasado.

Me levanto a las cinco. La comida prepara mi esposa: gallo pinto y plátanos a veces con un poco de pollo o carne. La comida me llevo ya que desayuno más adelante. Nuestros perros nos acompañan porque saben que sobra algo de la comida para ellos. Esperan hasta que hayamos terminado el trabajo en el arrozal. Muchos perros es amaestra para cazar iguanas que nos gustan mucho. Los domingos mi esposa va a la iglesia mientras yo voy a los pueblos vecinos a mirar béisbol. Vienen los equipos de varios pueblos, hay música y se encuentra a otra gente.

Trabajo cuatro horas al día, de las seis de la mañana hasta las diez de la mañana ganando 30 pesos en un día. El domingo también se paga de forma que mi salario semanal es de 210 pesos. Tengo dos vacas. Una de ellas da siete litros de leche y un litro vendo para cuatro pesos. La otra da doce litros de leche de que una vecina hace queso que vendo también. Dentro de poco voy a participar en una alfabetización que se nos han ofrecido. Tengo 46 años y nunca tenía la posibilidad aprender a leer y escribir. Nuestra hija mayor cuyo padre carnal fue fusilado en la guerra estudia turismo en la tierra firme. Mis dos niños carnales de 19 y 17 años van a la escuela."

Preise der alltäglichen Güter in Ometepe 2001 und 2007 – in Cordoba

Precios de las cosas de la vida cotidiana en Ometepe – en Cordoba

Ein Landarbeiter verdient täglich 30 – 35 Cordoba.
Un campesino recibe 30 – 35 Cordoba diario.
1 € = ca. 22 Cordoba.

Lebensmittel/*Alimentos*		2001	2007
Reis/arroz	1 Pfund/libra	3	6,50
Bohnen/frijoles	1 Pfund/libra	3,50	16
Kartoffeln/ papas	1 Pfund/libra	5	10
Zwiebeln/cebolla	1 Pfund/libra	5	10
Bananen/platanos	1	1	2-3
Tomaten/tomates	10	5	20
Zucker/azucar	1 Pfund/libra	3,50	5,50
Eier/huevos	1	1	2
Öl/aceite	1 Liter/litro	10	45

Kleidung/*ropa*			
Schuhe/*zapatos*		180	200
Bluse/*blusa*		40	50
Hose/*pantalon*		40	80 – 100

Schulmaterial/ *Materiales para la escuela*			
Bleistift/*lapiz*		1	2
Heft/*cuaderno*		10	14

Strom/ monatlich *luz / al mes*	1 Glühbirne *1 bombilla*	35	80
Wasser/*agua*	monatlich/*al mes*	20	20
Fahrgeld *Gastos de viaje*	Santo Domingo – *Moyogalpa*	11	20

Bohnenernte – Cosecha de frijoles

Tabakernte – Cosecha de tabaco

Reisernte – Cosecha de arroz

GESCHICHTEN VON HÜHNERN

VON MICHAEL HÖHN

Hühner gelten weltweit als nervöse Tiere. Auf der Insel Ometepe haben sie zusätzlich den Ruf der am wenigsten berechenbaren Verkehrsteilnehmer. Wenn ein Huhn beispielsweise auf einer Seite der Straße im Sand ruhig zu picken scheint und es nähert sich ein Pferd, ein Radfahrer oder ein Auto, dann gerät es plötzlich in Panik. Es spurtet mit angelegten Flügeln und vorgeschobenem Kopf laut gackernd unmittelbar vor dem Verkehrsteilnehmer auf die andere Straßenseite. Der bremst im besten Fall seine Geschwindigkeit herunter und wartet den selbstmörderischen Lauf des Huhns auf das rettende Straßenufer ab. Hat es dies beinahe erreicht, dann kann es sein – das ist jedoch nicht zwingend – dass das Huhn auf den Sporen kehrtmacht und zu seinem Ausgangspunkt zurück rennt. Oft geht dieses kopflose Manöver gut aus.

Aber nicht immer, wie wir aus den beiden kurzen Geschichten im Folgenden lernen können, die Alcides Flores in den vergangenen Monaten erlebt hat.

In einem Fall war er rasch unterwegs zur Fähre nach Moyogalpa. Es war früh am Morgen und die Dunkelheit lag noch über der Straße in dem kleinen Ort Pul, in dem von einer Familie indigenes Kunsthandwerk in einem alten Brennofen hergestellt wird. Das weiße Huhn, das sich plötzlich von rechts her auf die Straße stürzte, war gut zu sehen. Wäre es braun gewesen, hätte es von vornherein keine Chance gehabt. Alcides bremste den Wagen herunter und ließ das Huhn passieren. Erst zwanzig Meter weiter vorn bemerkte er im Rückspiegel, dass das Huhn doch nicht davon gekommen war. Er stoppte und bemerkte den kurzen aufgeregten Todeskampf des Tieres, das dann ganz ruhig und tot am Straßenrand lag. In einiger Entfernung sah er eine alte Frau kommen. Der riet er freundlich, sich das tote Huhn für den Kochtopf von der Straße mitzunehmen, bevor es die Aasgeier holten. Die Frau bedankte sich, packte das Huhn in ihren Korb, den sie auf dem Kopf trug und zog glücklich ihres Wegs.

Im anderen Fall hatte er kurz vor Altagracia, da wo die Straße ein wenig ansteigt, angehalten, um einen Bekannten aus dem Auto steigen zu lassen. Es war ein heißer Nachmittag und er winkte dem jungen Mann ein Lebewohl nach. Dabei hatte er die Gruppe von Hühnern nicht gesehen, die sich von der Seite seinem Wagen genähert hatten. Als er anfuhr, stoben sie zwar auseinander. Eines von ihnen war jedoch nicht schnell genug und wurde vom linken Hinterrad seines Geländewagens erfasst. Er hielt an, als er das Geschrei hörte, stieg aus seinem Wagen und hob das inzwischen leblose Tier vom Boden auf. Während er noch mit schuldbewusster Miene und schweren Gedanken da stand, mit seinem Bekannten darüber nachdachte, was jetzt zu tun sei, näherte sich behände eine untersetzte recht stämmige Frau. „Das ist mein Huhn", sagte sie. Und während Alcides noch auf das Donnerwetter wartete, fuhr sie fort: „Gib mir das Huhn. Du hast mir erspart, es selbst zu schlachten. Ich erwarte nämlich heute Abend Besuch, da sollte es sowieso in den Topf. Vielen Dank!" Sprach's und ging mit dem Huhn unter dem Arm in ihre Hütte auf die andere Seite der Straße, die nach Altagracia führt.

HISTORIAS DE GALLINAS

POR MICHAEL HÖHN

Las gallinas constan universalmente como animales nerviosos. En la isla Ometepe tienen adicionalmente la reputación de los que tienen menos cálculo de los participantes del tráfico de los caminos. Sí, por ejemplo, aparece una gallina por un lado de la calle picando en la arena tranquilamente y se acerca un caballo, un ciclista o un coche, entonces se desvía repentinamente en pánico. En el mejor de los casos el conductor reduce su velocidad y espera la carrera suicida de la gallina desde la orilla de la calle. Sí consiguiera cruzar puede ser - eso no es sin embargo obligando - que la gallina vuelva en sus pisadas y corra hacia atrás a su punto de partida. Frecuentemente paga esta maniobra con su cabeza, pero no siempre a como podemos aprender de las siguientes dos historias breves que ha experimentado Alcides Flores en los meses pasados.

En un caso ibamos rápido por el camino al transbordador en Moyogalpa. Era temprano por la mañana y la oscuridad estaba todavía sobre la calle en el lugar pequeño llamado Pul en el cual artesanía artística indígena es producida por una familia en un horno de calcinación viejo. La gallina blanca que se echó repentinamente sobre la calle era fácil de mirar. Si hubiera sido marrón no habría tenido ninguna oportunidad. Alcides frenó el coche para que la gallina pasara. Sólo veinte metros más adelante observó en el retrovisor que la gallina no había pasado no obstante haber frenado. Paró y observó los estertores breves de muerte del animal que luego completamente tranquila, muerta en el borde de calle. A bastante distancia se veía a una mujer vieja venir. Cuando llegó, Alcides le

aconsejó amablemente llevarse la gallina muerta para la olla antes de que la recogieran los buitres de carroña. La mujer agradeció y empaquetó la gallina en la cesta que llevaba en la cabeza y reinició feliz su camino.

En el otro caso se había detenido un poco adelante de Altagracia, en un lugar en donde existe una subida sobre la calle, para dejar a un conocido subir al coche. Era una tarde caliente y un hombre joven lo saludo con un adiós. No había visto el grupo de gallinas que se habían acercado del lado a su coche. Cuando arrancó, se dispersaron por todos lados. Una de ellas no fue, sin embargo, lo suficientemente rápido y fue abatido por la rueda izquierda trasera del coche. Paró cuando oyó el griterío salió de su coche y levantó el animal sin vida del suelo. Mientras estaba todavía con sentimientos de culpa y pensamientos difíciles, preguntando a su conocido sobre que pensaba que tenía que hacer ahora, se acercó hábilmente una mujer bastante regordeta que decía "Esta es mi gallina!". Y mientras Alcides esperaba todavía que saliera la tormenta, agrego: "Dame la gallina, me has ahorrado matarla yo misma. Espero su visita esta tarde, ahí estará élla en la olla. "Muchas gracias!" dijo y se fue a su casa ubicada 30 metros en dirección a Altagracia.

FRAGEN AN DEN FRÜHEREN BÜRGERMEISTER ALCIDES FLORES

Was sind die dringlichsten Probleme auf der Insel?

Die Regierung in Managua hat den Bezirk Altagracia als arm klassifiziert. Moyogalpa schneidet ein wenig besser ab, doch im Prinzip sind die Probleme in beiden Bezirken ähnlich. Allerdings sind diese aufgrund der isolierten Lage, besonders der Dörfer rund um den Vulkan Maderas, im Bezirk Altagracia stärker ausgeprägt. Die hauptsächlichen Probleme sind:

- Schlechter Zustand des Wegenetzes, vor allem um den Vulkan Maderas herum. Defizite im Transportwesen sowohl zu Land als auch zu Wasser
- Schlechter Zustand der öffentlichen Gesundheitsversorgung
- Ungenügender Zugang zu öffentlichen Bildungseinrichtungen und mangelhafte Qualität der Lehre wegen Mangel an Lehrmaterialien und schlechtem Zustand der Schulen
- Fehlende Grundversorgung mit Elektrizität und Wasser in mehreren abgelegenen Gemeinden
- Fehlende Wohnmöglichkeiten und Latrinen sowie schlechter Zustand vieler Wohnhäuser auf dem Land
- Fehlende Arbeitsmöglichkeiten und schlechte Bezahlung derjenigen, die einen Arbeitsplatz haben.

Dies führt zu einer hohen Migration, v. a. der männlichen Bevölkerung und damit zur Desintegration der Familien. Auch hat dies Einfluss auf die markanten Defizite in der öffentlichen Bildung und Gesundheitsversorgung.

- Mangelhafter Umweltschutz: Das Fehlen einer Umweltbildung und mangelndes Umweltbewusstsein in der Bevölkerung führt zur Zerstörung der Wälder, Bodenerosion und Wasserverschmutzung.
- Dazu trägt auch das mangelnde Interesse der Regierung bei, die natürlichen Ressourcen zu schützen, sichtbar in der Genehmigung von Aquakultur des Fisches Tilapia im Großen Nicaragua-See.
- Auch gibt es keine Anstrengungen Müll zu recyceln, mit dem Ergebnis, dass an einigen Stellen auf der Insel die Müllberge wachsen.
- Das Produktionsniveau in der Landwirtschaft ist niedrig, verglichen mit dem möglichen Potential der angebauten Pflanzen. Die Produktion ist kaum technisiert. Es gibt keine Lagermöglichkeiten für landwirtschaftliche Produkte, so dass die Bauern diese schnellstmöglich verkaufen müssen. Dadurch sind die erzielten Gewinne für die Bauern sehr niedrig.
- Es gibt keine technische Unterstützung und Beratung für die Bauern und die öffentlichen Finanzmittel zur Unterstützung der Produktion sind sehr gering.
- Bodenbesitzprobleme zwischen der lokalen Bevölkerung und nichtinsularen Investoren sowohl aus Nicaragua selbst als auch aus dem Ausland. Letztere profitieren von der Tatsache, dass in Nicaragua mehr als die Hälfte der kleinen Landbesitzer keinen rechtmäßigen Landtitel haben.
- Die Entwicklung des Tourismus als eine Alternative, um die ökonomischen Bedingungen der Bevölkerung zu verbessern Schutz des kulturellen Erbes (Petroglyphen)

Die Hauptaufgabe bestand darin eine Analyse der Situation zu erstellen, um daraufhin unter Mitwirkung der Bevölkerung in den Gemeinden einen Entwicklungsplan zu erstellen, der in den kommenden vier Jahren auch umgesetzt werden konnte. Die Vergabe von legalen Landtiteln wurde forciert und die Verbesserung der Straßen und die Entwicklung des Tourismus vorangetrieben (Entstehung des Consorcio Intermunicipal). Auch wurde der Bau von Wohnhäusern und Latrinen in den sehr armen Gemeinden im Bezirk unterstützt. Ein landwirtschaftliches Kreditinstitut wurde aufgebaut und ein Konzept für die Verarbeitung von Müll beim Bau von Häusern und Latrinen entwickelt.

Das größte Problem um all diese Aktivitäten umzusetzen, war das knappe Budget der Bürgermeisterei. Die lokalen Steuereinnahmen ebenso wie die finanziellen Überweisungen der Regierung sind sehr gering.

Die Unterschiede zwischen den verschiedenen Parteien sind zu marginal, als dass sie sich auf eine gute kommunale Gemeindeverwaltung auswirkten. Das Handeln eines Bürgermeisters hängt mehr von seiner persönlichen Vision und seinem Wunsch ab, die Situation der Menschen zu verbessern.

PREGUNTAS AL EX-ALCALDE ALCIDES FLORES

Cuales son los problemas màs urgentes de la Isla?

Altagracia está clasificado como Municipio Pobre en la clasificación del Gobierno Central. Moyogalpa está un poco mejor pero los principales problemas son comunes en ambos municipios pero más intensos en el Municipio de Altagracia por ser más aislado, sobre todo las comunidades ubicadas en el cerro Maderas. Los principales problemas son:

- Mal estado de los caminos de penetración sobre todo en el cerro Maderas y deficiente servicio de las lìneas de transporte terrestre y acuàtico

- Deficiente estado de atención de parte del sector de salud pública del Gobierno (MINSA)
- Falta de acceso a educación pública y deficiente calidad de enseñanza debido a limitaciones de materiales y equipo de enseñanzas y mal estado físico de las escuelas
- Falta de servicios básicos de energía eléctrica y agua potable en varias comunidades apartadas
- Falta de viviendas y pobre estado físico de muchas viviendas de familias rurales pobres así como falta de letrinas
- Falta de fuente de trabajo y bajos salarios para los pocos que disponen de una plaza de trabajo lo que fomenta un alto porcentaje de migración sobre todo en el género masculino influyendo en la desintegración de la familia. También ésto influye en las deficiencias señaladas en los casos de salud y educación pública
- Deficiente protección del medio y falta de educación y conciencia ambiental entre la población en general lo que resulta en destrucción de bosque, erosión de suelos y contaminación y evaporación de fuentes de agua.

- Incluye falta de interès del Gobierno Central (MARENA) para proteger los recursos naturales los cuales inclusive han otorgado licencia para la producción de tilapias en jaulas en aguas abiertas del lago Cocibolca.
- También existe poca educación y actividades para promover el manejo y reciclaje de los desechos sólidos los cuales se están acumulando ya en algunos sitios de la Isla
- Los niveles de producción de los cultivos es todavía bajo comparado con el potencial de producción de los mismos.
- Las técnicas de producción usadas son poco tecnificadas. No existen sitios para almacenar cosechas por lo que los precios obtenidos por los productores son muy bajos ya que tienen que vender sus productos a los primeros compradores para no perderlos.
- No existen servicios de extensión agrícola para orientar a los agricultores.
- Las oportunidades de financiamiento para la producción son escasas
- Problemas de tenencia de tierra entre pobladores locales e inversionistas no is-

leños (nacionales o extranjeros) quienes se aprovechan de que en Nicaragua màs de la mitad de los pequeños propietarios de parcelas no tienen legalizada (título) su propiedad.
- El desarrollo de la industria turística como una alternativa para mejorar las condiciones económicas de la población y protección del patrimonio cultural (petroglifos)

La tarea principal ha sido el ordenamiento de la situación en general con el propósito de elaborar un plan de desarrollo integrado que pueda ser aplicado en el municipio en los próximos cuatro años y promover la participación de los habitantes de las comunidades en esta planificación. Se impulsó la obtención de títulos de propiedad, mejoramientos de caminos y desarrollo del turismo (formación de Consorcio Intermunicipal), también se apoyo a los sectores salud (construcción de centro de salud) y educación (apoyo a escuelas y cursos de técnicos en medio ambiente y turismo). También se apoyo la construcción de viviendas y letrinas en comunidades muy pobres del municipio, la organización de la Empresa de Crédito Agrícola, reciclaje de desechos sólidos para uso en construcción de viviendas y letrinas.

El principal problema para realizar las actividades descritas fue el limitado presupuesto monetario con que la Alcaldía contaba para su ejecución. Las recaudaciones por impuestos locales son muy bajas al igual que las transferencias del gobierno central. Las diferencias en las políticas de los partidos son muy pocas para incidir en la buena administración del gobierno municipal. La actuación del Alcalde depende màs de su visión personal y deseos de hacer prosperar a su pueblo.

Der Vulkan Concepción

Von Manuel Hamilton Silva Monge

Der Vulkan Concepción ist einer der perfektesten Kegel von Zentralamerika. Sein ursprünglicher Name hat sich im Laufe der Zeit immer geändert. Die ersten Kulturgemeinschaften nannten ihn Choncoteciguatepe, die Chorotegas und die Nicaraguas nannten ihn Mestliltepe und beide Namen kommen aus dem *nahualt*, der Sprache der Nahua. Im Falle Choncoteciguatepe heißt es „Der Berg der menstruiert". Nach den Geologen ist der Concep-

ción im Quartär der Ära Känozoikum erschienen, in dieser Zeit der kontinuierlichen Ausbrüche und tektonischen Bewegungen erlangte er seine Gestalt und im Augenblick misst er 1610 m über dem Meeresspiegel.

Der Vulkan blieb lange Zeit ruhig, aber im Jahre 1880 begann er sich zu rühren. Die Beben dauerten an und die Inselbewohner waren sehr erschrocken, bis er dann am 8. Dezember 1880 ausbrach. Aus seinem Krater löste sich die Spitze, warf Wolken von Qualm und Gestein heraus, viel flüssiges Basalt, und das nannte man „Lava de Urbaite". Auch spuckte er „Peña Bruja" aus, was gegenüber von Altagracia liegt, die „Peña de San Marcos" und eine Menge

Asche und zerstörte die Landwirtschaft. Diese Eruption dauerte ein Jahr.

Die zweite Eruption fand 1883 statt. Damals warf sie riesige Felsen heraus, die im schnellen Fall zerplatzen.

Eine weitere Eruption folgte 1889, diese war begleitet von einer großen Anzahl Erdbeben.

Der vierte Ausbruch war 1902. Dieses Mal schleuderte er so viel Asche, dass er die Plantagen von Rivas zerstörte.

1907 war der nächste Ausbruch und dauerte drei Jahre. In der Nacht glühten die Felsen. 1924 spuckte er wieder so viel Feuer, Asche und Lava wie das vorherige Mal. Der letzte Ausbruch war 1957 und dieser war sehr gewaltig.

Der Vulkan Maderas

Der Originalname ist Coatlan. In der Sprache der Nahuas bedeutet das „Ort der Sonne". Er ist genau so alt wie der Concepción und die Vulkanwissenschaftler und Geologen versichern, dass der Ausbruch dieses Vulkans vor 800 Jahren stattfand. Es gibt Spuren dieser alten Eruption. Eine von diesen Spuren ist die Existenz einer Lagune auf der Kraterspitze. Das Becken, in dem die Lagune ist, hat 800 m Durchmesser. Die Lagune misst 400 m Länge mal 150 m Breite. Die Höhe des Vulkans beträgt 1394 m. Weil die Eruption so lange zurückliegt, konnte sich die Vegetation auf der Spitze und in den Falten des Gebirges festsetzen bis hinunter zu den Grenzen der Bewirtschaftung.

Dieser Vulkan wurde von Casimiro Murillo bestiegen, der die Existenz der Lagune entdeckte und das war am 15. April 1930.

El Volcan Concepción

Por Manuel Hamilton Silva Monge

El volcan Concepción es uno de los conos perfectos de Centroamérica, su nombre aborigen ha cambiado a traves del tiempo, las primeras etnias lo llamaron Choncoteciguatepe, los Chorotegas y Nicaraguas lo nombraron Mestliltepe, ambos nombres provienen del nahualt, en el caso de Choncoteciguatepe significa "Hermano de la luna", mientras que Mestliltepe significa "Cerro que menstrua".

Según los geólogos, el Concepción surgió en el período Cuaternario de la era Cenozoica, en esta era de contínuas convulsiones y movimientos tectónicos, adquirió su estatura y actualmente mide 1610 metros de altura sobre el nivel del mar.

El volcán permaneció sin explotar por muchos siglos, pero por el año 1880 comenzó a convulsionar, los temblores eran contínuos y los habitantes isleños estaban muy asustados, hasta que el día 8 de Diciembre explotó. De su cráter se desprendia su cúspide, lanzaba columnas de humo y material volcánico, en gran cantidad era basalto fundído, fue entonces cuando arrojó "la lava de Urbaite". También arrojó la Peña Bruja que está al frente de Altagracia, la Peña de San Marcos y ceniza en grandes cantidades, dañando así la agricultura, está erupción tardó un año.

La segunda erupción ocurrió en año 1883, entonces lanzó rocas gigantescas que se despedazaban al bajar vertiginosamente. Le continuó la erupción de 1889, ésta fue precedida de gran cantidad de movimientos telúricos. La cuarta erupción en 1902, esta vez arrojó tantas cenizas que arruinó las plantaciones agrícolas de Rivas. En 1907 fue la siguiente erupción y duró tres años, ardiendo, por las noches se cubría de rocas ardientes. En 1924, volvió a vomitar tanta llama, ceniza y lava como la vez an-

terior. La última erupción fue en 1957, la que fue muy violenta.

El volcan Maderas

Su nombre aborígen es Coatlan, lengua nahualt que significa "Lugar del sol", es de la misma edad que el Concepcion, los vulcanólogos y geólogos aseguran que la erupción de éste data de 800 años. Hay vestigios de esa antigua erupción, uno de ellos es la existencia de una laguna cratérica en su cúspide.

La cuenca donde está la laguna es de unos 800 metros en contorno. La laguna propiamente mide 400 metros de largo por 150 metros de ancho. La altura del volcán es aproximadamente 1394 metros. Debido a la antigüedad de su erupción, la vegetación es espesa en su cúspide y sus faldas hasta donde termina la frontera agrícola. Este volcán fue escalado por Casimiro Murillo, quien anunció la existencia de la laguna, convirtiéndose en su descubridor, en el año de 1930 el día 15 de Abril.

ICH HEIßE MANUEL

VON MANUEL ANTONIO GUTIÉRREZ

Ich bin ein junger Mann und habe eine große Motivation, mich ständig zu verbessern. Aber im Laufe meines Lebens musste ich stets an der Seite meiner Mutter gegen die Armut ankämpfen, die so viele nicaraguanische Familien betrifft.

Seit frühester Kindheit musste ich arbeiten um zu überleben. Ich konnte meine Kindheit nicht genießen, so wie es eigentlich sein sollte.

Um Geld zu verdienen fing ich an Brot zu verkaufen und ich arbeitete von früh bis spät auf dem Feld, um meiner Mutter keine Last zu sein. Aber ich konnte uns nicht alle in der Familie auf diese Weise versorgen. Letztendlich musste ich die Schule abbrechen; die alltäglichen Probleme und Erfordernisse ließen es nicht zu, weiter zur Schule zu gehen.

Als ich 13 Jahre alt war, fing ich an, meine Mutter zu begleiten, um Gemüse für den Verkauf zu besorgen. Damals entschied ich mich dazu, meine eigenen Waren zu verkaufen. Dabei habe ich eines Tages Monika und Michael Höhn kennen gelernt. Sie haben mir dann Arbeit im Hotel Santo Domingo besorgt und mich dazu ermutigt, die Schule nicht abzubrechen.

Zu Beginn des Jahres 2000 kam ich auf die weiterführende Schule Ladislao Chwalbinsky. Dort machte ich Ende 2004 meinen Abschluss mit der Hilfe Gottes, meiner Mutter und des Proyecto Ometepe-Alemania.

Jetzt studiere ich an der Universität und strenge mich sehr an, damit ich eine berufliche Zukunft habe und mich weiter entwickle.

Ich danke Gott für alles, was er für mich getan hat, aber ich habe nichts, womit ich es ihm zurückbezahlen kann.

ME LLAMO MANUEL

POR MANUEL ANTONIO GUTIÉRREZ

Soy un joven con un alto espíritu de superación. Pero en el transcurso de mi vida he tenido que luchar muy fuerte al lado de mi mamá contra la pobreza que nos envuelve a muchas familias nicaragüenses.

Desde muy pequeño he tenido que trabajar para sobrevivir, no habiendo disfrutado de mi niñez como normalmente debía de ser. Una de mis tantas actividades que realicé fue la de vender pan. Así como el trabajo en el campo de sol a sol para ganarme el pan de cada día y dejar de ser una carga para mi madre pues no podía sustentarnos a todos. De esa manera fui creciendo rodeado de muchos obstáculos que me obligaban a abandonar la escuela.

A la edad de los 13 años acompañaba a mi mamá a comprar verduras para vender, entonces decidí vender mi propia mercadería. Fue de esta manera que un día logré conocer a Mónika y Michael Hoehn y me buscaron trabajo en el Hotel Santo Domingo además de animarme a no abandonar la escuela.

A inicio del año 2000 ingresé a estudiar al Instituto Nacional Ladislao Chwalbinsky donde logré terminar mi secundaria a finales del año 2004 con ayuda de Dios, mi Mamá y el Proyecto Ometepe – Alemania. Ahora sigo estudiando en la Universidad luchando por sacar una carrera y salir adelante.

Solo le doy gracias a Dios por todo lo que me ha concedido y yo no tengo como pagarle.

WASSER UND GESUNDHEIT

„Der schlechte Zustand der Wasserversorgung und Abwasserentsorgung in vielen Teilen der Welt hat einen hohen Preis. So sterben nach Schätzungen der Weltgesundheitsorganisation WHO jedes Jahr etwa 1,8 Millionen Menschen an Durchfallerkrankungen, davon 90 Prozent Kinder. Durchfallerkrankungen sind der häufigste Grund für den Tod von Kindern in armen Ländern. Gäbe es sauberes Wasser, Wasseranschlüsse und eine Abwasserentsorgung für alle, würde sich diese Zahl um zwei Drittel vermindern. An Malaria sterben jedes Jahr mehr als eine Million Menschen, die meisten von ihnen in Afrika.

Nach UN-Schätzungen sterben jedes Jahr fünf Millionen Menschen an wasserbedingten Krankheiten, zehnmal so viel wie durch alle Kriege der Welt. Eine der häufigsten wasserbedingten Krankheiten ist die Cholera...“

Aus: „Das Wasser-Buch“,
Frank Kürschner-Pelkmann, Ffm 2005

AGUA Y SALUD

“El mal estado del abastecimiento de agua respectivamente del desabastecimiento de aguas residuales en muchos partes del mundo tiene un precio alto. Según cálculos de la Organización Mundial de la Salud (OMS) cada año como 1,8 millones personas mueren de diarrea, entre ellos 90% niños.

La diarrea es la causa más frecuente del muerto de niños en países pobres. Si hubiera agua limpia, tomas de agua y un desabastecimineto deaguas residuales para todos, este número se reduciría de dos tercios. De la malaria se mueren más de un millón de personas cada año, la mayoría en África. Según cálculos de la ONU cada año mueren cinco millones personas de enfermedades que surgen por agua impura. Una de las más frecuentes de estas enfermedades es la cólera…“

De „Das Wasser-Buch“,
Frank Kürschner-Pelkmann, Ffm 2005

DIE BEDEUTUNG DER RESSOURCE WASSER IN NICARAGUA

VON MICHAEL PLATZER

Nicaragua gehört zu den Ländern mit der schlechtesten Wasserversorgung und Abwasserentsorgung in Lateinamerika. Obwohl etwa ein Zehntel der Landesfläche mit Wasser bedeckt ist, hat knapp ein Drittel aller Nicaraguaner keinen Zugang zu sauberem Wasser. Dies ist jedoch für das tägliche Überleben der Menschen wie für den landwirtschaftlichen und industriellen Produktionsprozess unerlässlich, weshalb ihm auch die Rolle eines strategischen Rohstoffs zukommt. Besonders in den ländlichen Gebieten ist die Situation oft prekär; 70% der Bevölkerung sind hier nicht an das Trinkwassernetz angeschlossen. Neben gesundheitlichen Beeinträchtigungen ergeben sich auch wesentliche Nachteile für die landwirtschaftliche Produktion, welche die zentrale Achse für eine wirtschaftliche Entwicklung bildet. In der Landwirtschaft wird immerhin rund 25% des Bruttoinlandsproduktes erwirtschaftet, außerdem stellt sie 65% der Exporterlöse und 40% aller Arbeitplätze[1].

Ein Großteil des Landes ist von stark durchlässigen, vulkanischen Böden bedeckt. Bis auf wenige Ausnahmen gibt es deshalb nur in der feuchten Atlantikregion Flüsse, die das ganze Jahr über ausreichend Wasser führen. Die besten und ertragreichsten Böden befinden sich jedoch fast ausschließlich in der Pazifikregion. Eine Erschließung und Förderung der größtenteils tief liegenden Grundwasserhorizonte ist teuer. Somit kommt es in diesem tropisch feuchten Land trotz eines offenbaren Reichtums an hydrischen Ressourcen zeitweise zu Wasserknappheit und spürbaren Auswirkungen der Wasserrationierung. Besonders davon betroffen sind

Kleinbauern, die während der bis zu fünf Monaten andauernden Trockenperiode in Ermangelung eigener Brunnen und Bewässerungsanlagen den Anbau der meisten Obst- und Gemüsekulturen einstellen müssen. Aufgrund dieses jahreszeitlichen Wassermangels können trotz einer Ausdehnung der produktiven Agrarböden von 31% der Gesamtfläche Nicaraguas nur 9,1% permanent landwirtschaftlich genutzt werden[2]. Diese Flächen befinden sich größtenteils in ufernahen Gebieten des Nicaragua- und Managua-Sees.

Der Verschmutzungsgrad der vorhandenen Süßwasserreserven nimmt stetig zu. Errichtung und Betrieb von Abwasserkanalisationen und Kläranlagen gilt oftmals als nicht lukrativ und deshalb verzichtbar. Rund 20 zentrale Kläranlagen in den größeren Städten des Landes behandeln nur rund 12% der Abwässer Nicaraguas[3]. Viele Städte, inklusive der Hauptstadt Managua, leiten ihre Abwässer ungeklärt in Flüsse und Seen ein. Der Nicaragua-See besitzt, im Vergleich zum stark verschmutzen Managua-See, aufgrund seiner Größe und dem dadurch resultierenden Verdünnungseffekt sowie seiner hohen Selbstreinigungskraft noch eine relativ gute Wasserqualität. Höhere Belastungen gibt es nur im Entwässerungsbereich der Städte Granada, Rivas und an der Mündung des Río Ostional.

Die Siedlungswasserwirtschaft befindet sich zurzeit in allen Ländern Zentralamerikas in einem intensiven Reformierungsprozess. Die rasch voranschreitende Umweltverschmutzung, eine hohe Erkrankungsrate der Bevölkerung und die angespannte ökonomische Situation zeigen eine dringende Notwendigkeit, die Ressource Wasser in Zukunft besser zu schützen. Die Herausforderung besteht vor allem darin, ein Konzept zur Trinkwasserversorgung und Abwasserentsorgung einzusetzen, das auf der spezifischen naturräumlichen, gesellschaftlichen sowie wirtschaftlichen Situation basiert, ohne die siedlungswasserwirtschaftlichen Grundlagen der Industrieländer einfach zu kopieren. Während die Weltbank bis in die 80er Jahre vorrangig den Aus- und Aufbau öffentlicher Wasserversorgungssysteme unterstützte, fördert sie seit Anfang der 90er gemeinsam mit dem Internationalen Währungsfonds (IWF) in erster Linie die Beteilung privater Unternehmen an deren Betrieb oder Finanzierung. Das Spektrum reicht hierbei von der Wahrnehmung einzelner Aufgaben, etwa dem lokalen Wasserverkauf durch Kleinunternehmer, über die Errichtung von Anlagen durch Baufirmen bis hin zum Betrieb kompletter Ver- und Entsorgungssysteme durch global operierende Wasserkonzerne.

Erste Erfahrungen damit gibt es auch bereits in Nicaragua, wo die Bewirtschaftung von sanierten Trinkwassernetzen in den Städten Matagalpa und Jinotepe an private Firmen vergeben wurde. In Folge stiegen die Wasserpreise allerdings in beiden Städten schneller als im Rest des Landes. Die Bevölkerung befürchtet nun eine ähnliche Entwicklung wie bei der Konzessionierung der nicaraguanischen Stromversorgung durch die spanische Firma Unión Fenosa. Die Preise erhöhten sich dabei um mehr als das dreifache, die erhofften Investitionen in das Verteilungsnetz der unterversorgten ländlichen Regionen blieben dagegen aus. Die Strompreiserhöhungen wirkten sich auch auf den Wasserpreis aus, wird doch über 10% der nationalen Stromproduktion zum Betreiben der Pumpanlagen verwendet.

Für multinationale Konzerne ist der nicaraguanische Wassermarkt interessant, besitzt das Land doch mit dem Nicaragua- und Managua-See die beiden größten Süßwasserspeicher der Region. Es gibt bereits

Pläne, dieses Wasser in wasserarme aber zahlungskräftige Regionen Nordamerikas zu exportieren.

Daran erkennt man, dass der marktwirtschaftliche Lösungsansatz in fundamentalem Widerspruch zum Postulat eines Menschenrechtes auf Wasser steht. Der Wert des Wassers sollte nicht alleine auf die wirtschaftliche Verwertbarkeit als Ressource, und damit auf die Bereitschaft der Nutzer dafür zu zahlen, beschränkt werden. So universell das Recht auf Wasser ist, so vielfältig und regional unterschiedlich sind die Wege, wie dieses Recht kostengünstig, nachhaltig und den Bedürfnissen aller Nutzer entsprechend umgesetzt werden kann. Es gibt aber grundsätzliche Aspekte, deren Beachtung auch in Nicaragua für das langfristige Funktionieren der Wasserversorgung von zentraler Bedeutung sein wird:

Beteiligung der Nutzer

Wenn künftige Nutzer von Anfang an in die Planungen der Wasserversorgungs- und Abwasserentsorgungsprojekte einbezogen sind, werden sie sich später auch als deren Eigentümer für Betrieb und Instandhaltung verantwortlich fühlen.

Nachhaltige Finanzierungsmodelle

Insbesondere bei gemeinschaftlich genutzten Wasserquellen muss von Anfang an bedacht werden, wie das Geld für Betrieb und Instandhaltung der Anlagenteile (z.B. Pumpe, Desinfektion, etc.) eingenommen werden kann und wer die Verantwortung für diese Aufgabe übernimmt. Für viele Landbewohner bedeutet das ein Umdenken, sahen sie das Wasser doch bisher als freies Gut an.

Dezentrale Wasserpolitik

Nach dem Subsidiaritätsprinzip sollten die Entscheidungen in der Wasserpolitik auf der jeweils untersten, lokalen Ebene getroffen werden. Ohne die aktive Beteiligung der lokalen Gemeinschaften ist weder die Grundversorgung der Menschen vor Ort zu sichern, noch ein nachhaltiger Ressourcenschutz denkbar.

Angepasste Technologien

Vor dem Bau kostspieliger Wasserversorgungssysteme und Abwasserbehandlungsanlagen sollte immer geprüft werden, ob sich nicht mit geringeren Investitionen angepasste naturnahe Anlagen errichten lassen bzw. traditionelle Systeme des Wassermanagements wieder belebt werden können.

Regelung der Verwertung und Verteilung

Um zukünftige Wasserkrisen zu vermeiden, müssen Schritte gesetzt werden, die darauf abzielen, Wasserressourcen effizient zu verteilen und die Versorgung von Mensch und Natur vorrangig zu betrachten. Eine effektive Möglichkeit den Druck auf hochwertige Wasserressourcen zu reduzieren, ist die Wiederverwertung behandelter Abwässer in Form von landwirtschaftlichen Bewässerungsprojekten.

PROBLEMÁTICA DEL RECURSO AGUA EN NICARAGUA

POR MICHAEL PLATZER

Nicaragua posee el 10 % de su territorio en recursos hídricos; sin embargo, es el país con más deficiencia en la distribución de agua potable en Latinoamérica.

A pesar que Nicaragua es un país tropical y húmedo, en la actualidad hay falta de agua potable para la población por la falta de una política de desarrollo del sistema de agua potable. La red de distribución existente es la más obsoleta de la región, además sólamente una tercera parte de la población tiene acceso a este servicio.

El 70 % de la población del campo no está conectada a la red de agua potable, ésto se ve reflejado en los problemas de salud pública. Esta población también tiene a menudo mala productividad agrícola provocada por la falta de agua.

La agricultura representa para Nicaragua el 25% del Producto Interno Bruto (PIB), el 65% de los productos de exportación, asi como el 40% de la ocupación laboral.[1] Sólamente en la región húmeda de la Costa Atlántica hay ríos que permanecen llenos todo el año.

Los mejores suelos productivos estan ubicados en la Zona pacífica donde el suelo es en su mayoría de origen volcánico. Este suelo tiene la capacidad de infiltrar el agua muy rápido. El aprovechamiento y traslado de las aguas de los ríos y lagos es demasiado costoso.

Los pequeños productores son los más afectados, porque en la época seca no tienen actividad productiva por falta de pozos y de plantas para riego agrícola. Por tal razón se produce durante todo el año solamente el 9,1% del 31% del área total cultivable en Nicaragua[2]. Esta área productiva está ubicada principalmente en las orillas de los lagos de Managua y Nicaragua (Cocibolca).

El grado de contaminación de los recursos hídricos aumenta gradualmente porque la construcción de plantas de tratamiento de las aguas residuales se considera cara y no lucrativa. Tal es así que solamente el 12 % de las aguas residuales son tratadas en 20 plantas purificadoras ubicadas en las ciudades más importantes del país[3]. Muchas ciudades, incluso la capital dirigen las aguas residuales a los ríos y lagos sin previo tratamiento.

El Lago de Nicaragua (Cocibolca) tiene todavía una buena calidad debido a su ta-

maño, capacidad de auto depuración y el buen efecto de dilución. Una contaminación más alta se observa solamente dentro de la gama de drenaje en Granada y Rivas, así como en la desembocadura del Rio Ostional.

Todos los países Latinoamericanos estan actualmente realizando reformas en la Hydroeconomía. El modelo principal que hasta ahora se ha utilizado se ve en decadencia por el acelerado aumento de la contaminación ambiental, altas tasas de enfermedades provocadas por la falta de abastecimiento y saneamiento de agua. Estos países deben concebir tecnologías apropiadas para garantizar el abastecimiento de agua a toda la población, así como el tratamiento de las aguas residuales. Las tecnologías a utilizar deben estar en harmonía con la disponibilidad de recursos naturales y con la economía del país. No se recomienda tomar automáticamente tecnologías empleadas en países industrializados.

La posición tomada al respecto por parte del Banco Mundial en los años 80 se basó en apoyar a los países para la construcción de sistemas públicos de abastecimiento de agua, sin embargo, en los años 90 cambió su política y junto con el Fondo Monetario Internacional (FMI), comenzaron a fomentar la participación de la empresa privada en las operaciones y financiamiento de las plantas. Esto ha provocado que actualmente se hable de la posibilidad que pequeños empresarios se dediquen a vender el agua y que se piense en la posibilidad de que un monopolio posea la operación globalizada del recurso agua, es decir, la construcción y operación de los sistemas de abastecimiento de agua.

Nicaragua ya ha comenzado a tener su propia experiencia. En las ciudades de Matagalpa y Jinotepe la gestión del servicio de agua potable es dirigida por una empresa privada y al poco tiempo, se pudo observar el aumento de las tarifas mientras que en el resto del país estas se mantuvieron estables.

El temor de la población es que se vea un aumento como en el sector energético ya que es manejada por la empresa privada Unión Fenosa de España. Las tarifas de este sector se han aumentado a una tercera potencia en corto tiempo. El aumento de los precios energéticos tiene también una directa relación con el aumento de las tarifas del agua ya que el 10% de la energía generada es utilizada para la operación de las plantas de abastecimiento de agua potable.

Naturalmente, la empresa multinacional tiene gran interés por comprar y comercializar el recurso agua en Nicaragua, porque este país posee, con los lagos, las fuentes hídricas más grande de la región. Hay planes incluso de comercializar el agua en zonas secas de Norteamérica, donde el poder adquisitivo de la población es bastante alto. Esta intención se contradice con el postulado principal de los derechos humanos ya que el valor del agua no bebe limitarse a calcular su utilidad económica y en poner el agua solamente a disposición de la población que puede pagar por este servicio.

Existen posibilidades para poner el vital líquido a disposición de la población de forma barata y duradera, para ello, hay que tomar en cuenta aspectos fundamentales que garantizan a largo plazo el funcionamiento del abastecimiento de agua. Estos aspectos a considerar son los siguientes:

Participación activa de la población

Es muy importante que el futuro usuario sea tomado en cuenta al momento de planificar la red de abastecimiento de agua y en proyectos de disposición y tratamiento de las aguas residuales. Con ello se logra que la población se sienta responsable por el cuido y la correcta operación, así como el mantenimiento de la planta que suple a su comunidad.

Modelos de financiamiento duraderos

La creación de modelos duraderos de financiamiento es importante ya que para muchas personas significa una reorientación, porque han visto hasta ahora el agua como un recurso natural gratis. Pero en realidad se necesitan equipos para ponerla en las casas.

Para un servicio efectivo hay que definir lo siguiente:

Cómo será el sistema de cobro para los gastos de operación y mantenimiento (por ejemplo las bombas de agua, sistema desinfección etc.).

Quienes asumen la responsabilidad del cuido del sistema y control de cobros.

Politica decentralizada del agua

Después de aplicar el principio de descentralización se deben tomar decisiones en los niveles locales más bajos ya que sin la participación de la comunidad local no es concebible que se puedan asegurar las fuentes de agua, así como la protección duradera de cuencas.

Tecnologías apropiadas en la región

Antes de construir sistemas muy costosos de abastecimiento y tratamiento de agua se debe examinar la posibilidad de construir con inversiones pequeñas sistemas adaptados a la región o bien revivir tecnologías tradicionales establecidas en la gestion del agua.

Regulación de la utilización y distribución del agua

La regulación sobre la utilización y distribución del agua persigue evitar la falta de agua por épocas, para ello, es necesario preveer medidas que vayan dirigidas a la distribución y cuido eficiente de los recursos naturales.

Un ejemplo es el reciclaje del agua residual tratada en forma de irrigación agrícola.

1 BCN- Banco Central de Nicaragua (2004)" Producción Agrícola de Exportación I y II, Producción de granos básicos, Producción pecuaria". Gerencia de Estudios Económicos, Nicaragua.

2 Platzer, M.; Cáceres, V.; Fong, N. (2003) The reuse of trated wastewater for agricultural purposes in Nicaragua"; Proceedings, 4 th International Symposium on Wastewater Reclamation and Reuse, IWA, Mexico City.

3 OPS- Organisación Panamericana de Salud (2003) "Inventario de la situación actual de las aguas residuales domésticas en Nicaragua"; Organización Mundial de la Salud, División de salud y Ambiente (HEP), Washington D.C.

DIE BILDUNGS-SITUATION IN NICARAGUA

Anfang der 80er Jahre unternahm die Sandinistische Regierung gleich zu Beginn ihrer Regierungszeit enorme Anstrengungen, um die desolate Bildungssituation nachhaltig zu verbessern. Insbesondere in den vernachlässigten ländlichen Gebieten wurden tausende Schulen gebaut, LehrerInnen eingestellt und allen SchülerInnen Lehrmittelfreiheit gewährt, um so jedem Kind den Schulbesuch zu ermöglichen.

Durch eine "Cruzada de Alfabetización" (Alphabetisierungskreuzzug), in der hunderttausende von Jugendlichen als freiwillige LehrerInnen über die Dörfer und durch die Städte zogen, wurde die landesweite Quote der AnalphabetInnen von ca. 70% auf rund 12% reduziert.

Der jahrelange Krieg gegen die Contra und der anhaltende Wirtschaftsboykott der USA machten es den SandinistInnen jedoch zunehmend schwerer, im erforderlichen Maße in den Bildungssektor zu investieren. Diese Tendenz hat sich nach dem Regierungswechsel unter den nachfolgenden konservativ-neoliberalen Regierungen Chamorro und Alemán noch verschärft. Unter dem Druck der rigorosen Auflagen-

politik von IWF (Internationaler Währungsfonds) und Weltbank wurden in allen sozialen Sektoren drastische Sparprogramme mit verheerend negativen Folgen durchgeführt.

Um einen Ausweg aus der Situation zu finden, wurde den Schulen Nicaraguas nach und nach ein "Autonomie-Status" zugestanden. Der einzelnen Schule wird dabei entsprechend ihrer Schülerzahl ein finanzielles Kontingent pro SchülerIn zur Verfügung gestellt, mit dem die Schule selbständig haushalten muss. Davon sollen die Gehälter der LehrerInnen bezahlt werden, sowie Renovierungskosten, Betriebsmittel, Strom etc.

Die Finanzmittel sind jedoch so knapp bemessen, dass die Zuwendungen die notwendigen Ausgaben nicht decken. Oftmals können davon nicht einmal die ohnehin kärglichen Gehälter der LehrerInnen bezahlt werden.

Der Schulbesuch ist nach wie vor ausdrücklich unentgeltlich. Die Lehrmittelfreiheit ist noch immer im Gesetz festgeschrieben. Aber die Realität ist eine andere! Fast immer mangelt es an einer ausreichenden Anzahl von Schulbüchern, so dass die Lehrmittelfreiheit de facto aufgehoben ist. Um die Finanzlücke an ihrer Schule zu schließen, ist es den LehrerInnen darüber hinaus erlaubt, freiwillige (!) Beiträge der Eltern entgegenzunehmen. An den meisten Schulen werden aus purer Not entgegen den ausdrücklichen ministeriellen Anweisungen weitere Beiträge erhoben, entweder als monatliche Pauschale oder aber als Gebühr für die Einschreibung zum Schuljahresbeginn oder das Ausstellen der Zeugnisse. Gerade für Familien mit mehreren Kindern bedeutet das sehr schnell eine finanzielle Überforderung, in deren Folge häufig als erste die Mädchen einer Familie vom Schulunterricht ausgeschlossen werden. Die Verantwortung für die Ausbildung der Kinder ist so vom Staat an die überforderten Eltern zurückgegeben worden.

Aus: http://www.staepa-berlin.de/

LA SITUACIÓN DE LA EDUCACIÓN EN NICARAGUA

Al inicio de los años 80 el gobierno sandinista, al comienzo de gobernar, trató con mucho esfuerzo de mejorar la situación de la educación de forma sostenible. Se construyeron especialmente en los áreas rurales olvidados miles de escuelas, contrataron maestros y contribuyeron libros y otros objetos de enseñanza gratuido para garantizar así la asistencia de cada niño en la escuela.

A travez de una "Cruzada de Alfabetización" por las aldeas, los pueblos y las ciudades con miles y miles de jovenes como maestros voluntarios se redujo la taza de analfabetismo en todo el país de 70% a alrededor de 12%.

La guerra con la Contra durante años y el bloqueo economico de los Estados Unidos les hizo a los sandinistas cada vez más difícil de invertir en el sector de educación en la dimensión necesaria. Esta tendencia se agravó durante los siguientes gobiernos conservadores-neoliberales de Chamorro y Alemán. Bajo la presión de las condiciones del Fondo Monetario y del Banco Mundial se realizó en todos los sectores sociales programas de reducciones drasticos con efectos negativos muy devastadores.

Tratando de encontrar una salida en esta situación se declaró las escuelas autónomas. De acuerdo al numero de estudiantes se les contribuyo un monto de fondos por alumno para manejar su presupuesto independientemente. Con estos fondos se tienen que pagar los sueldos de los maestros, los gastos para obras de renovación, el manejo de la escuela, para electricidad etc. Pero los fondos son tan pocos, que estas contribuciones no alcanzan para cubrir los gastos. Muchas veces no son sufficientes ni para los sueldos pequeños de los maestros.

La asistencia a la escuela todavía es gratuida. La ley siempre garantiza los libros sin costos. Pero la realidad es otra.

Casi siempre no hay suficiente libros, los objetos de enseñanza gratuidos practicamente no existen. Para cubrir la laguna financiera los maestros pueden recibir contribuciones voluntarias de los padres. La mayoría de las escuelas en su necesidad cobran otras contribuciones en contra de las instrucciones ministeriales, en forma de importes globales mensuales o como tarifa para la inscripción al inicio del año escolar o para la elaboración de los certificados. Especialmente para familias con varios niños esto significa muy rapido un sobrecargo financiero y las niñas son muchas veces las primeras que son excluidas de la enseñanza. La responsabilidad para la formación de los niños pasó así del estado de vuelta a los padres sobrecargados.

De : http://www.staepa-berlin.de/

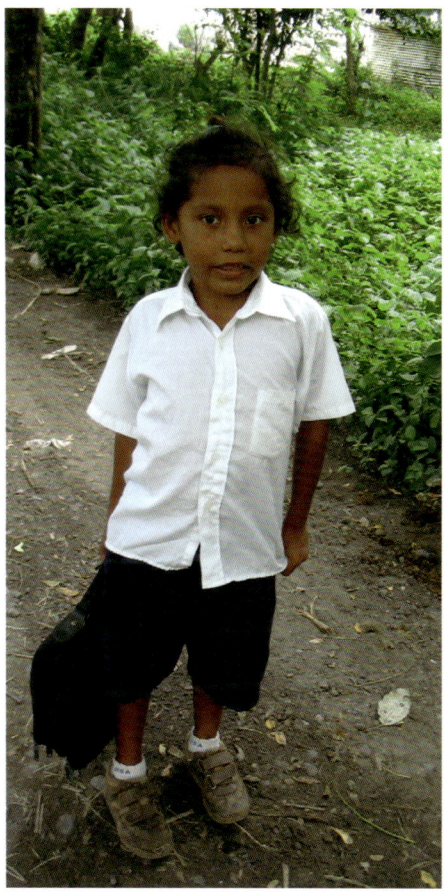

DIE AKTUELLE BILDUNGSSITUATION AUF OMETEPE

Seit nunmehr gut einem Jahr hatte das Land einen möglicherweise bedeutsamen Regierungswechsel. Nach 16 Jahren Oppositionspartei erreichte die Frente Sandinista (FSLN) die Wahl Daniel Ortegas zum Präsidenten, allerdings ohne im Parlament über eine eigene Mehrheit zu verfügen. Da jedoch der Präsident, anders als in Deutschland, über umfangreiche exekutive Macht verfügt und das Regierungshandeln maßgeblich steuert, zeichnen sich auch im Bildungssektor weit reichende Veränderungen ab.

Die Vertretung des MINED (Bildungsministerium) auf Ometepe versichert uns dazu, dass es nach Meinung der aktuellen Regierung erste Pflicht des Staates sei, seinen Bürgern gute Bildungsmöglichkeiten zu garantieren. Methodologisch würden dafür integrierte Bildungsansätze bevorzugt. In der Grundschule würden Verfahren nach dem Prinzip „Lernen – Üben - Anwenden" gefördert. Für die Sekundarschule sei das Prinzip „Bildung als Verstehen". Dabei werde Wert auf eine praxisorientierte Bildung gelegt, die die Lebenswirklichkeit der Schüler als Grundlage nimmt. So würde für die Absolventen später auch der Übergang in die Berufs- und Arbeitswelt einfacher.

Schließlich will das MINED (Bildungsministerium) auch auf Ometepe den Zugang der Schüler zur Kultur des Lesens mit der Einrichtung und Verbreitung von Bibliotheken fördern.

Was die eigentlich verpflichtende Teilnahme am Schulunterricht angeht, glaubt das Ministerium Erfolge im ersten Jahr seiner

Verantwortung verbuchen zu können. In der Grundschule auf Ometepe habe man eine regelmäßige Teilnahme von 94 % erreicht. Von den teilnehmenden Grundschülern hätten 85 % den Schulabschluss erreicht. In der Sekundarschule sei die Erfolgsquote mit 75 % etwas niedriger.

La Situación Actuál de la Educación en Ometepe

Desde hace un año, el país tenía posiblemente un cambio de gobierno importante. Después de 16 años de oposición logró el Frente Sandinista (FSLN) la elección de Daniel Ortega como Presidente, aúnque sin tener una mayoría propia en el Parlamento. Pero como el Presidente en Nicaragua tiene, a diferencia de Alemania, extenso poder ejecutivo y dirige la actuación del

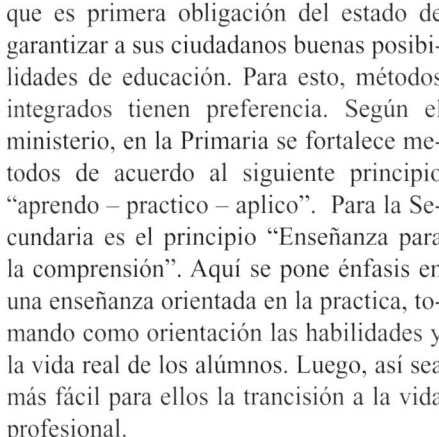

Gobierno, se perfilan también en el sector de la educación cambios sustantiales.

La representación del MINED (Ministerio de Educación) en la isla de Ometepe nos asegura la opinión del Gobierno actual, que es primera obligación del estado de garantizar a sus ciudadanos buenas posibilidades de educación. Para esto, métodos integrados tienen preferencia. Según el ministerio, en la Primaria se fortalece metodos de acuerdo al siguiente principio "aprendo – practico – aplico". Para la Secundaria es el principio "Enseñanza para la comprensión". Aquí se pone énfasis en una enseñanza orientada en la practica, tomando como orientación las habilidades y la vida real de los alúmnos. Luego, así sea más fácil para ellos la trancisión a la vida profesional.

Finalmente, el MINED quiere, tambien en la Isla de Ometepe, fortalecer la cultura de leer al alumnado a través de la implementación y la divulgación de bibliotecas. En cuanto a la asistencia obligatoria de la enseñanza escolar realmente, el Ministerio cree haber tenido exitos en su primer año de gestión. En la Primaria se logró una asistencia de 94 %. Del total de estos alumnos participantes el 85 % logro su promoción. En la Secundaria hubo un rendimiento más bajo con 75 %.

Pelibuey-Schafe

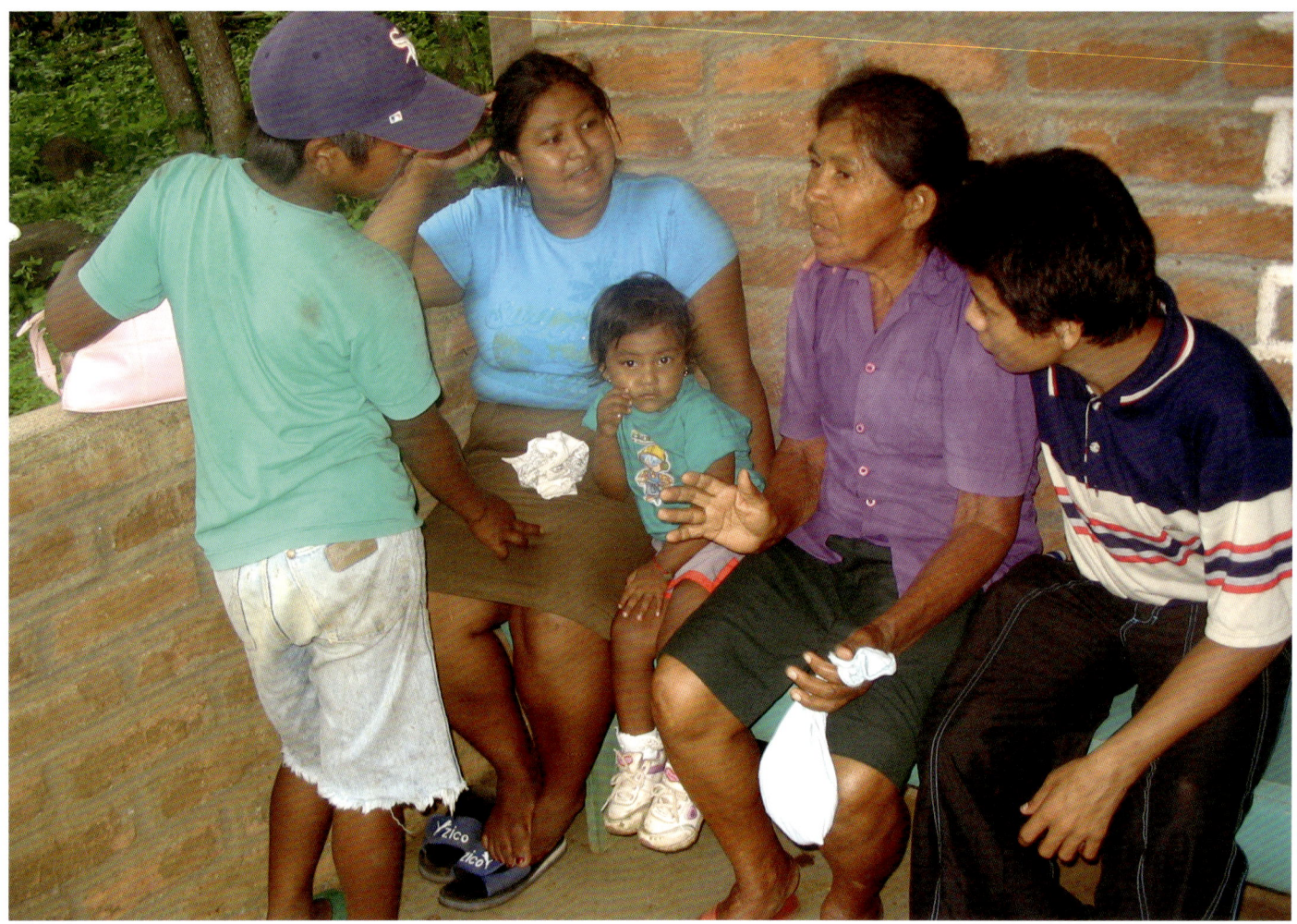

MEINE ERFAHRUNGEN BEI DER ALPHABETISIERUNG AUF OMETEPE

VON FLOR MARÍA MARTÍNEZ GARCÍA

Im Jahr 2005 hat die nicaraguanische Regierung das Ministerium für Bildung, Kultur und Sport (MECD) beauftragt ein Alphabetisierungsprogramm zu starten, um das Bildungsniveau im gesamten Land zu verbessern. Das Programm sieht vor, dass die älteren Schüler von weiterführenden Schulen mit vier und fünf Jahren Schulbildung, Analphabeten Unterricht geben. Die Analphabetenrate in Nicaragua liegt bei der Bevölkerung von über sieben Jahren bei mehr als 20 Prozent.

Das Programm funktioniert folgendermaßen: Jede Schülerin und jeder Schüler sucht sich eine Person, die nicht lesen oder schreiben kann aus seiner Familie, der Nachbarschaft oder seiner Gemeinde. Bevor sie oder er mit der Unterrichtung der Person beginnt, nimmt sie oder er an Schulungen teil, wo ihnen die Unterrichtsgestaltung beigebracht wird. Die Alphabetisierung findet in verschiedenen Stufen statt. Zuerst sollen die Analphabeten das Alphabet, die Silben und die Ordinalzahlen lernen. Daraufhin werden Textabschnitte und Gedichte gelesen und die Grundregeln der Arithmetik geübt (Addition, Subtraktion, Multiplikation, Division). Schließlich werden Tests durchgeführt, um zu sehen, ob der Unterricht auf der nächst höheren Stufe fortgeführt werden kann.

Ich selbst unterrichte María Esmeralda García, eine allein stehende Frau von 42

Jahren mit zwei Söhnen, die auf der Universität studieren. Sie lebt etwa zwei Kilometer von meinem Haus entfernt und ich besuche sie jeden Nachmittag, um sie zu unterrichten. Manchmal fahre ich auch erst am Abend zu ihr, da sie häufig den ganzen Tag mit der Arbeit auf dem Feld und der Hausarbeit beschäftigt ist. Momentan denke ich, dass sie 50 Prozent dessen gelernt hat, was notwendig ist, um einigermaßen schreiben und lesen zu können. Deshalb muss der Unterricht fortgeführt werden, damit sie das Gelernte nicht wieder vergisst.

Ich bin sehr glücklich und zufrieden, dass ich einer Analphabetin lesen und schreiben beibringen kann und damit ihre soziale Stellung verbessere und etwas zur Entwicklung meines Landes beitrage.

MI EXPERIENCIA COMO ALFABETIZADORA EN OMETEPE

POR FLOR MARÍA MARTÍNEZ GARCÍA

En el año 2005, el Gobierno de Nicaragua, a través del Ministerio de Educación, Cultura y Deporte (MECD), iniciaron un Programa de Alfabetización para elevar el índice de educación en todo el país. El Programa incluye el involucramiento de los estudiantes de IV y V años de educación secundaria en enseñarle a leer a personas que no saben. El índice de analfabetismo en Nicaragua es muy superior al 20% de la población mayor de siete años.

Este Programa funciona de la siguiente manera. Cada estudiante de IV y V años selecciona a una persona analfabeta dentro de su propia familia, vecindario o comunidad. Antes de iniciar el proceso de alfabetización asiste a un corto período de entrenamiento donde le enseñan a aplicar las guías de estudio. Existen varios niveles de capacitación. El primer nivel incluye el aprendizaje del alfabeto, sílabas y los números ordinales. El segundo nivel incluye la lectura de párrafos, poemas y las reglas básicas de aritmética (suma, resta, multiplicación, división). Se realizan pruebas de evaluación para valorar si el alfabetizando puede pasar a un nivel superior. En mi caso, mi persona alfabetizada es María Esmeralda García, madre soltera de 42 años con dos hijos quienes estudian en la universidad. Ella vive a 2 km de mi casa por lo que para hacer mi labor tengo que visitarla todas las tardes. Algunas veces la visito de noche ya que durante el día ella se encuentra ocupada con las labores del campo y de la casa. Hasta el momento considero que ella ha asimilado un 50% de lo necesario para poder leer y escribir rudimentariamente por lo que es necesario continuar el proceso de alfabetización para que no olvide lo aprendido.

Por mi parte, yo me siento contenta y orgullosa de poder enseñarle a una persona que no sabe y de esta forma contribuir a la mejoría social de esta persona y al desarrollo futuro de mi país.

ELIAS

VON MICHAEL HÖHN

An diesem Morgen taucht Elias mit seinem Fahrrad schon früh um sieben Uhr auf. „Ich konnte gestern nicht kommen, weil ich Fieber hatte und den Gesundheitsposten von Balgüe aufsuchen musste. Heute habe ich die gewünschten sechs Armbänder mitgebracht." Er holt sie aus seinem kleinen Rucksack und legt sie auf den Tisch. Jedes soll 25 Cordoba kosten.

„Wie lange brauchst du für ein Teil?" frage ich. „Ungefähr dreieinhalb Stunden." - „Und was machst du mit dem Geld?"
„Mein Vater braucht das Geld, um die Leute zu bezahlen, die bei der Reisernte mithelfen. Und von dem, was noch übrig bleibt, bezahle ich die besonderen Kosten für meinen Schulbesuch wie die Schuhe oder die Schuluniform."
Er bekommt ein Glas Wasser und ein süßes Teilchen. Seine Augen strahlen. „Suerte!", wünsche ich ihm und verabschiede ihn mit Händedruck bis zum nächsten Mal.

ELIAS

POR MICHAEL HÖHN

Esta mañana apareció Elias con su bicicleta muy de mañana a las siete. "No pude llegar ayer, porque tuve fiebre y de irme al puesto de salud en Balgüe. Hoy tengo los seis pulseras deseadas." Los saca de su mochila pequeña y los pone en la mesa. Cada uno cuesta 25 Cordoba. "Cuando tiempo nedesitas para una pieza?" pregunto yo. "Más o menos trés horas y media." - "Y que vas a hacer con el dinero?"
"Mi padre necesita el dinero para poder pagar la gente que ayudan en la cosecha de arroz. Y de lo que sobra pago los gastos extras para la escuela como zapatos y el uniforme."
El recibe un vaso de agua y un pastelillo. Sus ojos brillan. "Suerte!", le deseo y lo despido con un apretón de manos hasta la proxima vez.

121

BEDEUTUNG VON KLEINKREDITEN

Von Jorge Quintana

Der größte Teil der Menschen des Kreises Altagracia lebt von der Landwirtschaft. Die Hauptprodukte für den Verkauf sind Fleisch und Milch aus der Viehhaltung und (Koch-)Bananen. Außerdem werden, hauptsächlich für den Eigenbedarf, Bohnen, Mais und Früchte angebaut. Der Fischfang wird sowohl für den Eigenbe-darf als auch für den Verkauf betrieben. In geringerem Umfang stellen einige kleine Familienunternehmen Kunstobjekte aus Keramik und Holz her. Der Tourismus hat in den letzten Jahren einen Aufschwung erlebt und es sind viele neue Hotels und Transportunternehmen in diesem Sektor entstanden.

Bis 2005 gab es auf der ganzen Insel keine Bankfilialen noch sonstige Finanzinstitutionen. Für Bankgeschäfte musste man auf das Festland nach Rivas, wo sich die nächste Bank befand fahren. Mittelständische Produzenten und Händler, die ihre finanzi-ellen Transaktionen dort abwickelten, hatten hohe Kosten zu tragen, sowohl zeitlich (ein ganzer Tag für Hin- und Rückreise) als auch finanziell (Reise- und Verpfle-gungskosten).

Im Jahre 2005 eröffnete die Bank Procré-dito eine Filiale in Moyogalpa; in Altagra-cia ließen sich die Mikrofinanzinstitute Caruna und Acodep nieder. Keins der In-stitute hat ein Kleinkreditprogramm zu Gunsten von ärmeren Bauernfamilien, die die Kredite für landwirtschaftliche Pro-duktion brauchen, um ihre Ernährung si-cherzustellen.

Die genannten Banken gewähren nur den mittelständischen und großen Produzenten Kredite. Zudem verlangen sie Sicherheiten wie Eigentumsurkunden, Verkaufsurkunden und weitere Dokumente. Die meisten Menschen auf Ometepe besitzen keines dieser Dokumente und haben deshalb keine Möglichkeit, einen Kredit zu erhalten. Die Kleinkredite, die kleine ProduzentInnen benötigen, um kleine Flächen zu bewirtschaften und ihre Familien zu ernähren, können sie von diesen Banken nicht bekommen. Deshalb haben sie begrenzten Zugang zu modernen landwirtschaftlichen Produktionsmitteln. Entsprechend sind die Produktionserträge gering. Hinzu kommt, dass die Bearbeitungskosten für einen Kredit sehr hoch sind und 50 Prozent des eigentlichen Kredits ausmachen können. Diese Kosten, die für Leistungsbeurteilungen, Sicherheiten und andere offizielle Dokumente anfallen, müssen die Kreditnehmer übernehmen. Für den armen Campesino ist das alles sehr teuer.

Auf Ometepe gibt es bereits einige Erfahrung mit landwirtschaftlichen Kleinkrediten. Zu Beginn der neunziger Jahre führte die Vereinigung der BananenproduzentInnen Ometepes (APO), eine Vereinigung mittelständischer ProduzentInnen, ein Kreditprogramm ein. Es sollte die Produktion steigern und zog deshalb auch die Einführung moderner Produktionsmittel und Unterstützung bei der Vermarktung ein. Die Organisation ist heute allerdings nur noch durch ihren Namen präsent. Die Fundación entre Volcanes (FEV), eine Nichtregierungsorganisation, hat auch bereits mit Kleinkrediten für mittelständische ProduzentInnen auf Ometepe gearbeitet. Andere Gruppen und private UnternehmerInnen haben die Produktion einiger landwirtschaftlicher Produkte, mit denen sie selbst Handel betrieben, wie Kaffee oder Sesam, finanziell gefördert.

Das Ometepe-Projekt, welches seit 1994 auf der Insel arbeitet, hat bereits mehrere Kreditprojekte angestoßen, um Kleinbäue-

rinnen und Kleinbauern bei der Produktion zu unterstützen. Im Jahre 1998 wurde eine kleine Gruppe mittelständischer KaffeeproduzentInnen (weniger als zehn) unterstützt. Leider war es nicht von Erfolg gekrönt, da in der Folge die Kaffeepreise stark fielen und zudem Krankheiten die Pflanzungen befielen. Ein zweiter Anlauf wurde 2001 unternommen, indem mittelständische und kleine ProduzentInnen mit modernen Produktionsmitteln unterstützt wurden. Etwa 75 Prozent der Investitionen wurde zurück erlangt. Dann im Jahre 2002, mit der zusätzlichen Unterstützung der Pfarrgemeinde Himmelberg aus Österreich, wurde das Kommunale Kreditunternehmen für Landwirtschaft ins Leben gerufen. Es unterstützt fast 600 KleinproduzentInnen in 24 Gemeinden mit Kleinkrediten zwischen 50 und 200 US-Dollar. Nach fünf Jahren der Umsetzung liegt die Rückzahlungsquote bei über 85 Prozent.

Offensichtlich brauchte es genau diese Form der Kreditvergabe, um zumindest einem kleinen Teil der kleinen ProduzentInnen Kredite gewähren zu können, die ihnen Einkünfte garantieren und die sozioökonomische Entwicklung der Gemeinden fördert. Auf Basis dieser Erfordernisse der kleinen ProduzentInnen und ihrer Gemeinden wurde das Kleinkreditprogramm strukturiert. Die Teilhaber des „Unternehmens" sind die Gemeinden selbst und es wird auch von diesen gesteuert. Die Gewinne werden in kleine Entwicklungsvorhaben in der Gemeinde investiert.

Aber außer den Krediten für die Landwirtschaft werden Kleinkredite für andere Wirtschaftsbereiche benötigt, wie Fischfang, Hotels, Restaurants, sonstige Tourismusvorhaben und Handel, um die wirtschaftliche Entwicklung Ometepes voranzutreiben. Darüber hinaus braucht es auf Ometepe Kredite, um den nachhaltigen Umgang mit und die Bewahrung der natürlichen Ressourcen wie Wasser, Wälder und Tierwelt zu unterstützen

CRÉDITOS PARA LOS PEQUEÑOS AGRICULTORES

POR JORGE QUINTANA

La principal ocupación económica de los habitantes de Altagracia son las actividades de producción agropecuaria. Los principales rubros de producción para la venta son ganado (leche y carne) y plátanos. También se produce, a nivel de subsistencia, frijoles, arroz, maíz y algunas frutas. La pesca artesanal sirve para la venta y autoconsumo. En algunos caseríos existe producción artesanal de objetos de barro (cerámica) y madera. Estas microempresas son de carácter familiar. El rubro del turismo ha tomado auge en los últimos años incrementandose el número de hoteles y transportistas.

Hasta el año 2,005, no existían sucursales bancarias ni nigún otro tipo de institución financiera en toda la Isla. Individuos e instituciones tenían que viajar hasta la Ciudad de Rivas para encontrar la sucursal bancaria más cercana y poder realizar sus transaciones monetarias. Medianos productores y comerciantes gestionaban sus créditos ante estos bancos y algunas financieras privadas localizadas en esta misma ciudad. Los costos de esta gestión son altos en tiempo (todo un día) y en dinero (pasajes, comidas).

En 2,005, el Banco Procrédito abrió una sucursal en Moyogalpa, al igual que la microfinanciera Caruna, y la microfinanciera Acodep instaló una sucursal en Altagracia. Ninguna de estas instituciones financieras posee un programa de microcrédito para habilitar a familias campesinas pobres para asegurar la producción de un mínimo de productos para la alimentación familiar.

Los créditos otorgados por estas instituciones están dirigidos a medianos y grandes productores. Además, requieren una serie de respaldo legal (garantías) como escrituras, cartas de ventas y otros documentos, que la mayoría no posee por lo que no tienen opción al préstamo. Los créditos (micros) a pequeños productores para cultivar pequeñas áreas y asegurar la alimentación anual de sus familias no son ofrecidos por estas instituciones.

Los pequeños productores de Ometepe no tienen fuentes de financiamiento para garantizar la producción de sus cultivos. Debido a esto, los productores tienen limitado acceso al uso de insumos agrícolas moderno con precios elevados en Ometepe y, por lo tanto, los rendimientos de los culti-

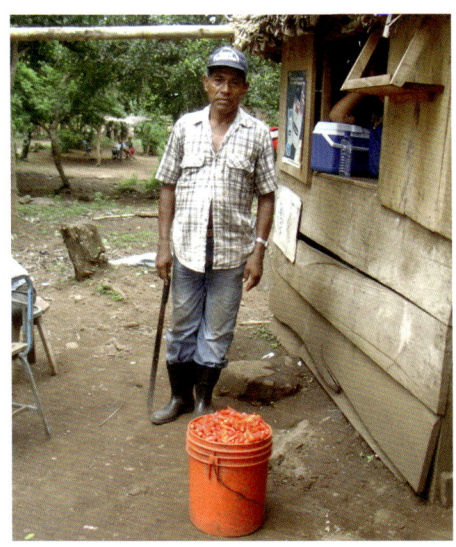

vos son reducidos. Además, los costos de gestión del préstamo son altos y podrían representar más del 50% del monto del préstamo debido a que requiere de evaluaciones, seguros, costos legales y documentos oficiales, todo pagado por el prestatario. Esto es muy caro para el campesino pobre.

En Ometepe existe alguna experiencia con el manejo de micro-créditos agrícolas. Al inicio de la década de los años noventa, la Asociación de Plataneros de Ometepe (APO), una organización de medianos productores privados, estableció un programa de crédito para producción de plátano que también incluía actividades de proveer insumos y comercialización del producto. APO dejó de funcionar en práctica a finales de la misma década, y en la actualidad es sólo una organización nominal. La Federación Entre Volcanes (FEV), un ONG, también ha conducido actividades de crédito con medianos productores de Ometepe. Otros grupos y empresarios privados han financiado la producción de algunos rubros agrícolas tales como café y ajonjolí orgánico, los cuales ellos mismo comercializan.

El Proyecto Ometepe-Alemania (POA),

una organización privada que ha operado desde 1,994, realizó varios esfuerzos para establecer un fondo para crédito de producción agrícola a pequeños productores. El primero, en el año 1,998, fue dirigido a unos pocos (menos de diez) medianos productores de café. El resultado fue negativo debido a la caída de los precios del café y ataques de enfermedades que redujeron la cosecha. Un segundo esfuerzo fue realizado en el año 2,001, en la forma de entrega de insumos agrícolas, a medianos y pequeños productores. Alrededor del 75% fue recuperado. Por último, en 2,002, con la colaboración de la Parroquia de Himmelberg, Austria,), se formó la Empresa Intercomunal de Crédito Agrícola Ometepe, la cual brinda pequeños créditos (entre US$ 50.00 y US$ 200.00) a casi 600 pequeños productores de 24 comunidades de Ometepe. Hasta el momento existe un índice aceptable (sobre 85%) de recuperación de la cartera de crédito después de cinco años de actividad.

Es obvio que se necesitaba de este tipo de organización para dar respuesta, al menos,

a una pequeña parte de estos productores y al mismo tiempo generar ingresos que puedan ser utilizados en promover el desarrollo socio-económico de las comunidades habitadas por estas familias campesinas. En base a estas necesidades, se formó la Empresa Intercomunal de Crédito agrícola ´Ometepe´, la cual es una empresa comercial sociedad anónima donde los socios (dueños) son las comunidades y la Empresa es dirigida y manejada por ellos mismos. Las ganancias son invertidas en pequeñas obras de desarrollo en las mismas comunidades.

Pero además de los créditos agrícolas, también se necesita conceder micro-créditos créditos a otros sectores económicos tales como la pesca artesanal, hoteles, restaurantes y operadoras de turismo y comercio en general (tiendas, almacenes, ferreterías, otros) para impulsar el desarrollo económico de Ometepe. También se necesitan créditos para fomentar el adecuado aprovechamiento y preservación de los recursos naturales incluyendo fuentes de agua, bosques y fauna.

BESUCH AUF DER FINCA MAGDALENA

VON MICHAEL HÖHN

Am Nachmittag machten wir eine Autofahrt mit Alcides zur Finca Magdalena am Hang des Vulkans Maderas. Dort trafen wir Santos, den Vorsitzenden der Coopera-tive, der uns ein ausführliches Interview gab.

Die Cooperative Magdalena hat in den letzten 10 Jahren vor allem auf zwei Beinen gestanden:

dem ökologischen Anbau von Kaffee, Zitrusfrüchten und Gemüse, der vor allem aus der Partnerschaft mit der Insel Bainbridge resultiert. Parallel dazu hat sich ein intensiver Tourismus - vor allem ruck-sackreisende junge Leute - entwickelt. Die Cooperative hat vor allem auch die Wege zum Vulkan Maderas ausgebaut und Führer für die Wanderungen ausgebildet.

Auf die Frage nach dem Einsatz von Gra-moxon in der Landwirtschaft, gab uns Santos eine sehr differenzierte Auskunft: das Pestizid Gramoxon wurde seit 1975/ 76 auf der Insel eingeführt und half dabei, das den Reis oder die Bohnen überwuchernde Unkraut rasch zu vernichten. Dabei wurden 5 Liter Gramoxon auf eine manzana (etwa ein Fußballfeld) aufgebracht, und zwar in drei Partien: bei der Vorbereitung des Bodens, nachdem der Samen in den Boden gelegt war und ein drittes Mal, wenn sich das erste Unkraut zeigte.

Die meisten campesinos sind seit vielen Jahren davon überzeugt, dass es ohne Gramoxon nicht geht. Um das Unkraut zu jäten, wären bei der tropischen Vegetation zu viele Arbeitskräfte nötig, die teuer bezahlt werden müssen. Diese Kosten würden den Preis in schwindelnde Höhen treiben.

In Wirklichkeit entwickeln die Böden und auch die Pflanzen zunehmend Resistenzen gegen das Gramoxon und es müsste immer mehr ausgebracht werden.

Die Alternative wird auch in einer kleinen Schule des campo gezeigt: Die Böden werden zwei Jahre lang in Ruhe gelassen. Es wird lediglich eine besondere Bohnenart in den Boden gebracht, die dann nach zwei Jahren das Gramoxon überflüssig macht.

Da die meisten campesinos sich nicht so leicht davon überzeugen lassen, wird das Argument des besseren Preises von den Leuten der Cooperative Magdalena ins Feld geführt: Sie erhalten vor allem von Amerikanern und Europäern weitaus bessere Preise für ökologisch angebaute Früchte und Gemüse. Der Vorsitzende Santos hofft, langfristig die campesinos auf Ometepe vom Sinn des ökologischen Anbaus überzeugen zu können. Er weiß, dass das nur schrittweise funktionieren kann und geht davon aus, dass das Gramoxon zunächst reduziert und schließlich überflüssig gemacht wird.

Auf die Frage nach Klein-Krediten, sagt Santos, dass es inzwischen eine ganze Reihe Anbieter gibt, die allerdings sehr hohe Zinsen nähmen und den Kredit nur für sechs Monate gewähren. Das aber bedeutet, dass der Kredit in einer Zeit fällig wird, in der besonders viel Ware auf dem Markt ist und daher nur einen sehr niedrigen Preis erzielen kann.

Wichtig wäre eine Kreditgenossenschaft, die längerfristige Kredite zu günstigeren Bedingungen gewähre. Sonst könne ein Campesino sich einen solchen Kredit nicht leisten.

Nach einem Rundgang auf der Finca Magdalena, bei dem uns vor allem die zahlreichen Pflanzen und Blumen besonders beeindruckten, fuhren wir wieder nach Santo Domingo zurück.

VISITA DE LA FINCA MAGDALENA

POR MICHAEL HÖHN

En la tarde hicimos una gira con Alcides a la Finca Magdalena al pie del volcán Maderas. Allá encontramos a Santos, el presidente de la cooperativa, que nos dió una entrevista intensa.

La Cooperativa Magdalena se basó en los últimos 10 años en dos pies:

El cultivo ecológico de café, cítricos y verduras, resultado sobre todo del hermanamiento con la isla Bainbridge. A la vez se desarolló un turismo sobre todo de gente joven con mochilas. La cooperativa amplió los senderos al volcán Maderas y capacitó a guías para las excursiones.

A la pregunta acerca el uso de Gramoxón en la agricultura, Santos nos dió una respuesta muy detallada: El pesticida Gramoxón se introdujo en los años 1975/76 a la isla. Este ayuda eliminar rápido las malezas que tapan el arroz y los frijoles. Para esto se utilizan 5 litros de Gramoxón para una manzana (más o menos un campo de fútbol) en très partes: durante la preparación del suelo, después de sembrar y la tercera vez cuando aparece la primera maleza. La mayoría de los campesinos están convencidos desde hace años que no se puede trabajar sin Gramoxón. Para escardar la maleza de esta vegetación trópical se necesitaría mucha mano de obra que se tendría que pagar cara. Estos costos subirían muy altos los precios.

En realidad, los suelos y las plantas desarollan más y más resistencia contra Gramoxón y se tendrá que aplicar siempre más. La alternativa se enseña también en una „Escuela de Campo": se dejan descansar los suelos por dos años. Solamente siembran una cierta variedad de frijol que hace innecesario el Gramoxón después de dos años.

Como la mayoría de los campesinos no se pueden convencer tan fácil, la Finca Magdalena utiliza el argumento del mejor precio: Reciben de los americanos y los europeos precios mucho mejores para frutas y verduras ecologicamente cultivadas. El presidente Santo espera de poder convencer a largo plazo a los campesinos del cultivo ecológico. El está consciente, que esto solo puede funcionar paso a paso, pero espera, que al pricipio se reduzca el uso del Gramoxón para hacerlo innecesario al final.

A la pregunta de pequeños créditos, dice Santos que ahora hay varias instituciones que ofrecen esto pero que cobran intereses muy altos y dan créditos solamente para seis meses. Esto significa, que se tiene que devolver el crédito en un momento cuando hay muchos productos en el mercado y se puede obtener solamente un precio bajo. Importante es una „Cooperativa de Ahorro y Crédito" que puede dar créditos a condiciones más favorables. En caso contrario, un campesino no se puede permitir estos créditos. Después de una gira por la Finca Magdalena, donde nos impresionaron sobre todo las numerosas plantas y flores, regresamos a Santo Domingo.

VON DER KAFFEEBLÜTE BIS ZUR KAFFEEERNTE
CAFÉ – DE LA FLOR HASTA LA COSECHA

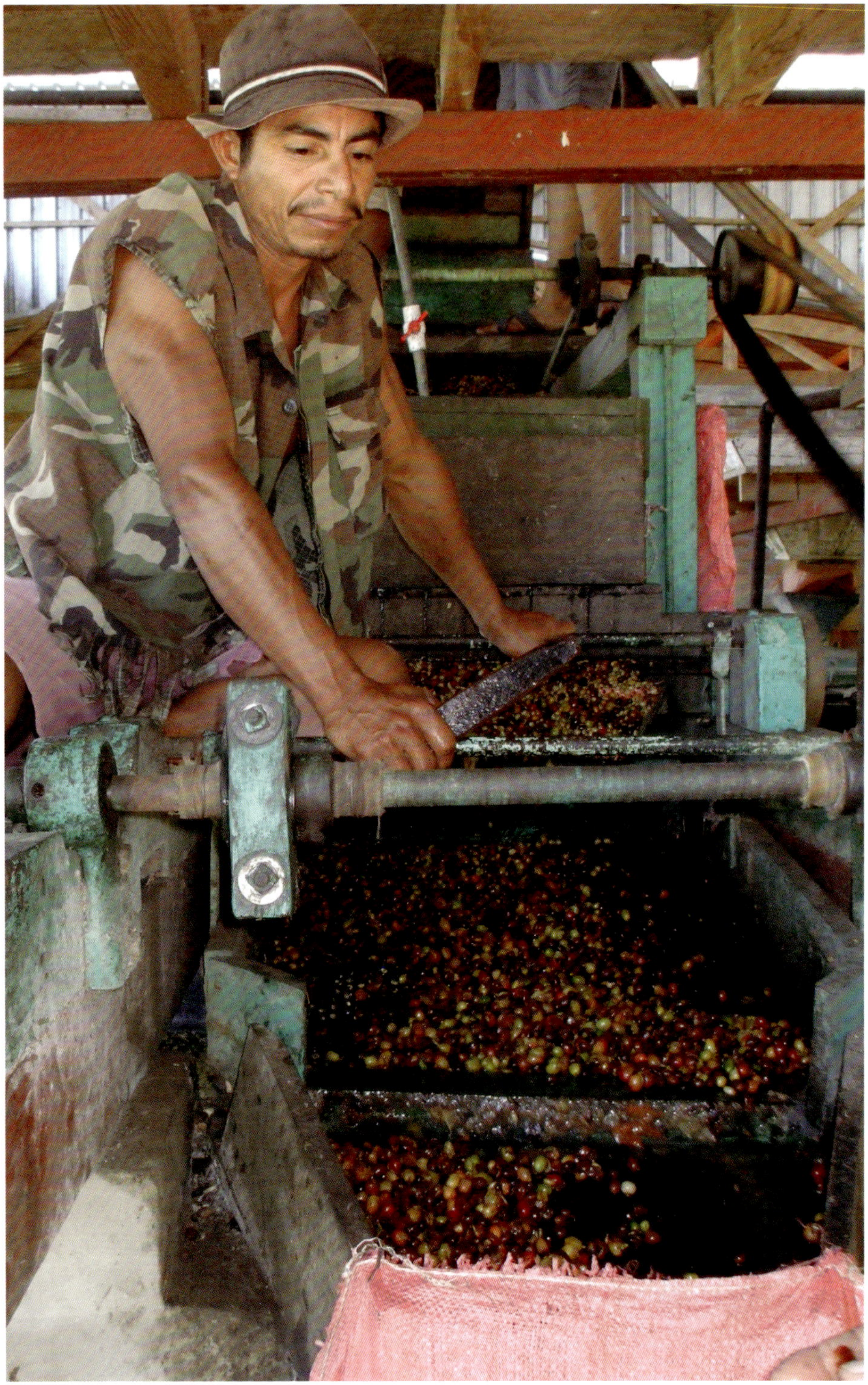

ORGANIC
PREMIUM COFFEE
PRODUCED BY:
COOP.CARLOS DIAZ CAJINA
EXPORTER BY:
COOP. DEL CAMPO

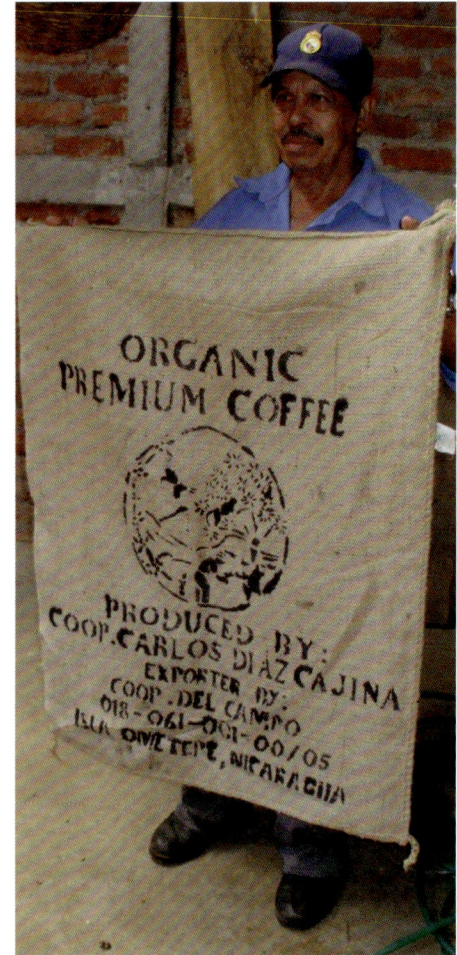

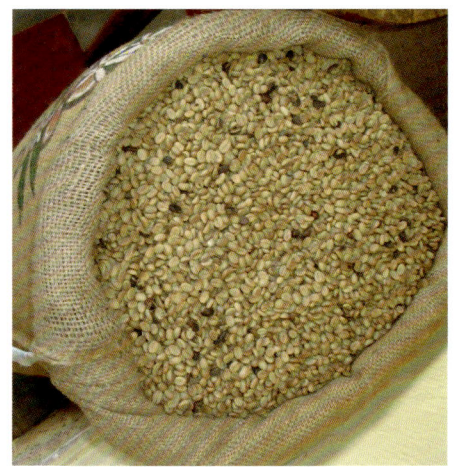

Regierung von Nicaragua Ministerium für Umwelt und natürliche Ressourcen Naturschutzgebiet Ometepe (MARENA)

Umweltprobleme auf der Insel Ometepe

Von Bosco Castillo

So wie an vielen anderen Orten Nicaraguas, schaffte auch auf Ometepe die landwirtschaftliche Produktion nicht den Wechsel in Richtung einer nachhaltigen Entwicklung, wodurch eine breite Palette von Problemen entstand und wodurch die Umwelt immer mehr und schneller beschädigt wird.

Unter den allgemeinen Umweltproblemen, die anzutreffen sind, können wir folgende nennen:

- Die Gemeindeentwicklungspläne sehen nicht einmal in einem kleinen Teil ihres Inhaltes Umweltplanung der Gemeinden der Insel vor und schaffen so akute Probleme wie das Müllproblem. (Die kommunale Abwasserbeseitigung entspricht nicht den Notwendigkeiten, es gibt nur ein kleines Netz der Müllabfuhr, einige Hotels entsorgen ihren Müll an Orten von hoher ökologischer Bedeutung).

- Die Verwaltungseinheiten für Umwelt der Gemeindeverwaltungen sind keine starken Instanzen und haben wenige operative Fähigkeiten.

- Bei nicht einer der neuen Projektinitiativen besteht die Absicht der Untersuchung der Umweltwirkungen.
- Bebauung, Industrie, Bautätigkeit im Allgemeinen unterliegen keiner technischen Norm.
- Die Tourismusindustrie hat keine Pläne für umweltfreundliches Wirtschaften (augenblicklich haben lediglich zwei Einrichtungen Hilfe zur Formulierung eines solchen Planes erbeten: Das Hotel Charco Verde und Hotel Villa Paraiso).
- Das Fortschreiten der Agrarfront, Ergebnis einer nicht geordneten Landwirtschaft und des Fehlens von Techniken in den Produktionseinheiten, die die Erträge je Flächen-einheit verbessern.
- Die Abholzung, der Holzeinschlag für den Hausgebrauch (Bau von Häusern) und der beginnende Handel mit Holz (es wurde Holzhandel getrieben von der Siedlung San Pedro bis zur Küste Cárdenas), außer dem Holz, das die wachsende Tourismusindustrie nachfragt und der Holzeinschlag als Ergebnis des Fischereisektors und dem Bootsbau.
- Die umfangreiche Nutzung von nichtorganischen Produkten in der landwirtschaftlichen Produktion an Orten mit labilem Ökosystem mit hohem Grundwasserspiegel, praktisch der küstennahe Grundwasserleiter von Siedlungen wie Santa Teresa, Los Ramos am Seeufer, für die vor allem keine Seeströmungen existieren und auf diese Weise eine allmähliche Ansammlung von Schadstoffen hervorrufen.
- Illegalen Erwerb von staatlichem Grund und Boden an Orten, die eine gewisse touristische Attraktivität haben, wie Wasserquellen und Küsten (der bedeutendste Fall ist der von René Molina, der sich über Beziehungen das Eigentum des Wasserfalls von San Ramón und von

den Küsten der verschiedenen Grundstücke, die er gekauft hat, verschafft hat).

- Die Produktion von Backsteinen, die zu Sommerzeiten sich in einen wichtigen Verbraucher von Brennholz wandelt und so den Einschlag von Bäumen fördert.
- Die Verunreinigung des Sees verursacht durch das ständige Entweichen von Altöl der Motoren der Boote und der Fähre sowie einiger Industrieanlagen, wie die Strom produzierenden Generatoren. (Im Falle der Stromgeneratoren ist das unerlaubte Entweichen eher selten, obwohl das nicht dokumentiert wurde, aber es wurde einige Male beobachtet). In diese Kategorie gehört auch das Unternehmen der Tilapia-Produktion, das außerdem große Mengen verunreinigender Stoffe in Tonnen gemessen bei ihrem Produktionssystem in den See ableitet.
- Der Tourismus lässt einen nachhaltigen Charakter vermissen und hat deshalb negative Auswirkungen in den Kernbereichen der Vulkane und der Schutzge-

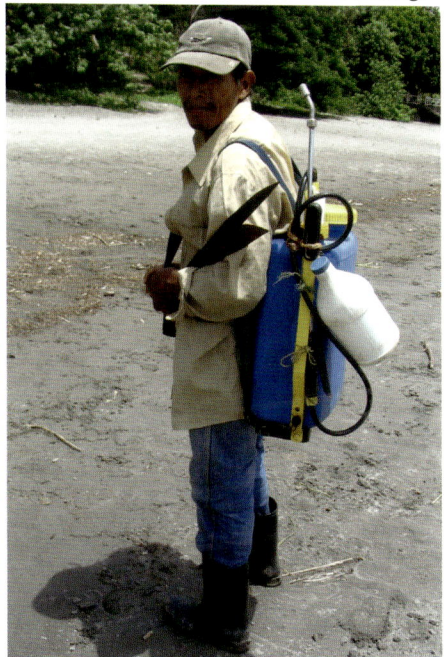

biete, die gewöhnlicher weise besucht werden.

- Die Jagd von Wildtieren befördert durch den Verkauf von wertvollen Fellen und Häuten zur Herstellung von Taschen in Granada. (Es werden Frösche, Kröten, Rehe, Cuagipales usw. gefangen).
- Das Abbrennen landwirtschaftlicher Flächen im Sommer, das Bestandteil der traditionellen Methoden der Insulaner im Bewirtschaftungszyklus darstellt.
- Die Einführung von exotischen Baumarten wie Kiefer, Eukalyptus, Neem-, Teakbaum usw.
- Die industriellen und familiären Abwässer werden entweder direkt in den See eingeleitet oder in Schutzgebiete, als Konsequenz des Fehlens einer kommunalen Abwasseraufbereitung.
- Das Fehlen einer Raumordnungsplanung und die Ausübung von verschiedensten Aktivitäten, die die Umweltqualität beeinträchtigen (die Tierhaltung in den Siedlungen und nahe bei Wohnungen und Schulen).
- Illegale Entnahme von Materialien für die Bautätigkeit an den Küsten wegen des Fehlens von verpflichtenden kommunalen Registern zur Regulierung.

Politik des Umwelt- und Ressourcenministeriums im laufenden Jahr im Naturschutzgebiet Insel Ometepe

1. Politik der Erhaltung der Schutzgebiete und der Artenvielfalt

Täglich werden Rundfahrten zusammen mit den Autoritäten des Verwaltungsministeriums (Ministerio de Gobernación) und geplante Patrouillen in den Kernzonen der Schutzgebiete durchgeführt, um auf diese Weise den Zugang des Ökotourismus zu den Schutzgebieten zu kontrollieren.

2. Linderung und Anpassung an die Verwundbarkeit angesichts des klimatischen Wandels

Man hat die erste Baumschule im Schutzgebiet des Vulkans Maderas eingerichtet, es begann die erste Etappe der Wiederaufforstung an den Ufern der Flüsse und speziellen Orten, die das Ergebnis einer vorherigen Evaluation waren und man schuf die Grundlagen für den Start der zweiten Phase der Aufforstung gerichtet auf Waldflächen, Pflanzungen auf Hofflächen und Anlegung von agroforstwirtschaftlichen Flächen mit dem Ziel, den Druck auf die Agrarfront in den Kernzonen bzw. den Bereichen mit Umweltbedeutung abzubauen.

3. Verbesserung der Umweltqualität

Es wurden Aktivitäten der Linderung der Umweltbeeinträchtigung, hervorgerufen durch Aktivitäten der Tourismusindustrie oder anderer Industriearten, vor allem an den Küsten des Sees aufgenommen und in Bezug auf den zunehmenden Anbau von Kochbananen wurde mit dem Projekt der Sanierung der unbebauten Felsen La Cabuya im Sektor Santo Domingo begonnen.

4. Entwicklung von Instrumenten des Umweltschutzes

Die Kommission für Umweltschutz ist jetzt in einer besseren Position, sie führt das Konzept der institutionellen Mitbestimmung bei der Ressourcenverwaltung und erfolgreich einen Plan der Umwelterziehung im Naturschutzgebiet der Insel Ometepe ein.

5. Schutz der Wassereinzugsgebiete und der natürlichen Ressourcen

Es wurde mit einem Prozess der interinstitutionellen Abstimmung für die Angelegenheiten der Wassereinzugsgebiete des Naturschutzgebietes Vulkan Maderas begonnen.

Gobierno de Nicaragua Ministerio del Ambiente y recursos naturales reserva natural Isla de Ometepe MARENA

PROBLEMAS AMBIENTALES EN LA ISLA DE OMETEPE

POR BOSCO CASTILLO

A como sucede en los diferentes lugares de Nicaragua la producción de la Isla de Ometepe no ha girado en torno al desarrollo sostenible, creando una amplia gama de problemas ambientales y deteriorando aceleradamente el medio ambiente.

Entre los problemas Ambientales comunes que se encuentran podemos señalar:

- Los planes de desarrollo municipales no contemplan ni en una pequeña parte de su contenido la Planificación Ambiental de los municipios de la Isla creando pro-

blemas agudos como la basura (los vertederos municipales no estan adecuados a las necesidades, escasas rutas de recolección ocasionando que algunos hoteles depositen la basura en sitios de alta importancia ecológica).

- Las unidades ambientales de las alcaldías no son instancias fortalecidas y son poco operativas.

- No existe la práctica de estudios de impacto Ambiental en ninguna de las nuevas iniciativas de proyectos.

- Edificaciones, industria, construcciones en general sin ninguna normativa técnica empleada.

- La industria turistica carecen de planes de gestión ambiental (actualmente solo 2 establecimientos han solicitado apoyo para la formulación de este tipo de planes: Hotel Charco Verde y Hotel Villa Paraiso).

- El avance de la frontera agrícola producto de agricultura no ordenada y de la falta de técnica en las unidades de producción que maximice los rendimientos por unidad de superficie.

- La deforestación y el despale para fines de uso doméstico (construcciones de casas) y de tráfico de madera incipiente (se ha traficado desde la comunidad de San Pedro hasta las costas de Cárdenas) ademas de la madera que demanda la industria turística creciente y la tala como producto de las necesidades de el sector pesquero, lancheros y veleros.

- El amplio uso de productos inorgánicos en la producción agropecuaria en lugares con ecosistemas frágiles y con niveles freáticos altos contaminando de facto el manto acuífero evidentes en comunidades cercanas a las costas del lago como Santa Teresa, Los Ramos y sobre todo por que no existe corrientes lacustre ocasionando una acumulación paulatina de contaminantes.

- Apropiación ilegal de terrenos estatales

y de lugares que significan algún atractivo turístico como las fuentes de aguas y costas (el caso mas fuerte de estos es René Molina quien a través de influencias se ha adueñado de la cascada de San Ramón y de las costas de los diferentes terrenos que ha comprado).

- La producción de ladrillos (tendales) que en temporada de verano se convierte en un importante consumidor de leña fomentando la tala de árboles.
- La contaminación del lago producida por los derrames frecuentes de aceites concentrados requemados de motores de lanchas y ferrys así como de algunas industrias como la generadora eléctrica (en el caso de la generadora eléctrica es poco frecuente, el derrame aún no está documentado pero sí se les ha visto en alguna ocasión haciendo este ilícito) en esta categoría también entra la empresa de Tilapias que además deposita grandes cantidades de contaminantes en toneladas de productos utilizado en su sistema de producción.
- El turismo carente de perfil sostenible ocasiona impactos ambientales en sus visitaciones en las zonas núcleos de los volcanes y de áreas de conservación que frecuentemente ocupan para la visitación.
- La caza de animales incentivadas por la venta de pieles preciosas en el mercado de elaboración de carteras en granada (se capturan, sapos, ranas, venados, cuagipales etc).
- Las quemas agrícolas en verano que forma parte del método tradicional de los isleños en el ciclo productivo.
- La introducción de variedades exóticas de especies forestales como el pino, eucalipto, Neem, Teca etc.
- Las aguas negras de las industrias y de las familias son depositadas en el lago directamente o en áreas de conservación como consecuencia de no existir un me-

canismo municipal de tratamientos de aguas.

- La falta de ordenamiento territorial y la operación de actividades diferentes que ocasionan impactos en la calidad ambiental (Los corrales en los poblados y cerca de viviendas y escuelas).
- Extracciones ilegales de materiales de construcción en las costas debido a la no existencia de declaratoria de bancos municipales para este fin.

Políticas del Ministerio del Ambiente y Recursos Naturales en su año de gestión en la Reserva Natural Isla de Ometepe

1. Política de Conservación de Areas Protegidas y Bíodiversidad

Se ejecutan diariamente recorridos conjuntos con las autoridades del ministerio de gobernación y de manera planifi-cada patrullajes internos en la Zona núcleo de las áreas protegidas, así mismo se regula y controla el acceso ecoturístico a las zonas núcleos de las áreas protegidas.

2. Mitigación y Adaptación de la Vulnerabilidad Ante el Cambio Climático

Se estableció el primer vivero forestal en el Área protegida reserva natural Volcán Maderas y se inició la primera etapa de reforestación en las riberas de los ríos y en lugares específicos previamente evaluados y se consolidan las bases para el inicio de la segunda etapa de reforestación direccionándola hacia plantaciones forestales, plantaciones de enriquecimiento y plantaciones agroforestales en fincas con el propósito de evitar la presión de la frontera agrícola en áreas núcleos o de importancia ambiental.

3. Mejora a la Calidad Ambiental

Se iniciaron acciones de mitigación de impactos ambientales generados por las actividades de la industria turística u otro tipo de industria ubicada principalmente en las costas del lago, además de la creciente industria de plátano, se arrancó con el proyecto de saneamiento de la peña inculta La cabuya en el sector de Santo Domingo.

4. Desarrollo de Instrumento de Gestión Ambiental

La comisión del medio ambiente ahora es mas fortalecida, se implementa el concepto de cogestión institucional en el manejo de los recursos naturales y se implementa con éxito un plan de educación ambiental en la reserva natural Isla de Ometepe.

5. Manejo De Cuencas y Recursos Naturales

Se inicio un Proceso de Concertación Interinstitucional para la Gestión de Cuencas de la Reserva Natural Volcán Maderas.

TILAPIA AUF OMETEPE

VON MONIKA HÖHN

Tilapias zu züchten ist ein sehr gutes Geschäft, ganz besonders für ausländische Investoren, die nicht an Umweltschutzauflagen gebunden sind. Die Aufzucht in Käfigen erfordert keine Boote oder Netze für den Fang und ist dementsprechend einfach, schnell und günstig. Der Tilapia ist anspruchslos und kann mit Abfällen aus der Küche und der Landwirtschaft gefüttert werden. Sein einziger Anspruch an das Wasser ist eine Temperatur über 18 Grad Celsius. Das Unternehmen NICANOR züchtet Tilapias im Lago Cocibolca, dem Großen Nicaragua-See, an den Ufern der Gemeinde San Ramón auf der Insel Ometepe.

Die Aufzucht erfordert keine hohe technische Kompetenz. Das Fleisch des Tilapia ist schmackhaft und erzielt hohe Preise. Der Nährwert des Tilapia entspricht dem von magerem Fleisch (101 Kalorien und 19,7% Eiweiß pro 100 Gramm). Der Tilapia kann eine Möglichkeit zur Hungerbekämpfung sein, denn er hat einen hohen Eiweißgehalt und wächst und vermehrt sich schnell. Die Organisation „Tilapia International" verbreitet in vielen Entwicklungsländern das Know-how der Tilapia-Aufzucht in der Bevölkerung, um ihre Ernährungssituation zu verbessern. Nichtsdestotrotz gibt es ein „Aber". In den „zivilisierten" Ländern ist die Aufzucht des Tilapia in natürlichen Gewässern nicht erlaubt. Zum einen ist er ein gefährlicher Konkurrent für einheimische Fischarten. Zum anderen verschmutzen die Exkremente der Fische und die zur Fütterung verwendeten Nahrungsabfälle die Gewässer. In San Ramón hat die Tilapia-Aquakultur bereits negative Auswirkungen auf die Anwesenheit von Touristen.

Aktuelle Situation auf Ometepe

Im Februar 2006 sind wir nach San Ramón gefahren, um uns die Tilapia-Aquakulturen von NICANOR anzuschauen. Bereits seit 2002 betreibt das Unternehmen in San Ramón die Aufzucht des Fisches. Von den Ufern aus kann man die Käfige sehen, die mit roten Bojen gekennzeichnet sind. Jeder Käfig hat etwa zehn Meter Durchmesser und ist zwanzig Meter tief.

Bei Gesprächen mit der lokalen Bevölkerung erfuhren wir, dass das Unternehmen 14 Personen beschäftigt. Die meisten von ihnen stammen aus umliegenden Dörfern und nur einige sind aus San Ramón selbst. Die Arbeiter erhalten 60 Córdobas (3,- EUR) pro Arbeitstag von acht Stunden. Sechs Männer sind für die Fütterung der Fische und die Säuberung der Käfige zuständig. Die anderen bewachen die Käfige von Booten aus. Da die Käfige offen sind, gelangen die Exkremente der Fische direkt in den See. Alle drei Tage wird das Personal ausgewechselt. Damit umgeht das Unternehmen die gesetzlich vorgeschriebene Zahlung des siebten Tages, wenn ein Angestellter sechs Tage die Woche gearbeitet hat. Auch die lokale Bevölkerung in San Ramón und Umgebung ist es gewohnt, Lohn für sieben Tage zu erhalten, nachdem sechs Tage gearbeitet wurde. Vor Kurzem haben sich die Zahl der Käfige und damit auch die Größe der verwen-

deten Fläche im See mehr als verdoppelt. Die Fische werden mit dem Schiff nach San Jorge auf das Festland transportiert und von dort in eine Weiterverarbeitungsfabrik in Tipitapa im Bezirk Managua gebracht. Die frischen Filetstücke werden dann ohne Tiefkühlung in die USA und nach Europa exportiert. Der frische, nicht gefrorene Fisch erzielt dort einen deutlich höheren Preis als der tiefgekühlte. In Nicaragua kostet ein Kilo Tilapia 16 Córdobas, was etwas weniger als ein US-Dollar ist. In Deutschland liegt der Preis für ein Kilo um 14 US-Dollar.

Die nicaraguanische Presse hat bereits mehrere Male Reportagen über das Thema veröffentlicht und dabei auch über die Verschmutzung des Sees und die Beanstandungen dieses Zustands durch die Anwohner und Touristen berichtet. NICANOR hat den lokalen Fischern versprochen, Boote und Netze zur Verfügung zu stellen, um den Fischfang verbessern zu können.

Auch bot NICANOR den Fischern an, dass sie ihren Fang an NICANOR verkaufen könnten. Bis jetzt wurde dieses Versprechen nicht eingelöst.

Ein Neffe des Ex-Präsidenten Bolaños ist der größte nicaraguanische Teilhaber des Unternehmens, weshalb NICANOR – während seiner Regierung - mit dem Schutz des Ministeriums für Umwelt und Ressourcen (MARENA) unbehelligt wirtschaften konnte. Es bleibt abzuwarten, ob das Bewusstsein der lokalen Bevölkerung in San Ramón ein ausreichender Impuls ist, um sich weiter der Verschmutzung des Sees zu widersetzen trotz des hohen Bedarfs an Arbeitsplätzen.

Von einem Fischer erfuhren wir im Dezember 2007, dass so viele Tilapias in den Schwimmkörben gezüchtet werden, dass sie sich gegenseitig umbringen. Die toten Fische erhalten dann die Anwohner zu einem Spottpreis.

TILAPIA EN OMETEPE

POR MONIKA HÖHN

Criar tilapias es un negocio fantástico, sobre todo para inversionistas extranjeros que obligados a cumplir las disposiciones requeridas para proteger el medio ambiente. La crianza de este pez en jaulas es fácil, ràpida y económica. No se necesita de barcos y redes para la pesca. El pez es sin pretensiones y es capaz de alimentarse de residuos de cocina, de cultivos agrícolas y otros. Puede criarse en cualquier lugar donde la temperatura del agua es mayor a 18 °C. Esto es del conocimiento de la Empresa NICANOR que se dedica a la crianza de este pez en jaulas ubicadas en el lago Cocibolca enfrente a las costas de la comunidad de San Ramón en el cerro Maderas, Isla de Ometepe. La crianza no requiere altos conocimientos tècnicos. La carne es sabrosa y de alto precio.

El valor nutritivo corresponde al de carne magra (101 calorías y 19.7% de proteína por 100 gramos de carne). Este pez puede representar una alternativa contra el hambre en países pobres ya que es alto en proteínas y se reproduce y crece rápidamente. La Organización Tilapia Internacional fomenta la producción de tilapias en países subdesarrollados como una oportunidad para mejorar el estado nutricional de la población. Sin embargo, existe un pero. En los paises `civilizados´ no se permite su crianza en fuentes de agua natural por el daño ecológico potencial que representa debido a su alta competitividad en comparación a las especies locales. Los desechos de comidas y los excrementos de los peces criados en las jaulas del Cocibolca ensucian las aguas del lago y dañan el completo ecosistema. La crianza de tilapias en San Ramón ya ha afectado la afluencia de turistas a la zona.

Situación actual en Ometepe

El Febrero de 2006 realizamos un viaje a San Ramón para observar las jaulas de crianza de tilapias de la Empresa Noruega NICANOR que se dedica a esta actividad desde el año 2002. Las jaulas están colocadas dentro de las aguas del lago enfrente de las costas de la comunidad. Las jaulas pueden ser observadas desde la costa debido a sus boyas rojas. Cada jaula tiene aproximadamente 10 metros de diámetro y 20 metros de profundidad.

A través de conversaciones con pobladores locales nos enteramos de que el personal que trabaja en esta Empresa está formado por catorce personas, la mayoría provenientes de comunidades aledañas a San Ramòn. Muy pocos pobladores locales se benefician de la operación de NICANOR. Los trabajadores reciben 60 còrdobas

Der Kutter mit Tilapia-Futter der Firma Nicanor
El barco de Nicanor con concentrados para Tilapia

samiento ubicada en Tipitapa, Departamento de Managua, donde extraen filetes que son exportados, sin congelar, a Estados Unidos y Europa. El filete fresco, sin congelar, tiene un precio más alto que congelado. En Nicaragua el kilogramo de tilapia cuesta 16 còrdobas (un poco menos que un dólar). En Alemania el precio es de 14 US-Dollar. La prensa nicaragüense varias veces ha publicado reportajes sobre el tema incluyendo la contaminación del lago por las impurezas producidas por esta actividad y las objeciones de residentes y turistas. NICANOR había prometido a los pescadores locales que los iban a dotar de redes y botes para mejorar la pesca artesanal y que el producto sería comprado por NICANOR. Esta promesa no fue cumplida por la Empresa.

Un sobrino del Ex-Presidente Bolaños es el principal socio nicaragüense de NICANOR por lo que, durante su gobierno, la Empresa contaba con la protecciòn descarada del Ministerio del Ambiente y Recursos Naturales (MARENA). Falta esperar si la conciencia sobre el medio ambiente de los pobladores locales tiene el suficiente impulso para seguir oponiéndose a la contaminación del lago a pesar de su gran necesidad de fuentes de trabajo.

De un pescador sabíamos en diciembre 2007 que tantos tilapias se crían en las jaulas que se matan recíprocamente. Los vecinos reciben los peces muertos a un precio tirado.

(3.00 EUR) por jornada de ocho horas diarias. Seis hombres están dedicados a la alimentación de los peces. Los otros ochos se dedican a vigilar las jaulas desde botes. Como las jaulas no son forradas, todos los excrementos y residuos de comida son descargados directamente en el lago. Cada tres días realizan rotación del personal para evitarse el pago de séptimo día que es obligatorio por ley para el empleado que trabaja seis días a la semana. Esta modalidad de trabajo es diferente a la que están acostumbrados los residentes locales los cuales trabajan seis días a la semana y reciben pago por siete días.
Recientemente, el número de jaulas y el área del lago ocupadas por ellas ha sido incrementado a más del doble. Los peces producidos son trasladados por barco desde San Ramón a San Jorge, en tierra firme, de donde son llevado a la planta de proce-

Sägefisch – pez sierra

ARMUT SCHAFFT ABHÄNGIGKEIT

Von Monika Höhn

Zu Beginn der Regenzeit beobachteten wir die campesinos auf ihren Reisfeldern, wie sie mit Sprühkanistern auf dem Rücken ihre Felder bearbeiten. Sie benutzen das hochgiftige Herbizid Gramoxon, um das Unkraut auf den Feldern zu „verbrennen". Seit drei Jahren hatte es Werbekampagnen im Fernsehen gegeben, dass Gramoxon mit seinem hochgiftigen Wirkstoff Paraquat lange nicht mehr so gefährlich sei wie bei der Herstellung Jahre zuvor.

Dieser Wirkstoff verursacht schwere Schäden an Haut, Augen, Lunge und anderen Organen und führt in vielen Fällen zum Tod. Ein Gegenmittel gegen Paraquat existiert nicht. Vermutlich sind sich viele Campesinos der extrem schädlichen Nebenwirkungen des Unkrautbekämpfungmittels gar nicht bewusst. Der Agrokonzern Syngenta - Fusionsprodukt der Agro-Sparten von Novartis und des schwedischen Pharma Multis Astra Zeneca, einer der weltgrößten Agrarmultis mit Sitz in Basel - konnte mit diesem Mittel gute Gewinne machen. Weltweit wird das Gift vermarktet. In den USA wird es zum Beispiel bei der Unkrautbekämpfung bei

Mais, Soja- und Baumwollkulturen einge-setzt, aber auch zur Bekämpfung von ille-galen Marihuanaplantagen. Einige Länder, darunter Dänemark und Österreich, haben den Einsatz von Gramoxon verboten. In der Schweiz wurde das Gift nie zugelas-sen.

Besonders bedenklich ist die Verwendung von Gramoxon in den Ländern des Sü-dens. Dort stehen die von Syngenta für ei-ne sachgemäße Anwendung vorgesehenen Schutzmaßnahmen nicht zur Verfügung. ArbeiterInnen bringen das Gift ohne Handschuhe, Brillen und Schutzanzüge auf den Plantagen aus und Berichte aus Costa Rica und Malaysia zeigten, dass die Sicherheitsmaßnahmen grob missachtet werden.

Es gab bereits vor einigen Jahren Entwick-lungsorganisationen, die auf einem inter-nationalen Pestizid-Kongress in Bern auf die Nebenwirkungen in einer Erklärung hingewiesen haben.

Hier auf der Insel benutzen die meisten Campesinos unverändert das Gramoxon. Was sind nun die Gründe dafür, dass Cam-pesinos Gramoxon zur Unkrautvernich-tung - auch wenn sie sich der Gefahr durch das Gift bewusst sind – einsetzen? Hier einige Notizen aus einem Gespräch mit einem Campesino.

Er besitzt zwei *manzana* Land, das sind et-wa zwei fußballplatzgroße Felder, die er geliehen hat. Für die Pacht zahlt er pro *manzana* 500 Cordoba. Er erntet circa 60 bis 70 Säcke Reis. Ein Sack wiegt knapp 100 Pfund, die für den eigenen Gebrauch bestimmt sind. Die Familie mit fünf Perso-nen und zwei Hunden benötigt täglich et-wa sechs Pfund Reis. Sollten sie Reis da-zukaufen müssen, falls Regenfälle oder Wassermangel ihre Ernte vernichtet ha-ben, müssen sie zurzeit für ein Pfund Reis sechs Cordoba (etwa 0,25 EUR) zahlen. Die Preise variieren, je nach Qualität und Jahreszeit.

Zur Bearbeitung eines Feldes werden 5 Li-ter Gramoxon benötigt. Kauft man einen Liter Gramoxon einzeln, kostet er 120 Cordoba, kauft man eine Kiste mit etwa 8 Litern, reduziert sich der Preis. Die ganze Kiste kostet ca. 700-800 Cordoba (etwa 40 EUR).

Der Boden wird zweimal mit Gramoxon bearbeitet. Das erste Mal wird das junge Unkraut am Boden damit „verbrannt".

Dann kommt der Samen in den Boden und es muss ein zweites Mal nachgesprüht werden.

Sobald die Pflanze aus dem Boden kommt, wird nicht mehr gesprüht.

Wir erfuhren, dass der Einsatz von Gra-moxon eine Frage des Geldes sei. Campe-sinos, die mit ihren *macheten* das Unkraut bearbeiten müssten, seien nicht zu bezah-len, da man eine ganze Reihe von campe-sinos dazu benötigte. Ein campesino ver-dient 30 Cordoba (etwa 1,50 EUR) und ar-

beitet dafür am Vormittag insgesamt vier Stunden – von 6 Uhr bis 10 Uhr.

Auf der Insel gab es verschiedentlich Gra-moxon-Tote, die sich durch das Trinken des hochgiftigen Mittels selbst getötet hat-ten.

LA POBREZA CREA DEPENDENCIA

POR MONIKA HÖHN

Al inicio de la estación lluviosa es común observar a los campesinos en sus arrozales y otros cultivos usando bombas de mochi-la para rociar herbicidas en sus campos. Uno de los herbicidas más usado es el Gramoxone, de alta eficacia para quemar

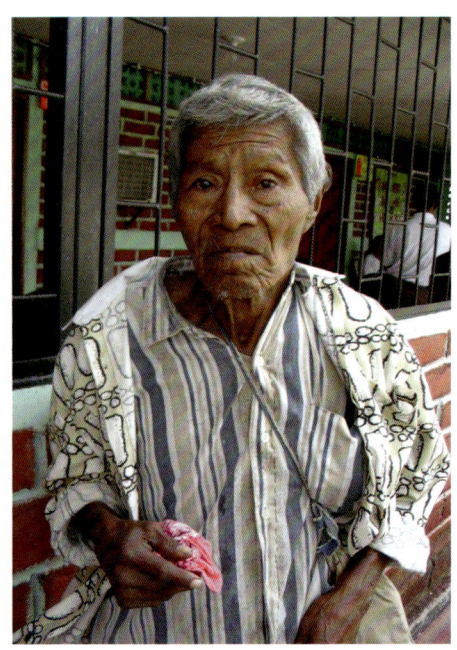

la maleza de sus parcelas pero también de alta toxicidad y riesgo para los humanos.

Desde hace unos tres años existen campañas publicitarias en la televisión aduciendo que el gramoxone, y su ingrediente activo, paraquat, no son tan nocivos como se pensaba antes. Sin embargo, es conocido que este producto causa daños en la piel, ojos, pulmones y otros órganos del cuerpo humano y de animales llegando a producir la muerte en algunos casos. No existe antídoto contra el paraquat. La gran mayoría de campesinos locales no están informados sobre los efectos secundarios extremadamente nocivos de este producto. El Agrokoncern Syngenta, resultado de la fusión de los sectores de Agro de Novartis y del Pharma Multis Astra Zeneca de Suecia, uno de los mayores agromultis del mundo con asiento en Basilea, está trabajando para obtener mejores métodos para el control de maleza.

El gramoxone se utiliza en casi todo el mundo. En los Estados Unidos lo utilizan en el control de malezas de los cultivos de maíz, soya y algodón, y también en las plantaciones ilegales de mariguana. Algunos países, entre ellos Dinamarca y Austria, han prohibido el uso de este producto. En Suiza nunca se permitió su uso. Sin embargo, es especialmente inquietante el uso de gramoxone en los países del sur. Estos no disponen ni toman las medidas preventivas propuestas por el Syngenta para un manejo adecuado de los productos. Los trabajadores manipulan los venenos sin guantes, gafas o ropa protectora para prepararlos y aplicarlos en los cultivos. Informes de Costa Rica y Malasia muestran que las medidas de seguridad son frecuentemente descartadas. Hace algunos años, varias organizaciones de desarrollo señalaron los efectos secundarios de este producto en un Congreso Internacional de Pesticidas realizado en Berna.

En Ometepe, la mayoría de los campesinos utilizan gramoxone. Cuales son los motivos que tienen los campesinos para usar este producto para eliminar malezas aún en el caso de que estén conscientes sobre el peligro que representa?. He aquí algunas observaciones obtenidas en conversación con un campesino local. Posee dos manzanas de tierra (aproximadamente el área de dos canchas deportivas) arrendadas por las que paga 500 córdobas (22,00 EUR) por manzana en concepto de alquiler por la época de cultivo (seis meses). Cosecha entre 60 y 70 sacos de arroz de cien libras de peso. Parte de la cosecha es usada para la alimentación familiar. Una familia de cinco personas y dos perros consumen a diario tres libras de arroz. En el caso que la cosecha se pierda o reduzca por problemas ambientales (sequía, inundaciones), plagas o enfermedades este arroz tiene que ser comprado. El precio varía según la calidad y época del año. El precio actual es de seis córdobas (0,25 EUR). Para tratar la maleza de su campo él usa cinco litros de gramoxone el cual tiene un precio de 120 córdobas por litro comprado por unidad. El precio es menor si se compra la caja de ocho litros que vale entre 700 a 800 córdobas (35 EUR). El suelo se rocía dos veces con gramoxone. La primera aplicación quema la maleza que ya existe sobre el suelo. Cuando la semilla de maleza que estaba enterrada germina y emerge se hace una nueva aplicación. Cuando el cultivo emerge cesan las aplicaciones.

El uso del gramoxone tiene una motivación económica. Limpiar la maleza con machetes requiere mucha mano de obra y cada trabajador gana 30 córdobas por jornada diaria de cuatro horas de trabajo (6.00 am a 10.00 am). En Ometepe y en todo el país frecuentemente ocurren muertes de personas que utilizan el gramoxone para suicidarse o lo consumen de forma accidental.

Aussaat von Reis – La siembra de arroz

ENTWICKLUNGS-ZUSAMMENARBEIT – SEGEN ODER ABHÄNGIGKEIT

VON MICHAEL PLATZER

Primär geben die von den Entwicklungsorganisationen definierten Grundprinzipien des jeweiligen Programms Ausschlag über dessen Erfolg (= Segen) oder Misserfolg (=Abhängigkeit).

Während in den Industriestaaten die materiellen Schäden der Bevölkerung meist durch staatliche Maßnahmen oder Versicherungen aufgefangen werden können, sind die Menschen in Entwicklungsländern der auftretenden Not kaum gewachsen. Die Umsetzung der notwendigen Maßnahmen entzieht den Staaten mittelfristig wichtige personelle und finanzielle Ressourcen, wodurch die vorhandene Armut weiter verschärft wird.

Für die zielorientierte Unterstützung eines Entwicklungslands durch die staatliche oder nichtstaatliche Gebergemeinschaft gilt allem voran der Grundsatz der Subsidiarität; d.h. die von einer bestimmten Bevölkerungsgruppe benötigte Hilfestellung kann von der lokalen Zivilgesellschaft oder den staatlichen Stellen in den Entwicklungsländern nicht alleine geleistet werden. Bei der Projektabwicklung gilt es die Grundwerte der Humanität, Neutralität, Unparteilichkeit und Nichtdiskriminierung einzuhalten.

Um die Effektivität und Nachhaltigkeit humanitärer Projekte zu gewährleisten, müssen alle geförderten Hilfsmaßnahmen Mindeststandards erfüllen, die auf dem Grundsatz von Kohärenz, Koordination und Einbettung in die Hilfsanstrengungen

POR MICHAEL PLATZER

Las organizaciones de cooperación para el desarrollo conciben programas o proyectos que están definidos por principios básicos que determinan su evaluación como exitosos (bendición) o fracasados (dependencia).

En los países desarrollados los daños y perjuicios materiales sufridos por la población generalmente son asumidos por el estado o empresas aseguradoras. Por el contrario, en los países en vías de desarrollo las catástrofes naturales y humanas sólo aumentan rápidamente el nivel de pobreza con muy pocas soluciones. La planificación e implementación de medidas necesarias a mediano plazo para dar respuesta a estos problemas están limitadas por la poca disponibilidad de personal

der internationalen Gemeinschaft beruhen. Nur solchermaßen kann eine direkte Antwort auf die erhobenen Bedürfnisse der betroffenen Bevölkerung gegeben werden. Die kulturellen Besonderheiten des Einsatzraumes sind in jeder Projektphase zu berücksichtigen, um mit adäquaten Leistungen die Betroffenen zu erreichen und diese von ihnen auch angenommen werden. Dabei ist ebenso die Umweltrelevanz von Maßnahmen, insbesondere in ökologisch labilen Zonen, zu bedenken.

Für einen angepassten Know-how Transfer und zur Stärkung lokaler Kapazitäten sind zu einem möglichst frühen Projektstand vor Ort Partnerorganisationen (lokale NGO's, nationale Institutionen und Verwaltungseinheiten) einzuschalten. Damit gelingt es insbesondere zum Aufbau von Präventions- und Selbsthilfekapazitäten im Zielland beizutragen (partizipativer Ansatz).

Um das Kontinuum zwischen einer akuten Katastrophen- oder Notphase und dem längerfristigen Entwicklungskontext in einem betroffenen Land zu überbrücken, reicht das Instrumentarium der internationalen Entwicklungszusammenarbeit jedoch meist nicht aus, da es hauptsächlich auf externen Ressourcen aufbaut, die in der Regel nur kurz- bis mittelfristig verfügbar sind.

Deshalb ist es wesentlich, dass Entwicklungsprojekte auf Grundprinzipien aufbauen, die auf eine längerfristige Unterstützung der „Selbstheilungskräfte" einer betroffenen Gesellschaft abzielen und im Sinne einer gleitenden Skala die externen Interventionen langsam in Möglichkeiten der Eigeninitiative und Eigenverantwortung umwandeln.

calificado y recursos financieros. Un aspecto importante que todas las organizaciones gubernamentales y no gubernamentales (ONG's) de la comunidad donante deben de considerar en la selección de sus programas para cumplir las metas definidas es el principio del subsidio. Esto se logra solamente si la ayuda se ofrece directamente a un grupo de la población en sitios donde no puede ser brindada por la comunidad civil local o por los ayuntamientos en el país meta. Además, los programas o proyectos de apoyo deben satisfacer otros principio básicos como son humanidad, neutralidad, imparcialidad y no-discriminación.

Una recomendación para mejorar los esfuerzos de apoyo de la comunidad internacional es que también integre, impulse y fomente en sus lineamientos los principios de coherencia, coordinación e integración para garantizar la efectividad duradera de los proyectos humanitarios. De esta manera se puede dar respuesta directa a las ne-

cesidades de la población afectada. Los proyectos de cooperación deben de tomar en cuenta en cada fase de implementación las peculiaridades culturales en el área de ejecución para lograr un apoyo efectivo a la población afectada y para que ellos lo acepten. También se debe considerar la relevancia medioambiental, sobre todo en zonas ecológicamente sensibles y vulnerables.

Es de plena importancia que los proyectos de cooperación trabajen en conjunto con organizaciones locales asociadas (ONG's, instituciones nacionales y unidades de administración) para adecuar la tecnología, proceso y procedimiento a usar para la capacitación del personal local e implementación del proyecto. De esta manera se logra colaborar con el país meta conformando un sistema de prevención y capacitación que promueva la autoayuda (principio participativo).

La cooperación de desarrollo internacional está estructurada principalmente con

recursos externos que normalmente están a disposición sólo por un mediano plazo. Los instrumentos y métodos que utiliza para apoyar a un país dado o a un grupo de personas dentro de un país no son suficientes desde el contexto de desarrollo a largo plazo. Con el fin de asegurar un apoyo continuo en tiempos de catástrofes y tiempos de pobreza extrema es de suma importancia que los proyectos de desarrollo estén estructurados sobre principios adicionales que promuevan un apoyo a largo plazo, fomentando el 'Poder de Autoayuda' y 'Autoreeducación'. En este contexto es necesario que en los proyectos de cooperación se cambie paulatinamente la forma de las intervenciones externas, aspirando a aumentar la responsabilidad e iniciativa propia de la comunidad meta.

DIE AKTUELLE TOURIS-TISCHE SITUATION AUF DER INSEL OMETEPE

Interview mit ALCIDES Flores, Eigentümer des Hotels Finca Santo Domingo und SONIA KOFLER, Eigentümerin des Hotels Villa Paraíso, beide Hotels sind am Strand von Santo Domingo, Gemeinde Altagracia, gelegen

Frage: *Was sind die Schwierigkeiten für eine touristische Zukunft auf der Insel Ometepe?*

Antwort: Der touristische Sektor auf Ometepe ist gegenwärtig räumlich und ökonomisch noch sehr klein. Er hat logistische Schwierigkeiten, um sich dem Bedarf des Internationalen und Nationalen Tourismus anzupassen.

Auf Ometepe gibt es 38 Hotels, Unterkünfte und Gasthäuser. 28 von ihnen liegen im Bereich der Gemeinde Altagracia.

85% der touristischen Operationen auf der Insel werden von Minifirmen durchgeführt, einschließlich der Transportfirmen und der touristischen Führer, die wenige Personen beschäftigen (zwei bis drei) und für ihre Dienste nur geringe Einkünfte erzielen. Außerdem gibt es wegen der unterschiedlichen Verteilung des jährlichen Touristenstromes auf Ometepe keine regelmäßigen Einkünfte und in einigen Monaten (Mai/Juni und September/Oktober) muss das Personal entlassen werden. Hinzuzufügen ist, dass die große Mehrheit der

Geschäftsleute und Angestellten im Bereich des Tourismus keine professionelle Ausbildung oder Technik haben. Es gibt auf Ometepe keine Techniker-Schule oder Universität mit dem Fachbereich Tourismus. Diese gibt es außerhalb der Insel, in Rivas und Managua. Daher sind diese Studiengänge außerhalb der ökonomischen Reichweite der Inselbewohner. Außerdem sind die Preise für alle Produkte, die man vom Festland importieren muss, auf der Insel viel teurer. Auch die elektrische Energie ist sehr teuer. Benzin kostet 13% mehr als auf dem Festland.

Zu den wichtigsten Problemen gehört die soziale Auflösung im örtlichen Bereich, die durch den Einfluss von außen bedingt ist. Straßen sind in schlechtem Zustand, der Service im Bereich der Kommunikation (Telefon, Internet) ist mangelhaft. Es fehlt ein System, um Abfall zu sammeln und zu recyceln, Probleme des Zugangs

und der Verteilung von Trinkwasser. In der Stadt Altagracia haben 85% der Häuser eine Latrine und die Mehrzahl hat keine regulären Badezimmer. Ungefähr 90% der Häuser von Campesinos im ländlichen Bereich haben keine Latrinen. Rund 5000 Latrinen sind nötig, um den Bedarf zu decken.

Frage: *Machen die nationalen Medien die Insel bei den Touristen bekannt?*

Antwort: Einige wenige Male im Jahr haben die nationalen Zeitungen oder Fernsehkanäle einen Artikel oder eine Reportage über Ometepe gebracht. 2006 gab es eine größere Öffentlichkeit im Zusammenhang der Wahl zur Miss Nicaragua.

Frage: *Freunde, die die Insel besuchten, haben beobachtet, dass tote Fische am Strand lagen. Einige Erklärungen sind: Die Erwärmung des Sees und die damit*

zusammenhängende verminderte Konzentration des Sauerstoffs im Wasser und/oder eine höhere Konzentration durch toxische Vergiftung einiger Fischarten. Was ist eure Meinung zu dieser Situation?

Antwort: Am Ufer des Nicaraguasees liegen 34 Gemeinden. In vielen von ihnen gibt es große Flächen von bebautem Land, einschließlich kleinerer Betriebe mit niedrigem technischem Standard und große, sehr produktive Bereiche, die hoch technisiert sind (Reis in Granada und Boaco, Zuckerrohr und Weiden in Rivas). Sie alle nutzen die verschiedenen Typen von Agro-Chemie, einschließlich dem Herbizid Gramoxon, deren Rückstände möglicherweise in den See gelangen durch die Auswaschung durch Regen oder durch das Reinigen des kontaminierten Gerätes unmittelbar im Wasser des Sees. Seit 15 Jahren benutzen viele Bewohner am Ufer des Sees das Wasser für den menschlichen Bedarf. Der kleine Produzent bearbeitet seine kleine Parzelle und arbeitet zwischen vier und fünf Stunden täglich für 30 bis 35 Cordoba. Im ländlichen Bereich gibt es keine Arbeitsplätze von acht Stunden täglich. Um Zeit für seine eigene Parzelle zu gewinnen braucht er Gramoxon, um das Unkraut zu kontrollieren. Da er mit der Hand arbeitet, spart er so Zeit, um die Größe der bebauten Fläche zu erweitern. Die große Mehrheit der Landarbeiter hat keine Kenntnisse darüber wie man das Gerät nach dem Gebrauch reinigt und welche Gefahren das Ganze birgt für ihn selbst, für seine Familie, für andere Menschen, für Fauna und Flora der örtlichen Natur. Es gibt keine Studien über die Zunahme der Vergiftung des Wassers im See, über die Quellen der Vergiftung oder seine Auswirkungen für besondere Tierarten oder die Bevölkerung, die am Ufer wohnt und die das Wasser für verschiedene häusliche Zwecke braucht.

poder adaptarse a la demanda del turismo internacional y nacional. Ometepe cuenta con 38 hoteles, hospedajes y hostales. 28 de ellos en el Municipio de Altagracia. El 85 % de las operaciones turísticas en la Isla corresponden a microempresas, incluyendo empresas de transporte y guías turísticos, que emplean unas pocas personas (2-3) y obtienen bajos ingresos por sus servicios. Además, por la manera en que se distribuye la afluencia anual del turismo en Ometepe, no hay ingresos continuos y en algunos meses (septiembre-octubre, mayo-junio) se despide a parte del personal. En adición, la gran mayoría de empresarios y empleados relacionados al turismo no tienen capacitación profesional o técnica en esta área. No existe en Ometepe Escuelas Técnicas o Universidades con área de Turismo. Estas se localizan fuera de la Isla, en Rivas y Managua, lo que deja los estudios fuera del alcance económico de los locales. También los precios de todos los productos que se importan de tier-

Es gibt große Schwierigkeiten, um günstige Kredite zu erhalten, um die örtliche Investitionen im touristischen Sektor zu fördern und die Ökonomie beachtlicher Haushalte zu verbessern. Es gibt keine gute Organisation im lokalen touristischen Bereich und auch kein Konzept von gemeinsamem Interesse zwischen den Mitgliedern dieses Sektors. Das beeinträchtigt die gemeinsame Arbeit. So herrscht die Vision der Konkurrenz vor der eines Bündnisses untereinander.

Anmerkung:

Seit 2007 gibt es eine neue interkommunale Tourismus-Kommission - Comisión Intermunicipal de Turismo de Ometepe (CITOMETEPE)
Website: www.visitaometepe.com

LA SITUACIÓN ACTUAL DEL TURISMO EN LA ISLA DE OMETEPE

Entrevista con ALCIDES FLORES, *propietario del Hotel Finca Santo Domingo y* SONIA KOFLER, *propietaria del Hotel Villa Paraíso, ambos situados en las playas de Santo Domingo, Municipio de Altagracia*

Pregunta: *Cuales son las dificultades que confronta el futuro del desarrollo turístico en la Isla de Ometepe?*

Respuesta: El sector turístico de Ometepe es todavía muy pequeño física y económicamente, y con dificultades logísticas para

ra firme son más caros en la Isla. La energía eléctrica también es más cara. El combustible es 13% más caro.

Los problemas más importantes es la descomposición social local debido a influencia de afuera, carreteras en malas condiciones, deficiente servicio de comunicación (teléfono, internet), falta de un sistema para colectar y reciclar la basura, problemas de acceso y distribución de agua potable. En la Villa de Altagracia, 85% de las viviendas tienen letrina y la mayoría no cuentan con baños regulares. Se estima que un 90% de viviendas campesinas en áreas rurales no tienen letrinas por lo que se necesitan 5,000 letrinas para satisfacer esta necesidad.

Pregunta: *Los medios de comunicación nacional dan a conocer la Isla a los turistas?*

Respuesta: Unas pocas veces al año, los periódicos y canales de tv nacional han insertado algún artículo o reportaje sobre Ometepe. En 2,006 hubo más publicidad debido a que fue el tema para el concurso de elección de Miss Nicaragua.

Pregunta: *Visitantes amigos han observado pescados muertos en la playa. Algunas explicaciones son: El recalentamiento del lago que produce disminución de la concentración de oxígeno disuelto en el agua y/o alta concentración de contaminantes tóxicos a algunas especies de pescado. Cual es su opinión sobre esta situación?*

Respuesta: Existen 34 Municipios alrededor de lago de Nicaragua. En muchos de ellos existen grandes extensiones de terreno cultivado, incluyendo minifundios de baja técnica y grandes áreas productivas altamente tecnificadas (arroz en Granada y Boaco, caña y pastizales en Rivas). Todos ellos aplican varios tipos de agroquímicos,

incluyendo el herbicida gramoxone, cuyos residuos eventualmente van a parar al lago por arrastre de las lluvias o por el lavado de equipo contaminado directamente en el agua del lago. Hace 15 años muchos habitantes de las riberas del lago usaban el agua para consumo humano.

El pequeño productor siembra su pequeña parcela y/o trabajan entre 4 a 5 horas por C$ 30 a 35 al día. En el campo no existen puestos de empleo de 8 horas al día. Para ahorrar tiempo en su propia parcela aplica gramoxone para el control de malezas, usando la mano de obra ahorrada para aumentar el tamaño del área sembrada. La gran mayoría no tiene conocimientos de como limpiar el equipo de aplicación después de utilizarlo y los peligros a que se expone el mismo, a su familia, otros seres humanos, fauna y flora natural local. No existen estudios concluyentes sobre el incremento de la contaminación de las aguas

del lago, las fuentes de contaminación o sus efectos sobre especies animales y las poblaciones asentadas en sus riberas y que utilizan el agua en varios menesteres domésticos.

Hay gran dificultad para acceder a créditos favorables para favorecer la inversión local en el sector turístico y mejorar la economía de los hogares locales. No existe una buena organización del sector turístico local no un concepto de interés común entre los miembros del sector. Esto perjudica el trabajo en conjunto ya que predomina la visión de competencia sobre la de alianza entre ellos.

Adición:

Desde 2007 hay la Comisión Intermunicipal de Turismo de Ometepe (CITOMETEPE) Website: www.visitaometepe.com .

WARUM ICH TOURISMUS STUDIERTE

VON ISANIA CRUZ

Frage: Wie ist die Situation für Universitäts-Studenten, die auf der Insel Ometepe leben?

Antwort: Es ist eine ziemlich komplexe Situation: Auf der Insel gibt es keine technischen Fachschulen und Universitäten. Deshalb ist es schwierig, zu diesen Zentren zu kommen, weil sie in anderen Städten auf dem Festland liegen (Managua, Rivas, Granada, León). Das ist sehr weit weg und es fehlen die finanziellen Mittel, um den Transport, die Ernährung und die Unterbringung zu bezahlen.

Der größte Teil der Familien sind Landarbeiter und Hausangestellte mit zu wenig Geld für diese hohen Lebenshaltungskosten.

In Ometepe gibt es keine Organisationen, die finanzielle Unterstützung für Studienabschlüsse anbieten. Das stellt das Haupt-

problem für die armen Studenten aus Ometepe dar. Außerdem gibt es Kommunikations- und Transportprobleme. Zu bestimmten Jahreszeiten verursacht heftiger Wind sehr hohe Wellen, die die Schifffahrt verhindern. Das macht es den StudentInnen von der Insel unmöglich, am normalen Studienbetrieb in den Zentren außerhalb von Ometepe teilzunehmen.

Frage: Was brauchen die Studenten von der Insel am dringendsten?

Für uns Studenten wäre es besonders

wichtig und notwendig, ein lokales Studienzentrum zu haben, als Antwort auf die Frage nach professioneller Bildung auf der Insel selbst. Es wäre auch gut, wenn man auf finanzielle Unterstützung zählen könnte, um die Kosten für einen solchen Bildungsprozess zu tragen. Außerdem müssen wir Studenten die Motivation und den Wissensdurst in uns spüren, die unser Leben verändern können und die dazu beitragen, unsere Gemeinde und unser Dorf zu entwickeln, um vereint die Hindernisse zu überwinden und sich gegenseitig zu helfen.

Frage: Warum studierst Du das Fach Tourismus?

Antwort: In den vergangenen Jahren hat die Insel Ometepe aufgrund ihrer großen Vielfalt natürlicher Ressourcen einen größeren Aufschwung im touristischen Bereich erlebt. Das verdankt sie ihrer Lage zwischen zwei Vulkanen inmitten des Nicaraguasees. Einige kleinere Unternehmer haben Hotels gebaut, um den Touristen ihre Dienste anzubieten. Diese Dienstleistungen benötigen fähiges Personal, um den Besuchern während ihres Aufenthaltes einen angemessenen Service zu bieten. Außerdem erlauben diese Dienstleistungen, Arbeitsplätze zu schaffen für eine größere Zahl von Fachleuten und Technikern im Bereich von Tourismus und Hotelwesen. Alle Personen, die Tourismus studieren, möchten gern ihre Gemeinde und die Dörfer weiterentwickeln. Der Tourismus ist einer der hauptsächlichen Devisenbringer auf der Insel.

MI CARRERA DEL TURISMO

POR ISANIA CRUZ

Pregunta: Cual es la situación para los estudiantes de nivel universitario/técnico que viven en la Isla de Ometepe?

Respuesta: Es una situación bastante compleja debido a que la Isla carece de centros técnicos y universitarios, y resulta difícil acudir a estos centros ubicados en otras ciudades de tierra firme (Managua, Rivas, Granada, León) debido a distancia y a falta de recursos económicos para cubrir los gastos de transporte, alimentación y hospedaje.. La mayor parte de las familias están conformadas por campesinos y empleadas domésticas con pocos recursos para hacerle frente al costo de la vida.
En Ometepe no existen organizaciones que brinden servicios financieros para fines de estudio, lo cual representa el principal problema que enfrentan los estudiantes pobres de Ometepe. También existen pro-

blemas de comunicación y transporte. En ciertas épocas del año los vientos fuertes causan grandes olas que impiden la navegación evitando que los estudiantes de la Isla puedan asistir de forma normal a sus estudios en centros fuera de Ometepe.

Pregunta: Que es lo más necesario para los estudiantes de la Isla?

Respuesta: Para nosotros, los estudiantes, lo más importante y necesario es tener un centro universitario local que de respuesta a la demanda de formación profesional en la propia Isla. También contar con apoyo económico para sufragar los gastos que implica el proceso educacional. Además, los estudiantes debemos tener espíritu de superación y anhelo para adquirir conocimientos que puedan transformar su vida y aportar al desarrollo de su municipio y su comunidad, y estar unidos para vencer los obstáculos y apoyarse mutuamente.

Pregunta: Por que quieres estudiar turismo?

Respuesta: En los últimos años, la Isla de Ometepe ha entrado en mayor auge turístico debido a su gran variedad de recursos naturales que presenta debido a su ubicación entre dos volcanes en medio del lago de Nicaragua.
Algunos pequeños empresarios han construido hoteles para brindar servicios a los turistas. Estos servicios requieren de personal capacitado para brindar el servicio apropiado a los visitantes durante su estadía. Estos servicios permiten generar fuentes de trabajo para una mayor cantidad de profesionales y técnicos del área de turismo y hotelería. Todas las personas que estudian turismo quieren el desarrollo de su municipio y comunidades. El turismo es uno de los principales generadores de divisas en la Isla.

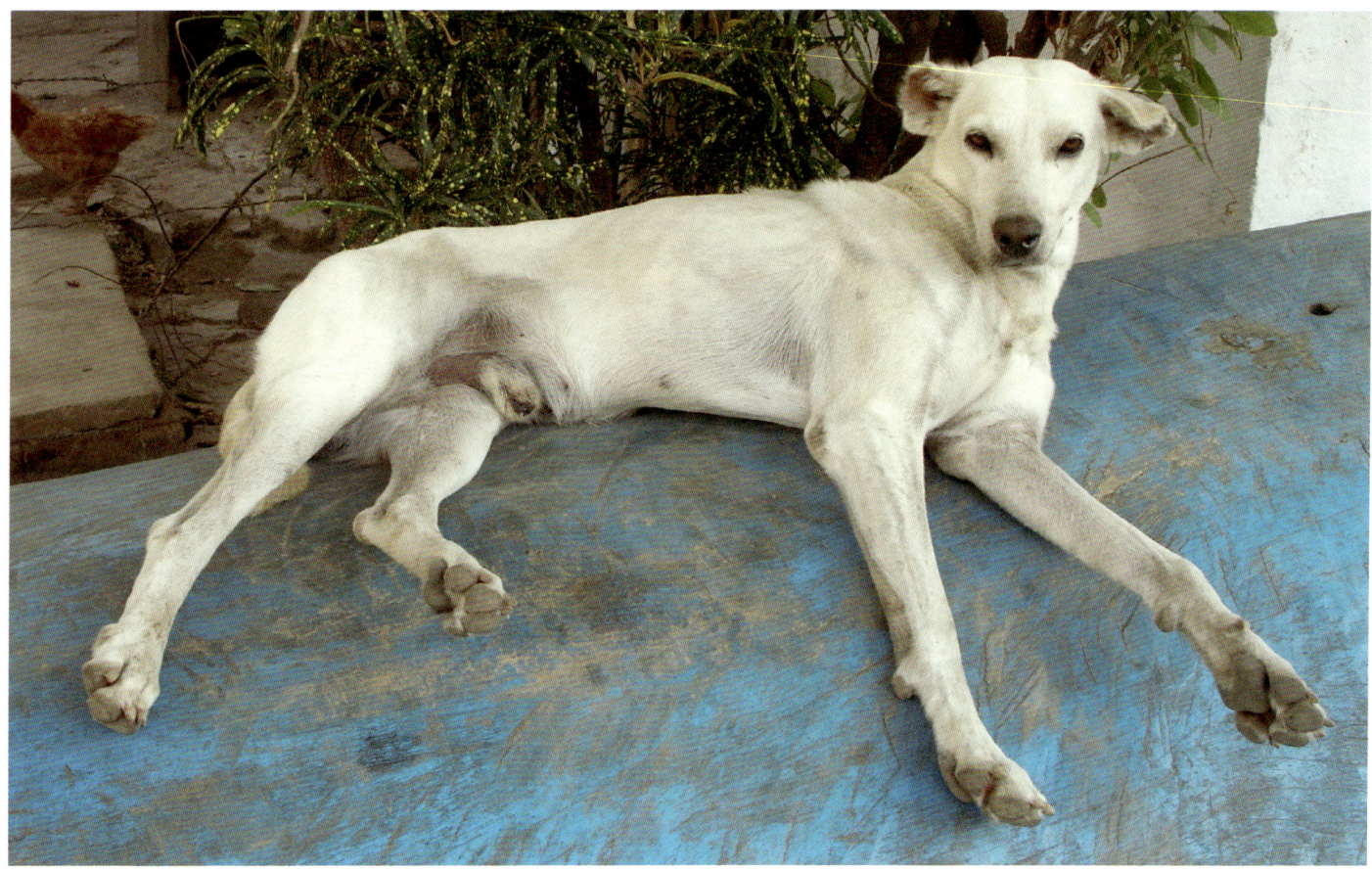

DANDY –
MEIN ERSTER HUND

VON JORGE QUINTANA

Er erbte den Namen eines Hundes, den die Eltern meiner Mutter hatten, als sie noch ein kleines Mädchen war.

Dandy wurde auch der erste Hund genannt, der in unser Haus kam. Er war ein Geschenk für meinen ältesten Bruder Onelio. Nach sechs Monaten war er ein großes und wildes Tier und biss ein paar Nachbarn. Dieser Hund wurde einem Bauern geschenkt. Mein Dandy kam später. Ein Welpe von zwei Monaten. Ein Weihnachtsgeschenk für mich, als ich noch keine drei Jahre alt war.

Der Name passte ihm wie angegossen. Er war ein sehr eleganter Hund. Nicht sehr groß und nicht sehr klein. Edel, liebenswürdig, gehorsam und intelligent. Er hatte die Farben eines Collies vom Typ Lassie, aber das Maul war schwarz und rechteckig wie bei einem Schäferhund. Der größte Teil des Haares oben und an den Seiten war von einem hellen Kaffeebraun. Das Haar am Bauch und an der Brust war weiß. Außerdem hatte er um den Hals herum einen Ring von weißem Haar und einen Fleck vorn an der Stirn von gleicher Farbe. Ebenso waren auch die Schwanzspitze und die vier Pfoten, was den Eindruck erweckte, als liefe er in weißen Schuhen.

Juanita, meine Großmama, kümmerte sich um den Hund. Sie fütterte und badete ihn. Im Haus wurde er mit einem Strick um den Hals unter der Waschmaschine festgemacht. Das war sein Ort. Seine körperlichen Bedürfnisse verrichtete er außerhalb des Hauses. Dies war ein unterhaltsamer Prozess. Dandy bellte immer, wenn er wollte, dass sie ihn losbanden, um herauszukommen. Juanita benachrichtigte mich, damit ich die Tür öffnete, danach band sie ihn los. Dandy rannte schnell durch die Tür nach draußen. Wenn er wieder herein wollte, kratzte er mit seinen Pfoten an der Tür.

Wir waren dicke Freunde. Jeden Tag hielt ich einen Teil meines Essens für meinen Hund zurück. Täglich erhielt ich den Verweis von meinen Eltern „Iss du, denn du bist so mager. Der Hund hat doch sein Fressen". Das spielte keine Rolle. Es stimmte zwar, dass Dandy sein Fressen bekam, aber ich gab es ihm ja nicht, um ihn zu ernähren: Es war vielmehr eine Geste der Freundschaft, mein Essen mit ihm zu teilen. Er verstand das und erwartete das. Wir waren wirklich dicke Freunde. Mit sieben Jahren, als ich begann, zur Schule zu gehen, folgte Dandy mir und ich musste nach Hause zurückgehen, um ihn einzuschließen. Auch als ich mit meinen kleinen Freunden spielte, musste ich ihn einsperren. Wenn wir rannten, lief Dandy hinter ihnen her und verhinderte, dass sie mich fingen. Die Spielkameraden protestierten. Mittlerweile hatte meine Familie sich um drei Schwestern vergrößert. Eines Tages geschah etwas Schreckliches. Mein Vater, besorgt darum, dass die Mädchen auf dem Boden spielten, verschenkte er Dandy mit der Begründung, dass Hunde Geschlechtskrankheiten übertragen und die Mädchen anstecken könnten. Ein Mann, der regelmäßig durch die Straßen zog und *cuajada* (Weichkäse) verkaufte, nahm Dandy mit und brachte ihn zu seinem Hof, der in Teustepe lag. Das war rund achtzig Kilometer von Managua entfernt, wo wir lebten.

Klar, dass die ganze Operation hinter meinem Rücken ablief, während ich in der Schule war. Juanita war nicht einverstanden, aber sie hatte keine Entscheidungs-befugnis. An diesem Nachmittag kehrte ich vom Unterricht zurück und suchte meinen Hund wie alle Tage, um mit ihm zu spielen. Dandy war nicht im Haus. Ich ging hinaus, ihn in der Nachbarschaft zu suchen. Auch dort hörte er mein Rufen nicht. Es war schon spät, so gegen neun Uhr nachts und ich musste, ein Kind von acht Jahren, ins

Bett gehen, um am nächsten Tag am Unterricht teilnehmen zu können. Meine Eltern riefen mich und teilten mir die Wahrheit mit.

In dieser Nacht konnte ich nicht schlafen. Meine Eltern auch nicht. Ich weinte untröstlich die ganze Nacht hindurch, selbst noch unter der Drohung, dass ich bestraft würde, wenn ich nicht schwieg. Am nächsten Tag ging ich nicht zur Schule. Sechs Tage vergingen und nach und nach kehrte ich zum normalen Alltag zurück. Ich ging wieder zur Schule und spielte mit den Freunden. Aber in den Nächten weinte ich immer. Am Morgen des siebten Tages kratzten Pfoten an der Haustür. Ich sprang von meinem Stuhl auf und rannte zur Tür. Ich öffnete. Dandy stand draußen. Müde und mit hängender Zunge. Seine Pfoten und die Schnauze waren blutbedeckt, und er hatte Bisswunden am ganzen Körper, Andenken an die Kämpfe mit anderen Hunden in den Gebieten, die er bei seiner Heimkehr durchquert hatte.

Ich fühlte eine riesige Glückswelle, die meinen Körper durchzog. Ich umarmte ihn. Er begrüßte mich mit einem schwachen Bellen. Danach begrüßte er auch Juanita, die ihm Wasser gab. Er trank und legte sich dann auf den Boden, um an seinem Ort zu schlafen. Unter der Waschmaschine. Er schlief fast drei Tage. Er wachte nur auf, um zu fressen und Wasser zu trinken. Ein paar Tage darauf kam der Mann zu uns, der ihn mitgenommen hatte. Er erzählte, dass er ihn in einem geschlossenen Kasten auf seinem Fahrzeug mitgenommen hatte. An seinem Bauernhof angekommen, band er ihn fest und fütterte ihn. Dandy fraß nicht. Zwei Tage lang stöhnte er und kämpfte wild gegen den Strick, der ihn am Hals würgte. Er konnte ihn nicht zerreißen. Am dritten Tag war er ruhig und begrüßte die Leute vom Bauernhof. Er fraß auch. Am Morgen des vierten Tages band der Bauer ihn los. Es war das letzte Mal, dass sie ihn an diesem Ort sahen.

Der Mann wollte Dandy wieder mitnehmen, aber mein Vater stellte sich dem entgegen. Er hatte bereits das Versprechen abgegeben, dass er ihn niemals wieder wegschenken würde. Im Gegenzug versprach ich, weiterhin meine Schulpflichten zu erfüllen, die ich in Dandys Abwesenheit vernachlässigt hatte. Mein Vater sagte dem Mann, dass Dandy sich seinen Platz in unserem Haus erobert hatte. In meinem Herzen hatte er seinen Platz für lange Zeit erobert. Als sie ihn in unser Haus brachten, war er ein Welpe von zwei Monaten gewesen und ich war damals ein kleiner Junge von knapp drei Jahren.

El Dandy -
MI PRIMER PERRO

POR JORGE QUINTANA

Heredó el nombre de un perro que tuvieron los padres de mi Madre cuando ella era apenas una niña. Dandy también se llamó el primer perro que llegó a mi casa. Fue un regalo para mi hermano mayor, Onelio. A los seis meses era un animal grande y bravo y mordió a un par de vecinos. Este perro fue regalado a un finquero. Mi Dandy llegó después. Un cachorro de dos meses. Un regalo de Navidad para mí un poco antes de que yo cumpliera tres años.

El nombre le quedaba a la medida. Era un perro muy elegante. No muy grande no muy pequeño. Noble, cariñoso, obediente e inteligente. Tenía los colores de un Collin (tipo Lassie) pero la boca era negra y cuadrada como los perros pastores. La mayor parte del pelo de arriba y los costados era de un café claro. El pelo del vientre y del pecho era blanco. Además alrededor del cuello presentaba un collar de pelo blanco y una mancha en la frente del mismo color, al igual que la punta de la cola y las cuatros patas, lo cual daba la apariencia de que andaba calzado blanco.

Juanita, mi Abuelita, cuidaba del perro. Lo alimentaba y bañaba. Dentro de la casa se mantenía amarrado con una soga al cuello debajo del lavandero de ropas. Era su lugar. Hacía sus necesidades fisiológicas fuera de la casa. Este era un proceso ameno. El Dandy ladraba cuando quería que lo soltaran para salir. Juanita me avisaba que abriera la puerta, después lo soltaba. El Dandy salía corriendo velozmente por la puerta. Cuando quería entrar rascaba la puerta con sus patas.

Eramos grandes amigos. Todo los días de mi porción de comida apartaba un poco para mi perro. Diario recibía el regaño de mis padres 'Comé vos que estás flaco. El perro tiene su comida '. No importaba. Era cierto que el Dandy recibía su alimento pero yo no le daba para alimentarlo, sino como un gesto de amistad de compartir mi comida con él. El lo entendía y lo esperaba. Eramos grandes amigos.

A los siete años, cuando empecé a ir a la escuela, el Dandy me seguía y tenía que devolverme a casa para encerrarlo. También tenía que encerrarlo cuando jugaba a correr con los amiguitos ya que el Dandy corría atrás de ellos y evitaba que me alcanzaran. Los compañeros de juego protestaban. Para entonces mi familia había sido incrementada con tres hermanas más. Fue entonces que ocurrió lo terrible.

Mi Padre, preocupado porque las niñas jugaban en el piso, regaló al Dandy aduciendo que los perros portan enfermedades venéreas y podría transmitírsela a las niñas. Un señor que rutinariamente pasaba vendiendo cuajada por la calle tomó al Dandy y se lo llevó a su finca ubicada en Teustepe. Un poco más de ochenta kilometros de Managua. Donde nosotros vivíamos.

Obviamente, toda la operación se hizo a mi espalda mientras yo estaba en la escuela. Juanita no estaba de acuerdo pero no tenía poder de decisión. Esa tarde volví de clases y busqué a mi perro a como todo los días para jugar con él. El Dandy no estaba en la casa. Salí a buscarlo en el vecindario. Tampoco acudía a mis llamados. Ya era tarde, cerca de las nueve de la noche y yo, un niño de ocho años, tenía que irme a la cama para asistir a clases al día siguiente. Mis padres me llamaron y me dijeron la verdad.

Esa noche no pude dormir. Mis padres tampoco. Lloré inconsolablemente toda la noche aún bajo las amenazas de ser castigado si no me callaba. Al día siguiente no fui a la escuela. Pasaron seis días y poco a poco volví a la normalidad. Asistir a la escuela y jugar con los amigos. Pero en las noches siempre lloraba. A la mañana del séptimo día rascaron la puerta del frente. Salté de mi silla y corrí hacia la puerta. Abrí. El Dandy estaba ahí. Cansado y con la lengua de fuera. Las patas y el hocico ensangrentados y señas de mordiscos por todo el cuerpo, recuerdo de las luchas con otros perros por los terrenos que atravesaba en su regreso a casa. Sentí una ola de felicidad inmensa que invadía mi cuerpo. Lo abracé. Me saludó con un débil ladrido. Después saludó a la Juanita quien le dio agua. Bebió y se echo a dormir en su lugar. Debajo del lavandero. Durmió casi tres días. Solo despertaba a comer y beber agua.

Un par de días después se presentó el señor que se la había llevado. Contó que se lo llevó dentro de una caja cerrada encima del toldo de un vehículo. Llegado a la finca lo amarró y le dio de comer. El Dandy no comió. Por dos días gimió y luchó ferozmente contra la soga que lo aprisionaba del cuello. No pudo romperla. Al tercer día amaneció quieto y saludando a la gente de la finca. Comió. En la mañana del cuarto día el finquero lo soltó. Fue la última vez que lo vieron en ese lugar.

El señor quería al Dandy de regreso pero mi Padre se opuso. Ya los había hecho prometer que nunca más lo regalarían a cambio de que yo siguiera cumpliendo con mis obligaciones escolares las cuales había descuidado en ausencia del Dandy. Mi Padre le dijo al señor que el Dandy se había ganado su lugar en la casa. En mi corazón el lugar se lo había ganado mucho tiempo atrás. Cuando lo llevaron cachorro de dos meses a mi casa siendo yo apenas un niño de tres años.

EIN VERSUCH, MISSHANDELTE TIERE ZU SCHÜTZEN

Eine Initiative mit humaner Vision

Von Jorge Quintana

Hunde, Katzen und andere Haustiere (Papageien etc.) oder Nutztiere (Rinder, Hühner etc.) waren von großem Nutzen und Bedeutung für das Überleben der Menschheit sowie ihren technischen und intellektuellen Entwicklungsweg. Hunde und Katzen haben uns bei der Nahrungsbeschaffung oder bei der Vernichtung von Krankheitsüberträgern (Ratten etc.) geholfen. Pferde, Maulesel, Kamele, Elefanten zum Beispiel haben als Transportmittel und zur Nahrung gedient. Schweine, Hühner, Schafe und andere sind Teil unserer Nahrung. Viele von ihnen stellen auch Leder, Elfenbein, Federn, Wolle und verschiedene andere nützliche Materialien zur Verfügung. Die Zähmung von Tieren erlaubte es dem primitiven Menschen zusammen mit der Landwirtschaft in Siedlungen sesshaft zu werden, die Abhängigkeit von der Jagd zu reduzieren und mehr Zeit auf die Entwicklung von Werkzeugen, handwerklichen Techniken und sozialen Systemen zu verwenden.

Mit der Einführung des europäischen Hundes in Amerika und der Vermischung mit dem Xolo, einem stummen Hund, der in Mesoamerika lebte, gewöhnten sich die Eingeborenen und Mestizen, die auf dem Land lebten daran, mehrere Hunde im

Haus zu haben. Ein Teil dieser Hunde begleitete sie auf die Felder oder auf der Jagd nach Gürteltieren und Rehen zur Ergänzung der Nahrung und des Einkommens der Familie. Ein anderer Teil, meistens die Weibchen mit Welpen, blieben in der Wohnung zum Schutz vor Fremden. Diese Gewohnheit mehrere Hunde zu besitzen (3-8) besteht noch heute und ist am meisten verbreitet im Süden Mexikos und in Zentralamerika, einschließlich Nicaragua und ganz offensichtlich auch auf der Insel Ometepe.

Der typische Nicaraguaner oder Ometeper steht sehr früh auf (4.30 Uhr morgens), um sich auf den Arbeitstag vorzubereiten, während seine Frau das Frühstück vorbereitet. Er isst und begibt sich zu seiner Parzelle, die gewöhnlich etwas vom Haus entfernt liegt. Mehrere Hunde begleiten ihn. Diese haben noch nichts gefressen.

Während die Menschen arbeiten, streunen die Hunde in der Umgebung herum auf der Suche nach einem jagdbaren Tier oder Nahrungsabfällen bei den umliegenden Häusern. Im Falle Ometepe, suchen viele Hunde Fressbares aus den Abfällen der zahlreichen Restaurants, die sich unter dem Einfluss des Tourismus ausgebreitet haben. Einige trauen sich zwischen die Tische, um die Aufmerksamkeit und das Mitgefühl der Kunden zu erregen. In den meisten Fällen bekommen sie dafür einen Fußtritt oder eine andere Form des Angriffs als Reaktion.

Hinten in der Wohnung weckt die Frau die Kinder zum Frühstück und macht sie für die Schule fertig. Die Hündinnen und die kleinen Hunde beobachten ungeduldig und in der Hoffnung, dass den Kindern oder der Köchin etwas vom Essen zu Boden fällt. Auch für die Hunde im Haus gibt

es nichts zu fressen. In einem Haus, in dem die Kinder schlecht ernährt sind, kann man nicht erwarten, gut genährte Hunde und Katzen zu finden. In einigen Fällen haben sie nicht einmal das Glück, Essensreste zu bekommen, denn für einige Familien sind die Überreste, wenn es denn welche gibt, wichtiger Teil des nächsten Essens. Der Campesino kommt nach Hause zurück. Wenn die Hunde und Katzen an diesem Tag nichts gejagt haben, wird es für sie ein weiterer Tag ohne Fressen sein. In Nicaragua gibt es kein Tierschutzgesetz. Es gibt auch keine Kultur der guten Behandlung von Tieren. In Wirklichkeit macht die große Mehrheit der Bevölkerung, einschließlich der von Ometepe, bei der Misshandlung von Tieren z.B. bei Hahnenkämpfen, Stierkämpfen usw. mit und genießt dies. Die meisten Menschen behandeln ihre eigenen Haustiere grob und gefühllos. Neben der fehlenden Kultur einer besseren Behandlung der Tiere erlaubt die Armut nicht, die Tiere besser zu ernähren oder ihre Gesundheit zu erhalten. Die meisten dieser Menschen haben knappe Ressourcen, die kaum zur Erhaltung der eigenen Gesundheit reichen. Wenn ein Tier krank wird, hat es zwei Alternativen: es wird von alleine wieder gesund oder es stirbt. Ein großer Teil der Tiere hat herausstehende Knochen, man kann schon aus der Entfernung leicht die Rippen zählen. Viele haben Wunden, Hautkrankheiten, Tumore und andere Krankheiten. Die meisten bekommen keine Impfungen. Kein Tier wird sterilisiert. Viele Hunde und Katzen werden von den Besitzern der Geschäfte, die sie als lästig für die Kunden betrachten, vergiftet.

Zurzeit unterstützt POA (Ometepe Projekt) durch einen kleinen monatlichen Beitrag die Anstrengungen eines Bewohners von Ometepe zur Rettung und Pflege (Unterkunft, Nahrung und Medizin) misshandelter, kranker und unterernährter Tiere.

Im Augenblick werden 20 Tiere - Hunde, Katzen und Schafe - im eigenen Haus dieser Person untergebracht. Es werden auch noch weitere 6 Hunde aus der Umgebung mitgefüttert, wenn die anderen Tiere ihr Futter erhalten. Um 5 Uhr morgens machen die Hunde am Strand ihre Runde und kommen gegen 5.30 Uhr zurück. Zwischen 6 und 7 Uhr werden die Futternäpfe und Töpfe der Tiere am Strand gewaschen. Um 7 Uhr bekommen sie eine Portion frische Milch. Dann wird ihre Hauptmahlzeit vorbereitet: Ein Topf mit 5 kg Fleisch und zwei Pfund Reis für die Hunde und Katzen. Die Zubereitung dauert fast zwei Stunden. Die Tiere erhalten das Fressen

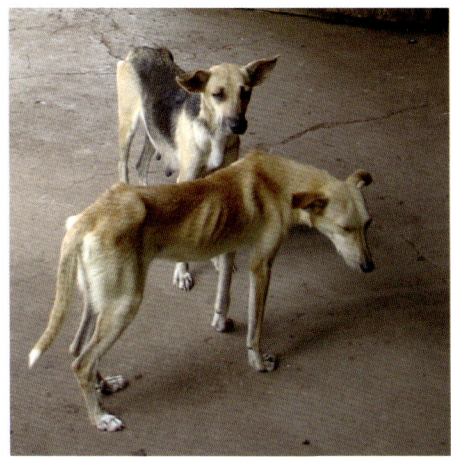

um 4 Uhr nachmittags. Das Schaf frisst drei Mal Konzentrat und Brot. Alle Tiere sind geimpft und die Weibchen sterilisiert, um keine Junge mehr zu bekommen. Sie erhalten auch veterinärmedizinische Betreuung im Falle von Krankheiten.

Es ist schwierig, die Bedürfnisse der Tiere zu beschreiben, da sie nicht darum bitten können noch weinen können. Aber es ist traurig, diese Augen umgeben von Knochen und Haut voller Hoffnung auf einen Teller mit Essen blicken zu sehen, die dann als Antwort auf ihre Hoffnung einen Tritt bekommen und dann schnell flüchten, jaulend vor Schmerz und Hunger.

Un esfuerzo para proteger animales maltratados

Una iniciativa con vision humana

POR JORGE QUINTANA

Perros, gatos y otros animales domésticos de compañía (loros, etc.) o de explotación (reses, pollos, etc.) han sido de gran utilidad e importancia para la sobrevivencia misma de la humanidad así como de su camino al desarrollo técnico e intelectual. Perros y gatos nos han ayudado en la obtención de alimento y en la eliminación de vectores de enfermedades (ratas, etc.). Caballos, mulas, camellos, elefantes y otros han servido como transporte y alimento. Puercos, gallinas, ovejas y algunos más nos han provisto de alimento. Muchos de ellos también aportan cuero, marfil, plumas, lana y varios materiales útiles. La domesticación de animales, junto a la agricultura, permitió al hombre primitivo formar asentamientos, reducir su dependencia de la caza y dedicar más tiempo al desarrollo de herramientas, técnicas y sistemas de orden social (gobiernos).

Con la introducción del perro europeo a América y la mezcla con el Xolo, un perro mudo que habitaba en Meso-América, los indígenas y campesinos mestizos que habitaban en el campo acostumbraban tener varios perros en la vivienda. Parte de estos perros lo acompañaban al campo agrícola o a giras de cazas eventuales de garrobos, armados y venados para complementar la alimentación y/o ingresos familiares. Otra parte de la jauría, generalmente hembras con cachorros quedan en la vivienda protegiéndola de extraños. Esta costumbre de poseer varios perros (3-8) existe en la actualidad y está muy arraigada en el sur de

México y Centro América, incluyendo a Nicaragua y, obviamente, a la Isla de Ometepe.

El típico campesino Nicaragüense y Ometepeño se levanta muy temprano (4:30 de la mañana) a prepararse para el día de trabajo mientras su mujer prepara el desayuno. Come y se dirige a su parcela. Generalmente un poco distante de la vivienda. Varios perros lo acompañan. Ellos no desayunaron. Mientras las personas trabajan la tierra los perros husmean los alrededores en busca de algún animal para cazar o algún desperdicio de alimento en las viviendas más cercanas. En el caso de Ometepe, muchos perros se dirigen a los depósitos de basura de los varios restaurantes y comiderías que han proliferado con la afluencia de turistas. Algunos se atreven a escurrirse entre las mesas buscando la atención y compasión de los clientes. La mayor parte de las veces su recompensa es una patada u otro tipo de ataque.

Atrás, en la vivienda, la mujer levanta a los niños para que desayunen y vayan a la escuela. Las perras y cachorros observan desesperados y esperanzados a que algún trozo de comida se les caiga a los niños o a la cocinera. Tampoco hay desayuno para los perros que quedaron en la vivienda. En una vivienda donde los niños están mal nutridos no espere ver perros y gatos bien nutridos. En algunos casos ni siquiera tienen el beneficio de las sobras de las comidas ya que para algunas familias las sobras, si las hubiera, representan parte importante de la próxima comida. Los campesinos regresan a casa. Si perros y gatos no han cazado en ese día, ese será otro día sin comer.

En Nicaragua no existe una Ley de Protección de Animales. Tampoco existe una cultura de buen trato hacia los animales. En realidad, la gran mayoría de la población del país, incluyendo la de Ometepe, disfruta y participa de eventos que tienen que

6 otros perros que acuden a los alrededores cuando está brindando el alimento a sus animales. A las 5:00 de la mañana, los perros salen de paseo sobre la playa por un poco más de dos kilómetros regresando a las 5:30. Entre 6:00 y 7:00 se lavan los platos y ollas de los animales. A las 7:00 se les sirve una porción de leche fresca. Luego se inicia la preparación de su alimento principal: una olla con 5 kilogramos de carne y dos libras de arroz para perros y gatos. La preparación tarda casi 2 horas. La comida se sirve a las 4:00 de la tarde. La oveja come concentrado y pan tres veces al día. Todos los animales son vacunados y las hembras inyectadas para que no entren en celo y no tengan cachorros. También reciben atención veterinaria en casos de enfermedad.

Es difícil describir las necesidades de los animales ya que no pueden pedir ni llorar, pero es triste ver aquellos ojos rodeados de huesos y pellejos y repletos de esperanzas fijos en un plato de comida y recibir, en respuesta a esa esperanza, una patada y huir en carrera desesperadamente mientras aúlla de dolor y de hambre.

ver con la tortura de animales tales como peleas de gallo y montadera de toros. La mayoría de las personas tratan a sus propios animales domésticos de forma grosera y abusiva. Además de la falta de cultura, la pobreza tampoco permite alimentar o cuidar la salud de sus animales. La mayoría de estas personas tienen escasos recursos para cuidar su propia salud.

Si un animal se enferma tiene dos alternativas, o se cura solo o se muere. Una gran parte de los animales tienen todos sus huesos sobresalientes y la cantidad de costillas fácil de contar a cierta distancia. Muchos presentan lesiones, enfermedades de la piel, tumores y otras enfermedades. La mayoría no recibe ningún tipo de vacuna. Ningún animal es esterilizado. Una cantidad de perros y gatos son envenenados por los dueños de negocios que los consideran una molestia para sus clientes. En el presente, el POA (Proyecto Ometepe-Alemania) está colaborando con un pequeño aporte mensual al esfuerzo individual realizado por un habitante de Ometepe de rescatar y cuidar (habitación, alimentación, medicina) animales maltratados, enfermos y/o desnutridos. Por el momento, haciendo uso de su propia casa de habitación, alberga a 20 animales entre perros, gatos y ovejas. También alimenta a

DAS ERGEBNIS MEINER ERZIEHUNGSARBEIT IM PROYECTO OMETEPE-ALEMANIA

VON MINERVA ESPINOZA HERNANDEZ

Sei dem 14. April 1997 arbeite ich im Proyecto Ometepe-Alemania. In den ersten drei Jahren habe ich in der Gesundheitserziehung gearbeitet, speziell zur reproduktiven Gesundheit von Frauen, Hygiene, Atemwegs- und Darmerkrankungen sowie zu sexuell übertragbaren Erkrankungen. Im Jahr 2001 begann ich dann in Santo Domingo in der Grundschule "La Esperanza" des Projektes als Lehrerin zu arbeiten. Die Schule besuchen Kinder aus den Gemeinden Santo Domingo, Santa Cruz und Tilgüe. Dazu kam es, weil das Bildungsministerium kein Geld vorgesehen hatte, um einen eigenen Lehrer zu bezahlen.

Ich habe bis 2005 an dieser Schule unterrichtet. Ich habe alle Kinder von der ersten bis zur vierten Klasse unterrichtet. Wir konnten immer in jeder Hinsicht auf die Unterstützung des Projektes zählen – von Lehrmaterialien über Schulspeisungen bis zu medizinischer Betreuung und Medikamenten.

Im Jahr 2006 wurde ich beauftragt, einer 14-köpfigen Bauernfamilie (Erwachsene und Kinder) in der Gemeinde Punta Espina lesen und schreiben beizubringen. Außer den Problemen, die die verschiedenen Altersstufen mit sich brachten, war es

auch noch so, dass sich die Familie nicht so recht motivieren ließ. Ich musste mich auf ihre Konditionen einlassen und sie erhielten den Unterricht, wann sie es wollten und nicht umgekehrt. Aber mit der Zeit erreichte ich, dass sie anfingen, sich für das Lesen und Schreiben zu interessieren und ihre Motivation stieg beträchtlich. Nach einem Jahr harter Arbeit konnten alle in der Familie lesen und schreiben und beherrschten die Grundlagen der Arithmetik.

Daraufhin kehrte ich 2007 wieder zurück an die Schule „La Esperanza" um nun fünfte und sechste Klassen zu unterrichten. Alle Schülerinnen und Schüler schafften den Abschluss.

RESUMEN DEL TRABAJO REALIZADO

Por Minerva Espinoza Hernández

Ingresé a trabajar al Proyecto Ometepe-Alemania el 14 de Abril de 1997. Durante los primeros tres años realicé labores de educación comunitaria sobre salud reproductiva, higiene, enfermedades respirato-

edades diferentes (adultos y niños) que viven el la comunidad de Punta Espina. Además de las diferencias de edades, la familia se resistía a ser alfabetizada y recibían clases cuando querían y en las condiciones que ellos imponían. Poco a poco se logró que se interesaran y motivaran a aprender. Al final de una dura faena de un año, los miembros de la familia aprendieron a leer, escribir y efectuar operaciones básicas de aritmética.

En el año 2007 regresé nuevamente a dar clases en la Escuela La Esperanza a los grados quinto y sexto logrando retener y promover al 100% de los alumnos de ambos grados.

rias, intestinales y de transmisión sexual. En el año 2001 inicié mis labores como maestra de primaria en la Escuela La Esperanza, en Santo Domingo, impartiendo clases a niños de las comunidades de Santo Domingo, Santa Cruz y Tilgue. Esto sucedió debido a que el Ministerio de Educación no tenía presupuesto para pagar a un maestro.

Continué impartiendo clases en la misma escuela hasta el año 2005. Esta situación me permitió enseñar a los mismos niños desde primer grado hasta cuarto grado. En todo momento sobresalió el apoyo a la Escuela La Esperanza de parte del Proyecto Ometepe-Alemania con donaciones de materiales educativos, alimentación, atención médica y medicinas.

En 2006 fue asignada para alfabetizar a una familia campesina de 14 personas de

Ein Besuch in Deutschland

Von José Antonio Ruiz

Wie kam es dazu, dass du Deutschland besucht hast?

Ich habe in einem Hotel mit einem Deutschen zusammen gearbeitet, der in Nicaragua sein Spanisch verbessern und das Land kennen lernen wollte. Am Anfang war es sehr schwer, sich mit ihm auf Spanisch zu verständigen. Deshalb haben wir während der Arbeit Englisch gesprochen. Er war sehr freundlich und hatte ein offenes Wesen. Beide waren wir daran interessiert, andere Sprachen zu lernen und deshalb beschlossen wir, zusammen zu lernen – er Spanisch und ich Deutsch. Eine Stunde am Tag lernten wir zusammen. Eines

Tages musste er abreisen, aber es gab für uns immer noch viel zu lernen. Darum blieben wir in Kontakt und schrieben uns Emails, um auf diesem Wege weiter zu lernen. Wir wurden sehr gute Freunde.

Dann fragte er mich eines Tages, ob ich Lust hätte, ihn in Deutschland zu besuchen und ich sagte ja. Ich fing an nachzuforschen, wie ich am besten nach Deutschland gelangen könnte. Meine Chefs im Hotel erfuhren von meinem Plan und kurz vor meiner Abreise sagten sie, sie hätten etwas für mich. Zu meiner großen Überraschung drückten sie mir die Hälfte des Flugpreises in die Hand.

Welche Erfahrungen hast du in Deutschland gemacht?

Es war ein Besuch mit vielen neuen Erfahrungen, und zwar ab meiner Ankunft am Flughafen in Frankfurt bis zu meiner Ab-

reise. Alles hatte sich innerhalb ein paar Flugstunden geändert. Der Klang der Stimmen, das Wetter. In Deutschland war ich die ganze Zeit von irgendwelchen Hinweisschildern umgeben. Auch war es eine tolle Erfahrung zu wissen, dass es überall auf der Welt freundliche Menschen gibt. Bei meiner Ankunft wurde ich von den Eltern meines Freundes mit solch einer Gastfreundlichkeit empfangen als wäre ich der verlorene Sohn, der in seine Heimat zurückgekehrt ist. Sie zeigten mir das ganze Haus und sagten mir, dass ich mich wie zu Hause fühlen sollte. Mit der Zeit freundete ich mich mit der ganzen Familie an. Die Mutter meines Freundes hat sich die ganze Zeit sehr um mich gekümmert und sein Vater hat mir jeden Morgen die Wettervorhersage aus der Zeitung vorgelesen. Ich wollte unbedingt Schnee sehen, aber leider war Sommer in Deutschland. Deshalb sind wir alle zusammen nach Österreich in die Alpen gefahren. Dort gibt es das ganze Jahr über Schnee. Zum Abschluss der Reise haben wir noch das Oktoberfest in München besucht.

Fast alle in Deutschland arbeiten mit irgendwelchen Apparaten oder Maschinen. Das Arbeiten mit den Händen gibt es fast nicht mehr. Wenn sie etwas mit ihren Händen machen, dann benutzen sie Handschuhe und Arbeitsanzüge. Ich fand es sehr lustig, wenn ich mir all diese Sachen anziehen musste – Handschuhe, Brille, Arbeitsanzug. Ich fragte mich, ob ich tatsächlich zur Arbeit gehen oder doch in den Krieg ziehen würde. Dort, wo ich bei der Familie untergebracht war, hatte jeder ein Auto - außer mir selbst. In Nicaragua, wo ich lebe, benutzen übrigens nur die Touristen Sonnenbrillen und legen sich an den Strand, um sich zu bräunen. Und Handschuhe benutzen nur die Baseball-Spieler und Boxer. Bauern tragen nie Handschuhe.

Noch nie in meinem Leben bin an einem

solch kalten Ort gewesen. Wenn ich mit meinen Freunden in Nicaragua telefonierte, fragten sie mich, weshalb meine Stimme so seltsam klingen würde. Das lag an dem Nachtwind. Es fühlte sich an, als ob ein Stromstoß durch meinen Körper fuhr, wenn er mich erwischte. „Aber jetz ich bin die deutsche clima gewund und ich bin gleich wieder zurruk". In Deutschland reden die Leute übrigens ständig über das Klima. Das war irgendwie seltsam, denn in Nicaragua beschäftigen sich eigentlich nur die Meteorologen, Schiffsleute und Bauern mit dem Wetter.

Was würdest du in Zukunft gerne machen?

Ich würde gerne weiter studieren und mindestens sieben Sprachen lernen. Dann hätte ich gerne eine Arbeit, wo ich diese Sprachen anwenden kann und ich möchte durch die ganze Welt reisen, denn Sprachen öffnen dir überall Tor und Tür.
Es war einfach toll, die Möglichkeit gehabt zu haben, mich sprachlich zu verbessern und Erfahrungen zu sammeln. Und dies in einem entwickelten Land. Nun kann ich meine Erfahrungen in einem Entwicklungsland in die Praxis umsetzen.

UNA VISITA A ALEMANIA

POR JOSÉ ANTONIO RUIZ

Como fue que llegastes a Alemania?

Cuando trabajaba en un hotel tuve la oportunidad de conocer a un muchacho que había llegado con el propósito de mejorar su español, conocer Nicaragua y ganar algún dinero trabajando. Al inicio era muy difícil comunicarnos en español por lo que teníamos conversaciones en inglés mientras trabajábamos. El era muy amistoso y multicultural. Los dos estábamos interesados en conocer otros idiomas por lo que decidimos aprender juntos el español y alemán. Comenzamos a estudiar una hora diaria. El tuvo que irse pero todavía teníamos mucho que aprender por lo que intercambiamos e-mail para seguir estudiando a través del correo. Nos hicimos buenos amigos.
Un día me preguntó si me gustaría conocer Alemania y yo conteste Sí. Empecé a investigar la mejor manera de viajar a Alemania. Mis patrones en el hotel se dieron cuenta de mis planes y un día, al aproximarse la fecha de viaje me dijeron que tenían algo para mí. Me sorprendí cuando me entregaron la mitad del valor del boleto aéreo.

Cuales fueron tus experiencias en Alemania?

Fue una visita llena de experiencias desde mi llegada al aeropuerto de Frankfurt hasta mi partida. Todo había cambiado con unas pocas horas de vuelo. Los tonos de las voces, el clima. Era diferente verme rodeado de sólo rótulos en Alemán. También me di cuenta que hay personas amables en todos lados del mundo. Al llegar, los padres de mi amigo me recibieron y atendieron con tanta hospitalidad que parecía que yo era el Hijo Pródigo que regresaba al hogar. Me mostraron toda la casa y me pidieron que me sintiera en confianza. Con el paso del tiempo me hice amigo de todos los miembros de la familia. La mamá de mi amigo era muy atenta todo el tiempo y su padre todas las mañanas me leía el pronóstico del tiempo en el periódico. Yo quería conocer la nieve pero no había en Alemania porque era verano. La familia me llevo de viaje a los Alpes en Austria para que la conociera. En los Alpes hay nieve todo el año. El viaje terminó en Oktoberfest.
La mayoría de la gente en Alemania trabaja con aparatos y máquinas y el trabajo manual ha casi desaparecido. Si hacen algo manualmente, entonces usan guantes y trajes de trabajo. A mi me parecía muy divertido ponerme todo este equipo – guantes, gafas, overall. Me preguntaba si me preparaba para trabajar o ir a la guerra. Donde yo vivía todos tenían carro menos yo. En Nicaragua, donde yo vivo, solamente los turistas usan gafas oscuras en la playa para broncearse y únicamente los beisbolistas y boxeadores usan guantes. Los campesinos nunca los usan.
Nunca había estado en un lugar tan frío. Cuando hablaba por teléfono con amigos en Nicaragua me preguntaban por qué mi voz sonaba tan rara. Pasaba que cuando el viento de la noche me pegaba sentía como una descarga eléctrica. „Aber jetz ich bin die deutsche clima gewund und ich bin gleich wieder zurruk". En Alemania todos hablan siempre sobre el clima. Sonaba raro porque en Nicaragua sólo los campesinos, marineros y meteorólogos hablan del clima.

Que te gustaría hacer en el futuro?

Me gustaría continuar mis estudios, aprender por lo menos siete idiomas, trabajar donde las pueda practicar y viajar por todo el mundo porque los idiomas son el puente y las llaves del mundo. Fue muy bueno haber tenido la oportunidad de ganar experiencias de superación y progreso en un país desarrollado para ahora ponerlas en práctica en un país subdesarrollado como lo es Nicaragua

UNSER VERGESSENES DORF

VON MONIKA HÖHN

Das Ambulanzauto fährt an diesem Tag nach San Pedro. Es ist das letzte Dorf hinter dem Vulkan Maderas. Ein aus Spendengeldern gebauter Gesundheitsposten ist Anlaufstelle für das Ärzteteam. Bei unserer Ankunft warten bereits 50 Personen, unter ihnen sechs Männer und 14 Kinder.

Das Thema „Hygieneerziehung" steht heute auf dem Plan. Alle lauschen andächtig der Krankenschwester.

Augustina, eine 16-jährige Mutter, lässt sich voll Stolz von uns fotografieren. Auf dem Schoß ihre sieben Monate alte Melisa. An der Tür des Gesundheitspostens entdecken wir ein selbst gemaltes Plakat: Insgesamt fehlen 24 Latrinen in San Pedro.

Rosario, die Krankenschwester, ist Hebamme, Mutter und Großmutter zugleich. Sie führt uns später durch ihr Dorf, macht

uns mit den Familien bekannt, die in den verstreut liegenden Hütten leben.

Eine 47-jährige Frau mit 8 Kindern berichtet uns, dass ihre jüngste Tochter, inzwischen drei Jahre alt, bei der Geburt beinahe gestorben sei. Ihr ältestes Kind sei 23 Jahre alt.

Eine 36-jährige Frau mit sechs Kindern erzählt, dass sie keine Kinder mehr wolle. Ihr Mann verweigere die Präservative. Sie möchte gerne sterilisiert werden und weiß, dass das möglich ist. Sowohl das staatliche Gesundheitsministerium MINSA als auch

Pro familia bieten den Eingriff an. Aber wie erreicht die Frau das Festland, wer bezahlt die Transportkosten und den Eingriff?

Eine 35-jährige Frau begrüßt uns freundlich. „Mein Kind hat Lungenentzündung", erzählt sie.

Es ist ihr erstes Kind, ein Junge von fünf Monaten. Morgens steht sie um vier Uhr auf. „Um sieben Uhr gehen die meisten zu Bett. Wir haben ja hier kein Licht und fließendes Wasser fehlt ebenfalls. Wir sammeln Holz. Wir haben auch einen kleinen Garten. Wir essen *arroz* und *frijoles*, (Reis und Bohnen) manchmal gibt es Fisch und manchmal auch *pollo* (Hühnchen)."

Eine 47-jährige Frau mit ihren 12 Kindern strahlt uns an, berichtet von ihrem „vida alegre" – von ihrem fröhlichen Leben. Ihr Wunsch ist, dass die Kinder eines Tages studieren.

In einer Hütte treffen wir eine 44-jährige unverheiratete Frau mit neun Kindern. 23 Jahre alt ist das älteste Kind, acht Jahre das jüngste. „Von meiner Mutter habe ich lesen und schreiben gelernt", teilt sie uns voll Stolz mit.

„Meine Schwester ist mit dem Abgeordneten der Kirche verheiratet, sie hat 18 Kinder und hat sich ohne sein Wissen sterilisieren lassen. Die Kirche redet von Kindern, sie hilft aber nicht, sie anzuziehen."

Eine 31-jährige Frau mit fünf Kindern gibt uns ausführlich Auskunft auf unsere Fragen:

„Uns ist zunächst wichtig, dass die Kinder zu essen haben, dann können sie die Schule besuchen. Wir haben immer Hunger, aber wir überleben. In dieser Hütte leben wir mit unseren fünf Kindern. Ab und zu habe ich Arbeit. Eine *manzana* (ein Stück Land von der Größe eines Fußballplatzes) gehört mir. Mein Mann war während der Zeit der Sandinisten beim Militär und ihm ist versprochen worden, dass das Land ihm zugesprochen wird.

Mein Mann hat auch in Costa Rica gearbeitet und gesehen, dass viel Chemie in den Bananenplantagen verwendet wurde, das wollte er hier nicht."

Ihr Mann meint: „Kredite? Wir haben gehört, dass es Hilfe aus Deutschland gibt. Sie ist nicht ausreichend und wir wissen nicht, wie wir sie zurückzahlen sollen.

Was mir wichtig ist? In San Pedro ohne Gift zu leben. Dass wir Reis zum Leben haben und Dünger. Die Regierung verspricht so viel und hält nichts. Die Kirche wollte uns helfen, die Wege zu pflastern. Aber es war wohl mehr Propaganda, auch sie haben nicht geholfen. Noch mehr Kinder? Meine Frau hat Anämie und wir haben zu Gott gebetet…"

Gegen 17 Uhr beenden wir die Gespräche in der Nachbarschaft und gehen zum Haus von Rosario. Es ist ein Steinhaus, in dem 10 Personen auf etwa 30 m² leben. Rosario bereitet das Abendessen vor. Es gibt Reis und Bohnen, dazu Spiegelei und eine Fischsuppe mit *mojarras*.

Eine Kerosinlampe, eine alte Blechdose mit einem Docht aus Stoffresten, wird entzündet und wandert an die Stellen, wo sie gebraucht wird. Wir sitzen in der Nähe des Ofens, der noch glüht und erzählen.

„ Meine Mutter hatte 12 Kinder", erzählt Rosario. „Sie wurde viel geschlagen. Zu meinem Vater habe ich keine Beziehung mehr. Zu meiner Mutter fahre ich jeden Sonntag nach Altagracia."

An diesem Abend fährt kein Bus mehr von San Pedro nach Santo Domingo, einem der größeren Orte der Insel. Wir haben unsere Hängematten im Rucksack, in der Hoffnung, sie zwischen den Bäumen in der Nähe des Hauses von Rosarios Familie aufhängen zu können.

Die Hühner hatten schon längst in den Sträuchern vor dem Haus ihre Schlafplät-

ze eingenommen, die Schweine rückten immer mehr in unsere Nähe. Hinter den schwarzen Plastikplanen im Haus vernehmen wir ein unerklärliches Rumpeln. Es wird kaum gesprochen. Zwischen den verschiedenen Altersgruppen in der Familie herrscht eine auffallende Stille. Vom gegenüberliegenden Urwald hören wir die lauten Geräusche der Brüllaffen. So, als wollten sie vor dem Einbruch der Nacht ein letztes Mal auf sich aufmerksam machen.

Dann erleben wir eine Gastfreundschaft, die uns zuvor schon verschiedene Male vor allem von den Ärmsten entgegengebracht wurde. Rosarios Mann, ein sanfter und sehr ruhiger campesino, hatte uns das Ehebett in den Vorraum gestellt. Er und seine Frau schliefen auf der tijera, einer zusammenklappbaren Liege, die mit einem Plastikbezug bespannt ist.

Wir beide fühlen uns beschämt, wissen wir doch diesen Luxus – das Ehebett, eine Holzpritsche ohne Matratzen und ohne sonstigen Komfort – hier am Rand des Urwalds zu schätzen.

Rosarios Mann nimmt auch unsere fragenden Blicke auf einen undefinierbaren Berg in einer Ecke des Hauses wahr. Unter der schwarzen Plastikplane sind zahlreiche Zementsäcke verstaut.

„Das Wichtigste für uns ist die Straße hier in San Pedro. Wir haben 200 Sack Zement hier im Haus untergebracht. Das Bürgermeisteramt hat sie hier bei uns abgestellt. Aber 200 weitere Säcke fehlen noch für die Straße. Wir hoffen, dass die Straße ausgebaut werden kann."

Wir plaudern noch eine Weile, bis die Kerze, die Rosario noch aufgestellt hatte, verglimmt ist. Nur einige uns fremde Geräusche aus dem Urwald mischen sich in unsere Unterhaltung. Rosario ergänzt das begonnene Gespräch während unseres Besuches in der Hütte mit der anämiekranken, hochschwangeren Frau. „Mit Hilfe des Ambulanzfahrzeugs konnte sie auf das Festland gefahren werden," sagte sie. „Ohne ein solches Fahrzeug wären viele Menschen hier bereits gestorben. Deshalb ist auch der Ausbau der Straße so dringend notwendig. Erst vor einigen Tagen ist ein Kind hier von einem Baum gefallen und konnte mit der Ambulanz aufs Festland transportiert werden. Die Mutter des Kindes kann nicht lesen und schreiben. Ihr Mann hatte auch schon einmal auf sie geschossen und sie wurde am Knie und am Ohr getroffen. Frauen, die hier in Gewaltsituationen groß werden, haben kaum eine Chance, ihr zu entkommen. Das ist unsere Situation."

Über eine unwegsame Strecke mit viel Geröll gelangen wir am nächsten Morgen zu Fuß von San Pedro nach Tichaná. Rosario ist dort bereits wieder mit der Ärztegruppe verabredet, die auf ihren Einsatz wartet.

NUESTRO PUEBLO OLVIDADO

POR MONIKA HÖHN

El vehículo del ambulatorio (ambulancia) sale este día a San Pedro. Es el pueblo más lejano detrás del volcán Maderas. Un puesto de salud, financiado con donaciones, es el destino del equipo de medicina del Proyecto Ometepe-Alemania. Al llegar encontramos alrededor de 50 personas esperando. Entre ellos 6 hombres y 14 niños. Ese día, mientras esperan pasar a consulta reciben una charla educativa. El tema es sobre higiene en el hogar. Todos escuchan atentos a la enfermera que imparte la charla. Augustina, una madre de 16 años, se deja tomar fotos de nosotros con orgullo mientras sostiene sobre su seno a Melisa de 7 meses de edad. En la puerta del puesto de salud leemos un afiche dibujado a mano. 'Por todo faltan 24 letrinas en San Pedro'.

Rosario, la enfermera local, es a la vez partera, madre y abuela. Más tarde nos guía por su pueblo para presentarnos a las familias que viven en casitas dispersas. Una señora de 47 años con seis hijos nos cuenta que casi muere en el parto de su última hija, ahora de 3 años de edad. Su hijo mayor tiene 23 años. Otra mujer de 36 años y seis niños confiesa que ya no quiere tener más hijos. Su esposo rechaza el uso de condones. Ella quiere esterilizarse y sabe que el Ministerio de Salud (MINSA) y

Pro-Familia ofrecen la intervención quirúrgica a bajo costo. Sin embargo, la mujer no cuenta con los medios económicos para pagar el costo de la intervención, transporte, estadía en el hospital y a alguien que cuide a sus hijos mientras élla esté ausente.

Una señora de 35 años nos saluda amablemente. 'Mi niño tiene pulmonía', nos dice. Es su primer hijo, un varón de cinco meses. En las mañanas ella se levanta a las 4. 'A las siete de la noche nos acostamos casi todos. No tenemos luz ni agua potable. Recogemos leña para cocinar. También tenemos una pequeña huerta. Comemos arroz y frijoles. A veces tenemos pescado o pollo'.

Una mujer de 47 años y 12 hijos nos cuenta de su 'alegre vida'. Su mayor deseo es que sus hijos puedan estudiar. En otra casita encontramos a una mujer soltera de 44 años y nueve hijos. El mayor tiene 23 años y el menor 8 años. 'De mi madre aprendí a leer y escribir' comenta con orgullo. 'Mi hermana es casada con un representante de la iglesia. Ella tiene 18 hijos y se dejó esterilizar sin el consentimiento de su esposo. La iglesia habla sobre los niños pero no ayuda a mantenerlos'.

Otra señora con 5 niños nos contesta detalladamente nuestras preguntas. En primer lugar, lo más importante para nosotros es que los niños tengan que comer y después que puedan asistir a la escuela. Siempre tenemos hambre pero sobrevivimos. En esta pequeña casa vivo con mis cinco hijos. A veces tengo trabajo. Poseo una manzana de tierra. Durante el tiempo de los sandinistas, mi esposo se fue con los militares y le prometieron que le iban a dar tierra. Mi esposo también trabajó en Costa Rica y miró cuantos químicos usaban allá en las plantaciones. No quería algo así aquí'.

Su esposo pregunta 'Créditos?' Hemos escuchado que hay ayuda de Alemania pero no es suficiente y no tenemos como pagarlo. Lo que es importante para mí? Vivir en San Pedro sin contaminación de venenos. Que tenemos arroz para vivir y abono. El gobierno nos promete mucho y nada cumple. La iglesia quería ayudarnos a empedrar los caminos pero parece que fue sólo propaganda. Ellos tampoco nos ayudaron. Más niños? Mi esposa tiene anemia y rezamos a Dios …'.

Alrededor de las cinco de la tarde terminamos nuestra visita a la vecindad y vamos a casa de Rosario. Es una casa de piedra de 30 metros cuadrados en donde viven 10 personas. Rosario prepara la cena. Hay arroz y frijoles, un huevo estrellado y sopa de mojarras (pescado del lago). Una lámpara de kerosene, formada por una lata con una mecha de trapos (restos de tela), se enciende y se lleva a los lugares donde se necesita iluminación. Nosotros estamos conversando sentados cerca de la estufa que todavía está caliente. 'Mi madre tuvo 12 hijos' cuenta Rosario. 'Mi padre le pegó mucho. Yo no tengo relaciones con mi padre. A donde mi madre voy cada domingo a Altagracia'.

Ya es muy tarde y no hay bus de San Pedro a Santo Domingo, donde nos hospedamos. Tenemos nuestras hamacas en la mochila y esperamos que las podamos colocar entre los árboles cerca de la casa de la familia de Rosario. Las gallinas hace tiempo que ocuparon sus lugares de dormir en los arbustos frente a la casa. Los cerdos se aproximan más a nosotros. Detrás de los plásticos negros que constituyen parte de las paredes de la casa escuchamos ruidos extraños. La familia casi no hablaba. Entre las personas de diferentes edades de la familia hay un silencio ostensivo. Del otro lado de la selva oímos los fuertes gritos de los monos congos. Parece que quieren llamar la atención por última vez antes de que llegue la noche. En este momento experimentamos una expresión de hospitalidad que hemos recibido varias veces de estas personas pobres. El esposo de Rosario, un campesino suave y tranquilo, nos puso su cama matrimonial en la entrada de la casa. El y su señora durmieron en la 'tijera', una cama plegable revestida de tela plástica.

Nosotros dos nos sentimos avergonzados. Sabemos valorar este lujo. Una cama matrimonial al lado de la selva.

El esposo de Rosario se fijó que nuestra mirada se posaba sobre una masa indefinible encima de la casa. Bajo un plástico negro se almacenaban una buena cantidad de bolsas de cemento. 'Lo más importante para nosotros aquí en San Pedro es la carretera. Tenemos 200 bolsas de cemento guardadas en esta casa. La Alcaldía los depositó aquí. Pero todavía faltan 200 bolsas más para finalizar el trabajo. Esperamos que se va a poder restaurar la carretera'. Platicamos un rato más hasta que se acabo la candela que Rosario había puesto. Únicamente los ruidos extraños de la selva se mezclaban con nuestra conversación. Rosario complementa la conversación sostenida en la tarde con la mujer embarazada y con anemia. 'Con la ayuda del vehículo de la ambulancia pudo salir de la isla', dijo. 'Sin este vehículo muchas personas de aquí se hubieran muerto. También por eso es importante reparar la carretera. Hace unos días se cayó un niño de un árbol y se pudo salir de la isla con él gracias a la ambulancia. La madre del niño no puede leer ni escribir. Su esposo una vez le tiró balas que la hirieron en la oreja y la rodilla. Las mujeres de aquí, que viven en situación de violencia intrafamiliar casi no tienen oportunidad de escapar. Esta es nuestra situación'.

A la siguiente mañana, por un camino fragoso con muchas piedras, llegamos a pie de San Pedro a Tichaná. Rosario se encontraría ahí otra vez con el equipo médico para realizar su trabajo.

GESCHICHTE DER FINCA SANTO DOMINGO

VON ALCIDES FLORES

Ursprung und Gründung

Am Ende des 19. Jahrhunderts wanderte die Familie von Catarino Flores von Chontales, ihrem geographischen Herkunftsort auf die Insel Ometepe aus, auf der Suche nach besseren wirtschaftlichen Möglichkeiten für ihre Nachkommen und vor allem, um den Bruderkriegen zu entkommen, in die die beiden traditionellen politischen Parteien, die Liberalen und die Konservativen, andauernd verstrickt waren.

Im Jahr 1886 kaufte Don Catarino von Sebastián Ruiz seine erste Parzelle in der Größe von 60 *manzanas* (1 *manzana* ist etwas weniger als 1 Hektar) und taufte sie auf den Namen „Finca La Esperanza". Das Grundstück liegt in der Gemarkung von Santo Domingo. So wurden später auch die Finca La Esperanza und die angrenzenden Strände genannt, die sich etwa 4 Kilometer lang ausdehnten von dem alten Finca-Gebäude aus, das heute zu einem Hotel umgebaut worden ist.

Im darauf folgenden Jahr kaufte Don Catarino weitere 9 *manzanas* und 1894 schließlich noch einmal 30 *manzanas*.

Die Finca wurde von Generation zu Generation innerhalb derselben Familie Flores weitergegeben. Don Catarino vermachte sie seinem Sohn Lisandro und der wiederum an seine Tochter Graciela, die die gegenwärtige Eigentümerin des Grundstückes ist. Lange Zeit bis zum Anfang der 1990er Jahre bestand die hauptsächliche Produktion in der Haltung von Milchvieh und in der Herstellung von Milch und Käse. In den 1960er Jahren begann man mit dem Anbau von Bananen in kleinem Umfang. Die Finca besaß auch Weiden mit Viehfutter und 40 *manzanas* tropisch-trockenen Primärwald.

1994 begann die Finca Santo Domingo mit Umbauarbeiten an dem alten Finca-Gebäude, um es als Antwort auf die wachsende Nachfrage von ausländischen und inländischen Besuchern in ein modernes Hotel umzuwandeln.

Lage und natürliche Merkmale

Die Finca liegt in dem Isthmus von Istián (der schmalsten Stelle der Insel), acht Kilometer entfernt von der Ortschaft Altagracia, dem Hauptort der Gemeinde mit gleichem Namen. Das Gelände nach vorne am Ufer des Cocibolca-Sees im Osten von Ometepe hat einen Strand von mehr als einem Kilometer mit hellem vulkanischem Sand. Es gibt hier eine große Menge ursprünglichen Lebens zu Land, im Wasser und in der Luft, ebenso wie eine große Vielfalt an Pflanzen.

Horden von Kapuzineraffen und Brüllaffen kommen auf der Suche nach Futter bis dicht heran an den Hof, wo die Kühe gemolken werden.

Man kann auch Leguane, Gürteltiere, Eichhörnchen und Füchse beobachten. Unter den Vögeln sieht man oft die *urracas* (Elstervögel), *guises, zanates, chocoyos*, Papageien, Reiher, Enten, *piches, martines* und andere.

Nachts kann man auch Kröten, Schildkröten und Krebse beobachten.

Im See existieren zahlreiche Fischarten, vorwiegend essbar und von ausgezeichnetem Geschmack. Die Pflanzenwelt bietet auch Bäume an, deren Holz verwertbar ist wie *pochote*, Zedern, *cortés, guayacán, guásimo*, Obstbäume *(mango, jocote, nancite, marañón, tiguilote, nancite, anona)* und für anderen Gebrauch *(madero negro, madroño)* sowie Blütenpflanzen bis hin zu Orchideen.

Zur aktuellen Situation

Die Finca ist mit dem Hauptort Altagracia über eine 3,5 km lange gepflasterte Straße und über einen ganzjährig befahrbaren 4 km langen Weg verbunden. Es gibt öffentliche Verkehrsmittel, die nach Santo Domingo fahren. Außerdem gibt es Taxis. Elektrizität wird von einem Privatunternehmen geliefert. Zur Trinkwasserversorgung hat man ein eigenes System gebaut. Das Wasser stammt aus einer natürlichen Quelle, die 100 Meter vom Hotel entspringt. Die Abwässer werden in Klärgruben gesammelt.

Vom Hotel aus kann man leicht zahlreiche Orte besuchen, die von touristischem Interesse sind: Das Ojo de agua („Wasserauge"), eine kristallklare Quelle, die aus der Erde entspringt, liegt zwei Kilometer entfernt. Der Vulkan Maderas hält viele attraktive Orte bereit - die Lagune auf dem Gipfel des Vulkans, den Wasserfall von San Ramón, die Petroglyphen von El Porvenir, die Finca Magdalena und Punta Gorda.

Vom Hotel aus gibt es auch die Möglichkeit von Touren an diese Orte mit Fahrzeugen oder auch auf Pferden.

Unmittelbar neben dem Hotel liegt die Klinik „La Esperanza", die medizinische Betreuung und Überführungen mit der Ambulanz bietet. Außerdem gibt es telefonische Verbindungen und Zugang zum Internet.

HISTORIA DE LA FINCA SANTO DOMINGO

Por Alcides Flores

Origen y fundación

A finales del siglo XIX, la familia de Catarino Flores emigró de Chontales, su departamento geográfico de origen, a la Isla de Ometepe buscando mejores horizontes económicos para sus descendientes y, sobre todo, para escapar de las guerras fraticidas en las que los partidos políticos tradicionales, liberales y conservadores, se enfrascaban continuamente. En 1,886, Don Catarino compra su primera parcela de 60 manzanas al señor Sebastián Ruiz y la bautiza con el nombre de 'Finca La Esperanza'. La propiedad está ubicada en la Comarca de Santo Domingo, nombre que posteriormente fue usado para llamar a la

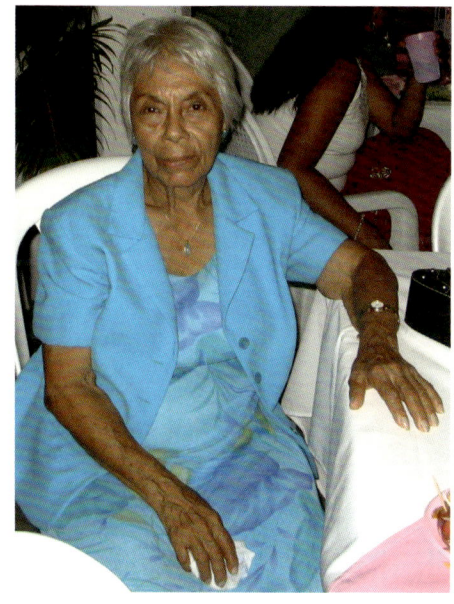

Finca La Esperanza y a las playas aledañas que se extienden por casi cuatro kilómetros a partir de la antigua casa-finca hoy convertida en hotel. Al año siguiente, Don Catarino adquiere 9 manzanas más. Finalmente, en 1,894, compra 30 manzanas.

La Finca pasó de generación en generación dentro de la misma familia Flores. Don Catarino la heredó a su hijo Lisandro y éste, a su vez, a su hija Graciela quien es la actual dueña del lugar. Por mucho tiempo, hasta inicios de la década de 1,990, el principal rubro de producción era ganado lechero, leche y queso. Alrededor de 1,960 se inició la siembra de plátano en pequeños lotes. La finca incluye áreas de pastos para alimento del ganado y 40 manzanas de bosque primario de trópico seco. En 1994, La Finca Santo Domingo inició trabajos de remodelación en la antigua casa-finca para convertirla en un hotel moderno como respuesta a la creciente demanda de visitantes extranjeros y nacionales.

Ubicación y características naturales

La Finca está ubicada en el Istmo de Istián (la parte más angosta de la isla) a 8 kilómetros del pueblo de Altagracia, cabecera del Municipio del mismo nombre. El terreno, de frente a las costas del lago Cocibolca en el este de Ometepe, presenta un trecho de más de un kilómetro de playas de arena blanca volcánica. Existe gran variedad de vida silvestre terrestre, acuática y aérea, así como mucha diversidad de la flora. Bandas de monos capuchinos y aulladores llegan hasta los corrales de ordeño para buscar alimento. También se observan iguanas, armadillos, ardillas, zorros. Entre las aves es fácil observar urracas, guises, zanates, chocoyos, loras, garzas, patos, piches, martines y otros. En las noches es posible, observar sapos, tortugas y

cangrejos. En el agua del lago existen varias especies de peces, la mayoría consumible y de excelente sabor. La flora incluye árboles maderables (pochote, cedro, cortés, guayacán, guásimo), frutales (mango, jocote, nancite, marañón, tiguilote, anona) y de otros usos (madero negro, madroño) y plantas florales incluyendo orquídeas.

Situación actual y facilidades

La finca está unida al pueblo de Altagracia por 3.5 kilómetros de carretera adoquinada y 4 kilómetros de camino de tierra transitable todo el año. Existe servicio de transporte público colectivo que pasa por Santo Domingo. También hay servicios de taxis. Cuenta con electricidad, suministrada por una empresa comercial, y agua potable para la cual dispone de su propio sistema de abastecimiento proveniente de una fuente natural ubicada a 100 metros del hotel. Las aguas de desechos son colectadas en pozos sépticos. Desde el hotel es fácil visitar varios lugares de interés turístico. El ojo de agua, una fuente cristalina que brota del suelo, se encuentra a 2 kilómetros. El volcán Maderas ofrece muchos lugares atractivos incluyendo la laguna en el cono del volcán, la cascada de San Ramón, los petroglifos de El Porvenir, Finca Magdalena y Punta Gorda. El Hotel ofrece servicios de tours, en vehículos o caballos, a estos sitios.

Próximo al hotel se encuentra la clínica 'La Esperanza' que brinda servicios de atención médica y traslado de ambulancia. Hay conexiones telefónicas (servicio brindado por otro hotel cercano) y de Internet.

RUND UM DIE GEBURT – GESCHICHTEN UND RITUALE

VON MONIKA HÖHN

Frauen erzählten mir Geschichten, bei denen sich Lustiges und Beängstigendes, Unglaubliches und Magisches mit eigenen Erfahrungen mischt. Und es gibt eine Reihe von Ritualen rund um Schwangerschaft und Geburt, von denen mir niemand genau sagen konnte, ob sie durch ihre Mütter und Großmütter aus der indigenen Tradition überliefert worden sind.

„Kaffee in Babyflaschen?" frage ich erstaunt. „Ja, mit viel Zucker", antwortet die junge Frau, „Das sättigt und macht die Babys munter."

Da es in einigen Dörfern immer noch kein fließendes Wasser gibt, wird die Wäsche der Kinder und die der Erwachsenen im See gewaschen. Dort gibt es Waschsteine, an denen die Frauen auch die Windeln der Säuglinge kalt waschen. Die Wäsche trocknet in der Sonne auf dem Boden am Strand oder wird in die Sträucher gehängt. Wenn eine Frau stillt und bereits wieder schwanger ist, würde das Stillkind unruhig, da es auf das Ungeborene eifersüchtig sei.

Ab dem dritten Schwangerschaftsmonat wird den Frauen oft der Bauch mit Mandelöl massiert, um die richtige Geburtsla-

173

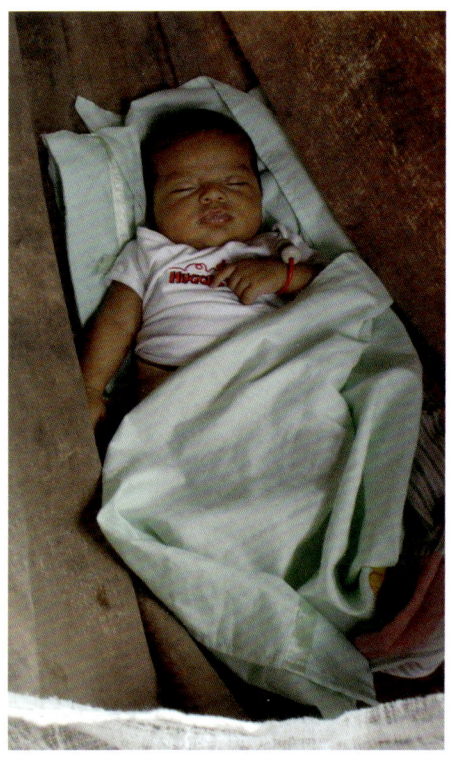

ge des Kindes zu fördern. Dies sei eine Aufgabe von Frauen, die vom staatlichen Gesundheitsministerium MINSA dazu autorisiert seien oder eine Aufgabe der *parteras* (Hebammen).

Eine befreundete Hebamme, die einige Jahre in Bolivien gearbeitet hat, berichtete mir aus ihrer dortigen Arbeit als Entwicklungshelferin: *„Es ist weitläufig bekannt, dass eine Gebärende ihr Kind leichter gebiert, wenn sie reichlich Zuwendung erhält. Denn dann schüttet ihr Körper verstärkt das Hormon Oxytocin aus, das für die Wehen zuständig ist. Regelmäßige und kräftige Wehen sind die Basis einer `guten´ Geburt. (…) Einreibungen und Massagen sind intensive Zuwendung und somit geburtsfördernd."*

Die Erstgebärenden werden vom behandelnden Arzt in die Casa materna (Geburtshaus) in die Kleinstadt Altagracia überwiesen, um dort vor dem Geburtster-

min unter ärztlicher Kontrolle zu sein. Meistens werden sie von ihren Müttern begleitet.

Auf der Insel kann noch kein Kaiserschnitt durchgeführt werden, weil es keine Klinik mit Operationsmöglichkeiten gibt.

„Manche Frauen fühlen sich nach der Geburt eines Kindes wie in einem Gefängnis", erzählte mir eine Frau, die gerade ihr siebtes Kind zur Welt gebracht hatte.

Sie habe vierzig Tage in Quarantäne leben müssen, abgeschirmt von der Umwelt und habe kaum ihren Raum verlassen dürfen. Manche Frauen waschen sich drei Tage nach der Geburt nicht, aus Angst, dass sie krank würden. Außerdem erhalten sie Ohrstöpsel und tragen eine Kopfbedeckung. Auch die Männer dürften vierzig Tage nach der Geburt noch nicht mit ihnen im gleichen Raum schlafen.

Unmittelbar nach der Geburt essen die Frauen gern eine Hühnersuppe zur Stärkung.

Es gibt Speisen, wie Eier, Bohnen und Fisch, die die Frauen nach der Geburt nicht essen sollen.

Nach der Geburt wird das Kind mit einem Gemisch aus Mandelöl und Muttermilch eingerieben, um den Neugeborenenflaum zu entfernen.

Die meisten Neugeborenen tragen ein Armband mit einem Samen, der das Kind gegen den bösen Blick schützen soll. Außerdem würden sie aus diesem Grund in rote Tücher gewickelt.

Zwei ungewöhnliche Geschichten

Ein campesino kommt mit seinem Pferd vom Cerro Maderas als ihn eine hochschwangere Frau aus einer Hütte am Fuße des Vulkans ansprach. Die Geburt stehe bevor und sie habe niemanden, der ihr helfen könne. Er solle doch in ihre Hütte kommen. Es sei dringend. Der campesino versicherte ihr, dass er noch nie bei einer

Geburt dabei gewesen sei. Doch dann geschah alles so schnell, dass ihm nichts anderes übrig blieb als seine Machete am Feuer zu reinigen, um dem Neugeborenen die Nabelschnur zu durchtrennen. Er passte dabei auf, dass das Kind mit seinen Füßchen nicht zu nahe ans Feuer kam."

Eine bekannte Hebamme aus Altagracia sperrte sich gern mit Schwangeren, die kurz vor der Geburt standen, ins Zimmer ein. Vorher hatte sie sich einige Materialien geben lassen, die sie für die Geburt brauchte. Unter anderem gehörten dazu: abgekochtes Wasser, Kräuter und Alkohol. Alle Eingeweihten wussten, dass sie in einigen Fällen unter der Geburt eingeschlafen war. Das war wohl der Wirkung des Alkohols zuzuschreiben, den sie für sich selbst brauchte.

CUENTOS Y RITUALES ALREDEDOR DEL PARTO

POR MONIKA HÖHN

Mujeres me contaron cuentos donde se mezclaban bromas, cosas alarmantes, increíbles y mágicas con experiencias propias. Y hay una serie de rituales alrededor del embarazo y parto de los cuales nadie me pudo decir si lo recibieron de las tradiciones indígenas a través de sus madres y abuelas.

"Café en biberones?" pregunté sorprendida. "Sí, con mucho azucar", respondió la mujer jóven, "esto llena y hace despierto a los niños."

Como en algunos pueblos todavía no hay agua potable, se lava la ropa de los niños y de los adultos en el lago. Allá hay piedras, donde las mujeres lavan las pañales de los bebé con agua helada. La ropa se seca por el sol en el piso de la playa o encima de arbustos.

Cuando una mujer amamanta y a la vez ya está embarazada otra vez, el bebé se intranquiliza como que está celoso del no nacido.

A partir del tercer mes del embarazo, muchas veces se dan masajes a la barriga de las mujeres con aceite de almendras para fortalecer la posición correcta del niño. Eso es una tarea de mujeres autorizadas del Ministerio de Salud (MINSA) o de las parteras.

Una partera muy amiga mía, que trabajó por años en Bolivia, me contó de sus experiencias como cooperante allá: "Es muy conocido que una mujer tiene un parto más fácil cuando recibe bastante atención. Así su cuerpo produce más la hormona Oxytocin, la que es responsable por los dolores del nacimiento. Dolores fuertes y regulares son la base de un buen parto. (...) Masajes son intensos y por lo tanto fortalecen al parto."

El médico manda las mujeres de primer parto a la casa materna en la ciudad Altagracia para permanecer allá antes del nacimiento bajo contról médico. La mayoría son acompañadas por sus madres.

En la isla no se puede realizar una cesárea porque no hay clínica con posibilidades de operaciones.

"Algunas mujeres se sienten después del nacimiento de un niño como en la cárcel", contó una mujer, que ya había tenido su séptimo niño. Tenía que vivir cuarenta días en cuarentena, protegida de su alrededor y caśi no pudía salir de su cuarto.

Algunas mujeres no se bañan tres días después del parto por miedo que se pueden enfermar. Además reciben tapónes para los oídos y se cubren la cabeza. Tambien los hombres no estan permitidos duran-

te cuarenta días de dormir en la misma habitación con las mujeres.

Inmediatamente después del parto a las mujeres les gusta comer una sopa de pollo para fortalecerse. Hay alimentos como huevos, frijoles y pescado que las mujeres después del parto no deben comer.

Después del nacimiento se frota al niño con una mezcla de aceite de almendras y leche materna para quitarle la pelusa de la piel del recién nacido.

La mayoría de los recién nacidos llevan una pulsera con una semilla que debe proteger al niño contra la mala vista. Además, por lo mismo se les envuelven con mantas rojas.

Dos cuentos inusuales

Un campesino vino con su caballo del Cerro Maderas cuando una mujer en avanzado estado de gestación en una casilla al pie del volcán le habló. El parto se aproximaba y ella no tenía a nadie quien le ayudara. Que debía venir a su casita. Era muy urgente. El campesino le aseguró que núnca había participado en un parto. Pero luego todo pasó muy rapido y no tuvo otra posibilidad que limpiar su machete en el fuego para cortar al recien nacido el cordón umbilical. Tuvo cuidado que el niño no se acercaba mucho al fuego con sus piecitos.

Una partera conocida de Altagracia le gustaba de encerrarse con las embarazadas que se aproximaban al parto. Antes le tenían que dar algunos materiales que necesitaba para el parto. Estos eran entre otros: agua hervida, hierbas y alcohol. Todos sabían que se adormecía algunas veces durante el parto. Era el efecto del alcohol que necesitaba para ella misma.

Geburtshaus – Casa Materna en Altagracia

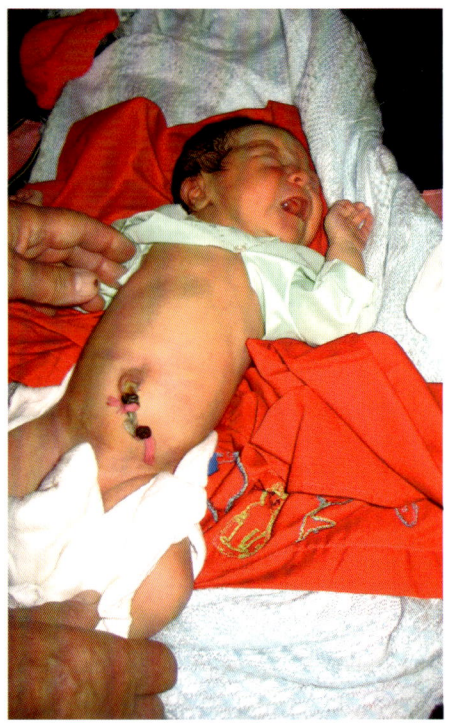

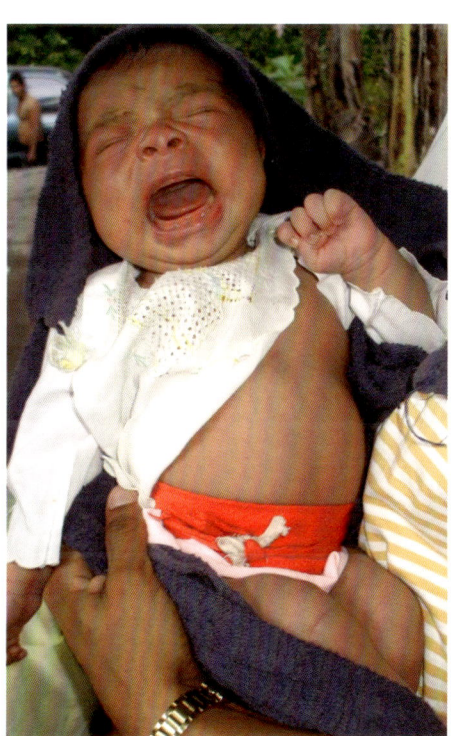
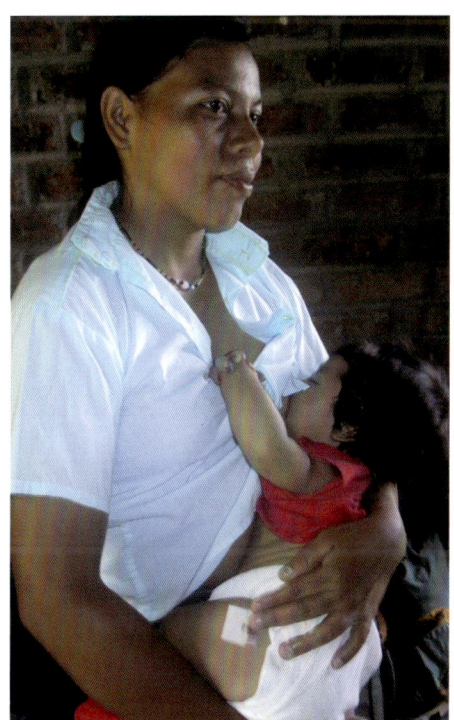
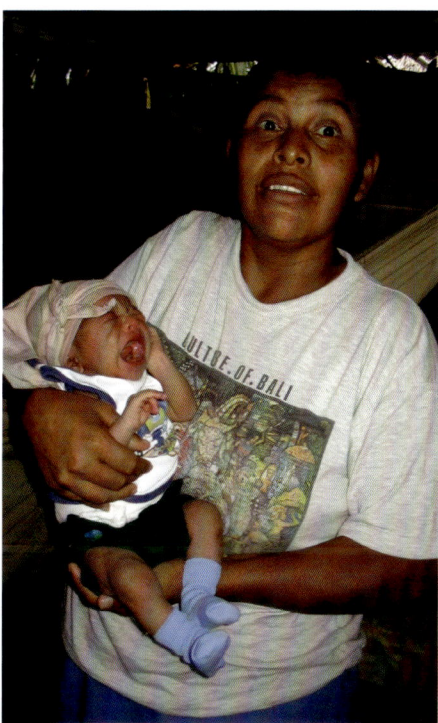

15 JAHRE

VON MARISOL SILVA-PLATZER

Eine ganz besondere Geburtstagsparty für junge Frauen auf der Insel ist die Geburtstagsfeier zum 15. Geburtstag.

Bei dieser Feier präsentiert die Familie stolz die zur jungen Frau herangewachsene Tochter.

Die Familie legt ihr ganzes gespartes Geld zusammen, um eine außerordentliche Geburtstagsparty auszurichten.

Als erstes wird eine kirchliche Messe vorbereitet, eine Messe an der Dank gesagt wird. Sie findet am Nachmittag zwischen 16:30 und 17 Uhr statt.

Der Vater begleitet die junge Frau vom elterlichen Haus zur Kirche und anschließend wieder zum Haus zurück.

Die junge Frau ist mit einem langen rosaroten Kleid gekleidet. Es kann auch eine andere Farbe sein mit Ausnahme von weiß, weil weiß der Hochzeit vorbehalten ist.

Das lange Kleid sieht aus wie das einer Prinzessin, mit Spitzen und glitzernden Perlen. Es ist die erste Gelegenheit, bei der die junge Frau die Erlaubnis hat, Schuhe mit hohen Absätzen zu benutzen und Make-up zu tragen. Die Frisur ist besonders mit vielen Blumen geschmückt.

Viele benutzen durchsichtige Handschuhe, passend zum Kleid.

Das Geburtstagskind wird begleitet von anderen jungen Paaren. Vorher wird genau geplant, was die anderen Paare anziehen, damit alle im gleichen Stil und gleicher

Farbe gehen. Die jungen Frauen kleiden sich auch wie Prinzessinnen, aber mit Kleidern in einer anderen Farbe und weniger elegant als das Geburtstagskind. Die jungen Männer gehen mit eleganten Hemden und Anzügen gekleidet.

In der Messe dankt der Pater Gott dafür, dass die junge Frau in guter Gesundheit erwachsen geworden ist. Nach der Messe kommen alle wieder zum Elternhaus und während ihrer Rückkehr wird die junge Frau von der Bevölkerung bewundert. Das Elternhaus wird mit Blumen geschmückt und es wird eine große Tanzfläche vorbereitet.

Die eingeladenen Personen kommen sehr elegant gekleidet, sie bringen Geschenke für das Geburtstagskind mit. Die Geburtstagsfeier beginnt damit, dass die junge Frau einen Walzer mit ihrem Vater tanzt. Dieser Tanz sollte der erste in ihrem Leben sein.

Dann werden die lateinischen Rhythmen gespielt und alle Gäste beginnen zu tanzen.

Es wird gut gegessen und getrunken, es wird an den Tischen bedient. Als Getränke werden der nationale Rum und die üblichen Limonadegetränke wie Coca Cola und die beliebte Rojita serviert. Die Feier endet in der Morgendämmerung.

Die armen Familien feiern die 15jährige Tochter mit einer Familienmahlzeit und einem besonderen Geschenk.

Familien, die nicht katholisch sind, werden ihrer Gemeinde präsentiert und es wird für sie ein Gottesdienst gehalten.

Eine Geburtstagsfeier findet nicht statt, wenn die junge Frau schon vor ihrem 15. Lebensjahr eine Liebesbeziehung hatte oder bereits ein Kind geboren hat.

Für die 15jährigen Männer wird nur eine sehr einfache Familienmahlzeit gefeiert.

QUINCE AÑOS

POR MARISOL SILVA -PLATZER

Una fiesta muy especial para una Jóven Isleña es la fiesta de los 15 años.

En esta fiesta la familia presenta orgullosamente la llegada de la juventud de su hija mujer.

La familia reúne todo su dinero ahorrado y hace una fiesta jamás vista.

Primeramente se hace una misa de acción de gracias en la Iglesia. Esta misa es por la tarde a las 4:30 ó 5.

El papá acompaña a la Iglesia a la Jóven. La lleva del brazo de la casa de habitación hasta la iglesia y luego de regreso a la casa. La jóven se viste con un traje rosado u otro color menos el color blanco porque es sólo para el matrimonio por la iglesia.

El vestido es como el de una princesa, con encajes y brillos, es largo. Es la primer ocasión para que la jóven tenga permiso de usar los zapatos de tacones altos y se pinte. El peinado es especial y con muchas flores. Muchas usan guantes transparentes que combinan con el vestido.

Delante de la jóven van otras parejas de jóvenes menores que la cumpleañera. La vestimenta de estas parejas que acompañan a la quinceañera es anteriormente planificada para que todos vayan con el mismo estilo y color. Las jóvencitas van vestidas como princesitas pero con vestidos de otro color y menos elegantes que el de la cumpleañera. Los caballeros van elegantes de camisas blancas ó trajes.

En la misa el padre da gracias a Dios que la jóven ha llegado con buena salud a su madurez.

Después de la misa, la jóven regresa a la casa y durante su regreso es admirada por la población.

La fiesta da inicios en casa de habitación, la casa es adornada con flores y mesas bien arregladas. Los invitados llegan bien elegantes, llevan regalos y se los entregan a la cumpleañera.

La fiesta da inicios cuando la jóven baila un vals con su papá. Este baile debe ser el primero en su vida.

Luego se comienzan a bailar los ritmos latinos y los invitados son atendidos con los mejores platos. A veces se preparan bufets y son servidos en las mesas. Las bebidas

son el ron nacional y la coca cola y la rojita. La fiesta termina en la madrugada.

La gente pobrecita le celebra los 15 años a su hija con una comida familiar y la familia le hace un regalo especial a su hija.

Las familias que no son de la fé católica celebra los 15 años de su hija con un culto ó es presentada en el núcleo de la religión que predican.

Esta fiesta no se celebra cuando la jóven ya ha tenido antes una relación amorosa o un hijo.

Para los varones de 15 años no se celebra esta fiesta sólamente se hace una comida familiar muy sencilla.

MACHISMO AUF OMETEPE

VON KARLA VARELA

Der Machismo auf Ometepe ist dem Machismo, der im Rest des Landes gelebt wird, sehr ähnlich. Es bleibt zu erwähnen, dass wir, anders als in anderen Landesteilen und durch den gesamten Traditionalismus, unseren Machismo viel längere Zeit als „normal" gelebt haben. Daher hat sich bei uns auch bisher wenig geändert.

Die Wurzeln unseres Machismo sind stark. Es sind die Ungleichheit der Geschlechter selbst und die Angewohnheit, Frauen als Wesen zweiter Klasse anzusehen, die in der Vergangenheit erlaubten, dass Frauen kein Recht hatten, zur Schule zu gehen, - einzig und allein deswegen, weil sie Frauen waren. Wenn sie verheiratet waren, hatten nur ihre Ehemänner das Recht auf Bildung. Die zukünftigen Ehefrauen wurden vorbereitet, ihren Gatten und die Kinder zu umsorgen, gute Hausfrauen zu sein, für die Männer die wahrscheinlich „sicherste" Arbeit, in die wir verbannt werden konnten. Diese Situation existiert heute nur noch in wenigen Haushalten, auch wenn es immer noch einige gibt, die so denken.

Der Begriff Machismo birgt in sich eine Bedeutung, die nicht nur offensiv und beschämend ist, sondern derart gefährlich, dass sie den Tod verursachen kann.

Diese Gewalt ist nicht trennbar vom Machismo, einer Gewalt, die sich bis in die heutigen Tage fortsetzt.

Wann begann sich der Machismo in unserer Gemeinschaft zu verändern?

Die Dinge begannen sich in den 90er Jahren in kleinen Schritten zu ändern, mit nichtstaatlichen Organisationen wie der FEV (Fundación Entre Volcanes), welche sich zur Aufgabe gemacht hat, in direkter Arbeit Frauen aus ganz Ometepe in Bildungszentren zu integrieren. Sie organisieren auch Frauentreffen, um Frauen emotionalen Halt zu geben. Es ist aber auch wichtig, zu erwähnen, dass sich mit dem Machtzuwachs der sandinistischen Partei viele Frauen stärker gesellschaftlich zu engagieren begannen. Sie organisierten sich in diversen Komitees, was sie von dem Joch ihrer gesellschaftlichen Situation befreite. Diese politische Beteiligung gab ihnen die Macht der Unabhängigkeit, auch wenn es ihnen den Ruf von „Huren und Faulpelzen" einbrachte. In dieser Zeit fingen Frauen an, sich in die Politik einzubringen, in ein Amt, das bis dahin Männern vorbehalten war.

In den 90er Jahren entstanden dann durch die Arbeit von FEV, durch PRODESMA (Projekt Maderas des unterstützten Fortschritts) und das Projekt Inselfrau Werkstätten, in denen sich Frauen austauschen konnten über technische Themengebiete im Bereich der Landwirtschaft, Tierhaltung und der Gesundheit. Gleichzeitig befassten sie sich auch mit frauenspezifischen Angelegenheiten, wie ich sie weiter oben erwähnt habe. Des Weiteren seien genannt:

Im Gesundheitssektor:
Themengebiete wie sexuell übertragbare

Es gab (und gibt) Gegenden, auch wenn es heute nur noch sehr wenige sind, in denen Frauen nicht einmal das Recht hatten, an einer Konversation mit einem ankommenden Besucher teilzunehmen. Nur der Mann hatte das Recht zu reden und wenn die Frau doch Stellung zu nehmen versuchte, schickte der Mann sie in die Küche, um sie vom Gespräch fern zu halten.

Meine Großmutter sagte immer, dass eine intelligente Frau alles akzeptiert, was ihr Mann sagt, einschließlich dessen Wunsch nach sexuellem Verkehr, weil das „als eine der weiblichen Pflichten und nicht als Vergnügen" anzusehen sei.
Wenn der Ehemann sagte, etwas sei schwarz, obwohl es eigentlich rot ist, muss-

te sie ihm in seiner Meinung wider besseren Wissens zustimmen, damit sie eine gute Partnerschaft genießen konnte. Abgesehen davon bekam sie durch dieses Verhalten den Ruf einer „intelligenten" Frau. Immer noch kann man diese Theorie hören und zwar immer durch die Stimme einer Frau.

Der Mann hat das letzte Wort, weil es die Männer sind, die das Geld verdienen, auch wenn sie nur ein Viertel des verdienten Geldes nach Hause bringen, weil sie den Rest verprasst haben – und das gilt für die verantwortungsvolleren unter ihnen. Denn es gibt solche, die gar nichts nach Hause bringen und die - sollte sie es wagen, sich darüber zu beschweren - ihre Ehefrau derart verprügeln, dass sie grün und blau ist.

Krankheiten, allgemeinere Krankheiten, Spezialgebiete wie Gewalt, Selbstachtung, Streitigkeiten, ihre Schmerzen zu bearbeiten. Hilfe zur Selbsthilfe war es, was sie dazu brachte, sich mit der Situation des Machismo auseinander zu setzen, den sie täglich erlebten.

Einige dieser Treffen und Seminare habe ich selber besucht, da ich als Therapeutin in einigen dieser psychotherapeutischen Zentren gearbeitet habe, in denen ich vielen Frauen professionell bei der psychologischen Aufarbeitung ihres Lebens half. Diese Arbeit half aber auch mir selber, Schritt für Schritt weiter gegen meine eigene Situation im Machismo vorzugehen. So gab ich mir selbst die Gelegenheit, die Aussprachen, die ich täglich mit diesen Frauen führte, auf mein eigenes Leben wirken zu lassen, und ihre Geschichten gaben mir die Kraft, den Kampf gegen den Machismo fortzusetzen.

Nach ungefähr drei Jahren haben mit unserer Unterstützung einige dieser Frauen ihre Partner wegen Körperverletzung angezeigt, von denen sie viele Jahre lang missbraucht wurden, ohne ihre Situation ändern zu können. Andere haben sich langsam in ihrer Persönlichkeit verändert und sie sind nicht wie früher.

Dank der Arbeit dieses Netzwerks und vieler anderer Organisationen, die für die Gesundheit der Frauen arbeiten, fügen wir jeden Tag etwas zum Kampf gegen den Machismo und seiner lebensgefährlichen Spielarten hinzu und wir sind voran gekommen.

Der Machismo tötet, nicht nur weil seine alkoholisierten Schläger die größten Spuren von Schmerz und Tod hinterlassen haben, sondern weil diese Männer in anderen Teilen Nicaraguas es zugelassen haben, dass ihre Familien an AIDS sterben, weil sie glauben, das Recht zu haben, mit allen Frauen ins Bett zu gehen, die ihnen in ihrem Leben begegnen und weil sie nicht aufhören wollen, Machos zu sein, ohne an ihre Kinder und Frauen zu denken, die sie angeblich „lieben".

Er tötet auch die Zärtlichkeit, die diese Männer ihrer Familie oder ihren männlichen Kindern zeigen könnten, weil sie es sich selbst nicht gestatten, ihnen zu sagen, wie sehr sie sie lieben, da sie Männer sind. Sie können sie nicht einmal küssen oder ein Zeichen von Zuneigung geben.

Wir sind dabei, die Geschichte zu verändern, indem wir versuchen, den Machismo zu beenden, ohne mit unserer persönlichen Geschichte zu brechen oder uns von Traditionen zu entfremden, die wir haben, und die es sich lohnt zu erhalten. Nun gibt es Hausfrauen, die arbeiten gehen und die zeigen, dass sie dazu in der Lage sind, sich selbst treu zu bleiben, ohne zu vergessen, dass sie die Starken sind und daher auch sie es sind, die über ihr Leben bestimmen.

EL MACHISMO EN OMETEPE

POR KARLA VARELA

Hablar del machismo en Ometepe no difiere del todo del machismo que vivimos en el resto del país. Cabe mencionar que a diferencia de otros lugares, y por todo el tradicionalismo, nos hemos quedado mucho mas tiempo viviéndolo como natural, razón por la cual los cambios han sido de a poquito.

En nuestro medio el arraigo del machismo es fuerte. La desigualdad misma de género, de considerar a las mujeres como seres de segunda categoría, permitió en el pasado que muchas mujeres no tuvieran el derecho a ir a la escuela por el simple hecho de ser mujeres. Los hombres sí tenían el

Cuando comienza a dar cambio el machismo en nuestra comunidad?

Cambia la situación con pasos muy cortos que se dan en los 90' con ONG's como la FEV, que se encarga de realizar un trabajo directo con las mujeres de todo Ometepe integrándolas en talleres educativos, encuentros de mujeres, apoyo emocional para y entre las mujeres, aunque es importante mencionar que con el Frente Sandinistas muchas mujeres comenzaron a tener mas participación social, organizadas en diferentes comités, lo que las libera del yugo. Esto de la participación ciudadana les da poder de independencia, aunque ésto las tache de "vaga y de puta". En esta época comienzan a integrarse mujeres a la policía, oficio que solo lo tenía el hombre. Pero es en los 90` cuando se acentúan talleres de intercambio, realizados por la FEV a través de PRODESMA (proyecto de desarrollo sostenible del Maderas) y del proyecto Mujer Isleña, sobre temas técnicos de agricultura, zootecnia y salud, así como sobre temas específicos de la mujer que antes mencioné.

En el área de salud: Temas de enfermedades de transmisión sexual, enfermedades más comunes, específicos como violencia, género, autoestima, duelo, trabajar su dolor. Empoderamiento, lo que fue haciendo que ellas fueran trabajando la situación de machismo que estaban viviendo.

Algunos de esos talleres y encuentros de los cuales yo fui testigo porque participé como terapeuta en algunos de los talleres psicoterapeuticos, lo cual me ayudó profesionalmente para el acompañamiento de muchas mujeres en el trabajo psicológico de sus vidas, pero también me ayudo para ir poco a poco luchando para cambiar mi propia situación de machismo, dándome así la oportunidad de tener que hacer vivir

privilegio de tener educación. Ellas eran preparadas para cuidar a su marido y sus hijos, a ser buenas amas de casa, posible seguro "empleo" al que estábamos confinadas, situación que en muy pocos hogares persiste aunque hay quienes aún lo piensan de esa manera.

El término Machismo es una connotación no solo ofensiva, humillante, sino tan peligrosa que es capaz de causar muertes. Habían hogares, aunque ya muy pocos en la actualidad, en que la mujer no tenia derecho a tomar parte en una conversación con alguna visita que llegaba. Era no más el hombre él que tenía derecho a hablar. Sí ella opinaba, el hombre la mandaba a la cocina para retirarla de la conversación. Mi abuelita decía que la mujer inteligente era la que aceptaba todo lo que el marido decía, esto incluía, por supuesto, sexo,

porque era "visto como una obligación de la mujer y no como placer". Sí el hombre decía que era negro aunque fuese rojo, ella tenía que aceptar que era negro para poder disfrutar de una buena relación de pareja. Esto además le permitía optar al calificativo de mujer "inteligente". Todavía escucho esa teoría y siempre en la vos de una mujer.

El hombre tiene la ultima palabra por ser ellos los que llevan el dinero, aunque sólo lleven una cuarta parte de lo que ganan porque el resto ya se lo han tomado en guaro. Esto para los más responsables por que hay quienes no llevan nada y si la mujer se queja, le dan golpes hasta dejarla morada ya que la violencia no podemos desligarla del machismo, violencia que hemos arrastrado hasta nuestros días.

el discurso que estaba emitiendo a diario con esas mujeres, pero sus historias me dieron el coraje de seguir la lucha contra el machismo.

En la actualidad, desde hace aproximadamente 3 años, algunas de esas mujeres ya han emitido denuncias del maltrato de sus compañeros por los cuales habían sido violentadas por muchos años y no podían cambiar su situación. Algunos hombres han ido cambiando de a poco o por lo menos han dejado a las mujeres ser ellas mismas. Gracias al trabajo de la red y muchas otras organizaciones trabajando para la salud de las mujeres y de las que de alguna manera estamos a diario poniendo un granito de arena en la lucha contra el machismo y todo lo que conlleva esta forma de muerte, hemos salido adelante.

El machismo mata, no sólo por que los golpes en estado de alcoholismo ha dejado las más grandes huellas de dolor y de muerte en otras partes de Nicaragua. También estos hombres han dejado que sus propias familias mueran de SIDA por creer que tienen el derecho de acostarse con todas las

Reiterspiel mit Ente – Juego ecuestre con pato

mujeres que aparecen en sus vidas, por no dejar de ser machos, sin pensar en sus hijos y la mujer a la que supuestamente "aman". Mata el cariño que pudieron demostrar a su familia o a sus hijos varones porque por el hecho de ser hombres no se dieron el permiso de poder decirles cuanto los amaba o de darles un beso, ni pudieron demostrar afecto. Estamos cambiando la historia y tratando de romper con el machismo sin romper con nuestra historia personal, sin desarraigar tradiciones que llevamos y que vale la pena conservar. Hay mujeres que son amas de casas pero que también trabajan fuera, demostrando que son capaces y que tienen habilidades, porque son capaces de poder ser ellas mismas sin tragarse el cuento de que éllos son los fuertes y por lo tanto son los que mandan.

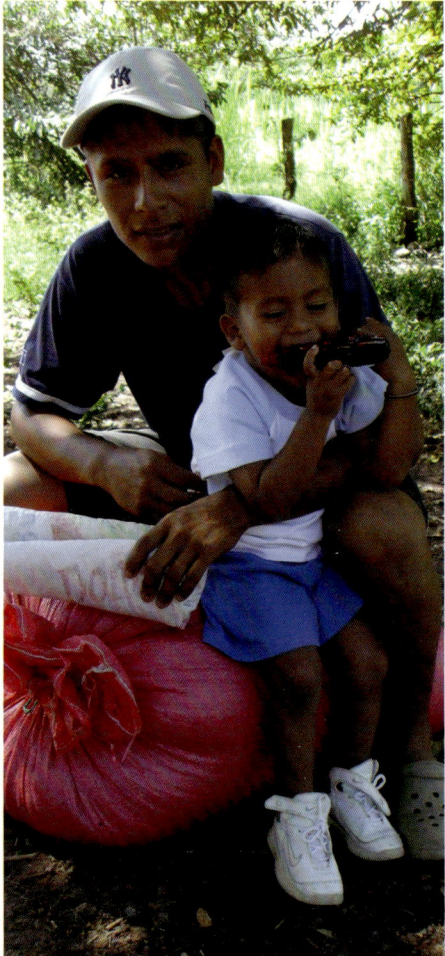

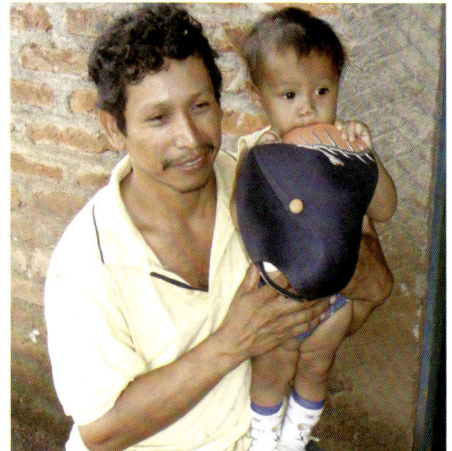

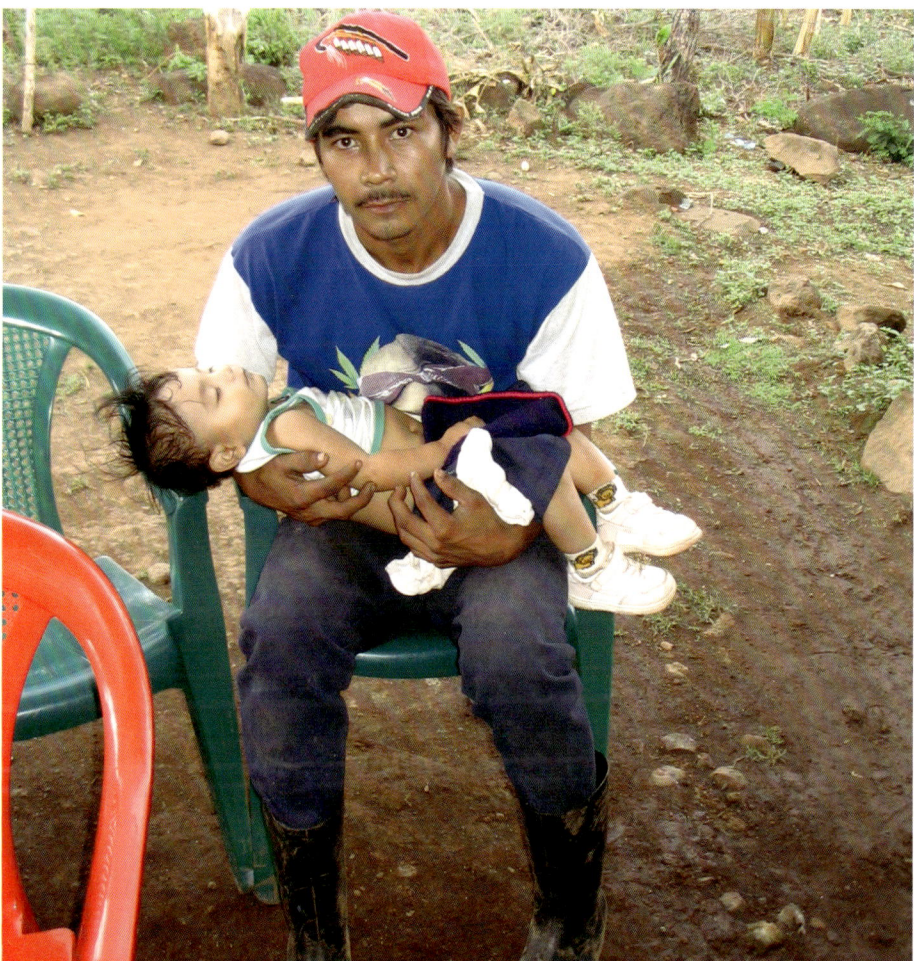

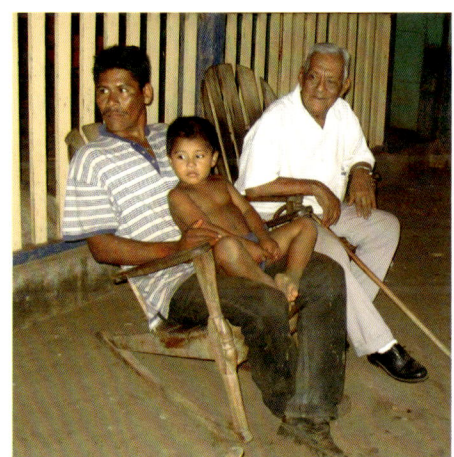

ARBEIT MIT FRAUEN AUF OMETEPE

VON KARLA VARELA

Die Arbeit mit den Frauen auf Ometepe war sehr schwierig. Es war ein langwieriger Prozess, in dem ich mich Stück für Stück in die Arbeit gegen die Gewalt einarbeiten musste. Die *Fundación entre Vol-*

canes war in dieser Zeit eine meiner großen Stützen.

Seitdem ich die Universität im Jahre 1997 beendet habe, fühle ich mich dazu berufen, mit Frauen im Allgemeinen zu arbeiten. Dies war zu jener Zeit nichts Außergewöhnliches, vielmehr war es an der Uni eine Mode, sich mit dem sozialen Wandel der nicaraguanischen Frauen auseinanderzusetzen. Ich habe mich während meines Studiums viel mit dem Gender-Aspekt be-

schäftigt. Meine Universität UCA arbeitete viel zu diesem Thema und führte Kampagnen gegen Gewalt durch. Ich habe als Psychologin in sozialen Projekten angefangen zu arbeiten – mit Mädchen und Jungen, die auf der Straße lebten und dann in dem Projekt „Si a la vida" untergekommen sind. Mit „Si a la vida" arbeite ich noch heute. Schließlich begann ich mit der Organisation *Quincho Barrilete* zu arbeiten, wodurch ich zum ersten Mal Gewalt von ihrer brutalsten Seite kennen lernte.

Jedes der Kinder erlebte Gewalt wie das tägliche Brot und sie erzählten mir ihre Geschichten als Opfer oder Überlebende von Gewalt. Sie erzählten davon, wie ihre Mütter auf die grauenvollste Art und Weise von ihren Männern misshandelt wurden. Von Vergewaltigungen und sexuellem Missbrauch, die sie gesehen und erlebt haben – sowohl innerhalb der Familie als auch auf der Straße. Das war der Anstoß zu meiner Entscheidung, den Kampf gegen die Gewalt und den grauenhaften *machismo* aufzunehmen. Ohne mir darüber bewusst zu sein, ging mein Weg bis hin zu dieser Entscheidung.

In kurzer Zeit wurde mir klar, dass Frau sein ein Leben mit Schmerz und Leid bedeutet. So ist es seit vielen Jahrhunderten gewesen und besonders schwer war es für alle Frauen, die gegen den Strom geschwommen sind. Hier wo die Männer das Machtprivileg haben, wo sie machen können, wozu sie Lust haben, ohne Angst haben zu müssen, angezeigt oder verurteilt zu werden. Wir Frauen mussten in ihrem Schatten leben, weil die Gesellschaft uns dies so lehrte: Der Chef im Hause ist Er, es ist Er, der das Sagen hat.

Das erste Mal, dass ich mit familiärer Gewalt auf Ometepe konfrontiert wurde, war in den Jahren 1998-99 zusammen mit der *Fundación entre Volcanes*. Die *Fundación* ist ein Pionier in der Arbeit und der Sensibilisierung gegen den *machismo*. Sie arbeiteten bereits mit Frauen in verschiedenen Gemeinden und organisierten Frauentreffen. Sie beauftragten mich, Aufklärungs- und Bildungsarbeit zu familiärer Gewalt, sexuellen Missbrauch, Vergewaltigungen und Gender mit den Frauen durchzuführen. In einem zweiten Teil wurde in therapeutischer Gruppenarbeit über die Traumata geredet, die viele durch erlebte Gewalt davongetragen hatten. Auch in der Gemeinde Moyogalpa wurde mit Frauen zu diesen Themen gearbeitet. Es war ein

großer Erfolg, dass die Frauen über den Schmerz und die Wunden redeten, die die Gewalt bei ihnen hinterlassen hatte. Für mich war es eine schwere Zeit. Zum einen fühlte ich mich wie jemand, der langsam viel Erfahrung und Expertenwissen zu diesem Thema erlangen konnte. Auf der anderen Seite fühlte ich mich in meiner Beziehung zu den Frauen selbst als ein Opfer der Gewalt. Aber ich habe gekämpft, um meine Arbeit für Chancengleichheit, das Recht eine Arbeit zu haben, die einem gefällt und dass Frausein nicht bedeutet, meine Persönlichkeit aufzugeben, sorgfältig zu machen.

Schließlich hat die Arbeit auch vor meiner Haustür nicht Halt gemacht. Frauen wurden von mir zu Hause betreut und es kamen auch welche, die sich vor ihren Ehemännern versteckten. Es war ein täglicher Kampf, Jahr für Jahr. Aber es war auch ein Kampf für mich, denn ich lernte,

mich selbst zu verteidigen und ich selbst zu sein.

Die *Fundación entre Volcanes* begann vor fünf Jahren mit Diskussionen und lädt dazu auch regelmäßig verschiedene Regierungsstellen ein, damit die Frauen die Möglichkeit haben, ihre Anliegen im Blick auf das Problem des *machismo* auszudrücken. Ich selbst verpasse keine dieser Veranstaltungen. Auch ehrt die *Fundación* zum Internationalen Frauentag herausragende Frauenpersönlichkeiten.

Zurzeit hat die *Fundación* ein Programm, in dem die Frauen, die Opfer von Gewalt geworden sind, rechtlich beraten werden. Ich selbst bin für die psychologische Betreuung und die psychologische Einschätzung der Frauen zuständig.

Ich werde auch weiter auf dem Gebiet der Frauenförderung arbeiten. Ich würde mir wünschen, dass viel mehr solcher Programme aufgelegt würden. Der *machismo*

und die Gewalt haben unserer Gesellschaft schon so viel geschadet und schaden ihr weiterhin. Es ist an der Zeit, dass die Männer uns endlich als menschliche Wesen mit eigenen Fähigkeiten anerkennen und sich in verantwortlicher Weise an der Erziehung ihrer eigenen Kinder beteiligen.

Am 28. November 2007 fand das erste Forum zu sexuellem Missbrauch auf Ometepe statt. Ich hielt einen Vortrag über dieses Thema und außer sämtlichen Gemeindevorstehern Ometepes waren Vertreter von Regierungsstellen anwesend. Dort traf ich auch mit Frauen zusammen, die den Kampf in den Neunzigern initiiert und sich von ihren Ketten befreit haben, um heute anderen Frauen helfen. Das hat mir gezeigt, dass der Kampf gegen die Gewalt nicht aussichtslos ist.

TRABAJO CON LAS MUJERES DE OMETEPE

POR KARLA VARELA

El trabajo con las mujeres en Ometepe ha sido un trabajo bastante duro, fue un proceso de poco a poco irme involucrando en la tarea de trabajar la violencia, la Fundación entre Volcanes fue una de mis estandartes en el trabajo contra la violencia, hemos trabajo de la mano en este proceso. Desde que salgo de la universidad en el 97 yo me encuentro con la necesidad imperiosa de trabajar con las mujeres en general, en algo que para mí no era nuevo porque en ese tiempo estaba muy de moda en la universidad el cambio social en la mujer Nicaragüense, había estudiado mucho sobre género, la UCA, mi universidad, estaba haciendo campañas en contra de la violencia y todo el trabajo de género.

Comienzo trabajando como psicóloga con proyectos sociales, niñas y niños que habían vivido en la calle primero con "Sí a la Vida" con quien aún trabajo y luego con Quincho Barrilete, éste es el inicio para conocer una situación mas real de violencia desde los mas brutales escenarios, donde la violencia es el pan nuestro de cada día, cada chavalo me contaba su forma de ser victima o sobreviviente de la violencia, de la forma atroz con que sus madres eran maltratadas por los hombres, hasta las violaciones y abusos sexuales que habían vivido de niños en las familias y en calle, esto es el inicio de mi compromiso social de la lucha contra la violencia y el machismo atroz, sin tomar conciencia que mi vida iba tomando un rumbo hacia ese escenario.

En poco tiempo me di cuenta de que ser mujer era vivir con dolor, sufrimiento, como lo han venido haciendo desde hace muchos siglos, sobre todo las mujeres que han nadado contra la corriente, en una zona donde los hombres tienen el privilegio del poder, de hacer lo que se les da la gana, sin el temor de ser señalados o juzgados. Por lo contrario las mujeres hemos tenido que vivir bajo la sombra de ellos, por que eso nos enseñó la sociedad, en la casa el que manda es él, es él que tiene la fuerza.

Mi primer trabajo de violencia intrafamiliar en Ometepe lo hice con la Fundación entre volcanes en el 98-99 pioneros en trabajo y sensibilización de la lucha contra el machismo, ellos estaban trabajando con mujeres para formar grupos de mujeres en las diferentes comunidades, me contrataron para realizar todas las capacitaciones en el cerro Maderas sobre violencia intrafamiliar, abuso sexual, violaciones, género

y mujer, y una segunda parte que era en donde trabajamos terapias grupales con mujeres líderes, en esta etapa ya hablaban de sus traumas a partir de la violencia vivida, además se trabajaron los mismos temas en las comunidades de Moyogalpa. Fue una gran experiencia, mujeres hablando de sus dolores de las huellas que dejaba el machismo, era muy difícil para mí por que sentía que me estaba volviendo experta en el tema pero que estaba siendo víctima del mismo machismo en mi relación, pero luche por mi tarea de decir un discurso que tenía que llevar a cabalidad, igualdad de oportunidades, derecho a trabajar en lo que te gusta, el hecho de ser mujer no significaba que dejaba de ser yo misma. Luego el trabajo de Fundación se extendió hasta mi casa. Las mujeres con las que trabajaba eran atendidas por mi, u otras que llegaban, de la comunidad escondidas del marido, fue una lucha de cada día, cada año, pero también una lucha para mi misma, por que fui aprendiendo a defenderme y a ser yo misma.

La Fundación entre Volcanes comenzó los conversatorios de mujeres desde hace 5 años e invita a todas las entidades del gobierno para que las mujeres en público puedan tener la oportunidad de expresar lo que desean en cuanto a los problemas de género que vivimos aún en día, es uno de los espacios a los que nunca falto, ellos también hacen un homenaje a lideres mujeres el día de la mujer.

En la actualidad ellos tienen un programa donde las mujeres víctimas de violencia son atendidas en la parte legal, y los casos que requieren atención psicológica o valoraciones eran atendidos por mi persona. Sigo trabajando mucho esta parte. Me gustaría que todos los organismos tuvieran un programa para trabajar este tema que tanto daño ha causado y sigue causando a nuestra población, es hora que los hombres se den la oportunidad de vernos como

seres humanos con capacidades, y se den la oportunidad de colaborar de forma mas responsable en la crianza de sus hijos.

Este 28 de noviembre 2007 fue el primer foro de abuso sexual en Ometepe donde expuse el tema ante líderes de todas las comunidades de Ometepe y entidades del gobierno, me encontré con mujeres que iniciaron ese proceso en los 90 y que ahora ya se han librado de sus cadenas trabajando para ayudar a otras mujeres lo que me hizo saber que esta lucha contra la violencia de gotitas puede llenar un cántaro.

Ich verteidige die Rechte der Frauen

MEIN MÜTTERCHEN

Mein Mütterchen,
schön bist du wie eine Blume
sanft sind deine Hände
und zart ist dein Herz.

Von meiner Mutter erbitte ich,
dass du mir deinen Schutz gibst,
mich in deinen Armen hältst
und mich mit Liebe füllst.

Eduardo Guillén, 8 Jahre (Rezitator)

MADRECITA MIA

Madrecita mia,
eres linda como una flor
suave son tus manos
tierno es tu corazon.

A mi madre yo le pido
que me de tu protección
en tus brazos abrigo
y me llenes de amor.

Eduardo Guillén, 8 Jahre (Rezitator)

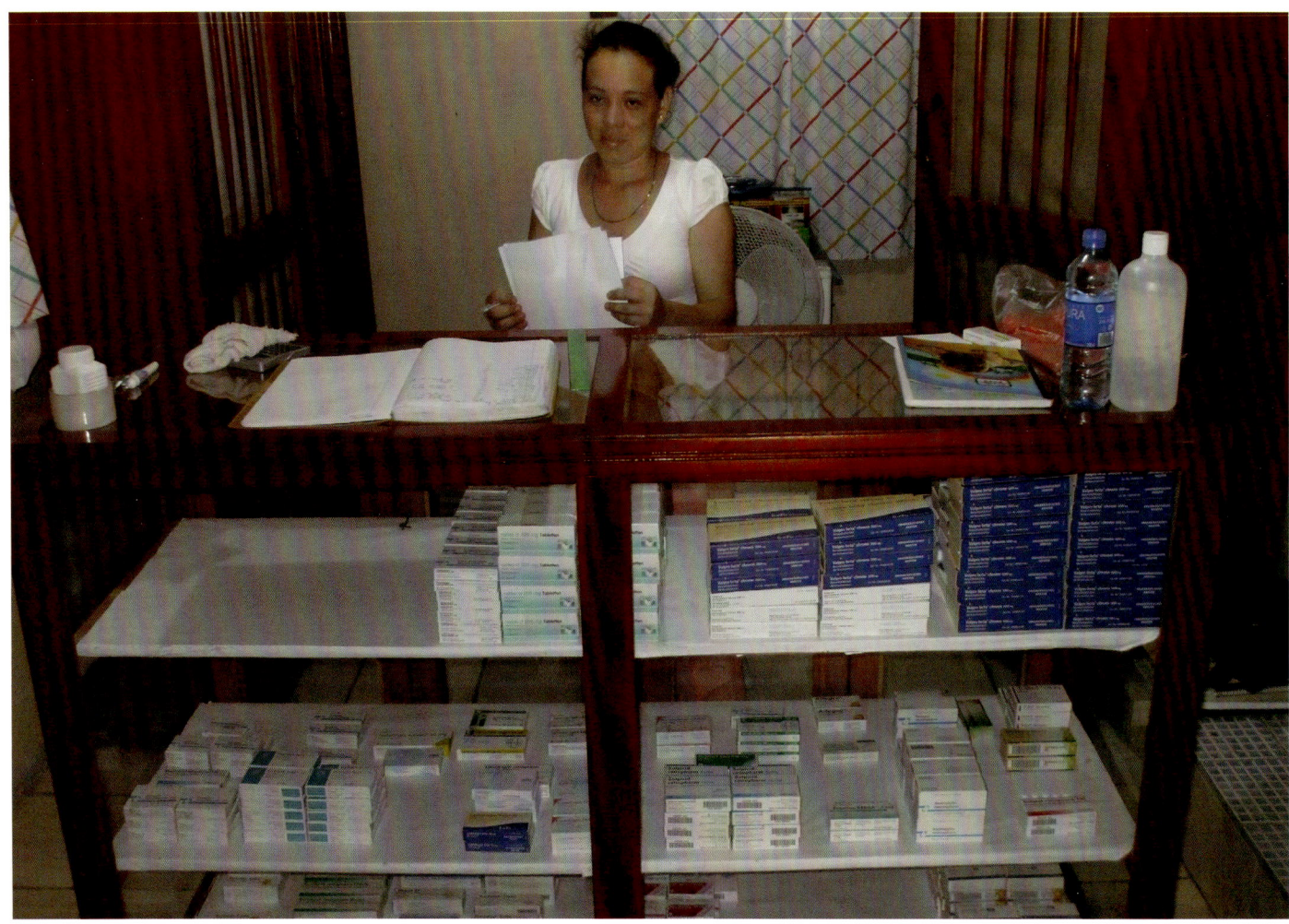

DAS GESUNDHEITS-
WESEN IN NICARAGUA

Ein wichtiges Ziel der Sandinistischen Regierung nach der Revolution von 1979 war es, den Gesundheitssektor so auszubauen, dass zumindest die Grundversorgung der gesamten Bevölkerung garantiert werden kann.

Dafür wurde ein flächendeckendes System von **Gesundheitszentren** sowie **Ärzte- und Gesundheitsposten** geschaffen, die eine kostenlose ambulante Versorgung anboten. **Präventivmaßnahmen** wie Aufklärung der Bevölkerung in Hygienefragen und Impfungen hatten Priorität.

Nach dem Machtwechsel von 1990 wurde das bestehende Gesundheitssystem von den konservativ-liberalen Regierungen zwar weitgehend beibehalten, allerdings mit immer weniger finanziellen Mitteln ausgestattet. Die Staatsverschuldung und in deren Folge die Auflagen der internationalen Finanzinstitutionen wie IWF (Internationaler Währungsfonds) und Weltbank erzwingen auch in Nicaragua „Strukturanpassungen". So setzten die Regierungen seit den 90er Jahren im Gesundheitsbereich auf Deregulierung, Liberalisierung und Privatisierung.

Dies führte zu umfangreichen Entlassungen im öffentlichen Dienst und erheblichen Kürzungen im Sozialbudget. Hatten die SandinistInnen 1989 noch etwa 50 US$ pro Jahr und EinwohnerIn in das Gesundheitswesen investiert, so waren es 2004 nur noch 16 US$.

Landesweit wurden deshalb zahlreiche Gesundheitsposten geschlossen. Gleichzeitig ist die Bezahlung der angestellten

ÄrztInnen so schlecht, dass es immer mehr von ihnen vorziehen, private Praxen zu eröffnen. Allerdings können sich bei der zunehmenden Verarmung der Bevölkerung viele PatientInnen keine Behandlung in privaten Praxen leisten. Eine staatliche **Krankenversicherung** existiert zwar, sie erfasst aber nur Menschen, die in einem festen Beschäftigungsverhältnis stehen. Diese Voraussetzung erfüllen jedoch die wenigsten NicaraguanerInnen. So hat sich eine **Zwei-Klassen-Medizin** entwickelt: Wer zahlen kann, bekommt eine gute Behandlung westlichen Standards, wer nicht, der erhält bestenfalls eine Diagnose, kann sich eine Therapie oder die erforderlichen Medikamente aber nicht leisten. Der **allgemeine Gesundheitszustand der Bevölkerung** hat sich daher dramatisch verschlechtert.

Aus: http://www.staepa-berlin.de/

Es ist zu hoffen, dass sich die Situation auf Ometepe künftig verbessert.

La Sanidad en Nicaragua

Un objetivo importante del gobierno sandinista después de la revolución en 1979 fue, de desarollar el sector de la salud, así que por lo menos quedara garantizada la atención básica de la población.
Para esto se estableció un sistema completo de Centros de Salud y de Puestos Médicos que ofrecieron servicios ambulantes gratuitos. Medidas preventivas como la educación en asuntos de higiene y de vacunaciones tenían prioridad.
Después del cambio del poder en 1990, los gobiernos conservadores-liberales matuvieron el sistema más o menos, pero lo dotaron con fondos cada vez más reducidos. En vista de la deuda pública, las instituciones financieras internacionales como el Fondo Monetario y el Banco Mundial imponen "ajustes estructurales" a Nicaragua.
Por esto los gobiernos desde los años 90 apuestan la a deregulación, liberalización y privatización del sistema de salud.
Esto llevó a despidos masivos en los servicios públicos y a reducciónes considerables del presupuesto social. Los Sandinistas invirtieron todavía en el año 1989 alrededor de 50 US$ por año y habitante en el Servicio de Salud. En el año 2004 fueron solamente 16 US$.

Por esto en todo el país cerraron multiples Centros de Salud. Además, el pago de los medicos es tan malo que muchos de ellos prefieren independizarse y abrir un consultorio. Pero con el enpobrecimiento acelerado de la población muchos pacientes no se pueden permitir un tratamiento en consultorios privados. Un seguro de enfermedad existe, pero esto incluye solamente gente que tienen un trabajo fijo. Este es el caso solamente para pocos Nicaragueñses.

Así se desarolló un servicio de salud de dos clases: Quien puede pagar recibe buen tratamiento de estandar como en los países desarollados, quien no puede pagar, recibe tal vez una diagnosis, para la terapia y los medicamentos no alcanza el dinero. Por esto, las condiciones de salud de la población se desmejoró considerablemente.

De: http://www.staepa-berlin.de/

Es esperar que se mejora la situación en Ometepe en el futuro.

195

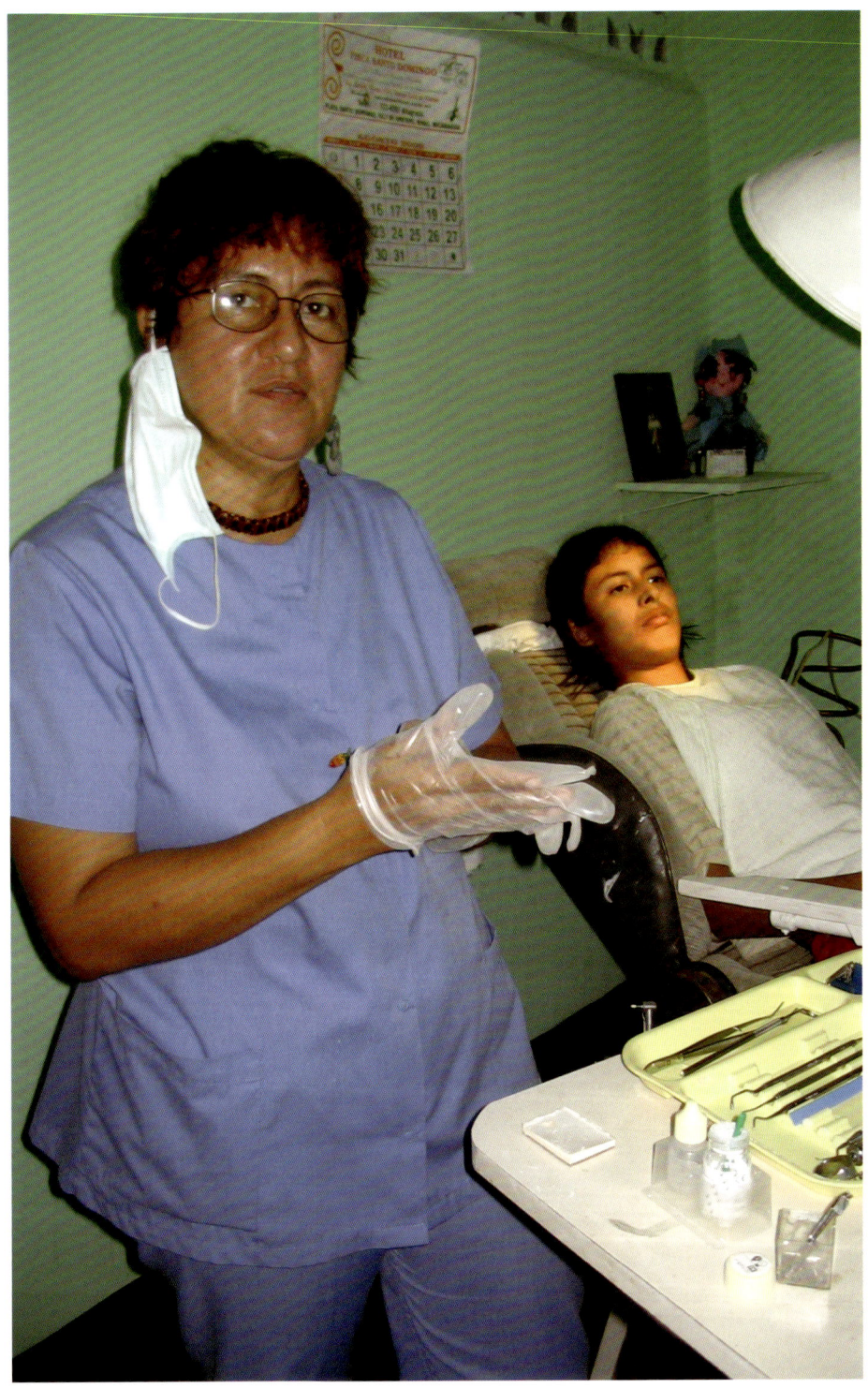

MEINE ARBEIT ALS ZAHNÄRZTIN AUF OMETEPE

VON MÉLIDA LUNA ROCHA

Mein Name ist Mélida Luna Rocha. Ich wurde in Belén geboren, einem kleinen Dorf im Süden Nicaraguas, wo ich auch zur Grundschule ging. Meine Eltern, José Antonio Luna Icer und Carmen Rocha Paniagua, hatten außer mir noch vier Kinder. Als ich elf Jahre alt war, zog meine Familie nach Masaya, in das Viertel Monimbó, wo wir zwei Jahre lang wohnten. Nach dem Tod meines Großvaters zogen wir zurück nach Belén, wo ich die Grundschule beendete. Wenn ich nicht lernte, half ich meiner Mutter, Maisbrot und Brezeln zu backen, die bei meiner Familie sehr beliebt waren.

Dann zogen wir nach Rivas, wo ich das Instituto Nacional Rosendo López als weiterführende Schule besuchte. Nach meinen ersten beiden Jahren dort begann der Bürgerkrieg, welcher Nicaragua im Jahr 1979 erschütterte, und ich konnte ein Jahr lang nicht zu Schule gehen. Aus Angst vor der Polizei traute ich mich nicht, in Rivas zur Schule zu gehen, also absolvierte ich mein drittes Schuljahr in meinem Geburtsort. In diesem Jahr endete der Bürgerkrieg in Nicaragua, und in meinem Dorf erlebten wir am eigenen Leib, welches Unglück ein Bürgerkrieg über die Menschen bringen kann. Wir mussten in die Berge fliehen. Um mein Dorf herum überfiel die „Polizei" Somozas alle Niederlassungen und die Menschen flüchteten. Ich war gerade 17 Jahre alt und weinte viel in dieser Zeit. Als ich die Explosionen der Mörsergranaten sah und hörte und mit ansehen musste, wie mein Dorf von Flugzeugen bombardiert wurde, wollte ich nur noch sterben. Es wurden Massaker an der Bevölkerung des Dorfes und umliegender Siedlungen verübt. Als wir nach dem Triumph der sandinistischen Revolution in unser Dorf zurückkehrten, waren die Leichen auf dem Marktplatz verstreut. Ich erinnere mich an diese schreckliche Szene – die verlassenen Häuser, geplündert von der „Polizei" selbst oder von anderen Zivilpersonen. Gott sei Dank ist niemand aus meiner Familie Opfer des Bürgerkrieges geworden.

Nach dem Triumph kam die Alphabetisierungsoffensive, an der ich in einem kleinen Dorf bei Belén namens Chacalapa teilnahm und fünf Personen alphabetisierte. Ich hatte überlegt, auf Lehramt zu studieren, doch nach dieser Erfahrung wusste ich, dass ich etwas anderes machen wollte. Ich litt zu dieser Zeit sehr unter Zahnproblemen und sagte zu mir selbst: „Ich werde Zahnmedizin studieren und mir meine Zähne selbst reparieren und anderen Menschen mit Zahnproblemen helfen." Nach der Revolution machte ich mein Abitur – der Schulbesuch war zu dieser Zeit gratis. Nach meinem Abschluss erkundigte ich mich nach Schulen, an denen man Zahnmedizin studieren konnte. Dies war in León im Westen Nicaraguas möglich, doch vorher musste ich dort einen Aufnahmetest in Spanisch und Mathematik bestehen.

Ich zog 1983 zum Studium nach León, und dies war nur durch die Anstrengungen meiner Eltern möglich, die viel gearbeitet hatten, um mir ein Studium zu ermöglichen. Die Trennung von meiner Familie fiel mir nicht leicht, doch ich bestand das erste Jahr mit leichten Notenschwierigkeiten, denn der didaktische Wechsel von meinen Lehrerinnen in der Schule zu den Dozentinnen der Zahnmedizin, die den Stoff sehr schnell durchnahmen, war gewöhnungsbedürftig. Ich weinte viel, weil ich nicht alles verstand und bat meine Kommilitoninnen um Hilfe; ich überlegte,

auf den Studiengang meiner Schwester Maritza zu wechseln, die an der UNAN von Managua Wirtschaft studiert hatte. Doch Maritza machte mir Mut: „Melida, Du kannst das schaffen – genauso habe ich mich auch durchgebissen! Jetzt motiviere ich Dich, sei stark, bleib in León und mach weiter!" Maritzas Worte halfen mir sehr, und ich blieb bei meinem Studium. Im dritten Jahr arbeiteten wir an Patienten und beim ersten Mal war ich sehr aufgeregt. Meine Hand zitterte bei der Betäubung – die ich in der Theorie genau kannte, doch in der Praxis ist das etwas ganz anderes. Ein Professor stand zur Überwachung neben mir und beruhigte mich: „Du kannst das!" Und so war es auch – ich machte weiter und schaffte es. Im vierten und fünften Jahr erhielt ich ein Stipendium der sandinistischen Regierung, für das ich eine Anfrage formulieren musste, in der ich alle meine Bedürfnisse auflistete – ich musste mir Bücher und die Instrumente für meine praktischen Kurse der letzten Studiumsphase kaufen.

1988 schloss ich mein Studium der allgemeinen Zahnmedizin ab. 1989 schickte man mich nach Ometepe, um im Gesundheitszentrum von Altagracia meinen sechsmonatigen Sozialdienst abzuleisten. Danach wurde ich in das Gesundheitszentrum von Moyogalpa versetzt, wo ich sechs Jahre für das Gesundheitsministerium arbeitete und vielen Patienten helfen konnte. 1989 nach Ometepe zu kommen war eine völlig neue Erfahrung für mich. Nie zuvor hatte ich diesen Ort besucht, der doch so nah bei meinem Dorf lag. Als junges Mädchen hatte ich Angst vor Schiffsreisen, und da meine Eltern mich sonst nicht oft andere Orte besuchen ließen, hatte ich noch nie die Gelegenheit gehabt, Ometepe zu besuchen. Erst der Sozialdienst brachte mich auf die Insel. Ich weiß noch, dass bei meiner Ankunft in San Jorge, wo die Menschen sich nach Ometepe

einschiffen, der Fährverkehr wegen starker und gefährlicher Winde eingestellt war. Ich musste sieben Tage warten, bis der Wind sich ein wenig gelegt hatte und ich meine neue Arbeit in Angriff nehmen konnte. Diese Überfahrt nach Ometepe war die erste Schifffahrt meines Lebens, und es war schrecklich – das Boot schwankte von einer Seite auf die andere und ich dachte, gleich schlägt die Fähre um und wir fallen alle ins Wasser und ertrinken – ich weinte vor Angst und konnte mich kaum beruhigen.

Nach 30 Minuten war das Unwetter vorbei, und eine neue Erfahrung kam auf mich zu. Ich kam in Altagracia an und kannte niemanden. Ich fühlte mich sehr, sehr einsam – die erste Nacht schlief ich alleine im Gesundheitszentrum in Altagracia auf einer Trage. Direkt am nächsten Tag fuhr ich zurück zu meinen Eltern und sagte ihnen, dass ich auf keinen Fall auf diese Insel zurückkehren wolle. Aber sie wollten nichts davon hören und schickten mich erneut nach Ometepe. Die Tage vergingen und ich lernte bei meiner Arbeit mehr und mehr Menschen kennen. Nach acht Tagen reiste ich nach Granada, um eine Versetzung an einen anderen Ort, fort von Ometepe zu beantragen, doch die Antwort war keine gute: man bot mir eine Versetzung nach Chontales an, wo die Gegenrevolution wütete – eine gefährliche Gegend. Also entschloss ich mich, doch auf Ometepe zu bleiben. Ich reiste alle 15 Tage nach Rivas und begann nach einer Unterkunft bei einer Familie zu suchen. Ich zog zu Haydee Ramos und ihrer Tochter Sonia.

Als ich drei Monate auf Ometepe war, lernte ich einen besonderen Menschen kennen: Alcides Flores. Ich heiratete ihn nach drei Monaten. Bis dahin lebte er in Managua und ich auf Ometepe und wir führten etwa drei Jahre eine Fernbeziehung, dann zog er endgültig nach Omepe zurück, in die Finca Santo Domingo. Zu der Zeit arbeitete ich noch für MINSA (Gesundheitsministerium). Nach sechs Jahren kündigte ich meine Arbeit beim Gesundheitsministerium.

1993 besuchte das Ehepaar Höhn Ometepe. Ich war im Urlaub in Miami, und als ich zurückkehrte, erzählte mir Alcides von ihnen: Michael und Monika – sehr nette Menschen, die 15 Tage auf der Finca Urlaub gemacht hatten. Als sie Ometepe verließen, hatten sie versprochen, im nächsten Jahr zurück zu kommen. Sie hielten Wort, und so hatte auch ich das Glück, sie kennen zu lernen. Sie sind wirklich besondere Menschen – Jahr um Jahr kehrten sie zurück. Sie schlugen uns zuerst vor, eine Herberge in Santo Domingo aufzubauen, denn es kamen schon zu dieser Zeit viele Touristen nach Ometepe.

Gemeinsam mit Alcides und anderen örtlichen Persönlichkeiten riefen sie ein soziales Projekt zur Unterstützung von Gesundheit und Bildung ins Leben. So gründeten wir das Projekt Ometepe-Alemania, wo ich bis jetzt als Zahnärztin arbeite – eine weitere wichtige Erfahrung in meinem Leben. Wir arbeiten mit dem Projekt in den Siedlungen um den Vulkan Maderas und die Menschen sind sehr zufrieden, weil sie auf die Hilfe dieser Deutschen bauen können.

Das Projekt Ometepe-Alemania ist sehr wichtig – sein Ziel ist es, den Ärmsten Gutes zu tun. Als Zahnärztin kann ich meinen Teil dazu beitragen, indem ich beispielsweise Plomben und Zahnprothesen einsetze. Die Menschen sind sehr dankbar für die Behandlung, wie viele mir versichert haben.

In vielen Fällen verlieren die Menschen auch auf Ometepe Teile ihrer Zähne, hauptsächlich durch Karies. Ich selbst habe eine Studie an 700 Fabrikarbeiterinnen in Masaya durchgeführt, die Karies als Hauptergebnis erbrachte – und dies ist

auch auf Ometepe der Fall. Der Kariesbefall hat verschiedene Ursachen, beispielsweise mangelnde Hygiene oder übermäßigen Genuss von Zucker in verschiedenen Nahrungsmitteln. Derzeit führe ich auch Aufklärungsgespräche mit meinen Patienten durch, damit ihnen klar wird, wie wichtig einige Grundkenntnisse zur natürlichen Zahnpflege und -gesundheit sind.

MI TRABAJO DE DENTISTA EN OMETEPE

POR MÉLIDA LUNA ROCHA

Mi nombre es Mélida Luna Rocha. Mis padres son José Antonio Luna Incer y Carmen Rocha Paniagua, quienes tuvieron cinco hijos fruto de esa unión. Nací en Belén, un pueblo al sur de Nicaragua en el departamento de Rivas. Inicié mi educación primaria en la escuela del pueblo. Cuando tenía once años mi familia se trasladó a vivir al barrio Monimbó en la Ciudad de Masaya. Cursaba en ese tiempo el tercer grado de primaria. Vivimos en Masaya por un lapso de dos años. A la muerte de mi abuelo paterno regresamos a mi pueblo natal, Belén, donde continué mi primaria. En esa época yo ayudaba a mi mamá a hacer pan de harina y rosquillas que tenían reputación de ser muy buenas. Después de concluir la escuela primaria, inicié estudios de secundaria en el Instituto Nacional Rosendo López en la Ciudad de Rivas, donde cursé dos años. En 1979, iba a comenzar el tercer año cuando se inició la Guerra Civil que sufrió Nicaragua. No estudié en Rivas por el temor de ser víctima de la Guardia Nacional al tener

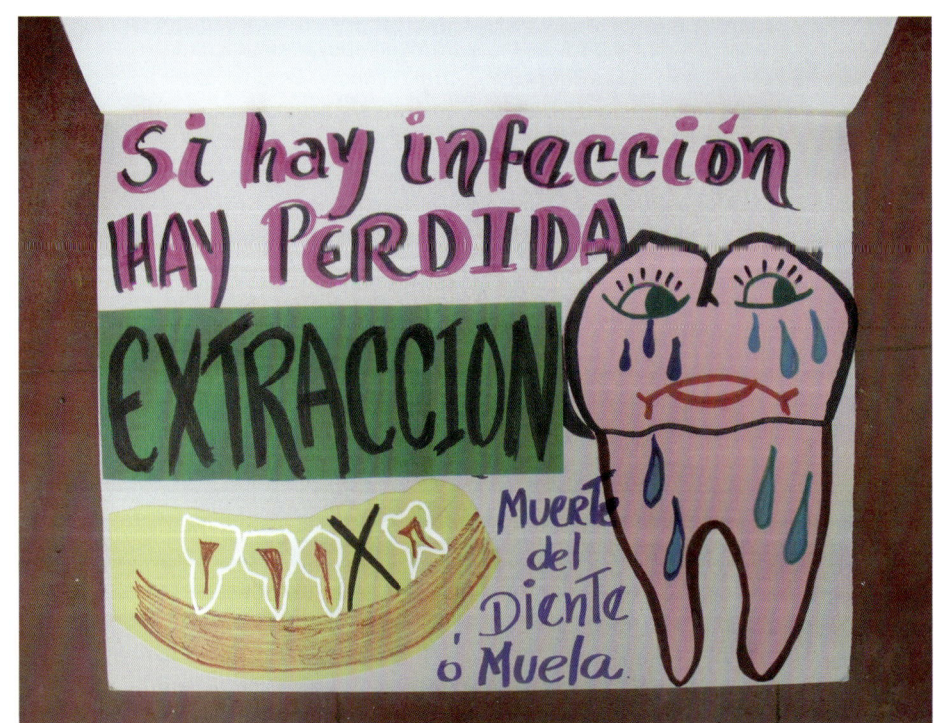

que viajar entre mi pueblo y esta ciudad. El tercer año lo estudié en la escuela secundaria de mi pueblo. Ese año de la guerra en Nicaragua, en mi pueblo sufrimos en carne propia los peligros que puede causar una guerra civil. Tuvimos que salir del pueblo hacia las montañas. La guardia de Somoza atacó el pueblo y la gente huyó. Yo tenia la edad de 17 años. Recuerdo que lloraba mucho y repetía "me quiero morir" al escuchar las detonaciones de los morteros y ver aviones bombardeando el pueblo. La Guardia realizó una masacre de personas civiles en el pueblo y sus alrededores. Cuando triunfó la Revolución Sandinista y regresamos al pueblo encontramos los cadáveres tendidos en la plaza. Yo recuerdo esa terrible escena. Las casas, abandonadas por sus dueños, habían sido saqueadas por la guardia o por personas civiles. Gracias a Dios, en mi familia nadie fue víctima de guerra.

Después, luego del triunfo, se inició la cruzada nacional de alfabetización en la cual participé alfabetizando a cinco personas en un pueblo cercano a Belén llamado Chacalapa. Antes de esta experiencia yo quería estudiar magisterio pero me di cuenta que no era mi vocación. Como tenía problemas con mis dientes y sufría mucho, pense que si estudiaba odontología podría arreglarme mis dientes y ayudar a otras personas con problemas dentales.

Con el triunfo de la Revolución continué estudiando bachillerato. Los estudios eran gratis en las diferentes escuelas. Terminé secundaria y fui hasta la Ciudad de León, en el occidente de Nicaragua, a realizar examen de admisión para ingresar a la carrera de Odontología. El examen de admisión era una prueba escrita que evaluaba las materias de Español y Matemáticas. Me preparé para hacer el examen y clasifiqué para ingresar a la facultad.

Con el esfuerzo y apoyo de mis laboriosos padres, me trasladé a León en el año 1983 a iniciar mis estudios superiores. Me costó mucho adaptarme a la separación de mi familia. Terminé el primer año con un poco de dificultad. El cambio de metodología de enseñanza me afectó. Los profesores explicaban muy rápido y yo lloraba porque no entendía. Pedía ayuda a mis compañeras y pensé retirarme de la carrera. Mi hermana Maritza, que había estudiado Economía en la UNAN de Managua, me ayudó y me convenció de que yo era capaz de continuar. Ella había pasado por una experiencia similar en sus estudios. Sus palabras de aliento me hicieron reflexionar y continué estudiando.

Durante el tercer año de estudio iniciamos a hacer prácticas en pacientes. Mi primer experiencia fue difícil. La mano me temblaba para inyectar la anestesia. Yo sabía la teoría pero la práctica es algo diferente. Recuerdo que tenía un profesor que me supervisaba y me dijo que era capaz de hacerlo. Durante mis estudios cuarto y quinto año obtuve, por medio de una solicitud, una beca monetaria de parte del gobierno Sandinista. La beca sirvió para comprar libros e instrumentos para mis prácticas de estos últimos años. Me gradué de Odontóloga General en el año de 1988. En 1989 me enviaron a brindar mi servicio social en el centro de Salud del municipio de Altagracia, en la Isla de Ometepe, por un lapso de seis meses. Luego me trasladaron al Centro de Salud de Moyogalpa, también en Ometepe, donde trabajé para el Ministerio de Salud por un periodo de seis años. Durante ese tiempo atendí a muchos pacientes que solicitaban mis servicios. Venir a Ometepe, fue otra experiencia diferente. Nunca antes había visitado este lugar que está tan cerca de mi pueblo. Pequeña me daba temor de embarcarme y mis padres no me dejaban salir mucho a otros lugares, nunca había tenido la oportunidad de visitar Ometepe. Cuando me fue enviaron a hacer mi servicio social tuve la valentía de cruzar el lago. Recuerdo que al llegar a San Jorge, donde se toman las lanchas para viajar a Ometepe, las naves estaban detenidas. No navegaban debido a los vientos intensos que azotaban en ese momento y que provocaban fuerte oleaje que era peligroso porque podía dar vuelta a los barcos. Pasaron siete días esperando que la intensidad del viento amainara hasta que permitieron la salida de las lanchas. Tomé la primera que salió. Estaba aterrorizada porque era la primera vez que estaba navegando. La lancha se mecía de un lado a otro y pensé que se daría vuelta y que todas las personas caeríamos al agua y nos ahogaríamos. Yo lloraba y gritaba debido a que no podía controlar mis nervios. Pasaron treinta minutos antes que los vientos disminuyeran.

Llegar al pueblo de Altagracia sin conocer a nadie fue otra experiencia difícil. Lloraba y me sentía triste. La primer noche dormí en una camilla en el centro de Salud de Altagracia. Al día siguiente me regresé a mi casa y dije a mis padres que no volvería a Ometepe. Sin embargo, ellos me presionaron a regresar y cumplir con mi deber. Transcurrieron los días y como dentista en el Centro de Salud de Altagracia, empecé a conocer a la gente del pueblo. Insistí en abandonar Ometepe y una semana después viajé a la Ciudad de Granada, a las oficinas del Ministerio de Salud, a solicitar mi traslado a otro lugar. Me ofrecieron el traslado al departamento de Chontales donde la Contrarevolución estaba activa y era una zona peligrosa, por lo que decidí regresar a Ometepe. Viajaba a Belén cada quince días. Me hospedé en la casa de la familia de la señora Haydee Ramos (q.e.p.d.) y su hija Sonia Ramos. A los tres meses de estar en Ometepe conocí a una persona especial de nombre Alcides Flores, con quien me casé tres meses después de conocernos. Él vivía en Managua y yo en Ometepe. En esta situación estuvimos casi tres años antes que él se trasladara definitivamente a Ometepe a administrar la Finca Santo Domingo propiedad de su familia materna y después de seis años de trabajo al Ministerio de Salud renuncié.

En el año 1993, mientras yo estaba de vacaciones en Miami, llegaron de visita a la finca el matrimonio alemán formado por Michael y Mónika Hoehn. Alcides me contó que eran personas muy agradables y que habían estado en la finca durante quince días; cuando se marcharon prometieron regresar al siguiente año, cumplieron su palabra y tuve la dicha de conocerlos. Es un matrimonio especial. Continúan visitando la finca cada año y nos animaron con la idea de establecer un hospedaje en el lugar, ya que Ometepe era visitado por muchos turistas. También, en conjunto con Alcides y otras personas locales, inician un proyecto social en salud y educación, comenzando, de esta manera, el Proyecto Ometepe Alemania en el cual brindo ahora mis servicios de dentista. Es una experiencia útil más en mi vida visitar los diferentes poblados del cerro Maderas. La población se siente agradecida de contar con la asistencia del POA gracias a la ayuda brindada por este matrimonio y amigos y colaboradores alemanes.

El proyecto Ometepe Alemania es muy importante para la gente más pobre que son los beneficiados por los servicios brindados. En el caso de los servicios de odontología, que yo brindo, las personas son beneficiadas con el tratamiento de las dentaduras con empastes, limpieza y prótesis dentales. Además, se les ayuda con dinero para la compra de las prótesis. Muchos pacientes me han manifestado su agradecimiento por el servicio recibido. En Ometepe hay muchas causas que provocan la pérdida de piezas dentales, siendo la principal las caries dentales. Yo, personalmente, realicé un estudio a nivel de una fábrica

de trabajadores en Masaya (700 trabajadores) y llegué a la conclusión de que esa era la causa principal. Los resultados de mi experiencia laboral en Ometepe son similares. Las caries se originan por diferentes razones tales como falta de higiene, ingesta de muchos azucares en diferentes formas, y otras. Actualmente realizo charlas educativas para que los pacientes se den cuenta de lo necesario e importante que es tener conocimientos sobre la dentadura y poder conservarla naturalmente.

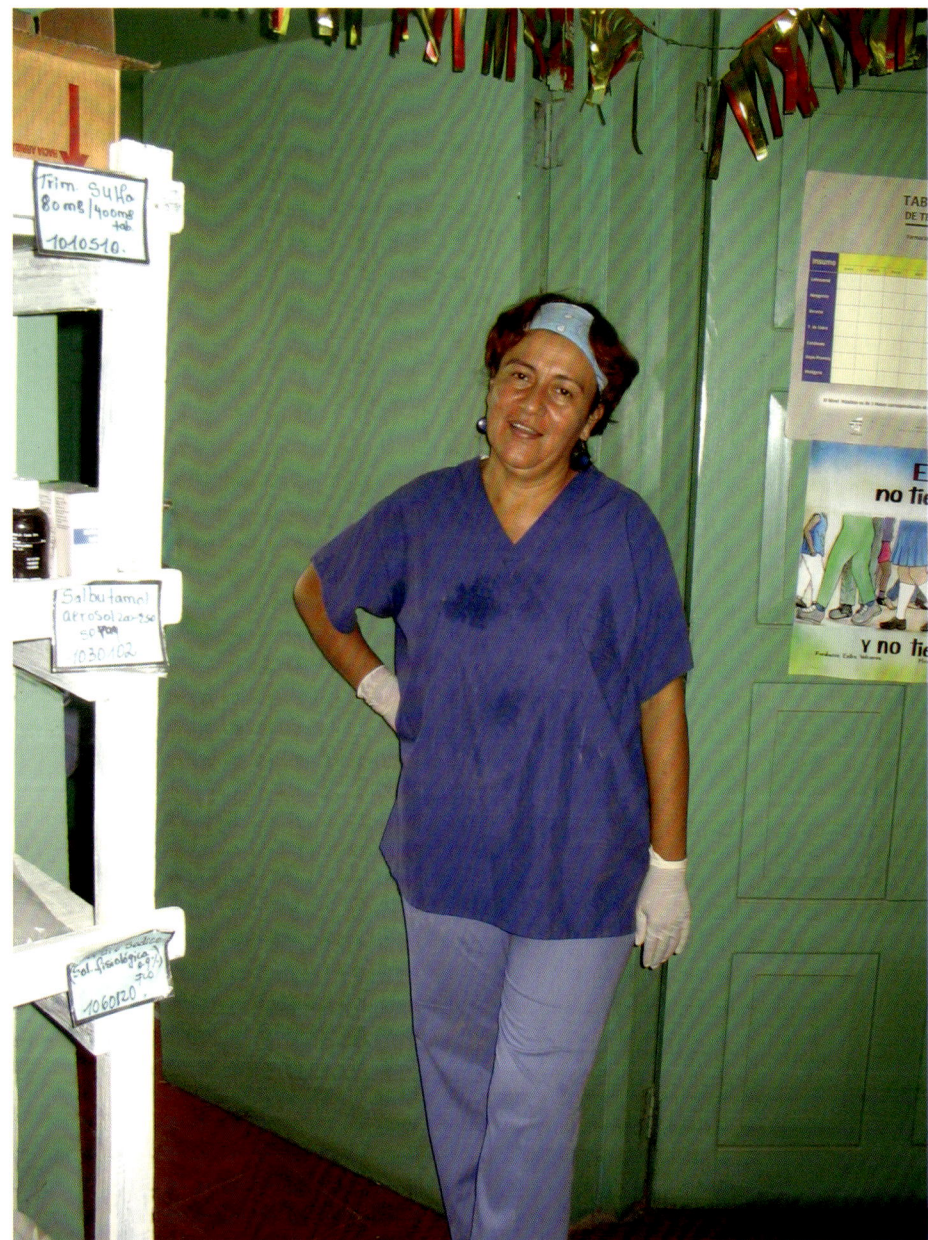

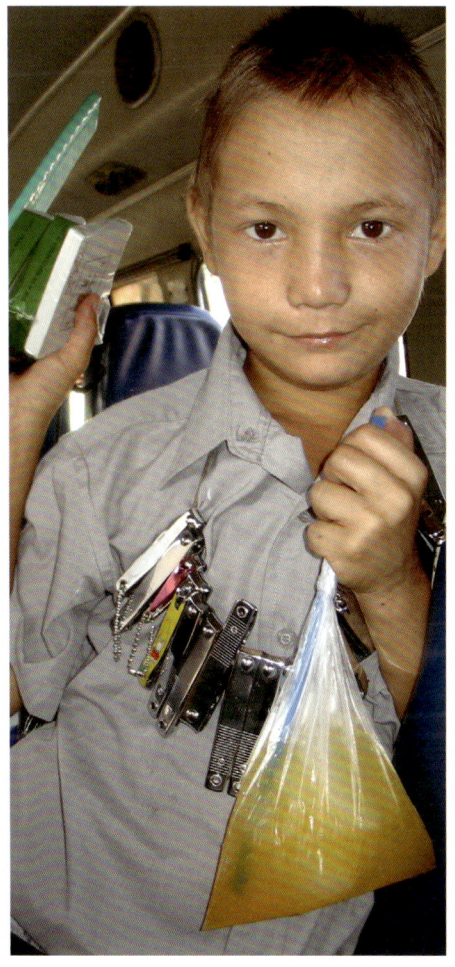

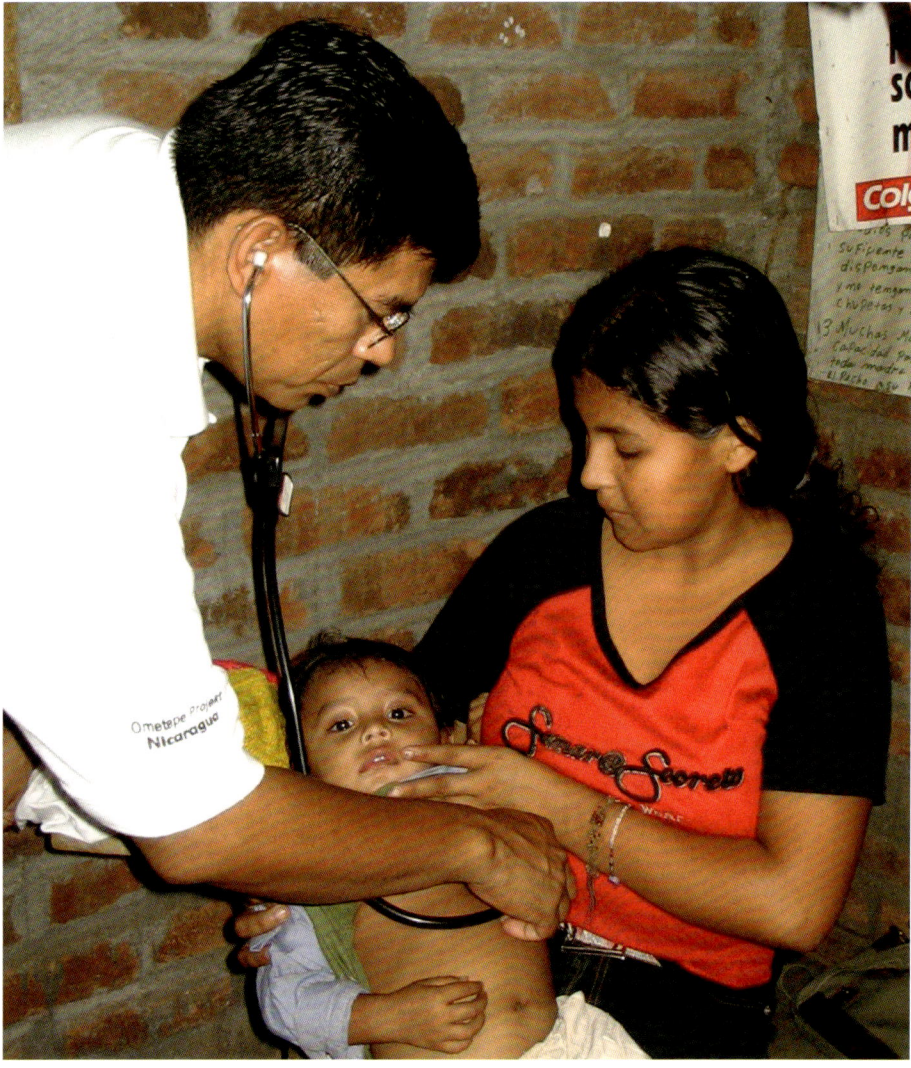

MEINE ERFAHRUNG ALS ARZT IM OMETEPE-PROJEKT

VON ROBERTO ALVARADO

Meine Erfahrung zu beschreiben, die ich als Arzt auf der kleinen Insel Ometepe hatte, ist ein wenig schwierig. Ich kam nach Ometepe, um ein Jahr im Sozial-dienst abzuleisten. Das ist eine akademi-sche Bedingung, um den Titel „Doktor der Medizin" zu erhalten, nachdem man die Fakultät verlassen hat.

Danach arbeitete ich im Hospital von Ri-vas und später in Managua. Zwei Jahre später, ich lebte in Managua, entwickelte sich bei mir das „Inselfieber oder die In-selkrankheit" und ich entschied mich, nach Ometepe zurückzukehren, um dort eine private Arztpraxis zu eröffnen.

Seit der Zeit sind 13 Jahre meines Lebens vergangen.

Während dieser Zeit habe ich der Geburt von vielen Kindern beigewohnt, die heute schon Jugendliche sind. Sie schätzen mich wie einen Vater oder einen älteren Bruder. Es ist eine einzigartige Erfahrung, die man an keinem Platz der Welt kaufen kann.

Im August 2007 habe ich bereits zwei Jah-re im Ometepe-Projekt gearbeitet. Das war eine lohnende Möglichkeit und berei-chernde Erfahrung. Jeder Tag ist eine Her-ausforderung. Das Ometepe-Projekt hat das Vertrauen der örtlichen Bevölkerung gewonnen, die uns täglich in großer Zahl erwartet, wenn wir Sprechstunden in den Ortschaften abhalten. Allerdings bin ich der Meinung, dass es besser ist, medizini-sche Angebote von größerer Qualität als von Quantität anzubieten.

Über meine Erfahrungen als Arzt im Ome-tepe Projekt zu sprechen, bedeutet, sich der Momente, der Orte und auch der un-tersuchten Personen bei den verschiedenen Gelegenheiten zu erinnern. Eine Geschichte ist das Beispiel von dem kleinen zwei-jährigen Mädchen, das schon seit einigen Tagen Fieber hatte, verbunden mit Schmer-zen und der Schwierigkeit zu laufen.

Ich vermutete, dass etwas Außergewöhnli-ches diese Symptome verursachte. Wir brachten sie nach Altagracia, um dort Blutuntersuchungen zu machen. Die Er-gebnisse zeigten hämatologische Proble-me oder eine mögliche Leukämie an. Man brachte sie nach Managua, wo sich die Diagnose Leukämie bestätigte. Heute fährt das Mädchen jeden Monat nach Ma-nagua zu chemotherapeutischen Sitzun-gen.

Das Ometepe-Projekt hilft den Eltern, in-dem es die monatlichen Transporte für die Sitzungen bezahlt. Am häufigsten kommt Leukämie bei Kindern im Alter zwischen sechs und 12 Jahren vor. Bei jüngeren Kindern ist das ausgesprochen selten.

Es ist sicherlich besser, diese Art von Anekdoten selbst zu erleben oder unmittelbar darüber zu sprechen, als sie aufzuschreiben. Zweifellos, die Erfahrung zählt. Ich bin stolz, ein Insulaner zu sein. Und mit der Arbeit, die ich mit dem medizinischen Team des Ometepe Projektes leiste, entwickeln wir Ometepe weiter. Die Bevölkerung hat ihr Vertrauen in uns gesetzt. In unserer täglichen Arbeit ist es sehr schwer, Nein zu sagen.

Die Arbeit des Ometepe Projektes füllt die Lücke in der medizinischen Betreuung in der Bevölkerung der Ortschaften, in denen das Gesundheitsministerium (MINSA) keine Dienstleistungen erbringt.

Eines der wichtigsten Dinge, die ich gelernt habe, ist es, rasche Entscheidungen zu treffen - und zwar so korrekt wie möglich - in schwerwiegenden und komplizierten Fällen.

Die Notwendigkeit, schnell zu handeln, ist in einem ländlichen Gebiet sehr wichtig, weil es wenig Raum gibt, sich bei den Patienten zu irren. In einem städtischen Umfeld gibt es mehr Mittel und Möglichkeiten (Labors, Kliniken, Apotheken, verfügbare Transportmöglichkeiten), um den Kranken mit mehr Ruhe zu helfen, ihre Krankheiten zu diagnostizieren und mit größerer Genauigkeit Medikamente zu verschreiben.

Auftauchende Probleme müssen sofort überwunden werden.

Jeden Tag bei der Abfahrt aus Santo Domingo in die Ortschaften erhalten wir Gottes Segen - wir ebenso wie die betreute Bevölkerung. Wir danken Gott auch, dass er uns Instrumente an die Hand gibt, um den Kranken ein wenig Erleichterung zu bringen.

Als ich ein Kind war, fragte mein Vater mich bei einer Gelegenheit, was ich studieren wollte, wenn ich größer wäre. Meine Antwort war: Medizin. - Warum willst du nicht Architektur studieren? fragte er mich. Ich war einen Augenblick lang still und antwortete ihm dann: Das gefällt mir nicht. - Wir werden ja später sehen, was du machen wirst, sagte er zu mir. - Du wirst nicht erleben, dass ich Häuser baue, antwortete ich ihm.

MI EXPERIENCIA COMO MÉDICO DEL PROYECTO OMETEPE ALEMANIA

POR ROBERTO ALVARADO

Describir la experiencia que he tenido como médico en la pequeña isla de Ometepe resulta un poco difícil. Llegué a Ometepe a prestar un año de servicio social, el cual es un requisito académico para obtener el título de Doctor en Medicina después de haber egresado de la facultad. Después trabajé en el hospital de Rivas y luego en Managua. Dos años más tarde, viviendo en Managua, desarrollé 'fiebre o mal de isla', decidí regresar a Ometepe e instalar mi consultorio privado. Desde entonces han transcurrido 13 años de mi vida.

Durante este tiempo he asistido en el nacimiento de muchos niños que hoy son adolescentes. Ellos me estiman como a un padre o hermano mayor. Es una experiencia única que no se puede comprar en ningún lugar. En Agosto del 2,007 cumplí dos años de trabajar con el POA lo cual ha sido una oportunidad y experiencia enriquecedora. Cada día es un reto. El POA se ha ganado la confianza de la población local la cual nos espera en gran cantidad los días que atendemos en sus comunidades. Sin embargo, yo soy de la opinión que es mejor ofrecer asistencia médica de calidad que cantidad.

Hablar de mi experiencia como médico del POA es recordar momentos, lugares y personas atendidas en diferentes oportunidades. Una historia es el caso de una

niña de 2 años de edad con fiebre de varios días de evolución con dolor articular y dificultad para caminar. Sospeché que algo fuera de lo común era la causa de los síntomas. La trasladamos a Altagracia a realizarle exámenes de sangre. Los resultados indicaban problemas hematológicos o una posible leucemia. Se traslado a Managua donde se confirmo el diagnóstico de leucemia. Hoy en día, la niña viaja a Managua cada mes a sesiones de quimoterapia. El POA apoya a los padres con el pago de transporte para cada cita mensual. El rango de ocurrencia más frecuente de leucemia en niños varía entre 6 a 12 años. En niños menores es sumamente raro.

Es mejor vivir o platicar directamente este tipo de anécdotas que escribirlas. Indudablemente, la experiencia cuenta. Me siento orgulloso de sentirme isleño y de la labor que yo y el equipo médico del POA desarrollamos en Ometepe. La población ha depositado su confianza en nosotros. En nuestro trabajo diario es muy difícil decir NO. El trabajo del POA llena el vacío de atención médica a la población de comunidades donde el Ministerio de Salud no brinda estos servicios. Una de las cosas más importante que he aprendido es a tomar decisiones rápidas sobre lo más correcto a hacer en casos graves o difíciles. La necesidad de actuar con rapidez es mayor en el área rural donde hay poco espacio para equivocarse sobre los pacientes. En la zona urbana existen más recursos y facilidades (laboratorios, clínicas, farmacias, transporte disponible) para asistir a los enfermos con más calma y determinar sus enfermedades y recetar tratamientos con mayor precisión.

Los problemas que surgen deben de superarse. Cada día al salir de Santo Domingo hacia las comunidades recibimos la bendición de Dios tanto nosotros como la población beneficiada. También nosotros agradecemos a Dios que nos haga los instru-

mentos para llevar un poco de alivio a los enfermos.

En una ocasión, siendo un niño, mi padre me preguntó que quería estudiar cuando fuera mayor. Mi respuesta fue medicina.

Por qué no estudias arquitectura? Me interrogó. Guarde un rato de silencio y luego le respondí que no me gustaba. Veremos luego que vas a hacer, me dijo. Yo no me miro construyendo casas, le contesté.

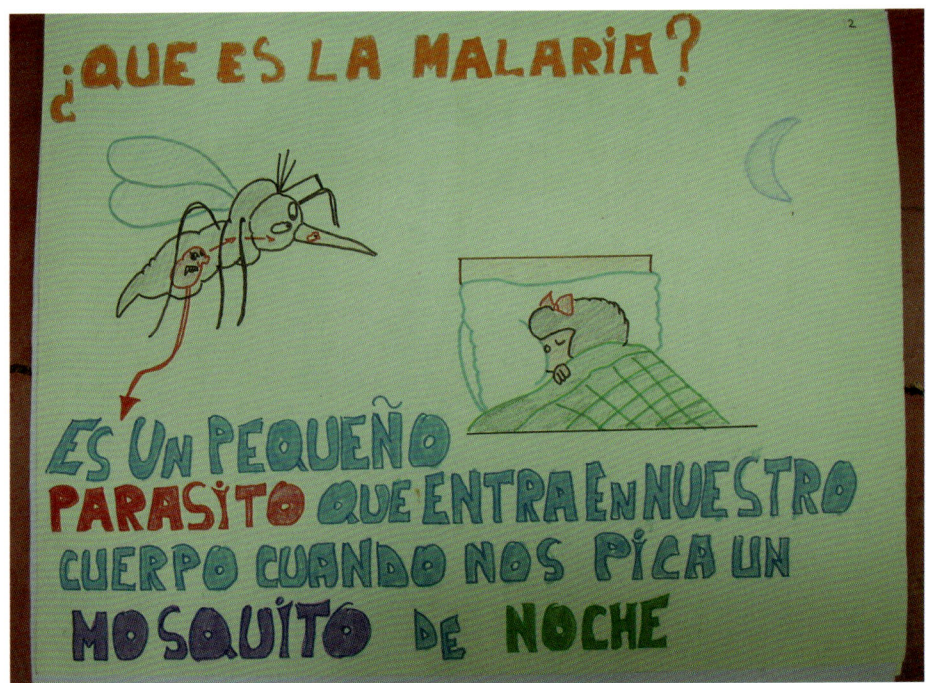

Als Ärztin im Sozialdienst auf Ometepe

Von Fabiola Gonzalez

Ometepe ist eine schöne Insel im Großen Nicaraguasee. Ich habe sie das erste Mal betreten, um meinen Sozialdienst abzuleisten. Auf Ometepe gibt es viel Armut auf dem Land – man sieht Häuser aus Pappe, solche die aus Holz und Stein gebaut sind, andere bestehen nur aus Holz. Der Boden der Hütten ist die nackte Erde, die Dächer sind aus Palmblättern oder Zink. In der Nacht zieht die Kälte durch die teilweise bis zu 5 cm breiten Ritzen der Holzplanken, aus welchen die Wände der Hütten gezimmert sind.

Ein Jahr nach dem Ende meines Sozialdienstes lernte ich Reena Koshy kennen, eine freiwillige Ärztin der Organisation „Cuerpo de Paz", die über eine Partnerschaft die Insel unterstützt. Über Reena lernte ich unsere deutschen Freunde Monika und Michael kennen und wurde, im zweiten Monat schwanger, eingestellt, um im Projekt Ometepe - Alemania die Gemeinden um den Vulkan Maderas medizinisch zu betreuen. Ich bat um eine zweimonatige Probezeit, um sicher zu gehen, dass ich trotz meiner Schwangerschaft die beschwerlichen Fahrten mit der roten Ärzte-Camioneta des Projektes auf den ungepflasterten Schotterwegen der Insel bewerkstelligen konnte. Bei den Fahrten wurde man durch den schlechten Zustand der Wege stark durchgeschüttelt.

Die „mobile Einheit" des Projektes, die sich aus einer Krankenschwester mit Geburtshelferausbildung, einer Zahnärztin, einer Erzieherin und einer Allgemein-Medizinerin zusammensetzte, hatte einen wechselnden Besuchsplan für die entlegenen Gemeinden entwickelt.

Die Durchführung von Abstrichen für die Gebärmutterzytologie und die zahnärztliche Behandlung fanden einmal wöchentlich statt. Die Sprechstunde für Patienten mit chronischen und stationär zu behandelnden Erkrankungen wie Durchfall, allgemeinen Erkältungen oder Lungenentzündungen fanden täglich in den Gemeinden statt.

Es ist wichtig zu erwähnen, dass auf der Insel Atemwegserkrankungen sehr häufig vorkommen – in den Monaten Juni und Juli durch den Beginn der Regenzeit und in den Monaten November bis Januar durch starke Winde.

Unser Operationsradius umfasste die Gemeinden, die um den erloschenen Vulkan Maderas liegen. Die Menschen, die den medizinischen Betreuungsservice in Anspruch nehmen wollten, mussten erst viele Stunden laufen, um uns zu erreichen, und in der Mehrheit der Fälle kamen viele dieser Patienten erst nachmittags an unserer Gesundheitsstation an, da die Frauen die ersten Stunden des Tages mit Hausarbeit und der Betreuung ihrer kleinen Kinder und landwirtschaftlichen Aufgaben wie Gras sammeln, der Pflege der Mais- und Plátanosernte auf ihren Parzellen verbringen.

Darüber waren wir mit chronisch degenerativen Krankheiten konfrontiert, die aus einem ungesunden Lebensstil resultieren, der sich durch die Sesshaftigkeit verbreitet hat: Aufnahme von zu viel Kohlehydraten wie Zucker oder hoher Alkohol- und Zigarettenkonsum. Es gab eine große Anzahl männlicher und weiblicher Patienten mit

Geschlechtskrankheiten, da Kondome als Schutzmittel nicht ausreichend verwendet werden. Die Männer auf Ometepe haben meist mehr als eine Partnerin und daher außerehelichen Geschlechtsverkehr. Glücklicherweise konnten diese Geschlechtskrankheiten mit Antibiotika geheilt werden und in keinem der Fälle mussten wir eine Aidserkrankung feststellen. Die Situation der Jugendlichen ist geprägt durch mangelnde Sexualerziehung. Daraus resultieren viele ungewollte Schwangerschaften und in einigen Fällen auch Geschlechtskrankheiten wie Trichomonaden oder Gardnerellen.

Die patriarchalische Gesellschaftsstruktur ist stark verankert, die Männer sind Machos. Geschlechtliche Diskriminierung ist an der Tagesordnung, und über 50% der Frauen waren oder sind Opfer diskriminierender, oft innerfamiliärer Gewalt. Viele Männer sehen ihre Frauen und Töchter als zu beschützendes Besitztum an und lassen beispielsweise eine medizinische Behandlung nicht zu, wenn diese von einem Arzt statt einer Ärztin durchgeführt werden soll.

Indikatoren für den mangelnden Entwicklungsfortschritt eines Landes, wie beispielsweise Mutter- und Kindbettsterblich-

keit, waren in den Jahren als ich auf Ometepe arbeitete hoch, da die Frauen oft Schwierigkeiten hatten, vor der Niederkunft eine angemessen hygienische und sichere Geburtshilfe zu organisieren. Dieser Notstand und das Fehlen von entsprechend ausgerüsteten Gesundheitsstationen resultiert aus dem Mangel an Asphaltstraßen und dem daher geringen Verkehrsaufkommen auf Ometepe. Nach sechs Uhr abends kann man daher bei jeglicher Art von Notfällen, die einen Transport von der Insel erforderlich machen, nicht mehr mit einem gesicherten Boots- oder Schiffsverkehr rechnen.

Wir müssen die Menschen, die auf Ometepe leben, weiterhin stark sensibilisieren, beispielsweise gegenüber der Entstehung von Ammenmärchen und Tabus. Unser Anliegen ist es auch, weiter an der Gleichberechtigung der Frau zu arbeiten, damit Frauen gewaltfrei und mit ausreichendem Zugang zu rechtlichem Schutz leben können. Sie sollen ihre Menschenrechte, notfalls auch rechtlich, verteidigen lernen, unter ihnen sexuelle und reproduktive Gleichberechtigung, die Förderung gesundheitlichen Fortschritts, der Selbstpflege und die Bestärkung, Verantwortung für die eigene Gesundheit zu übernehmen.

Besonders bei Kindern, Jugendlichen und Frauen soll ein Selbstwertgefühl entstehen, das sie zu eigener Verantwortung und Freiheitsbestreben veranlasst.

COMO MÉDICA EN SERVICIO SOCIAL EN OMETEPE

POR FABIOLA GONZALEZ

Ometepe es una Isla muy bella ubicada en el lago de Nicaragua. Llegué por primera vez a este paradisíaco lugar a prestar mi servicio social una vez concluidos mis estudios de medicina. En Ometepe existía mucha pobreza en el campo. Una gran cantidad de viviendas estaban hechas de cartón, madera y piedra, algunas sólo de maderas con tablas separadas por 3 a 5 cm de distancia por las que se filtraba el aire frío de la noche. Los pisos son de tierra y los techos de láminas de zinc o palma.

Después de mi servicio social regresé a mi ciudad, Granada, donde un año después conocí a Reena Koshy, médica voluntaria del Cuerpo de Paz, una organización que apoyaba a la Isla a través de un hermanamiento. Fue por medio de Reena que conocí a los hermanos alemanes Miguel y Mónika. A través de ellos fui contratada para trabajar en el Proyecto Ometepe Alemania brindando atención médica en las comunidades ubicadas en el cerro Maderas. Tenía dos meses de embarazo y solicité trabajar dos meses de pruebas para ver si mi estado de gravidez me permitía movilizarme ya que los caminos se encontraban en muy malas condiciones y la camioneta roja del Proyecto saltaba y golpeaba mucho.

La unidad móvil del Proyecto tenía esta-

Wir behüten die Liebe – Wir schützen uns vor Aids

blecido un programa de visitas a las comunidades. La unidad estaba formada por una médico general (que era yo), una enfermera obstetra, una odontóloga y una educadora.

La toma de citología cervical y la atención odontológica se realizaba una vez por semana. La atención a pacientes con enfermedades crónicas y estacionarias (diarrea, resfriados comunes, neumonías, otras) eran atendidos diariamente. Las enfermedades respiratorias son comunes en Ometepe en los meses de Junio y Julio por la entrada del invierno (lluvia) y en los meses de Noviembre, Diciembre y Enero por los fuertes vientos.

Nuestro radio de operación eran las comunidades alrededor del cerro Maderas. Debido a su aislamiento, muchos habitantes tenían que caminar varias horas para acudir a los servicios de salud pública. Cuando iniciamos la atención en las comunidades, la mayor afluencia de pacientes era después del medio día ya que las mujeres ocupaban las horas de la mañana para hacer sus trabajos domésticos, cuidar a los hijos menores en el hogar y faginear (realizar labores agrícolas como arrancar hierbas, cuidar los cultivos de arroz y plátano). Además de las enfermedades crónico degenerativas causadas por la falta de estilos saludables de vida y costumbres dañinas como la ingesta de alta cantidades de carbohidratos, consumo de licor y cigarrillos, sedentarismo, etc. Se encontró que un alto porcentaje de hombres y mujeres presentaban infecciones de transmisión sexual. El uso de preservativos como medida de prevención no es muy común. Muchos hombres en Ometepe tienen más de una mujer y sostienen relaciones extramaritales las cuales pueden resultar en infecciones de este tipo en el hogar. Las infecciones detectadas fueron curables con la aplicación de antibióticos. No se detectó ningún caso de VIH/SIDA.

Los jóvenes (chavalos y chavalas) carecen de educación sexual oportuna y entre ellos se presentan muchos casos de embarazos no deseados y de infecciones de transmisión sexual causadas por tricomonas y garnerellas.

La cultura patriarcal está bien arraigada. La mayoría de los hombres son machistas y existe inequidad de género. Más del 50% de las mujeres han sufrido violencia de género e intrafamiliar. El hombre se cree dueño de la mujer y no permite que asista a la consulta médica si el médico es varón.

En estos años que trabajé la mortalidad materna y neonatal también eran altas en Ometepe. Estos dos son importantes indicadores del desarrollo de un país o una región. Las razones principales para el alto valor de estos indicadores son la dificultad de las mujeres en obtener atención y condiciones adecuadas para un parto limpio y seguro, el tiempo utilizado para llegar hasta los centros de atención médica y la deficiente calidad de la atención en estos mismos centros. El acceso a los centros de salud se dificulta por las malas condiciones de tránsito vehicular de los caminos, la poca flota vehicular que existe a nivel local, y después de las 6:00 de la tarde no se cuenta con servicio de pangas o lanchas para salir de la Isla y buscar atención de emergencia en tierra firme.

Se deben de continuar trabajos de sensibilización con los habitantes de Ometepe para eliminar algunos mitos y tabúes y promover la equidad de género para que las mujeres vivan libre de violencia y tengan mayor acceso a la justicia. También para que se recozcan sus derechos humanos, incluyendo los derechos sexuales y reproductivos y para promocionar la salud, autocuido y autoestima, liderazgo y empoderamiento de adolescentes, niños y mujeres.

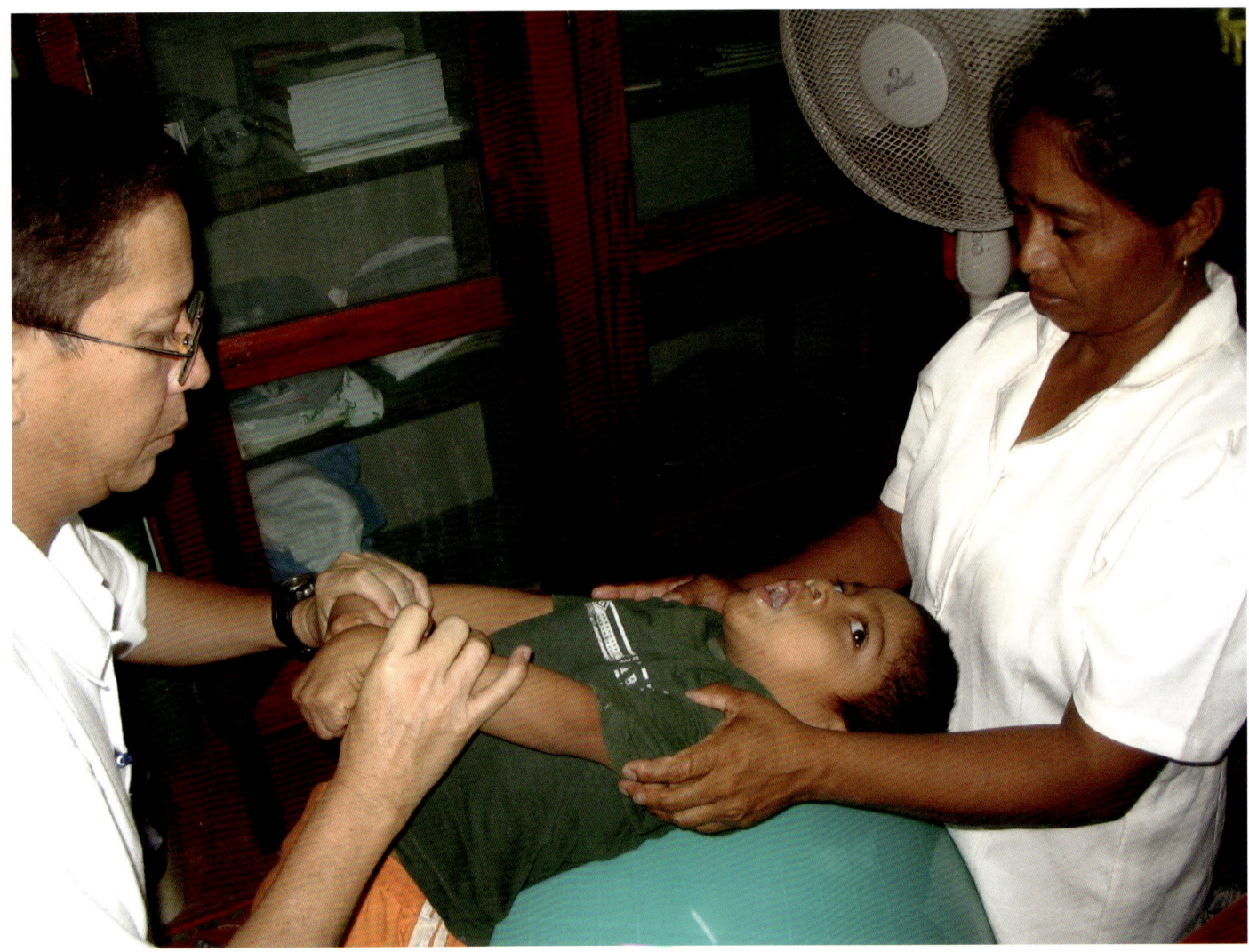

MEINE ARBEIT ALS PHYSIOTHERAPEUT AUF DER INSEL OMETEPE

VON ALVARO SANDOVAL

Derzeit ist es möglich, Kindern mit Befunden wie Herzfehlern oder Gehirnschäden, die körperliche Schwierigkeiten wie auch Folgebehinderungen hervorrufen, medizinische Versorgung und physische und motorische Rehabilitation anzubieten.

Verschiedene Befunde sind für diese Krankheiten verantwortlich, wie beispielsweise eine schlechte Ernährung der Mutter während der Schwangerschaft, durch die Einnahme von Medikamenten, von denen ihr abgeraten wurde, Erstickungsanfälle des Kindes, Gelbsucht, Unterernährung, die unsachgemäße Benutzung einer Geburtszange, Hirnhautentzündungen oder der Unverträglichkeit des Rhesusfaktors im Blut der Mutter und des Vaters.

Diese Kinder mit unterschiedlichen Fähigkeiten, verteilt auf die Altersstufen zwischen 0 und 12 Jahren, brauchen besondere Aufmerksamkeit und auch besondere Liebe und Zärtlichkeit, denn abgesehen von ihren physischen und motorischen Problemen sowie den Schäden des Nervensystems sind sie Menschen mit Gefühlen.

Sie werden täglich in der Clínica La Esperanza in Santo Domingo auf Ometepe behandelt, wo bei ihnen die Bobatmethode angewendet wird. Dabei lernen sie, ihre Muskeln zu kontrollieren und trainieren zu laufen. Aktive Bewegungen werden frühzeitig aktiviert, um so schwere Folgeschäden zu vermeiden wie artikulierte Gelenkversteifungen oder schmerzhafte langfristige Kontraktionen von Muskelgruppen, die zusätzlich eine schlechte Blutzirkulation und Verformungen des Skelettes hervorrufen können. Die Sehnen und Bänder der Kinder sollen angeregt werden, damit sie beispielsweise ihren Hals kontrolliert bewegen und eine aufrechte Sitz- oder sogar eine stehende Position einhalten können. Auf diese Weise werden sie unabhängiger.

Die Therapie wird auf einer Matte, mit den Bobatbällen oder auch mit Haltevorrichtungen durchgeführt, um beispielsweise Reflexe wie die muskuläre Kontrolle und Dehnung des Halses oder die Kontrolle des Rumpfes in sitzender und kniender Position zu erreichen.

Es werden auch Schulungen für die Mutter oder die Familie des Kindes angeboten, um ihnen die richtige Ernährung, und bekömmliche Lebensmittel für das Kind zu vermitteln. Wir informieren sie zusätzlich über die richtige Versorgung des Kindes zuhause und schulen sie, damit sie dort auch eigenständig die Therapieübungen durchführen können.

Zurzeit werden 12 Mädchen und Jungen behandelt, die alle von der Insel Ometepe kommen, gleichzeitig bieten wir auch die Betreuung von Erwachsenen an, die unsere Dienste brauchen.

Ohne die Hilfe des Ometepe-Projektes würden diese Kinder weder medizinische noch rehabilitative Versorgung erhalten. Sie wären an ein Bett oder eine Hängematte gefesselt und würden unter Schmerzen und Muskelkontraktionen wegen fehlender Rehabilitation leiden, denn auf der gesamten Insel Ometepe mit einer Ausdehnung von 276,2 km und 35,000 Einwohnern gibt es gerade einmal einen Physiotherapeuten.

MI TRABAJO DE FISIOTERAPEUTA EN LA ISLA DE OMETEPE

POR ALVARO SANDOVAL

Actualmente se está brindando atención médica y de rehabilitación física y motora a todos los niños que presentan diagnósticos que provocan lesiones y daño cerebral y por lo tanto dificultades motoras y físicas así como secuelas discapacitantes ocasionadas por diversas causas como: mala alimentación de la madre durante su embarazo, ingesta de medicamentos, asfixia del niño, ictericia, desnutrición, aplicación de fórceps, meningitis, incompatibilidad de RH en la madre y el padre entre algunas causas.

Estos niños con capacidades diferentes comprendidos en edades de 0 a 12 años requieren de cuidados especiales así como darles amor y cariño porque a pesar de sus problemas físicos, motores y del sistema nervioso son personas que tienen sentimientos.

Son antendidos todos los días en la Clínica La Esperanza ubicada en Santo Domingo, Isla de Ometepe, donde se le aplican las técniscas de Bobat, reeducación muscular, entrenamiento a la marcha, estimulación temprana para activar movimientos y así evitar secuelas graves como rigidez articular, contractura de grupos musculares que provocan dolor y mala circulación sanguinea, además, mal formaciones del Sistema

Esquelético así como ligamentos y tendones. Se estimulan para que realicen control de su cuello, mantegan la posición sentado, de pie y que estas actividades las realicen de forma independiente.

Se les realiza terapia en colchoneta y en las pelotas de Bobat para estimular reflejos como el de paracaídas y control en extensión de cuello, control del tronco en posición sentado y arrodillado.

Se realiza orientación a la madre o al familiar del niño para enseñarle como alimentarlo, que tipo de alimentación le va a proveer y también como manejarlo en casa y como realizarle la terapia en casa.

En total se atienden 12 niños entre varones y mujeres, todos de la Isla de Ometepe. Además brindamos atención a personas adultas que requieren de este servicio.

Sin el apoyo del Proyecto Ometepe Alemania todos estos niños no recibirían atenció médica ni rehabilitación y estarían postrados en una cama o en una hamaca sufriendo dolor, contracturas por falta de rehabilitación ya que en toda la Isla de Ometepe con una extensión de 276 km^2 y 35.000 habitantes solo existe un fisioterapeuta, el del POA.

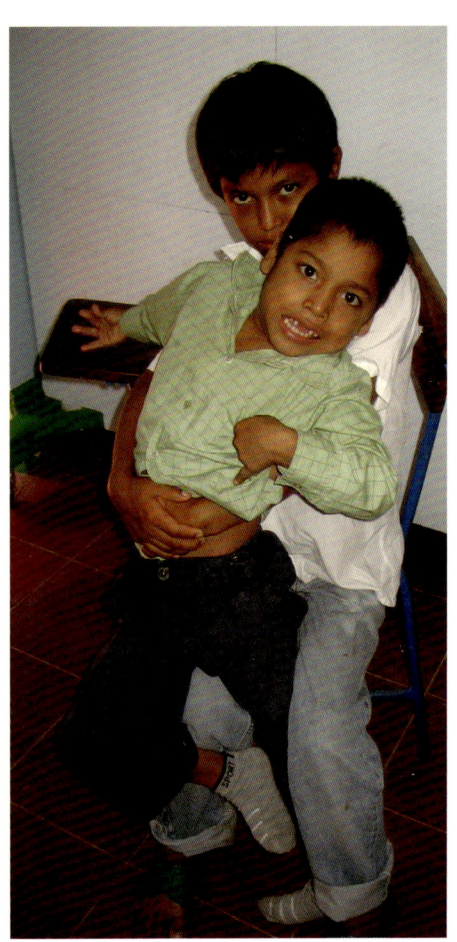
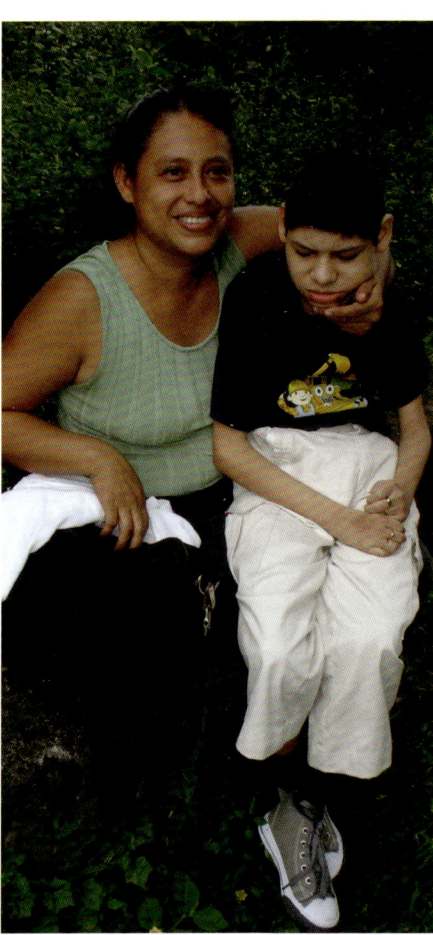
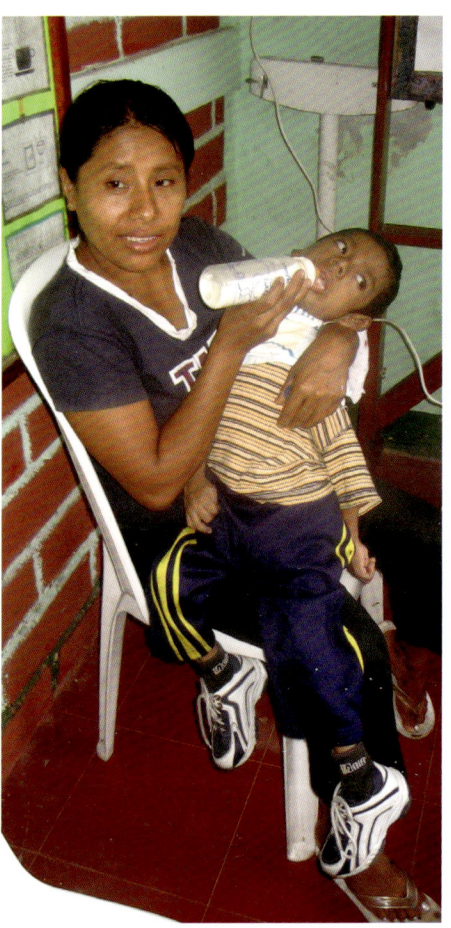

DIE ERNÄHRUNG VON KINDERN AUF OMETEPE

Die Verwendung von Soja zur Verbesserung der Ernährung

VON SOCORRO RAMÍREZ

Seit 2004 bin ich vom Proyecto Ometepe-Alemania damit beauftragt einen Ausbildungsplan zu erarbeiten, welcher den Frauen in den Dörfern die Bedeutung der Sojabohne für die Ernährung näher bringen soll.

Man kann viele verschiedene Produkte der Sojabohne erhalten. Soja enthält viele Proteine, die für die Ernährung von Kindern wie Erwachsenen sehr wichtig sind. Manchmal ist es schwierig, die Menschen davon zu überzeugen, Soja in ihre Ernährung aufzunehmen. Sie wissen kaum etwas über die Zubereitung und den Nährgehalt der Sojabohne.

Wenn sie aber erst einmal die Eigenschaften der Sojabohne kennen (42% Proteingehalt) und merken wie einfach es ist, viele verschiedene Produkte aus Soja herzustellen (Tofu, Sojamilch, *cuajada*, Käse, Sojawürste, *atol, guiso*, Erfrischungsgetränke u.v.m.) fangen sie an, sich dafür zu interessieren. Allerdings wird Soja auf Ometepe nicht produziert und es ist sehr

gente a consumir soya porque ellos conocen muy poco sobre la preparación y valor nutritivo de este producto.

Una vez que la gente conoce sobre las propiedades nutricionales de la soya (42% de proteína) y la facilidad como se procesa para convertirse en muchos productos diferentes (carne, leche, cuajada, queso, chorizo, atol, guiso, refrescos, otros) se interesan en adquirirlo, sin embargo, la soya no se produce en Ometepe y es muy difícil conseguirla. Yo creo que es muy importante empezar a producir soya localmente para que habitantes y visitantes dispongan de alimentos de calidad.

Para realizar cada taller de preparación de soya me reúno durante cinco horas con las mujeres de una comunidad para explicarles la importancia y valor nutritivo de la soya y demostrarles los procesos de elaboración de sus derivados. La soya se transforma con facilidad en muchas comidas sabrosas y se puede utilizar de varias formas en la dieta diaria, dietas especiales (enfermos, ancianos, deportistas), fiestas y otros eventos.

schwierig, sie zu besorgen. Ich denke, dass es sehr wichtig ist, Soja lokal anzubauen, damit die Bevölkerung und auch die Besucher der Insel über dieses Qualitätsprodukt verfügen können.

Ein Workshop, in dem ich den Frauen eines Dorfes die verschiedenen Verwendungsmöglichkeiten der Sojabohne und ihren Wert für die menschliche Ernährung erkläre, dauert fünf Stunden. Soja lässt sich leicht zu verschiedenen schmackhaften Gerichten verarbeiten, z. B. für Feste oder andere Ereignisse. Auch wenn man Diät halten will oder muss, z. B. bei Krankheit, im Alter oder bei sportlicher Betätigung, ist Soja ein geeignetes Nahrungsmittel.

LA NUTRICIÓN INFANTIL EN OMETEPE

El uso de la soya para mejorar la alimentación

POR SOCORRO RAMÍREZ

Desde el año 2004 el Proyecto Ometepe-Alemania me contrató para implementar un plan de capacitación que enseña a las mujeres de todas las comunidades de Ometepe la importancia de consumir el frijol soya.

Del fríjol soya se pueden obtener muchos derivados y contiene altas cantidades de proteínas muy importantes para la nutrición de niños y adultos. Ha veces existen algunas dificultades para convencer a la

AUF DER SUCHE NACH HEILERINNEN UND PFLANZENMEDIZIN

VON MICHAEL HÖHN

Noch vor einigen Jahren gab es eine Abteilung „Heilpflanzen" in der Klinik von Moyogalpa, die wir 1993 zum ersten Mal besuchten. Wir lernten dort Jenny, eine Krankenschwester kennen, die in dieser Abteilung arbeitete und sich im Bereich „Naturmedizin" auskannte. Bei unserem Besuch 2006 mussten wir feststellen, dass diese Abteilung nicht mehr existierte. Was war geschehen? Gab es zu wenige Promotorinnen, die für die Pflanzenmedizin ausgebildet waren? War die Nachfrage inzwischen so stark zurückgegangen, möglicherweise zugunsten „moderner" Medikamente und anderer Erkenntnisse? Wir haben uns auf die Suche nach Literatur zum Thema Heilpflanzen gemacht. Das war ein mühevolles Unterfangen. So wurden uns einige ältere Frauen genannt, die wir aufsuchten. Voll Stolz berichteten sie

El señor hizo brotar las plantas
medicinales, y el hombre
prudente no las desprecia.

Eclesiastico 38:4

A LA BUSCA DE
CURANDERAS Y PLANTAS

POR MICHAEL HÖHN

Hace algunos anos existía un departamento de plantas medicinales en la clinica de Moyogalpa a la cual visitamos por primera vez en 1993. Alli conocimos a Jenny, una enfermera que alli trabajaba y con muchos conocimientos en medicina natural. En nuestra visita en 2006 nos dimos cuenta que ya no existía. Que habia sucedido? Habían muy pocas promotoras con conocimientos en la medicina natural? Sería porque no habia demanda y se habían orientado a la medicina moderna, otros medicamentos o conocimientos?

Nos pusimos a la busca de literatura sobre la medicina natural y fue una empresa difícil. Nos hablaron de varias mujeres de edad y nos pusimos en su busca. Llenas de orgullo nos enseñaron su jardín y nos hablaron de sus conocimientos. Algunas tenían conocimientos bíoenergeticos. Interesados, y al mismo tiempo curiosos, nos sometimos a un análisis en tierra firma, en Rivas, con resultados interesantes, y con una bolsita de 'medicina' entre las que se encontraba veneno de culebra pulverizada nos pusimos en camino a casa. Nos dejamos dar masajes y contra las quemaduras de sol les pusieron a de nuestros amigos una pasta indefinida en la espalda con resultadas increíbles. Tomamos té cuando sufríamos de diarrea. Estabamos admira-

uns über ihre Kenntnisse und zeigten uns ihre Gärten. Einige verfügten über bioenergetische Kenntnisse. Interessiert und neugierig zugleich haben wir uns auf dem Festland in Rivas einer Analyse unterzogen und sind mit interessanten Ergebnissen und einigen Beutelchen „Medizin" – darunter auch Schlangengift in pulverisierter Form, nach Hause gegangen. Wir haben uns massieren lassen. Bei Sonnenbrand erhielten Freunde von uns undefinierbare Blattpasten auf den Rücken gelegt und waren über ihre Wirkungen erstaunt. Wir haben Tees nach Anweisung getrunken, wenn uns zwischendurch Durchfälle heimsuchten.

Auf der Insel begegneten wir auch einer Heilerin, die uns ein Buch zum Thema schenkte: Medicinas del Campo. Ein abgegriffenes Exemplar aus dem Jahr 1996, das vom Centro Educacional de Promoción Agraria (CEPA) herausgegeben worden war.

Die folgenden Heilpflanzen haben wir diesem Buch „Arzneipflanzen – die gebräuchlichsten Pflanzen in der IV Region von Nicaragua" (La salud al alcance del pueblo) entnommen.
Unsere Freundin Maria Schmidt hat als Biologielehrerin bei ihrem Besuch auf Ometepe diese Pflanzen kennen gelernt und sie identifiziert.

dos de ver cuantas plantas medicinales son conocidas por muchas mujeres y su empleo es común y diario. Nuestra amiga Berta, por ejemplo, tenía una infección en los ojos que se transmite fácilmente. Le pusieron empaques medicinales con gran éxito pues dos días después la infección desapareció.

En la isla encontramos una curandera que nos regalo un libro 'Medicinas del Campo'. Un ejemplar que no se encuentra mas que fue editado en el año 1996 por el Centro Educacional de Promoción Agraria (CEPA).

Las siguientes plantas medicinales las hemos sacado del libro "Las plantas medicinales mas conocidas y empleadas en la IV Region de Nicaragua " (la salud al alcance del pueblo).

Nuestra amiga María Schmidt, como maestra de biología que es, ha identificado estas plantas y en su visita a Ometepe las ha llegado a conocer.

Auswahl aus der Liste von 45 einheimischen Heilpflanzen

Selección de una lista de 45 plantas medicinales en Nicaragua

Landesübliche Namen *Nombres comunes*	Wissenschaftliche Namen *Nombres cientificos*	Deutsche Bezeichnung
Achiote	Bixa orellana L.	Orleansbaumfrucht
Aguacate	Persea Americana Mil.	Avocado
Ajo	Allium sativum L.	Knoblauch
Albahaca	Ocinum micranthum Willd.	Basilienkraut
Altamiza	Ambrosia cumanensis H.B.K.	Ambrosie
Carao	Cassia grandis L.	Samen von Tropenbaum
Cardosanto	Argemone mexicana L.	Mohngewächs
Contrahierba	Dorstenia drakena L.	Maulbeerbaumgewächs
Culantro	Eryngium foetidum L.	Selleriegewächs
Eucalipto	Eucalyptus camaldulensis Dehnh.	Eukalyptus
Guayaba	Psidium guajava L.	Guaven
Hombre grande	Cuassia amara L.	Bittereschengewächs
Llantén	Plantago major L.	Wegerichgewächs
Manzanilla	Matricaria chamomilla L.	echte Kamille
Pitahaya	Hylocereus undatus (Haworth) Britt. & Rose	Kaktusgewächs
Quina	Ocotea veraguensis Heisen	Lorbeergewächs
Ruda	Ruta graveolens L.	Weinraute
Sábila	Aloe vera L.	echte Aloe
Sauco	Sambucus mexicana Presl.ex A.DC.	mexikanischer Holunder
Zacate de limón	Cymbopogon citrates D.C.Stapf.	Zitronengras

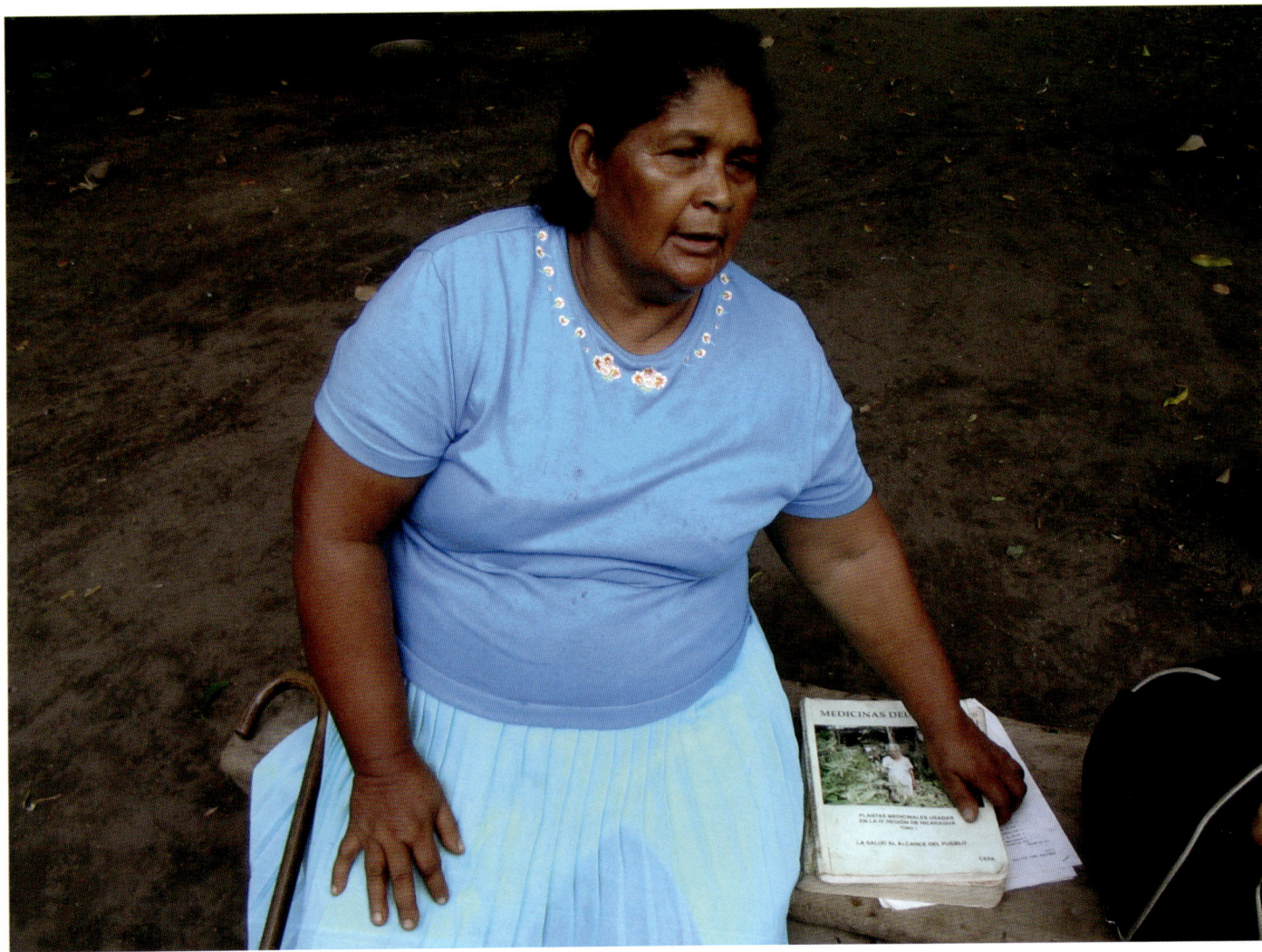

Unser Besuch bei der Kräuterheilerin

Von Monika Höhn

José Maria, unser Fahrer, fährt uns am frühen Nachmittag zur Hebamme und Kräuterheilerin Edelmira Morales Guzmán. Es ist gut, dass wir mit einem Geländewagen unterwegs sind. Der Weg ist unbefestigt und wird immer steiniger und enger. Unterwegs fragen wir nach dem Haus von Edelmira, die nicht weit vom Nicaraguasee entfernt wohnt, in der Nähe von Los Angeles in Sacramento.

Edelmira ist eine der wenigen Kräuterfrauen, die auf der Insel noch über umfangreiche Kenntnisse verfügen, so hatte man uns gesagt. Wir verlassen uns auf José Maria, der sie zu kennen scheint. Trotz allem dauert es eine Weile, bis wir uns zu ihrem Haus durchgefragt haben. Wir öffnen eine kleine Holztür am Eingang des Gartens und es dauert nicht lange, bis wir begrüßt werden.

Eine kräftige und sympathische Frau mit indigenem Aussehen kommt uns auf einen Stock gestützt entgegen, den sie seit den Schwierigkeiten mit ihrer Wirbelsäule benötigt. José Maria setzt sich auf eine Bank, Edelmira bietet uns zwei Holzstühle an und sehr bald sind wir mitten im Gespräch. In mehr als zwei Stunden erfahren wir viel über das Leben dieser 64 Jahre alten Frau, die verheiratet ist und acht Kinder geboren hat.

„Sie sind alle *profesionales*," sagt sie und ist stolz, dass ihre Kinder richtige Berufe haben. Edelmira ist es aufgrund ihrer Geh-behinderung nicht mehr möglich, in ihrem Beruf zu arbeiten. Sechs Jahre lang hatte sie als Freiwillige für FEV *(Fundación Entre Volcanes)* in verschiedenen Teilen der Insel gearbeitet. Später wurde sie dann auch bezahlt angestellt und hatte eine leitende Position. Ihre Schwerpunkte waren vor allem Ernährungskurse und *medicina natural*.

In diesem Zusammenhang hatte sie eine Reihe von Fortbildungen in Honduras, Guatemala und auch in Estelí mitgemacht und erheblich an Erfahrung durch die *talleres* und den Austausch mit anderen Heilerinnen gewonnen.

Ein chinesischer Heiler hatte ihr auch Kenntnisse in Bioenergietechnik vermittelt. Nahe Los Angeles hatte FEV einen *puesto de salud* – Silonem – eingerichtet, an dem sie lange Zeit mit anderen Frauen für die Bevölkerung tätig war. Silonem wurde mittlerweile aus Geldmangel geschlossen.

Edelmira verfügt über gute Kenntnisse von Heilpflanzen, von denen es auf der Insel zahlreiche gibt.

In weiteren Gesprächen erfuhren wir, dass auch andere Frauen auf Ometepe sich mit der Wirkung von Heilpflanzen auskennen.

VISITA A LA ESPECIALISTA EN MEDICINA NATURAL

POR MONIKA HÖHN

Nuestro chofer José Maria nos lleva por la tarde a donde la partera y especialista en "medicina natural". Que bueno que viaja-mos en una camioneta pues el camino es de tierra pedregosa y estrecho. Preguntamos por el lugar donde vive, no muy lejos del lago de Nicaragua cerca de los Angeles en Sacramento.

Edelmira es una de las pocas personas que tiene gran conocimiento en medicina natural según tenemos entendido – confiamos en José Maria quien dice conocerla. De todas maneras el camino es largo y al fin llegamos después de preguntar varias veces. Al abrir el porton, enseguida sale a saludarnos una fuerte y simpatica mujer con rasgos indígenas apoyandose sobre su baston para proteger su columna. José Maria toma asiento en una banca y Eldelmira nos ofrece dos asientos de madera y de inmediato comienza nuestra conversación. Durante más de dos horas oímos mucho de la vida de esta mujer de 64 años quien esta casada y ha dado luz a ocho hijos.

"Todos son profesionales", dice con mucho orgullo. A Edelmira le es imposible ejecer su trabajo debido a su impedimento. Durante seis años trabajó voluntariamente para el FEV (Fundación Entre Volcanes) en diferentes lugares de la isla. Luego entró de empleada oficial y fue encargada de nutrición y medicina natural. Por este motivo hizo varios viajes de estudios en Honduras, Guatemala, Estelí y de esta manera adquirió más conocimientos sobre la materia.

Un curandero chino le enseño conocimientos de técnica bioenergética. Cerca de Los Angeles, el FEV tenía un puesto de salud en Xilonem y allí prestó sus servicios con otras señoras. El centro de salud fue cerrado por falta de fondos.

Edelmira posee buen conocimiento sobre plantas medicinales las cuales se encuentran en gran cantidad en la isla.

En otras conversaciones nos dimos cuenta que en Ometepe hay varias mujeres con conocimientos sobre las plantas medicinales.

Tamarinden

HEILUNGSWUNDER IN MOYOGALPA

VON MICHAEL HÖHN

Der Dorfplatz von Moyogalpa ist an diesem Samstagabend im Januar brechend voll mit jungen und alten Menschen. Überall sind Stände aufgebaut wie beim Patronatsfest. Es riecht nach gebackenen Bananenchips und Tortillas. Eis wird verkauft und Getränke aller Art. Normalerweise wird auf diesem Platz der Korall aufgebaut für das Stierreiten. Und so ähnlich ist auch die Stimmung unter den zahllosen Anwesenden.

Sie alle wollen teilhaben an der Gran Cruzada „Ometepe - Jesus te ama", dem großen Kreuzzug „Ometepe – Jesus liebt dich" mit dem berühmten argentinischen Prediger Carlos Annacondia.

„Niño de Oro singt heute", sagt unser Nachbar ganz aufgeregt. „Der kleine Junge hat die schönste Stimme für Jesus, die ich kenne."

Vorne neben der Bühne sitzen unter einem roten Schattendach mit Coca-Cola-Werbung die Honoratioren von Moyogalpa. Daneben hängt ein handgemaltes Pappschild mit einer Taube: *área de testimonio*. Hier ist der Bereich, in dem die Menschen von den zahlreichen Mitarbeitern des Annacondia-Teams ausgesucht werden, die heute Abend Zeugnis für Jesus geben sollen. Sie bezeugen vor der großen Ver-

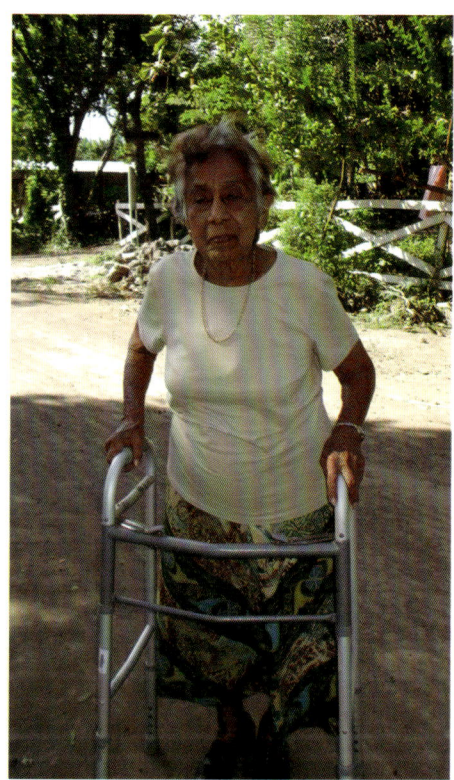

sammlung, dass sie durch Gebet und Austreibung der Dämonen geheilt wurden.

So wie die alte Frau, die von zwei Mädchen an die Bühne geführt und mühsam hoch gehievt wird. Dann fragt Carlos Annacondia sie, was ihr widerfahren ist. Die alte Frau erzählt ins Mikrophon, dass sie gestern noch vor Schmerzen humpeln musste. Dann aber sei ihre Arthritis durch Gebete geheilt worden. Und plötzlich beginnt sie unter dem Klatschen der Anwesenden auf der Bühne zu tanzen und will gar nicht aufhören. Aber es warten noch mehr Menschen in der Reihe, die Zeugnis von ihrer Heilung ablegen wollen. Als der nächste Zeuge auftritt, führen die beiden Mädchen die alte Frau vorsichtig wieder von der Bühne herunter. Ich sehe ihr an, wie weh ihr jede Bewegung tut.

Mit Pop-Musik und missionarischen Liedern des „Goldjungen" wird nun die Ver-anstaltung immer weiter emotional angeheizt. Das Publikum singt und tanzt und klatscht die bekannten Stücke begeistert mit.

Mehr als die Hälfte der Anwesenden dürfte katholisch sein. Sie alle kommen unabhängig von ihrer Konfessionszugehörigkeit hierher, weil sie davon gehört haben, dass der berühmte argentinische Laienprediger Carlos Annacondia gemeinsam mit seinem Team durch den Geist Gottes Krankheiten heilen kann. „Gebetskämpfer" (C.P. Wagner) wie Annacondia bekämpfen in dieser Zeit der „Geistlichen Kriegsführung" (C.P. Wagner) die Krankheiten, die von Satan kommen.

Die Veranstaltung geht bis weit in die Nacht. Und immer wieder treten vom Team ausgesuchte Zeugen auf die Bühne, die angeben, durch die Gebete geheilt worden zu sein.

Was steckt hinter dem Großen Kreuzzug von Carlos Annacondia?

Einer der Anhänger von Carlos Annacondia sagt: „Er ist Eigentümer einer Schrauben- und Mutternfabrik, hatte sich 1979 durch den Dienst des südamerikanischen Diplomaten Manuel Ruiz bekehrt. Heute ist Annacondia der führende Evangelist Argentiniens. Er ist immer noch theologischer Laie und hält mehrmals im Jahr öffentliche Veranstaltungsreihen in den von Menschen wimmelnden argentinischen Städten. In jeder dieser Veranstaltungsreihen predigt er 30 oder 40 Abende lang auf freien Plätzen zu Menschenmengen bis zu 40.000 Personen, von 8 Uhr abends bis Mitternacht oder auch später. Man schätzt, dass sich in den ersten 5 Jahren seines Dienstes mehr als 1 Million Menschen öffentlich für Christus entschieden haben, das ist ungefähr soviel, wie es Billy Gra-ham in den ersten 20 Jahren seines Dienstes erleben durfte."
(http://www.home.pages.at/wunder/ html/news.html)

Der pfingstlerische, amerikanische Theologe C.P. Wagner beschreibt das konkrete Auftreten von Carlos Annacondia so: „Ich habe noch nie einen Evangelisten erlebt, der auf der Bühne den bösen Geistern auch nur annähernd so aggressiv entgegentritt wie Annacondia. Im Grunde genommen stichelt er die Geister durch seine langandauernde, laute und überaus energische Kampfansage so lange, bis sie sich auf die eine oder andere Weise manifestieren und zu erkennen geben. Das, was sich während seiner Großveranstaltungen auf den Plätzen abspielt, erscheint dem Uneingeweihten als Chaos in Reinkultur. Aber für die geübten und erfahrenen Mitglieder, die zu den 31 Teams gehören, mit denen Annacondia seine Großveranstaltungen durchführt, ist es nur ein weiterer Abend, an dem an der Front Kampfgebet durchgeführt wird, durch das die Macht Jesu Christi über die dämonischen Mächte für alle sichtbar werden soll. Und die Macht ist unglaublich. Es geschehen viele Heilungen, die nur als Wunder interpretiert werden können. Es geschehen zum Beispiel so viele zahnmedizinische Wunder - Zahnlöcher füllen sich, neue Zähne wachsen nach und kaputte Brücken werden durch ganze Zähne ersetzt -, dass nur noch diejenigen auf der Bühne von ihrer Heilung Zeugnis geben dürfen, bei denen sich mehr als zwei Zahnlöcher wieder geschlossen haben. Es wird von einem Zwergwüchsigen berichtet, der um 38 Zentimeter gewachsen ist."
Aus: Wagner, Das offensive Gebet, Projektion J, Wiesbaden, 1992

Es ist kein Wunder, dass gerade in Gegenden, in denen das Gesundheitssystem und auch die Bildung mangelhaft sind, kranke Menschen in ihrer Not und Ohnmacht ihre Hoffnung verstärkt auf „Wunderheilungen" setzen. Wer glaubt, nichts mehr zu verlieren zu haben, sieht oft nur noch die Möglichkeit, auf übernatürliche Weise geheilt zu werden.

Kritische Untersuchungen solcher Wunderheilungen erklären sie vor allem mit dem Placebo-Effekt.

Aber es gibt noch einen anderen – von den Veranstaltern beabsichtigten - Effekt des „Großen Kreuzzuges":

Eine ganze Zahl von Insulanern wird sich von der katholischen Kirche ab- und einer der zahlreichen pfingstlerischen oder charismatischen Gruppen zuwenden, die sich im Lauf der letzten Jahre auch auf Ometepe angesiedelt haben. Der Reiz dieser Gruppen oder Kirchen, die oft aus den USA stammen, liegt für manche Christen darin, dass sie ihnen lebendiger, fröhlicher und demokratischer erscheinen als die aus ihrem Blickwinkel in hierarchischen Formen erstarrte katholische Kirche.

Curación milagrosa en Moyogalpa

Por Michael Höhn

La plaza de Moyogalpa está demasiado llena con gente jóven y mayores esta noche de un Sábado en Enero. En todas partes hay casetas como en la fiesta patronal. Huele de bananos fritos y tortillas. Se vende sorbete y bebidas de todas clases. Normalmente se monta en esta plaza la arena para montar los toros. Parecido es el ambiente entre los numerosos presentes. Todos quieren participar en la gran cruzada „Ometepe – Jesus te ama" con el famoso predicador argentino Carlos Annacondia.

"El niño de oro' canta hoy", dice nuestro vecino entusiasmado. "Este muchacho pequeño tiene la voz más bella que conozco para Jesús."

En frente, al lado del escenario, están sentados, bajo la sombra de una sombrilla con propaganda de Coca Cola, los honorables de Moyogalpa. Al lado cuelga un rótulo de cartulina con una paloma: "area de testimonio". Aquí es el área donde los numerosos colaboradores de Annacondia escogen la gente, que van a dar hoy sus testimonios para Jesús. Ellos testifican, ante la plena

asamblea, que se curaron con orar y exorcizar a los demonios.

Como una señora mayor guiada por dos niñas al escenario al cual subió con esfuerzo. Carlos Annacondia la pregunta luego que le había pasado. La viejita cuenta en el micrófono que ayer todavía tenía que cojear de dolores. Pero su artritis había sido curada con oraciones. De pronto ella empieza a bailar en el escenario y no quiere terminar, acompañada del aplauso de los presentes. Pero más personas en la fila esperan para dar su testimonio de su curación. Cuando se presenta el próximo testigo, las niñas acompañan a la viejita bajando cuidadosamente del escenario. Veo, que le duele cada movimiento.

Con música pop y canciones misionarias del „niño de oro" se calienta emocionalmente el espectáculo. El público canta y baila las piezas conocidas con entusiasmo. Supuestamente más que la mitad de los presentes es católico. Todos ellos vienen, independientemente de su confesión, porque escucharon que el famoso predicador laico argentino Carlos Annacondia, con su grupo, cura enfermedades con el espíritu de Dios. "Combatientes de oración" (C.P. Wagner) como Annacondia luchan en este tiempo de la "guerra espiritual" (C.P.Wagner) contra enfermedades causado por satanás.

La sesión dura hasta muy noche. Y siempre otra vez se presentan testigos en el escenario diciendo que fueron curados a través de oraciones.

Que hay atrás de la cruzada de Carlos Annacondia ?

Uno de los seguidores de Carlos Annacondia dice: "El es dueño de una fabrica de tornillos y él se covirtió por la influencia del diplomático suramericano Manuel Ruiz en 1979. Hoy, Annacondia es el evangelista guiado de Argentina. El todavía es laico teológico y lleva a cabo varias veces al año series de espectaculos en las ciudades argentinas hirviendo de gente. En cada serie de espectaculos el predica unas 30 a 40 veces de las ocho de la tarde hasta media noche o más tarde en plazas al aire libre a masas de gente de hasta 40.000 personas. Se estima que durante los primeros 5 años de su servicio se decidieron más que 1 million de personas públicamente para Christus. Eso es más o menos la cantidad que logró Billy Graham en sus primeros 20 años de su servicio."

(http://www.home.pages.at/wunder/html/news.html)

El teólogo pentecostal americano C.P. Wagner describe la presencia concreta de Carlos Annacondia de esta forma:

"Nunca he visto un evangelista, que enfrenta en el escenario los malos espíritus así de agressivo como Annacondia. En el fondo, el provoca los espíritus con su desafío largo, agudo y enérgico, hasta que se manifiestan de una u otra forma.

Lo que sucede durante sus actos multitudinarios en las plazas parece para la persona no enterada como caos puro. Pero para los miembros experimentados de los 31 equipos con los cuales Annacondia realiza sus actos, esto es solamente una tarde más en la cual se realiza la lucha de oración, demostrando así el poder de Jesús Cristo sobre los poderes demoníacos a todo el mundo.

Y este poder es increíble. Suceden muchas curaciones que se puede interpretar solamente como milagros. Suceden por ejemplo tantos milagros de medicina dental - huecos de dientes se llenan, nuevos dientes crecen otra vez y puentes rotas se reemplazan con dientes sanos - que por fin solamente estos pueden dar sus testimonios en el escenario que tienen los dientes sanados. Se cuenta de una persona enana que había crecido por 38 centimetros."

(De: Wagner, La oración offensiva, Projektion J, Wiesbaden, 1992)

No es una sorpresa que en regiones donde el sistema sanitario y la educación son deficientes, gente enferma creen, en su necesidad e impotencia, en "curaciones milagrosas". Quien sabe que ya no tiene nada de perder ve muchas veces como única esperanza ser curada de forma sobrenatural. Investigaciones críticas de estas curaciones milagrosas explican resultados positivos con el efecto de placebo.

Pero hay otro efecto de la "gran cruzada", deseado de los organizadores :

Un buen número de isleños se aleja de la iglesia católica y se dirige a uno de estos numerosos grupos carismáticos o pentecostales que aparecieron en los últimos años en la isla. El atractivo de estos grupos e iglesias, proveniente muchas veces de los Estados Unidos, es que para muchos cristianos les parecen más vivos, alegres y democraticos que la iglesia católica estancada en formas jerárquicas.

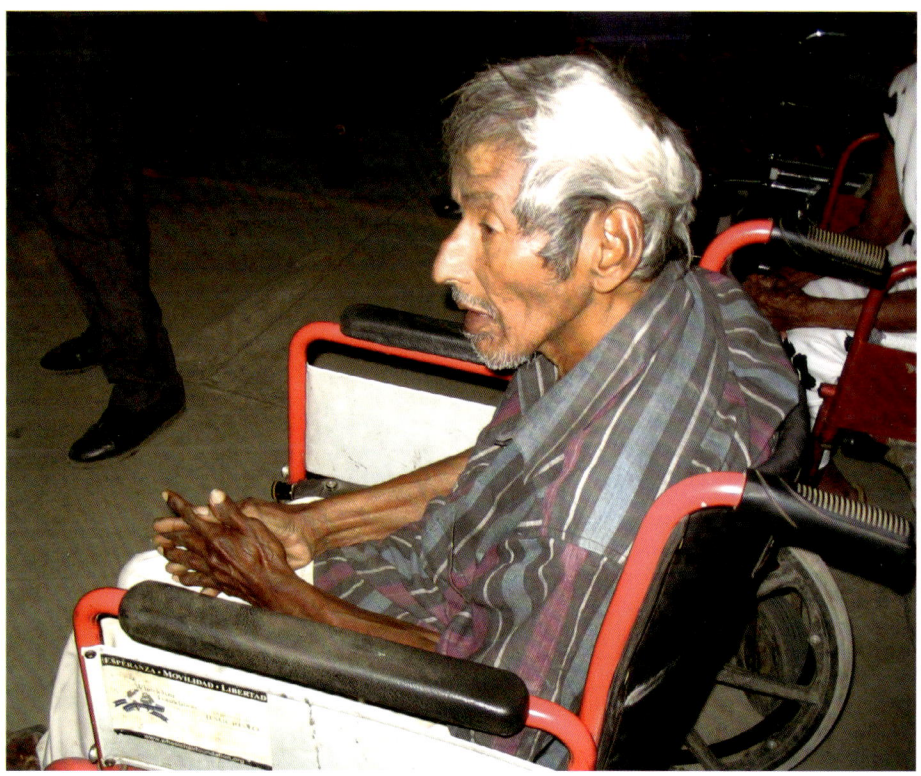

SOZIALARBEIT DER KATHOLISCHEN KIRCHE AUF OMETEPE

VON BISCHOF BERNARDO HOMBACH

Man sagt, wer einmal „Gallo Pinto" (Reis mit roten Bohnen) gegessen hat, kommt immer wieder zurück nach Nicaragua. Wahrscheinlich ist es weniger der Gallo Pinto, der die Fremden anzieht; denn manchem Besucher kam er fast zu den Ohren raus, nachdem er ihn morgens, mittags und abends serviert bekam. Was den Fremdling immer wieder anzieht, ist die überwältigende Schönheit der Natur und die aufgeschlossene Gastfreundschaft der Nicas.

Trotz der frohen Gesichter und der herrlichen Kulisse, welche die Natur bietet, lässt sich die tiefe Armut eines großen Teils der Bevölkerung nicht verbergen: die Arbeitslosigkeit, 60% der Bevölkerung sind nach deutschen Begriffen Gelegenheitsarbeiter, das öffentliche Gesundheitswesen funktioniert nicht, die Jugendlichen aus armen Familien haben kaum Chancen für eine gute Ausbildung. Dazu kommt die Gewalttätigkeit in den Familien und im öffentlichen Leben. Auf meinen Besuchen in den Pfarreien werde ich ständig mit der Realität der Menschen konfrontiert.

Was tun wir als Kirche dagegen? Der erste Schritt, die eigentliche Mission der Kirche ist die Option für Jesus selbst, der arm wurde, um uns zu bereichern. Wer sich aufrichtig für Jesus entscheidet, muss sich auch für seine Brüder und Schwestern entscheiden, die leiden und in Not sind, denn der Herr selber identifiziert sich mit ihnen: „Ich war hungrig und ihr gabt mir zu essen". (Mt. 25,35)

Was tun wir konkret? Bei Katastrophen und in Notsituationen muss sofort Hilfe geleistet werden. Als der Vulkan Concepción auf Ometepe bebte und Feuer und

Asche spuckte, und etliche Familien obdachlos wurden, organisierte die Caritas der Diözese Granada eine Hilfsaktion. Es musste Trinkwasser herbei, Plastikfolien, um die beschädigten Häuser wieder notdürftig herzustellen, ferner Grundnahrungsmittel wie Reis, Bohnen und Öl, einige wichtige Medikamente usw.

Nur in solchen Situationen verteilen wir kostenlos. Es geht uns jedoch hauptsächlich darum, den Menschen Hilfe zur Selbsthilfe zu geben. Wir bilden in den einzelnen Gemeinden Caritas-Gruppen heran, die fähig sind, selber die soziale Situation ihrer Gemeinden zu beurteilen und im Bedarfsfall vor Ort Eigenhilfe zu organisieren. Ein reiner Assistenzialismus, auch wenn er noch so gut gemeint ist, wirkt sich negativ aus und lähmt die Eigeninitiative. Hilfe zur Selbsthilfe!

Eine der Hauptursachen der Unterentwicklung besteht in der fehlenden Bildung. In Nicaragua und besonders auf der Insel Ometepe gibt es noch recht viele Erwachsene und auch Jugendliche Analphabeten. Als Kinder haben sie die Schule irgendwann aufgegeben, weil sie mit ihrer Arbeit helfen mussten, die Familie zu unterhalten, und später war es ihnen zu peinlich, sich mit Zehn- bis Zwölfjährigen auf die Schulbank zu setzen.

Daher begannen wir mit dem Projekt der Alphabetisation in den Pfarreien Altagracia und Moyogalpa. Die „Lehrer" sind Oberschüler oder Campesinos, die lesen und schreiben können und die wir in Kursen für diese Aufgabe vorbereiten. Die Caritas übernimmt die Kosten für Lehrmaterial, Hefte, Schreibzeug, und die Vorbereitungskurse. Alle arbeiten ohne Bezahlung, die Arbeit gilt als Dienst an der Gemeinde, so erteilen auf der Insel über 200 Katechetinnen und Katecheten wöchentlich mehrere Stunden Religionsunterricht. Eine lebendige Gemeinde braucht den Beitrag ihrer Glieder.

Ein weiteres wichtiges Projekt der Diözese auf der Insel bekämpft die Ausbreitung von Aids. In Schulen und Jugendgruppen organisieren wir Aufklärungskurse und Gesprächsrunden. Es geht hier nicht nur um eine biologische Aufklärung der Krankheit, sondern um eine wirksame Vorbeugung durch eine christliche Lebensweise.

Gelebter Glaube und verantwortliche Liebe für den Nächsten lassen sich nicht trennen. Wir dürfen nicht an unserem Nächsten, der krank und ausgebeutet am Wegrand liegt, wie der Priester und Levit achtlos vorübergehen. Andererseits dürfen wir nicht der Illusion erliegen, alle Steine in Brot verwandeln zu wollen. „Denn der Mensch lebt nicht vom Brot allein, sondern von jedem Wort, das aus dem Munde Gottes kommt." (Mt 4,4)

Padre José Antonio López Pérez vom Presbyterium der Gemeinde Altagracia schreibt dazu Folgendes:

Die katholische Kirche in der Gemeinde Altagracia übt ihre soziale Aktion aus, indem sie als Basis ihrer Organisation die kleinen christlichen Gemeinschaften nutzt, in denen die Menschen ihren Glauben teilen, aber auch ihre Güter und Notwendigkeiten. 60 Prozent der Gemeindeglieder dieses Pfarrbezirkes sind in den Gemeinschaften organisiert.

Man hilft vor allem den alten und kranken Menschen. Diese werden betreut durch Gruppen von Gemeindegliedern aus ihrer Gemeinschaft. Eine andere Priorität ist die Katechese der Kinder. Auch werden Ehen unterstützt, die in Konflikten leben, ebenso Jugendliche und Personen mit Alkohol- und Drogenproblemen. Diese Aktivitäten entwickeln sich aus einem Programm,

nach dem Haus für Haus dauernd besucht werden.

Bei vielen Gelegenheiten wird auch Personen geholfen, die in höchster Not sind wie z.B. die, die dringend ihre Felder für die Aussaat bestellen oder die Ernte einholen müssen, bevor sie verdirbt – und denen Arbeitskräfte fehlen. In diesem Fall kümmern sich die Mitglieder der christlichen Gemeinde um die Arbeitskräfte nach einem Arbeitsaustausch (gegenseitige Hilfe). An einigen wenigen Tagen im Jahr wird auch Essen für die Gefangenen im örtlichen Gefängnis vorbereitet – ungefähr 600 Essen pro Jahr.

TRABAJO SOCIAL DE LA IGLESIA CATOLICA EN LA ISLA DE OMETEPE

POR OBISPO BERNARDO HOMBACH

Existe un dicho o refrán Nicaragüense que dice 'Quien comió Gallo Pinto regresa siempre a Nicaragua'. En mi opinión personal parece ser un poco más que el Gallo Pinto ya que este puede llegar a aburrir a los visitantes cuando tienen que comerlo todos los días desayuno, almuerzo y cena. Creo que lo que atrae más al turista son las grandes bellezas naturales y la abierta hospitalidad de los nacionales.

A pesar de los rostros alegres y amistosos de la gente y los hermosos panoramas que presenta la naturaleza, no se puede ocultar la profunda pobreza en gran parte de la población. La falta de fuentes de trabajo es un gran problema. Alrededor de 60% de la población activa labora en trabajos eventuales. El sistema de salud pública es muy deficiente, Los jóvenes tienen pocas oportunidades de recibir buena educación escolar. También existe mucha violencia familiar y en la sociedad. Durante mis visitas a las parroquias tengo que confrontar esta dura realidad de la gente.

Como enfrenta la iglesia esta situación? Nuestro primer paso es la opción del mismo Jesús, quien se desprendió de todas pertenencias para enriquecernos a nosotros. Quien acepta a Jesús también acepta a ayudar a sus hermanos y hermanas que sufren y viven en la miseria. Jesús se identifica con ellos 'Tuve hambre y ustedes me dieron de comer' (Mt. 25,35)

Como actuamos en lo concreto? En situaciones de catástrofes y emergencias, la Iglesia socorre con ayuda inmediata. Cuando el volcán Concepción en la Isla de Ometepe hizo erupción y ocurrieron temblores de tierra, varias familias se quedaron sin viviendas. Caritas de la Diócesis de Granada realizó una serie de ayudas. Se envió agua potable, rollos de plástico negro para cubrir provisionalmente los techos, alimentos básicos (arroz, frijol, aceite) y algunos medicamentos.

Unicamente bajo estos tipos de situaciones se reparte grátis la ayuda. Nuestra prioridad consiste en capacitar a la gente para que ellos mismos se ayuden. Caritas asiste a organizar grupos en las comunidades los cuales son capacitados para analizar entre ellos su situación social y, cuando se requiere, organizar la auto-ayuda en la comunidad. Mero asistencialismo, aunque bien intencionado, inhibe la iniciativa propia para ayudarse ellos mismos.

Una de las causas principales del subdesarrollo es la falta de educación. En Ometepe, al igual que en el resto de Nicaragua, existen muchos adultos y jóvenes analfabetos que cuando eran niños abandonaron la escuela para trabajar y ayudar a los adultos a mantener a sus familias. Una vez mayores, les da pena regresar a la escuela de compañeros de niños la mitad de su edad. Esta situación motivó a la Iglesia a iniciar un programa de alfabetización en las parroquias de Altagracia y Moyogalpa.

Los alfabetizadotes son alumnos de secundarias y algunos campesinos que saben leer y escribir y se les capacita para alfabetizar. Caritas aporta el material didáctico y otros gastos de los cursos de capacitación. Todos los alfabetizadotes son voluntarios (no reciben renumeración) que trabajan para servir a las comunidades. También hay más de doscientos catequistas que imparten catecismo en Ometepe. Unidad viva necesita la colaboración de sus miembros.

Otro proyecto que la Iglesia ejecuta en Ometepe combate la endemis del VIH-SIDA. En las escuelas y con grupos juveniles se organizan cursos de información y grupos de trabajo con respecto al tema. Además de la información biológica de la enfermedad también se promueven métodos eficientes de prevención basados en los valores de la fe cristiana. La fe viva y el amor responsable por el prójimo son inseparables. No podemos pasar de largo a nuestro prójimo que está tirado al borde del camino, enfermo y explotado, como el sacerdote y el levita del evangelio. Tampoco debemos ceder a la tentación de querer convertir todas las piedras en pan. 'El hombre no vive solamente del pan, sino de cada palabra que sale de la boca de Dios' (Mt. 4-4)

Padre José Antonio López Pérez, del Presbíterio del Municipio de Altagracia, escribe a eso lo siguiente:

La Iglesia Católica en el Municipio de Altagracia ejerce su acción social usando como base su organización en pequeñas comunidades cristianas donde comparten su fe pero también sus bienes y necesidades. El 60% de los feligreses de esta parroquia están organizados en estas comunidades.

Se asiste con prioridad a los más ancianos y enfermos. Estos son atendidos por grupos de feligreses de su comunidad. Otra prioridad es la catequesis de los niños. También se atiende a matrimonios en conflicto, jóvenes y personas con problemas de alcohol y/o drogas. Estas actividades se realizan a través de un programa de visita permanente casa por casa.

En muchas ocasiones se apoya a personas que tienen necesidades extremas tales como la urgencia de preparar sus campos para siembra o recoger su cosecha antes de que se caiga por falta de mano de obra. En este caso, los miembros de la comunidad cristiana proveen la mano de obra a través de un intercambio de trabajo (ayuda mutua). En ciertas pocas ocasiones a través del año se preparan comidas para los presos en las cárcel local. Alrededor de 600 comidas por año.

Patronatsfeste und Religionen auf Ometepe

Von Manuel Hamilton Silva Monge

Seit der Zeit der Kolonialisierung wird vom 11. bis zum 18. November das Patronatsfest von San Diego de Alcalá mit dem Tanz der Zompopos (Blattschneiderameisen) in Altagracia gefeiert.

In Moyogalpa feiert man Santa Ana vom 22. bis 26. Juli mit dem Tanz der Inditas oder auch Mojigangas. Und so nach und nach feiert man auch im Februar in Esquipulas den Herrn von Esquipulas.

In Los Angeles feiert man am 2. August Unsere liebe Frau von Los Angeles, in San José del Sur am 19. März San José.

In Urbaite und San Marcos wird am 11. Mai San Pio V. gefeiert. In Balgüe feiert man das göttliche Kind im Dezember. In La Flor wird im Juni Herz Jesu gefeiert und das Heilige Kreuz in La Concepción. Etwa 60 Prozent der Bevölkerung ist schätzungsweise katholisch. Eine andere Religion, die sich rasch entwickelt ist die evangelische. Aber es existieren verschiedene Denominationen, hauptsächlich im

Bereich von Moyogalpa, wo es Kirchen der Baptisten, der Adventisten, der Centroamerikanischen, der Cuadrangulares und anderer gibt.

In allen Dörfern und Weilern gibt es verschiedene Sekten. Auch in Altagracia sind alle protestantischen Denominationen vertreten. Zeugen Jehovas gibt es auch in San Marcos, Altagracia, Moyogalpa und Mérida. Alle diese Sekten zusammen machen rund 40 Prozent der Bevölkerung aus.

FIESTAS PATRONALES Y RELIGIONES EN OMETEPE

Por Manuel Hamilton Silva Monge

Desde el tiempo de la colonia se celebra la fiesta patronal de San Diego de Alcalá, con el baile de los Zompopos del 11 al 18 de noviembre, en Altagracia y Santa Ana en Moyogalpa, con el baile de las inditas o Mojigangas, en el mes de Julio del 22 al 26. Así sucesivamente, en Esquipulas al señor de Esquipulas en el mes de Febrero. En Los Ángeles el 2 de Agosto, Nuestra Señora de los Angeles, en San José del Sur a San José el 19 de Marzo. En Urbaite y San Marcos San Pío V, el 11 de Mayo, en Balgüe al Niño de Dios en Diciembre, en La Flor en Junio al Corazón de Jesús, y en La Concepción la Santa Cruz.

Se puede hacer un estimado de un 60 porciento de la población que es católica.

Otra religión que se está desarrollando bastante es la Evangélica, pues existen varias denominaciones con mayor presencia en Moyogalpa dónde hay templos Bautistas, Adventistas, Centroamericanos, Cuadrangulares y otros.

En todos los pueblos y caseríos hay diferentes sectas. En Altagracia también hay representatividad de todas las denominaciones protestantes. También existen Testigos de Jehová en San Marcos, Altagracia, Moyogalpa y Mérida. Todas estas sectas pueden calcularse en una cuarenta porciento de la población.

ZUM URSPRUNG DER SCHUTZHEILIGEN-PROZESSIONEN UND ZUR TEILNAHME VON STIEREN

VON ALCIDES FLORES

Der Ursprung der Prozession für den Schutzheiligen San Diego ist weitaus älter als die Präsenz der katholischen Kirche auf Ometepe. Der Tanz der Zompopo, das zentrale Element des Festes, ist ein rein indianischer Tanz. Das Stierreiten begannen die Mestizen und die indianische Bevölkerung, während die Spanier und Kreolen auf den Prozessionen besonders majestätische Pferde ritten. Für gewöhnlich leihen sich die Gemeinden für die Feiern Stiere von den Finqueros aus. Einmal habe ich der Gemeinde Urbaite einen Stier geliehen. Bevor dieser allerdings geritten werden konnte, fiel er tot um. Der rüde Umgang der Leute mit dem Stier, der ganze Tumult und die Hitze waren zuviel für ihn.

SOBRE EL ORIGEN DE LAS FIESTAS PATRONALES Y LA PARTICIPACIÓN DE CABALLOS Y TOROS

POR ALCIDES FLORES

Las fiestas patronales a San Diego tienen un origen más antiguo que la presencia de la Iglesia Catòlica en Ometepe. El baile del ZOMPOPO, pieza central de esta celebración, es una danza netamente indìgena. La tradición de cabalgar toros en las fiestas se inicia como una forma de mestizos e indígenas de participar en las celebraciones donde Españoles y Criollos (descendientes de Españoles) acostumbran a montar buenos ejemplares de caballos. Para la celebración de la fiestas patronales en las comunidades acostumbran a prestar toros a los finqueros. Una vez prestè un toro a la comunidad de Urbaite. Debido al tratamiento rudo recibido de parte de la gente y el estado máximo de excitación al que fue sometido debido al bullicio y calor existente, el toro cayó muerto antes de poder ser montado por alguien.

WEIHNACHTEN IN OMETEPE UND EUROPA

VON MARISOL SILVA-PLATZER

Ich erinnere mich gerne an die Weihnachtszeit in Ometepe als ich noch ein Kind war. Meine Geschwister und meine Schulfreunde warteten auch mit Sehnsucht darauf. Im November strengten wir uns in der Schule an, um gute Zeugnisse zu bekommen, damit wir die Weihnachtszeit genießen konnten.

Die Feste zur Purisima (Maria Empfängnis) begannen am 29. November und dauerten bis zum 7. Dezember. Die ganze Insel war mit den Vorbereitungen von Altären beschäftigt. In jeder wichtigen Straße wurde eine hohe Plattform gebaut. Darauf wurden Blumen gestellt und es gab Wandgemälde, die mit Wolken und Engelchen geschmückt wurden. Jeder Altar wurde mit Sorgfalt geplant und alle haben aktiv daran teilgenommen. Manche Altäre wurden auf hohe Pfosten gebaut, andere auf einen kleinen LKW. Die farbenprächtigen Blumen dufteten im ganzen Dorf.

Wir Jugendlichen putzten und begossen die Strasse mit Wasser, wo die Personen am Abend vorbeigingen, um die Purisima zu bewundern. Von den Altären war Kirchenmusik zu hören. Die Texte lobten die Jungfrau Maria, die Mutter von Jesus.
Jeder Altar hatte sein eigenes Design. Auf einigen standen Kinder in Engelskleidern vorsichtig neben der Heiligen Maria. Auf anderen Altären schwebten sie in der Luft (sie waren sorgfältig mit Seilen angeschnallt). An diesem Tag wollten wir damals als Engelchen auftreten - vor allem als schwebende Sorte.

Am Abend flanierte die Bevölkerung durch die Straße. Sie besuchten die Altäre, sie sangen das Ave Maria, und riefen laut: „Es lebe die Jungfrau Maria!" Zwischen den Liedern wurden an das Publikum Früchte verteilt: eine spezielle Sorte süßer Zitrusfrüchte, die nur zu dieser Jahreszeit zu ernten ist. Auch gab es Orangen, Zuckerrohr und hausgemachte Süßigkeiten aus verschiedenen Früchten wie Papaya oder Kokosnuss in Zuckerglasur. An die Kinder wurden kleine Spielzeuge aus Holz verteilt.

Gegen Mitternacht wurde die Heilige Maria zur Kirche gebracht. Besonders Aufsehen erregend war es, als der Altar auf einem kleinen LKW bis zum Kircheneingang gefahren wurde. Ich sah dabei mit Bewunderung die schwebenden Engelchen.

Einige Tage vor dem 24. Dezember stellte meine Mama einen Weihnachtsbaum aus Plastik ins Wohnzimmer. Wir schmückten ihn mit einer weißen Weihnachtsdekoration aus glänzenden Bällen und Elektrolämpchen. Zu diesem Anlass erzählte sie uns, dass es auf der anderen Seite der Welt Schnee gibt. Das war für mich unvorstellbar und ich blieb sehr neugierig darauf.

Am 24. Dezember feierte man die Geburt Jesu auf eine besondere Art. Einige bekannte Frauen aus dem Dorf hatten zu Hause prächtige Krippen aufgestellt und an diesem Tag durften alle sie bewundern. Am Nachmittag traten die Pastorelas auf. Das waren etwa 12 Mädchen, die durchs Dorf zogen und Lieder zur Geburt Jesu sangen. Sie trugen einen leichten Baumzweig, geschmückt mit farbigen Luftballons und bunten Schleifen. Sie gingen von einer Krippe zur anderen und die Menschen zogen hinter ihnen her.

Um Mitternacht wurde die traditionelle Messe besucht. Danach gingen wir nach Hause, wo die Familie gemeinsam feierte. Mama bereitete zum Essen immer eine Gallina Rellena (Gebratenes Huhn gefüllt mit Rindfleisch, Schweinefleisch, Kartoffeln, Rosinen und Oliven.). Schließlich gingen wir dann schlafen.

Am nächsten Morgen fanden wir ein Geschenk vom Christkind unter unserem Bett oder unter dem Polster. Ich erinnere mich besonders an eine große Puppe mit himmelblauen Augen und blondem Haar - ich war das glücklichste Mädchen der Welt. In Europa feiert man etwas anders. Ich beobachtete es sehr aufmerksam, als ich es zum ersten Mal erlebte. Zur Weihnachtszeit ist es sehr kalt. Als ich zum ersten Mal Schnee gesehen und gespürt habe, war ich vor Verwunderung fassungslos. Ich stand mehrere Stunden am Wohnzimmerfenster und sah hinaus.

Weihnachtszeit ist Familienzeit. Die Geburt Jesu wird in der Kirche gefeiert. Mit einer Messe wie auf Ometepe.

Nach der Messe trifft sich die Familie dann zu Hause, um gemeinsam zu Abend zu essen. Es werden traditionelle Lieder gesungen: Stille Nacht, O Tannenbaum, O du Fröhliche, Leise rieselt der Schnee … Währenddessen hinterlässt das Christkind die Geschenke unter dem Weihnachtsbaum. Der Weihnachtsbaum ist aus echter Tanne und duftet sehr. Er wird ebenfalls mit Weihnachtsdekorationen geschmückt und es werden echte kleine Kerzen angezündet. So wird es eine schöne Familienfeier. Wer keine Familie hat, wird bei guten Freunden eingeladen, so dass niemand alleine ist.

Navidad en Ometepe y Europa

Por Marisol Silva-Platzer

Recuerdo con mucho cariño mis navidades en Ometepe. Mis hermanos y amigos la esperábamos con anhelo y cuando llegaba el mes de noviembre, nos esforzábamos en la escuela para salir bien en los exámenes finales y gozar libremente de las festividades de fin de año.

Las festividades en Ometepe y Nicaragua se inician con la celebración de la Purísima el 29. de noviembre hasta el 7 de diciembre. La Purísima es dedicada a la Concepción de la Virgen María. Para mí era bonito ver como las calles principales eran adornadas con dedicación y la participación de todos los habitantes del pueblo. Se construían altares donde colocaban imágenes de la Virgen. El diseño de los altares era previamente planificado con todos los detalles. Los altares eran majestuosos con tarimas o carrozas con flores, un mural grande pintado con un fondo de cielo azul, nubes, estrellas y angelitos. Nosotros, los jóvenes, limpiábamos y regábamos las calles para que la gente que pasaba en romería no se empolvara los pies. En los altares había música alusiva a la Concepción de María y en algunos altares ponían niños vestidos de angelitos colgados con cuidado al lado de la virgen. A mí me encantaba ver a estos angelitos. Todos los niños queríamos ser angelitos ese día. Los pobladores demostraban alegría y vestían elegantemente. Ellos visitaban los altares y cantaban avemarías y gritaban: Que Viva la Virgen. Entre canto y canto repartían frutas y dulces (limón dulce, caña de azucar, cajetas de coco y de leche, gofios), así como pequeños juguetes de madera o plástico. Cerca de medianoche llevaban la imagen de la Virgen a la iglesia, a veces cargada en los hombros de cuatro hombres o a veces en camioneta que movían todo el altar.

Unos días antes del 24 de diciembre mi mamá ponía un arbolito de navidad. Este arbolito era de plástico y era adornado con cintas brillantes blancas y de colores, pelotas brillantes y luces de colores. Mi mamá, en varias ocasiones, nos contaba que en otras partes del mundo caía nieve en la navidad y yo tenía curiosidad por saber más de estas otras partes. El propio 24 se celebra el nacimiento del niño Jesús. Era tradición que algunas señoras del pueblo preparaban lindos Nacimientos en sus casas de habitación. Los Nacimientos son escenas del nacimiento de Jesús con muñecos plásticos representando a los personajes (Jesús, María, José, pastores, reyes magos, animales). El 24 podíamos ir a verlos para rezar y cantar al niño Jesús. Este mismo día por la tarde salían las Pastorelas (grupo de muchachas que cantan alabanzas al niño Jesús y que van vestidas con sombreros con cintas de colores de papel crepé y una rama de árbol adornada con globos y chischiles para producir sonidos que acompañan a los cantos). Estas cantaban todo el tiempo mientras iban de un Nacimiento a otro y en cada Nacimiento repartían cosas para comer o jugar. A medianoche se celebraba la misa del Nacimiento de Jesús y luego íbamos a casa a cenar.

Mi mamá cocinaba algo especial, su famosa gallina rellena. Cenábamos todos juntos y seguidamente nos enviaba a dormir. Al amanecer del 25, cada uno de mis hermanos y yo teníamos regalos debajo de la ca-

Süßes aus Papaya – Dulce de papaya

ma. Yo recibía cada año una muñeca grande con pelo rubio y ojos azules. Era la niña más feliz del universo.

En Europa todo es distinto. Recuerdo que durante mi primera Navidad en Alemania yo contemplaba con atención lo que pasaba. Hacía mucho frío y por primera vez vi la nieve de verdad. Fue algo impresionante. Me quede horas enfrente de la ventana para verla y tocarla. En Europa el Nacimiento de Jesús se celebra en la iglesia. Se hace una misa y se lee la Biblia al igual que en Ometepe. Después de la misa la familia se reúne para cenar juntos. Se brinda, se cantan canciones tradicionales tales como: Stille Nacht (Noche de Paz), (O Tannenbaum, O Du Fröhliche und Leise rieselt der Schnee), luego se reparten los regalos que están debajo del árbol de navidad. Este árbol es un pino de verdad y es muy oloroso. Muchas familias lo adornan con candelitas de verdad y eso los hace muy especial.

Typische Süßigkeiten mit Zuckerrohr – Dulce tipico con caña

HEILIGE WOCHE IN OMETEPE

VON MARISOL SILVA-PLATZER

Auf Ometepe befinden sich die größten Kirchen in Altagracia und Moyogalpa. Die religiöse Feier der Heiligen Woche (Karwoche) ist traurig, denn es geht um den Tod von Jesus Christus.

Die ganze Insel feiert das voller Trauer. Der Kreuzweg von Jesus Christus wird an den sechs Freitagen vor Ostern gegangen. An jedem Freitagnachmittag wird eine Messe gefeiert und dann beginnt die Prozession des Kreuzwegs. Bei dieser besonderen Prozession wird an den Kreuzen gebetet, die auf der Straße zum Friedhof von Altagracia stehen. Die Kreuze sind geschmückt mit *sacuanjoche*, Blumen (plumeria rubra var. Alba) in mehreren Farben

und *corozos* (sp. Chamaedonea Schiedana fam. Palmae), die einen besonderen Duft verströmen.

In meiner Kindheit waren die Sitten sehr konservativ. Es war verboten, Musik in den Häusern zu hören. Wir aßen kein rotes Fleisch. In dieser Woche aß man viele Maisprodukte wie *atoles*, y *oltamales* und einfache *tamales* und trank viel *pinol*. Die Leute waren nur dunkel gekleidet.

Von Montag bis Mittwoch war uns am

Morgen erlaubt, an den nahe gelegenen Stränden wie in Paso Real und Tagüizapa Baden zu gehen.

Am Karfreitag war allen verboten, zum Strand zu gehen, irgendeiner Aktivität nachzugehen oder auch nur laute Geräusche zu machen.

Pater Jaime Marzá war zu meiner Zeit der Kirchenvertreter der Insel. Er war nicht von der Insel, sondern Spanier. Ich hörte ihn gerne sprechen, weil sein Spanisch anders war. Er genoss auch viel Respekt in der Gemeinde.

Während der Heiligen Woche baut man im Vorhof der Kirche eine Hütte – „Den Gemüsegarten". Hier werden typisches Essen, natürliche Säfte und landwirtschaftliche Produkte verkauft. In der Hütte sitzt eine lebensgroße Jesusfigur in schwarzroter Kleidung und mit einem Hut aus Palmstroh.

Während der Heiligen Woche gibt es an den Nachmittagen eine Messe, danach folgt eine Prozession:

Am Montag: die Prozession des Herrn der Seelen (gekreuzigter Jesus Christus).

Am Dienstag: San Benito's Prozession

Am Mittwoch: die Prozession des Herrn der Seelen (gekreuzigter Jesus Christus).

Am Gründonnerstag: Prozession des Jesus mit verbundenen Augen

Am Karfreitag ist die Hauptprozession: das Begräbnis des Herrn Jesus Christus.

Am Karsamstag: der triumphierende Einzug von Jesus nach Jerusalem.

Am Osternsonntag: die Prozession der Auferstehung Jesu Christi und die Begegnung mit dem Heiligen Johannes und der Jungfrau Maria.

Für uns Kinder damals bedeutete die Heilige Woche eine Zeit, um etwas über Jesus Christus und die Bibel zu lernen. Andererseits war die Osterwoche eine Quelle des Glücks, weil wir während der Woche keine Schulaktivitäten hatten. Außerdem begegneten wir Leuten aus den anderen Ort-

schaften, die wir nicht oft sahen. Wir hatten auch die Gelegenheit, andere Mädchen und Jungen während der Prozessionen zu treffen.

Am Karfreitag:

Am Morgen gehen die *Tilines* (Glockenschläger) heraus, um die Straßen zu markieren, an denen die Begräbnisprozession des Herrn Jesus Christus vorbeiführt.

Die *Tilines* gehen im Dorf herum, weil es die einzige Möglichkeit ist, die die Kirche erlaubt, um ihre Aktivitäten bekannt zu machen. Denn ab Mittwoch werden die Kirchenglocken nicht mehr geläutet. Die *Tilines* gehen barfuss, damit kein Geräusch gemacht wird, gekleidet mit langen roten Mänteln und mit verdeckten Gesichtern.

An der für die Prozession festgelegten Strecke, beginnt die Bevölkerung, die Straßen zu reparieren, sie zu bewässern, sie zu reinigen und zu schmücken.

Während des ganzen Morgens kommen viele Leute bei der Kirche an, weil es Tradition ist, die Versprechen gegenüber Jesus Christus einzulösen, die sie während schwerer Ereignisse gemacht haben (z.B. bei Krankheiten oder Familienproblemen). Viele Leute beten in der Kirche, andere gehen auf den Knien vom Vorhof der Kirche bis zum Altar.

Für uns Kinder war es damals am Nachmittag üblich, im Fernsehen Filme von Jesu Kreuzigung anzusehen. Es war sehr hart für uns, das zu sehen und wir alle weinten und versprachen, dass wir uns besser benehmen würden.

Um 5.30 Uhr am Nachmittag beginnt die Begräbnisprozession.

Für die Männer ist es etwas Besonderes und eine Ehre, den Sarg Jesu zu tragen. Alle ziehen ihre besten Anzüge an. Die Begräbnisprozession ist geschmückt mit Blumen, zu den Seiten des Sarges fallen

einige lange weiße Textilbänder herunter. Die Bänder werden von 15- bis 18-jährigen Mädchen getragen, die als Zeichen der Reinheit auch weiß gekleidet sind. Die Prozession wird von einer Musikgruppe begleitet, die Begräbnismusik spielt. Die Prozession endet um Mitternacht in der Kirche.

Während der Prozession schlossen wir uns mit allen Kindern meines Alters zusammen. Und es war sehr aufregend für uns, weil wir nicht früh schlafen gingen.

Karsamstag verbrachten wir traditionell den ganzen Tag am Strand. Meine Mama tat sich mit anderen Frauen zusammen, um die notwendigen Sachen an den Strand zu bringen und dort zu kochen. Für uns Kinder war es ein fröhlicher Tag, den wir am Ufer des Sees verlebten, immer wieder badeten und die Landschaft der Insel genossen.

Am Ostersonntag ist die Prozession der Auferstehung Jesu und die Begegnung mit dem Heiligen Johannes und der Jungfrau Maria.

In dieser Prozession spürt man die Freude der ganzen Bevölkerung. Die Prozession wird begleitet von fröhlicher Musik - und so enden die kirchlichen Aktivitäten. Nach der Heiligen Woche zieht wieder das alltägliche Leben ein und wir Kinder kehren traurig in die Schule zurück.

SEMANA SANTA EN OMETEPE

POR MARISOL SILVA-PLATZER

En Ometepe, las iglesias más grandes están ubicadas en Altagracia y en Moyogalpa. La celebración religiosa de Semana Santa es triste pues trata de la muerte de Jesús Cristo.

La Isla lo celebraba con luto.

Los Viacrucis (Vía ó camino de tormento de Jesús Cristo) se celebran seis viernes antes de la Semana Santa. Los viernes por la tarde hay una misa y luego la procesión del viacrucis. Esta procesión es especial porque hay cruces en la calle camino al cementerio de Altagracia y cada cruz esta adornada con flores de sacuanjoche (plumeria rubra var. Alba) de varios colores y corozos (sp.Chamaedonea Schiedana fam. Palmae) que dan un olor especial.

En mi niñez las costumbres eran bien conservadoras. Por ejemplo, no era común poner música en las casas, no se comía carne roja. En esta semana se comía bastante producto del maíz como atoles, yoltamales, tamal dulce y simple y se tomaba mucho pinol y tibio.

Las personas vestían colores oscuros y nunca vestían de rojo ni de colores encendidos.

De lunes a miércoles santo se nos permitía ir a bañarnos por la mañana a las playas cercanas, Paso Real y Tagüizapa. El viernes santo nos era estrictamente prohibido salir a la playa o hacer alguna actividad o hacer ruido.

El padre Jaime Marzá era el padre de la Isla. El no era nativo de la Isla, era Español. A mí me gustaba escucharlo hablar porque hablaba un español diferente a nosotros y gozaba de mucho respeto en la comunidad.

Durante la semana santa se construye "La Huerta" en el atrio de la iglesia. Aquí se venden comidas típicas, jugos naturales y productos agrícolas. La imágen de Jesús está dentro de esta huerta vestido de color rojo bermejo y sombrero de palma.

Durante la Semana por las tardes, hay una misa y posteriormente sale a la calle las procesiones siguientes:

- El Lunes Santo: La procesión del señor de las ánimas (cristo crucificado).
- El Martes Santo: La procesión de San Benito

- El Miercoles Santo: La procesión del señor de las ánimas (cristo crucificado).
- El Jueves Santo: La procesión de Jesús cristo vendado
- El Viernes Santo: La procesión principal del Santo entierro
- El Sábado de Gloria: La Burrita (La entrada triunfante a Jerusalen)
- El Domingo de resurreción: La procesión de la resurreccción y el encuentro de San Juan, La virgen María y el señor resucitado.

Para nosotros, los niños de la época de los 60 y 70, la Semana Santa era una ocasión para conocer a Jesús Cristo y la biblia. Por otro lado, la semana santa era una razón de alegría porque no habían actividades escolares y mirábamos a la gente de los otros pueblos que no encontrábamos a menudo. Además, teníamos la oportunidad de conocer a otros niños y jóvenes durante las procesiones que se celebraban a diario. El Viernes Santo:

Por la mañanita salían los Tilines marcando el camino donde pasaría la procesión del Santo entierro.

Los Tilines salen porque es la única manera que la iglesia da a conocer la actividad

eclésiastica ya que apartir del miércoles santo no suenan las campanas de la iglesia. Para tal fin, salen estas personas con cotonas rojas largas con los rostros tapados y descalzos para no hacer ruido.

Una vez definida la ruta de la procesión, la comunidad procede a arreglar las calles, las riegan, limpian y las adornan.

Durante toda la mañana llega mucha gente a la iglesia porque es tradición pagar las promesas hechas a Jesús en momentos difíciles (enfermedades ó problemas familiares). Muchas personas rezan en la iglesia, otros caminan de rodillas del atrio de la iglesia hasta el altar.

Nosotros, los niños de mi época, mirabamos películas en la televisión por la tarde, películas que trataban sobre la crucifixion de Jesús. Para los niños era algo duro y todos terminabamos llorando y prometiendo que nos portaríamos mejor.

A las 5:30 de la tarde salía la procesión del Santo entierro. Para los hombres es algo especial y un honor cargar la imagen de Jesús.

Todos visten sus mejores trajes. El Santo entierro va adornado con flores y va iluminado. A los lados caen unas largas cintas

blancas. Las cintas blancas son llevadas por las jóvenes entre 15 y 18 años que van vestidas de blanco en señal de pureza. La procesión va acompañada con música fúnebre. La procesión entra a la iglesia a la media noche.

Durante la procesión nos juntabamos todos los niños de mi edad y era emocionante para nosotros porque no ibamos a dormir temprano.

El sábado de Gloria era tradición ir a la playa todo el día. Mi mamá se juntaba con otras señoras para cocinar y trasladar lo necesario a la orilla de la playa. Para nosotros, los niños, era alegre pasarla todo el día caminando en la costa de la playa disfrutando del paisaje de la isla y bañándonos todo el día.

El domingo de resurreción por la tarde se celebra la misa de resurrección y una procesión del encuentro de los 3 santos. En esta procesión se nota la alegría de toda la población. La procesión va acompañada de música alegre y así finalizan las actividades eclesiásticas.

Despúes de la Semana Santa todo volvía a la vida cotidiana y nosotros, los niños, volvíamos a la escuela con tristeza.

Leben und Sterben

Wir standen zu Dritt auf dem Weg und warteten. Die Tür der Funeraria El Esfuerzo, Bestattungsinstitut „Die Anstrengung", in Merida war an diesem Nachmittag geschlossen. Ein Mitarbeiter der Genossenschaft, bei der man sich für 10 Cordoba (etwa 0,50 EUR) monatlichen Beitrag das Anrecht auf einen Sarg erwerben kann, wollte in der Nachbarschaft den Schlüssel holen, um uns zu öffnen und uns einen Blick auf die Sargproduktion möglich zu machen.

Wir standen erst wenige Minuten, da näherte sich ein Junge aus der Nachbarhütte. Der neunjährige David trug drei bunte Plastikstühle auf dem Kopf herbei und bot sie uns als bequeme Sitzmöglichkeit an. Seinem Lächeln und der von gegenüber winkenden Mutter konnten wir nicht widerstehen und nahmen ihr freundliches Angebot gern an.

Nach einer Viertelstunde erschien der Mitarbeiter mit dem Schlüssel. Als er die Tür aufschloss, hörten wir plötzlich von drinnen eine Stimme. Der Präsident der Sarggenossenschaft El Esfuerzo hatte sich auf der Holzpritsche der Sargwerkstatt ein Nickerchen gegönnt und war vom Öffnen der Tür wach geworden. Noch etwas benommen begrüßte uns der 85-jährige Don Felipe und erinnerte sich dann aber sofort daran, dass wir vor einigen Jahren den Bau des genossenschaftlichen Bestattungsinstituts finanziell unterstützt hatten. Viele ältere Leute hatten damals die Sorge, dass sie sich einen Sarg nicht leisten könnten. Und so war in Merida die Idee einer Sarggenossenschaft aufgekommen. Das Unternehmen floriert mittlerweile. Wer regelmäßig seinen Monatsbeitrag zahlt, hat nach einem Jahr im Todesfall das Anrecht auf einen Sarg. Seine Angehörigen zahlen dann die Restkosten für den Sarg in bequemen Monatsraten ab. Natürlich kann man bei der Funeraria El Esfuerzo auch als No Afiliado (Nicht-Mitglied) einen Sarg kaufen. Der kostet dann jedoch statt 100 US$ insgesamt 130 US$ und muss bar bezahlt werden. Ein deutlicher Vorteil also für Genossenschaftsmitglieder.

Im Todesfall holen die Familienangehörigen den Sarg im Bestattungsinstitut ab. Der Verstorbene wird in der eigenen Hütte eingesargt – immer in der persönlichen Kleidung. Dann bringen die nächsten Angehörigen den Toten im Sarg zum Friedhof. Die Bestattung muss innerhalb von 24 Stunden erfolgen. Kommen Angehörige von weiter her, kann ausnahmsweise ein Arzt den Verstorbenen einbalsamieren und die Beerdigung zwei weitere Tage hinauszögern.

Wir wollten von Don Felipe wissen, seit wann der Friedhof in Merida existiert.

Er erinnerte sich an eine Geschichte, die sich in den 50er Jahren zugetragen hatte: Ein paar Jungen hatten in dem tiefen Wasser am Strand von Merida gespielt. Einer von ihnen war etwas weiter hinausgeschwommen, als sie auf einmal einen fürchterlichen Schrei hörten. Sie sahen noch, wie der Junge mit den Armen um sich schlug, dann war er im See verschwunden. Zwei mutige Jungen schwammen zu der Stelle hin und sahen das Wasser blutig rot werden. Einer der beiden bekam den Abgetauchten an den Haaren zu fassen, dann zogen sie ihn mit vereinten Kräften ans Ufer. Als er dort ausgestreckt lag, sahen es alle: eine klaffende Fleischwunde am Bein, die heftig blutete.

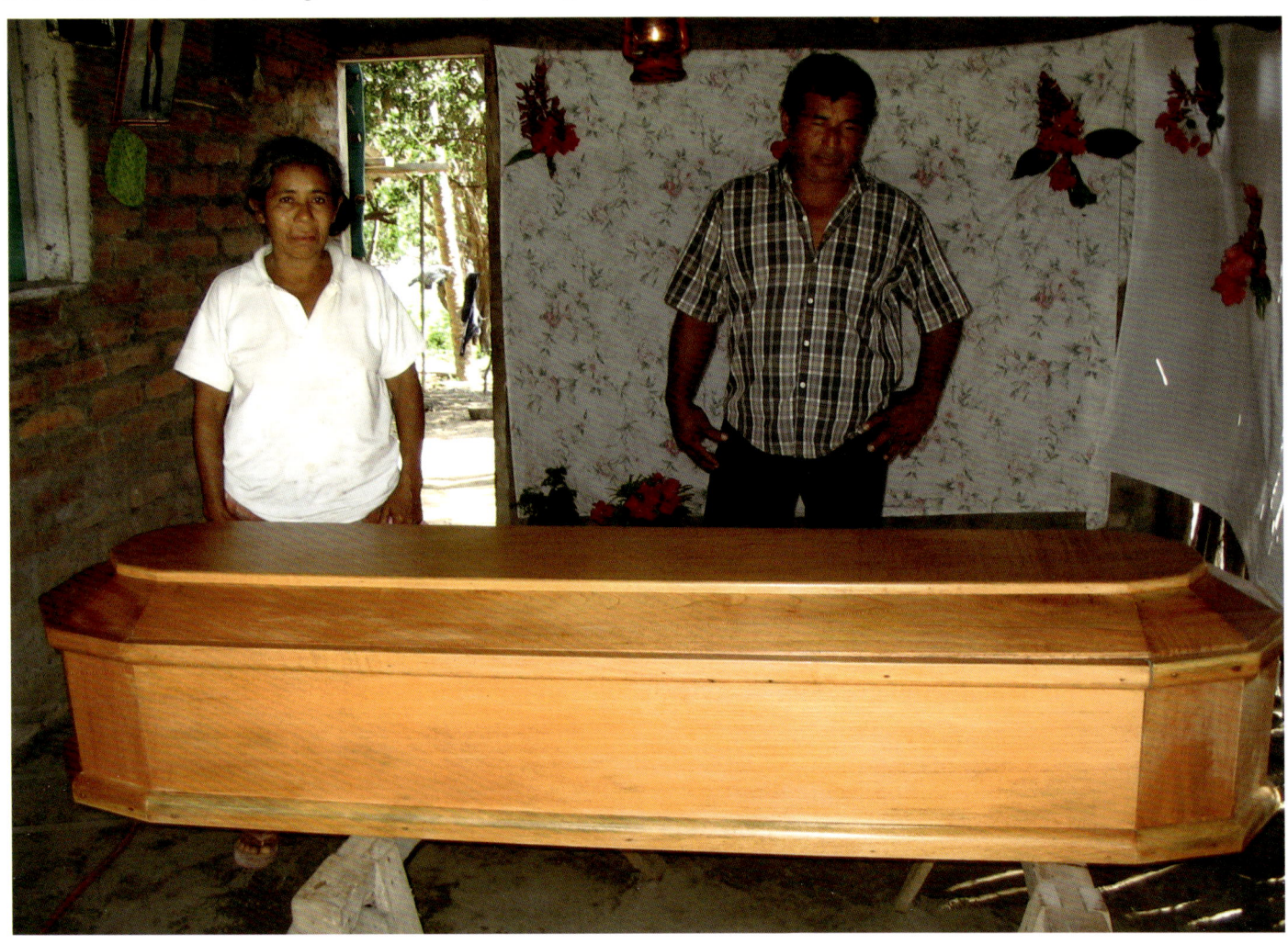

Einer der Haie, der in der Nähe im tiefen Wasser gelauert hatte, hatte den Unglücklichen aufgerissen. Nach wenigen Minuten war der Junge verblutet, jede Hilfe wäre zu spät gekommen. Der Junge wurde, daran erinnerte sich Don Felipe noch gut, auf dem kommunalen Friedhof in Altagracia beerdigt. Erst kurz darauf wurde der Friedhof für Merida eingerichtet.

VIVIR Y MORIR

POR MICHAEL HÖHN

Estabamos tres en el camino, esperando. La puerta de la Funeraria EL ESFUERZO en Mérida estaba cerrada esta tarde. Un empleado de la cooperativa, en la cual se puede adquirir el derecho a un ataúd con el pago 10 Córdobas mensuales, fue a buscar la llave en la vecindad, para abrirnos y hacer posible una mirada a la producción de los ataúdes. Estuvimos en pie sólo algunos minutos cuando se acercó un chico de la cabaña vecina. David, nueve años, trajo tres sillas de plástico sobre su cabeza y las nos ofreció como una posibilidad comfortable. No pudimos resistir a su sonrisa y a su madre que agitó sus manos, y aceptamos su oferta con mucho gusto.

Un cuarto de una hora despues llegó el empleado con la llave. Cuando abrió la puerta oímos de repente una voz desde adentro. El presidente de la cooperativa de ataúd EL ESFUERZO habia hecho su siesta en un banco de taller de ataúdes y se despertó por el ruido al abrir la puerta. Un poco perplejo, Don Filipe de 85 años se acordó en seguida que nosotros habíamos apoyado con dinero la construcción de la cooperativa algunos años antes.

Muchas personas mayores en aquél entonces tenían la preocupación que no pudían pagar por un ataúd. Y fue así que en Méri-

da nació la idéa de una cooperativa de ataúdes. Entretanto la empresa prospera. Él que paga cada mes su cuota tiene, después de un año en caso de su fallecimiento, el derecho a un ataúd. Sus parientes pagan entonces a plazos el resto del valor del ataúd. Naturalmente se puede comprar también un ataúd de la funeraria EL ESFUERZO como NO AFILIADO. Pero este vale en lugar de 100 US$ un total de 130 US$ y hay que pagarlo al contado. Una ventaja clara para los socios de la cooperativa.

En caso del fallecimiento, los parientes vienen por el ataúd a la Funeraria. El fallecido es puesto en el ataúd en su propia cabaña - siempre con su ropa personal. Entonces los parientes muy cercanos del fallecido lo llevan en el ataúd al cementerio. El entierro tiene que llevarse a cabo dentro de 24 horas. Cuando hay parientes que vienen de lejos un médico puede exceptionalmente embalsamar el muerto y realizar el entierro dos días más tarde.

Queríamos saber de Don Filipe desde cuando existe el cementerio en Merida. Recordó de un suceso que pasó en los años cincuenta. Algunos chicos estaban jugando en el agua profunda en la playa de Mérida. Uno de ellos había nadado un poquito más adentro, cuando oyeron un grito horrible. Todavía pudieron ver como el chico agitó sus brazos, entonces desapareció en el lago. Dos chicos valientes nadaron hasta el lugar y vieron como el agua se puso roja por la sangre. Uno de los dos pudo coger el sumergido de sus pelos y entonces lo tiraron a la orilla con fuerzas unidas. Cuando estaba echado todos lo vieron: una herida de abierta que sangraba muy fuerte. Uno de los tiburones que había estado en acecho en el agua profunda había rajado al infeliz. Algunos minutos despues el joven se desangró – cualquier assistencia médica hubiera llegado tarde. Don Filipe recordó bién que el jo-

ven fue enterrado en el cementerio común de la ciudad Altagracia. Poco después se instaló el cementerio en Mérida.

ERFREULICHE BEGEGNUNGEN

VON MONIKA HÖHN

1993 – unser erster Aufenthalt in Nicaragua. Es ist sehr heiß in diesen Tagen der Semana Santa, der heiligen Osterwoche. Am Strand von Santo Domingo auf der Insel Ometepe fällt uns ein kleiner Junge auf, der seinen kleinen Vetter auf dem Arm trägt. Das Foto, das wir von den beiden Kindern machen, wird uns in den nächsten Jahren immer wieder begleiten. Bei Fotoausstellungen ist es dabei, bei Gottesdiensten steht es am Altar. Bei unseren Vorträgen in Schulen und Kirchengemeinden hilft es uns oft als Einstiegsfoto für Geschichten aus Nicaragua, die überwiegend von den Menschen berichten.

Bei Ometepe-Festen ist es immer wieder ein Erkennungsfoto, das uns Mut machen soll, die Kinder – vor allem in diesem immer ärmer werdenden Land – im Blick zu behalten. Das Foto von dem kleinen Jungen erscheint 1999 in unserem ersten Nicaragua-Bildband – Ometepe – mi amor. 2007 – November. Wieder ist es sehr heiß. Nach einer intensiven Regenzeit und dem Hurrikan Felix, der schlimme Spuren im Land hinterlassen hat, beginnt nun die Trockenzeit. Wieder sind wir auf der Insel. Wir arbeiten an diesem Bildband, der uns auch an einen gemeinsamen Weg von 15 Jahren partnerschaftlichen Zusammenarbeit erinnern soll.

Ein stattlicher junger Mann steht vor uns, als wir uns zufällig in einem Hotel begegnen.

In den Händen hält er das Buch, das in der Rezeption des Hotels ausgestellt liegt und deutet auf das Foto. „Erinnern Sie sich noch? Das bin ich!" Vor uns steht der kleinen Junge von damals, der seinen noch kleineren Vetter auf dem Arm trägt. Freudestrahlend begrüßt er uns, die wir aus unserer vorweihnachtlichen kalten Heimat gerade auf der Insel angekommen sind. Uns war gar nicht mehr bewusst, dass er einer von 30 Studenten war, der aus dem Spendenfonds eine Studienunterstützung erhalten hatte.

Und dann erzählt Luis Enrique uns seine Geschichte. Er hat sein Studium als Betriebswirt inzwischen beendet und eine Arbeitsstelle im Hotel gefunden.

ENCUENTROS AGRADABLES

POR MONIKA HÖHN

1993 – nuestra primera estadía en Nicaragua. Es muy caliente en estos días de la Semana Santa, la semana de las Pascuas. En la playa de Santo Domingo de la isla Ometepe nos llama la atención un chavalo pequeño que lleva a su pequeño primo en los brazos. La foto que hacemos de los dos niños nos acompaña durante los proximos años todas las veces. Siempre está presente en exposiciones de fotos, en las misas se encuentra encima del altar. Durante nuestras presentaciones en escuelas y parroquias nos sirve muchas veces como foto de entrada para cuentos sobre Nicaragua sobre todo cuando contamos sobre la gente.

En las fiestas por Ometepe es un señal que nos debe dar ánimo para tener en cuenta a los niños – en este país cada vez más pobres. La foto del pequeño chavalo aparece en 1999 en nuestro primer libro con fotos sobre Nicaragua – Ometepe – mi amor. Noviembre 2007. Otra vez es muy caliente. Después de las lluvias intensas y el Hurracán Felix, que dejó huellas malas en el país, empieza el verano, el tiempo seco. Otra vez estamos en la isla. Trabajamos en la toma de fotos que nos deben recordar e ilustrar al camino de 15 años cooperación. Un hombre jóven y vistoso aparece casualmente delante nosotros en un hotel. Tiene en los manos el libro que se encontró en la recepción del hotel y señala la foto. "Se recuerda? Soy yo!" Delante de nosotros está el chavalo pequeño de aquel entonces llevando a su primo en los brazos. Radiante nos saluda. Hemos llegado de nuestra tierra fría en preparación para la Navidad en la isla. No nos recordabamos que el fue uno de los 30 estudiantes que recibió una beca del fondo de donaciones.

Finalmente, Luis Enrique nos cuenta su historia. Terminó sus estudios de administrador de empresas y encontró un trabajo en el hotel.

FRAGMENTE EINES GESPRÄCHS

VON CARLOS AMPIÉ LORÍA

Priester Francisco de Bobadilla: Woher wisst ihr das?

Häuptling Misesboy: Wir halten es für die Wahrheit. So erzählten es uns unsere Väter.

Priester: Habt ihr Bücher, wo es geschrieben steht, so wie dieses, das ich dir zeige? (Der spanische Priester zeigte dem Häuptling eine Bibel.)

Häuptling: Nein.

Priester: Wenn ihr keine Bücher habt, wie könnt ihr euch an alles erinnern, was ihr gesagt oder gehört habt?

Häuptling: Unsere Vorfahren haben es gesagt, und jeder erzählte es den anderen wie ich schon sagte. So erinnern wir uns daran.

Priester: Hast du es deinen Kindern erzählt?

Häuptling: Ja, ich habe es ihnen erzählt. Ich habe ihnen auch befohlen, sie sollen es im Kopf behalten und später, wenn sie Kinder haben, auch ihren Kindern erzählen, und diese sollen es meinen Urenkeln erzählen, damit die Geschichte nicht verloren geht. Ich habe es so erfahren und auch alle anderen Indianer unter uns, die noch am Leben sind...

(Gespräch zwischen dem spanischen Priester Francisco de Bobadilla und dem Häuptling Misesboy auf dem Platz Teoca von Xalteva, Granada, Nicaragua am 28. September 1538)

FRAGMENTO DE UNA ENTREVISTA

POR CARLOS AMPIÉ LORÍA

El fraile Francisco de Bobadilla: Cómo sabeys esso?

El cacique Misesboy: Porque assí lo tenemos por cierto entre nosotros, e assí nos lo dixeron nuestros padres.

El fraile: Tenéys libros donde esso esté por memoria como éste que te muestro? (El fraile le muestra una Biblia.)

El cacique: No.

El fraile: Pues que no tenéys libros, como os acordáys de lo que has dicho?

El cacique: Nuestros antepasados lo dixeron, e de unos en otros discurriendo, se platica, como he dicho, e assí nos acordamos dello.

El fraile: Haslo dicho a tus hijos assí?

El cacique: Si, dicho se lo he, e mandádoles tengo que assí lo tengan ellos en la memoria para que lo digan a sus hijos quando los tengan, e aquéllos lo digan después a mis nietos: por manera que no se pierda la memoria. E assí lo supe yo e los que son vivos de nosotros los indios ...

(Fragmento de la entrevista que tuvieron el fraile Francisco de Bobadilla y el cacique Misesboy en la plaza Teoca de Xalteva, Granada, Nicaragua, el 28 de septiembre de 1538)

GESCHICHTE EINES LEBENS

BIOGRAFIE VON
MARTÍN ANTONIO SANDOVAL ALEMÁN

Er wurde am 9. Mai 1973 in der ländlichen Ortschaft Malacatoya geboren, einem armen Weiler im Bezirk Granada nahe der Mündung des Flusses Malacatoya in den Nicaraguasee.

Seine beiden Eltern, Teresa Alemán und Orlando Sandoval, sind bäuerlicher Herkunft.

Schon bei der Geburt zeigten sich bei Martín motorische Ausfälle. Obwohl nach übereinstimmender Meinung der Ärzte, die ihn untersuchten, die Krankheit mit Erfolg hätte behandelt werden können, wenn von Anfang an ein bestimmtes Medikament verabreicht worden wäre, hatte seine Familie nicht die notwendigen finanziellen Mittel, um die Behandlung zu bezahlen (Medikamente, Sprechstunden, Untersuchungen, Transporte, Krankenhausaufenthalte, Operationen). Daher fanden sie sich damit ab und er wuchs ohne medizinische Betreuung auf.

Als Martín zwei Jahre alt war, verließ er zusammen mit seiner Mutter Malacatoya und sie zogen auf die Insel Ometepe, wo sie sich im Ort San Marcos niederließen. Hier wohnt er noch heute.

Die Krankheit schritt mit der Zeit weiter fort und im Alter von 10 Jahren befand sich Martín in einer sehr schwierigen physischen, intellektuellen und seelischen Situation. Die Füße gehorchten ihm nicht und er konnte nicht laufen. Sein Nervensystem war nicht kontrollierbar und er konnte weder seinen Kopf hochhalten noch seine Hände brauchen.

Da er unter diesen Bedingungen keine öffentliche Schule besuchen konnte und weil die Familie auch keinen Sonderlehrer bezahlen konnte, beschloss seine Mutter, ihm das Lesen beizubringen. Das gelang ihr in drei Monaten.

Schreiben lernte er nicht wegen seiner motorischen Schwierigkeiten in den Händen. Seine Mutter brachte ihm auch moralische und geistliche Prinzipien nahe. Als er lesen konnte, begann er die Lektüre jeder Art von Büchern (Religion, Geschichte, Geographie, Wissenschaften und anderes mehr).

1996 schrieb er seine ersten Gedichte, die inspiriert waren von der Natur, von Gott, der Liebe und anderen Themen. Gegenwärtig liegt ein Büchlein von ihm vor mit dem Titel „Ausdruck meiner Gefühle", das 31 Gedichte enthält.

Martín hat Hilfe gesucht, um diese Gedichte zu veröffentlichen, hat aber lediglich wohlwollende Kommentare und Versprechungen erhalten. Er glaubt, dass die Veröffentlichung seiner Poesie zu sicheren wirtschaftlichen Einkünften führen könnte, um seiner Mutter bei den Kosten des Haushalts zu helfen. Im Moment ist die einzige finanzielle Einnahmequelle von Martín eine kleine monatliche Zuwendung von Seiten des Ometepe- Projektes.

Martín ist heute eine sehr bekannte Persönlichkeit in vielen Ortschaften von Ometepe, wo er wegen seiner Freundlichkeit und seinen Kenntnissen mit zahlreichen Personen Freundschaften unterhält. Die wichtigsten persönlichen Wünsche von Martín sind, seine Mutter bei den Kosten des Haushaltes zu unterstützen und noch einige Bücher mit Gedichten und Erzählungen zu schreiben.

HISTORIA DE UNA VIDA

BIOGRAFÍA DE
MARTÍN ANTONIO SANDOVAL ALEMÁN

Nació el 9 de Mayo de 1973 en el poblado rural de Malacatoya. Un caserío pobre cerca de la desembocadura del río Malacatoya en el lago de Nicaragua, Departamento de Granada. Sus padres fueron la pareja formada por Teresa Alemán y Orlando Sandoval, ambos de origen campesino.

Martín presentó deficiencias motoras al nacer. Aunque, de acuerdo a los médicos que lo atendieron, la enfermedad podía ser tratada con éxito si se iniciaba un tratamiento desde ese momento, su familia no tenía los recursos económicos suficientes para cubrir los costos de dicho tratamiento (medicamentos, consultas, exámenes, transporte, hospitalizaciones, cirugías) por lo que se resignaron a que creciera sin atención médica.

Cuando tenía dos años de edad, Martín y su madre abandonaron Malacatoya y emigraron a la Isla de Ometepe donde se establecieron en la comunidad de San Marcos, donde reside en la actualidad. La enfermedad siguió avanzando con el tiempo y a la edad de 10 años Martín se encontraba en una situación muy difícil de forma física, intelectual y anímica. Las piernas no le respondían y no podía caminar. Su sistema nervioso estaba descontrolado y no podía sostener la cabeza ni usar las manos. Debido a que no podía asistir a la escuela formal en estas condiciones y que la economía de su familia no le permitía contratar a un maestro especial, su madre se dedicó a enseñarle a leer, lo cual logró en un período de tres meses. No aprendió a escribir debido a su dificultad motoras en las manos. Su madre también le inculcó principios morales y espirituales. Ya sabiendo leer, inició la lectura de todo tipo de libros (religión, historia, geografía, ciencias y otros más).

En 1996 escribió sus primeros poemas inspirados en la naturaleza, Dios, el amor y otros temas. En la actualidad cuenta con un libreto que tituló' Éxpresando Mis Sentimientos´ que contiene 31 poemas. Ha buscado ayuda para publicarlos pero sólo ha recibido buenos comentarios y promesas. Piensa que la publicación de su poesía podría generar ciertos ingresos económicos para apoyar a su madre con los gastos del hogar. Por el momento, el único ingreso monetario de Martín es una pequeña cuota mensual permanente que le asigna el Proyecto Ometepe-Alemania.

Martín es ahora un personaje muy conocido en muchas comunidades de Ometepe donde, debido a su afabilidad y conocimientos, ha hecho amistad con muchas personas. Las aspiraciones personales más importante de Martín son ayudar a su madre con los gastos del hogar y escribir varios libros de poesías y cuentos.

EWIGKEIT
DES RUBÉN DARÍO

MARTÍN ANTONIO SANDOVAL ALEMÁN

O, großer Dichter Rubén Darío,
Wie tief sind meine Gedanken,
Wenn ich deine Poesie lese,
Die du mit Freude hinterließest.

Und du warst von dieser Welt
In einem tiefen Traum.
Heute ruhst du siegreich aus
Und erfreust dich deines Ruhms.

Weil du weise warst als Mensch
Stimme ich mit meinen Lippen
Diese Verse an mit starker Stimme,
Heute denke ich an deinen Tod.

Hast dein Tagewerk vollbracht
Und wohnst heut in deiner Wohnung
In der Dunkelheit begraben
Ruhst du aus in Ewigkeit.

ETERNIDAD
DE RUBÉN DARÍO

MARTÍN ANTONIO SANDOVAL ALEMÁN

Oh! Gran poeta Rubén Darío
Hondos recuerdos son los míos
Cuando leo tus poesías
Que dejaste con alegría.

Y te fuiste de este mundo
En un sueño profundo
Hoy descansas en victoria
Disfrutando de tu gloria.

Por que fuiste hombre sabio
Yo te entono con mis labios
Estos versos con voz fuerte
Recordando hoy tu muerte.

Finalizaste la jornada
Hoy habitas en tu morada
Sepultado en la oscuridad
Descansas en la eternidad.

DER ZAUBER DES WORTS IN DER ORALEN ERZÄHLTRADITION NICARAGUAS

Von Carlos Ampié Loría

„So sprachen Tepeu und Gucumatz. Und ihr Wort ließ die Erde entstehen. „Erde!", sagten sie, und die Erde entstand aus Nebel und Staub. (...) Es war eine wunderbare Macht, eine magische Macht, die die Berge und Täler entstehen ließ."
(Aus: Popol Vuh - Die Schöpfung der Welt - Heiliges Buch der guatemaltekischen Quiché-Indianer)

„Unsere Vorfahren haben es gesagt, und jeder erzählte es den anderen wie ich schon sagte. So erinnern wir uns daran", antwortete Häuptling Misesboy dem spanischen Priester Francisco de Bobadilla. *(Aus: Oviedo y Valdez: "Historia General y Natural de las Indias")*
In den abgelegenen, ländlichen Regionen, die von den Errungenschaften der so genannten Zivilisation noch nicht vereinnahmt worden sind, hat das gesprochene Wort der Alten seinen ursprünglichen Zauber bis heute beibehalten. Am Lagerfeuer sitzend hören Kinder und junge Leute gebannt den Alten zu, wenn sie ihnen die bereits tausendmal wiederholten Geschichten von früher erzählen; von ihren Begegnungen mit dem Teufel und mit teuflischen

Kreaturen; mit Hexen, die sich jeden Abend in Affen, Säue und andere Ungetüme verwandeln. Auch von Erscheinungen aus dem Jenseits ist oft die Rede oder von Menschen, die dem Teufel die Seele verkauft haben. Aus Habgier.
Die zittrige Stimme des Alten, aus der Dunkelheit kommend und vermischt mit den nächtlichen Geräuschen der umgebenden Natur, hört sich unheimlich an; alle gruseln sich, die Kleinen suchen die schützende Wärme des mütterlichen Schoßes; alle rücken immer näher zusammen ...
Ein sich seit vielen Jahrhunderten wiederholendes Ritual; die Stimme der Alten als Überbringer einer langen Erzähltradition. Mehr noch, als Echo der Ehrfurcht gebie-

tenden Stimmen der indianischen Häuptlinge und Hexer, die ihre unzähligen Gottheiten beschwörend sich des Huehuetlatolli, des „Gesprächs der Alten" bedienten, um die Geschichte ihres Volkes an die nächsten Generationen weiterzugeben.

Die mündliche Überlieferung der eigenen Geschichte war eine unerlässliche Bedingung im Leben eines Volkes, dessen natürlicher Entwicklungsprozess abrupt unterbrochen wurde und dessen einzige historische Dokumente, auf Hirschfell gezeichnete Piktogramme, der fanatischen Verfolgung des katholischen Eroberers zum Opfer fielen.

Vor allem in einer globalisierten und multikulturellen Welt wie unserer, wo sich das Zusammenleben von Menschen unterschiedlicher Rassen und Kulturen oft nur schwer realisieren lässt, ist die Kenntnis vom Kulturgut anderer Völker von großer Bedeutung.

Denn nur, wer die Kultur und die Geschichte anderer Länder kennt, kann auch verstehen, warum andere anders empfinden und handeln.

La magia de la palabra en la tradición narrativa oral de Nicaragua

Por Carlos Ampié Loría

"Así dijeron Tepeu y Gucumatz.
Y su palabra hizo surgir la tierra.
"Tierra!", dijeron y la tierra surgió como de una neblina, de una polvareda. (...)
Fue un poder prodigioso, un poder mágico el que hizo surgir las montañas y los valles."

Popol Vuh - La creación del mundo - Libro sagrado de los Quiches (indios de Guatemala)

"Nuestros antepasados lo dixeron, e de unos en otros discurriendo, se platica, como he dicho, e assí nos acordamos dello", contestó el cacique Misesboy al fraile español Francisco de Bobadilla. *("Historia General y Natural de las Indias")*

En las apartadas regiones rurales que no han sido aún del todo acaparadas por la llamada civilización, la palabra hablada de los viejos ha conservado hasta hoy su en-

canto original. Sentados a la orilla de la fogata niños y jóvenes escuchan extasiados a los viejos cuando éstos les cuentan las historias de antaño, ya repetidas miles de veces; de sus encuentros con el diablo y con criaturas diabólicas; con brujas que cada noche se transforman en monas, en chanchas y otros monstruos. Muy a menudo se habla también de apariciones del más allá y de gente que le ha vendido el alma al diablo. Por avaricia.

La temblorosa voz del viejo, emergiendo de la oscuridad y entremezclándose con los ruidos nocturnos de la naturaleza circundante, se escucha tenebrosa; todos sienten miedo, los más chicos buscan refugio en el tibio regazo materno; todos se juntan cada vez más y más ...

Un ritual que se repite desde hace ya muchos siglos; la voz de los ancianos como portadora de una antigua tradición narrativa. Y más aún, como eco de las reverenciales voces de los caciques y brujos indígenas que evocando a sus innumerables deidades se valían del huehuetlatolli, de la conversación de los viejos, para trasmitir la historia de su pueblo a las nuevas generaciones.

La transmision oral de la propia historia ha sido condición indispensable en la vida de un pueblo cuyo proceso natural de desarrollo fue interrumpido abruptamente y cuyos únicos documentos históricos, pictografía grabada en cuero de venado, fueron víctimas de la fanática persecución del conquistador católico.

Sobre todo en un mundo globalizado y multicultural como el nuestro, donde la convivencia de personas de diferentes razas y culturas es tan difícil de realizar, es de gran importancia el conocimiento del patrimonio cultural de otros pueblos. Pues solamente quien conoce la cultura e historia de otras naciones, puede también comprender por qué otros sienten y actúan de manera diferente.

DIE LEGENDE VON CHARCO VERDE

VON CARLOS AMPIÉ LORÍA

Die schöne, mysteriöse Insel Ometepe bewahrt viele uralte Geschichten, die immer noch in der Phantasie des Volkes leben. Besonders bekannt sind die „Legende von Chico Largo" und die „Legende vom Zauber des Charco Verde".

Der Charco Verde ist eine malerische Lagune. Sie erstreckt sich nahe der Hazienda Venecia in einer kleinen Bucht, etwa zwei Kilometer entfernt von der Ortschaft San José del Sur. Man erreicht sie, indem man im Schatten riesiger Bäume an unzähligen kleinen Büschen entlang einen Hügel hinunterläuft. Der Charco Verde zeigt sich unerwartet den Augen des Wanderers, der begeistert, ja fast verzaubert, die üppige Landschaft Ometepes betrachtet.

Oft peitschen starke, aus Südosten kommende Winde das grüne Wasser des Charco Verde, im Rhythmus des wild tobenden Wellengangs schillert er in den Regenbogenfarben. Einer Legende zufolge erscheint am Karfreitag zur Mittagsstunde in der Mitte der Lagune eine blonde Schönheit. Sie badet in dem klaren, frischen Wasser und kämmt ihre langen Haare mit einem goldenen Kamm.

Der Charco Verde soll auch der Eingang zu einem verwünschten Ort sein. Dort hausen die Leute, die an Chico Largo verkauft worden sind; Chico Largo aber ist ein Vermittler des Teufels auf Erden! Er verwandelt Menschen in Rinder und lässt sie in der Landwirtschaft schuften. Diese verwünschten Tiere werden manchmal auch an die Schlachthöfe von Moyogalpa oder Altagracia geliefert. Viele Leute wollen das Wehklagen einer Kuh oder eines Ochsen gehört haben, als diese geschlachtet wurden; das seien, so behaupten sie, die Schreie eines verwünschten Menschen!

Der Verkäufer solcher Tiere ist immer jemand, der einen Pakt mit Chico Largo abgeschlossen hat. Mit Hilfe dieses Pakts genießt er materiellen Wohlstand - für eine bestimmte Zeit, nach deren Ablauf der Pakt erneuert werden kann, falls der Paktierende nicht vom Teufel persönlich geholt wird. Manche beteuern, dem Tod eines Menschen beigewohnt zu haben, von dem gesagt wurde, er sei Chico Largo verfallen. Sie wissen zu berichten, dass um Mitternacht im Hause des Verstorbenen mysteriöse, auf schwarzen wilden Pferden reitende Gestalten erscheinen. Die Hunde heulen, die Hähne krähen, alle Tiere brüllen vor Angst. Die Lichter, die den Sarg des Toten beleuchten, erlöschen und inmitten eines höllischen Krachs steigen die Reiter ab...

Wenn irgendjemand, nachdem der Krach aufgehört hat, es endlich wagt, das Licht wieder anzuzünden, stellen alle mit Entsetzen fest, dass der Tote verschwunden ist. Es heißt dann, Chico Largo habe ihn geholt, weil seine Zeit abgelaufen war. Wer mit Chico Largo paktiert, bekommt sieben Negerlein, die ihm in schlimmen Situationen helfen und ihn von jeder Schwierigkeit befreien. Binnen sieben Jahren muss er die Männlein an jemand anderen weitergeben; wenn nicht, ist es um ihn geschehen.

Die verwünschte Stadt von Charco Verde

Dem Bericht eines Augenzeugen zufolge lebte vor etwa sechzig Jahren auf der Insel Ometepe ein arabischer Kaufmann, einer von denen, die das Volk Türken nennt. Er trieb seinen Handel mit Stoffen zwischen Altagracia und Moyogalpa und zog ständig herum von Esquipulas über Los Angeles, Trigueros, El Tenidero, San José del Sur, Las Pilas bis hin nach Urbaite.

Eines Tages, als er gerade unterwegs von San José del Sur nach Altagracia war, erblickte der Hausierer einen vorher nie gesehenen Weg. Aus Neugierde nahm er diesen und eine kurze Weile später fand er sich in der Nähe des Herrenhauses einer riesigen Hazienda wieder. Viel Betrieb gab es dort, Menschengedränge überall, wohin man sah. Das auffälligste war die Riesenmenge an Rindern, die die Ländereien der Hazienda bevölkerten.

Der „Türke" namens Umanzor rief unzählige Male, um seine Produkte anzupreisen. Doch niemand antwortete ihm. Angesichts solcher Unaufmerksamkeit in einer durch ihre Gastfreundlichkeit bekannten Gegend, an die auch Umanzor gewöhnt war, nahm er seine Ware und verließ jenen unheimlichen Ort.

Plötzlich und ohne, dass er gemerkt hätte, wie es geschah, befand er sich wieder auf der Hauptstraße nach Altagracia ... Der „Türke" fragte viele Leute unterwegs nach der seltsamen Hazienda, aber niemand wusste, wovon er redete.

CHICO LARGO DEL CHARCO VERDE

POR CARLOS AMPIÉ LORÍA

La bella y misteriosa isla de Ometepe sigue guardando muchas leyendas antiguas que aún viven en la imaginación popular. Entre ellas se destacan "La leyenda de Chico Largo" y "El encanto del Charco Verde", ambas estrechamente relacionadas entre sí gracias a una intrínseca continuidad mental, pero sobre todo, debido al común origen insular.

El Charco Verde es una pintoresca laguna ubicada en una pequeña ensenada que inicia en la hacienda Venecia, distante unos dos kilómetros del pequeño poblado llamado San José del Sur. Se llega a esta ensenada bajando una pequeña cuesta sombreada por enormes árboles y pequeños arbustos. El Charco Verde se presenta así, inesperadamente, a los ojos del caminante que observa absorto, más que interesado, fascinado, el exuberante paisaje de la isla. A menudo azotan las aguas de la verde laguna fuertes vientos que soplan del Sur o Suroeste y estas, agitadas por el suave oleaje y vistas desde ángulos propicios, se tornan iridiscentes. El Viernes Santo al medio día, según cuenta una leyenda, aparece una linda mujer rubia bañándose en el centro de la laguna y peinando sus cabellos con un peine de oro.

Se cuenta también que esta laguna es la entrada a un sitio encantado. En ese lugar habitan todas las personas que han sido vendidas a Chico Largo, un intermediario del Diablo sobre la tierra. Éste las convierte en ganado y las hace trabajar duramente en algún menester agrícola. Ese ganado encantado también es vendido en algunas ocasiones a los mataderos de Altagracia o Moyogalpa donde, muchas personas, pretenden haber oído alguna vez los lamentos

que se lo llevó Chico Largo, porque se le había cumplido su plazo. El individuo que pacta con Chico Largo recibe "7 negritos" que le ayudan en momentos difíciles y lo libran de toda adversidad. Una vez que han transcurrido siete años tiene que entregarlos a otra persona, quedando, en caso contrario, bajo pena de ser llevado en cuerpo y alma al "encanto".

La ciudad encantada del Charco Verde

Según el relato de un testigo hubo, hace cerca de sesenta años, un comerciante árabe, de esos a los que el pueblo llama "turcos", quien hacía su comercio de telas entre Moyogalpa y Altagracia recorriendo los poblados de Esquipulas, Los Ángeles, Trigueros, El Teñidero, San José del Sur, Las Pilas y Urbaite.

En cierta ocasión, yendo de San José del Sur a Altagracia, se encontró de pronto el vendedor en un camino desconocido; lo siguió por curiosidad y a cierta distancia divisó una enorme casa-hacienda con mucho trajín de gente en su interior. Pero lo que más le llamo la atención fue la enorme cantidad de ganado que poblaba el lugar.

El turco, de nombre Umanzor, llamó una y otra vez anunciando y ofreciendo sus telas, pero nadie se dignó a contestarle. En vista de tan inaudito desaire en un lugar de tan reconocida hospitalidad, hospitalidad a la que Umanzor ya estaba tan acostumbrado, tomó el mercader sus maletas y se marchó de aquel misterioso lugar.

De pronto, y sin que se diera cuenta en qué momento, se vio de nuevo en el camino que antes llevara, es decir el camino que conduce a Altagracia. Yendo de camino el turco preguntó a muchos caminantes por aquella extraña hacienda, pero nadie entendía de que les hablaba, nadie pudo darle razon de ella.

del toro o la vaca al ser inmolados, porque en realidad había sido un ser humano.

El vendedor de ese ganado es siempre alguien que ha hecho pacto con Chico Largo; por medio de ese pacto goza de bienestar material por un determinado tiempo, luego del cual el pacto puede ser renovado, si no es que el pactante ha sido arrastrado antes por muchos demonios hasta el mismísimo infierno.

Personas que dicen haber presenciado la muerte de alguien de quien se decía estaba vendido a Chico Largo, cuentan que a media noche aparecen jinetes en briosos corceles negros; los perros ladran, cacarean las gallinas y bala el ganado; las velas que iluminan el ataúd se apagan como por encanto y los jinetes descienden de sus bestias en medio de un estrépito infernal... Una vez que ha retornado la calma y todos han salido de su ensimismamiento, cuando alguien al fin se atreve a encender de nuevo las luces, se encuentra con que el cadáver ha desaparecido. Entonces se dice

POESIE IM SCHATTEN DER VULKANE

Erlebnisse und Gedanken zu Nicaraguas Literatur

Von Hermann Schulz

Am Anfang stand für mich die Begegnung mit den Gedichten des Priesters, Dichters und Revolutionärs Ernesto Cardenal; sie waren durch rätselhafte Umstände auf meinen Schreibtisch als Verleger gelangt. Am Anfang stand auch die Begegnung zwischen diesem Autor aus dem Jahr 1973 mit der deutschen Theologin Dorothee Sölle. Der nicaraguanische Dichter war erstmals in Deutschland und zu einer Lesung in die Universität Köln eingeladen. Moderatorin war Dorothee Sölle – und aus dem Publikum meldete sich der Nicaraguaner Enrique Schmidt, der später mit Freunden in Wuppertal die Solidaritätsbewegung für sein Land aufgebaut hat. Es war nicht abzusehen, dass diese Begegnungen im Zeichen der Poesie und der Revolution zu einem wahrhaft historischen Ereignis wurde. Dorothee Sölle war mehrfach nach dem Sieg der Revolution in Nicaragua und wurde eine wichtige Lehrerin der Theologie der Befreiung – und schrieb ein sehr schönes Gedicht über ihre erste Begegnung mit Ernesto.

Enrique Schmidt begleitete die Solidaritätsbewegung in Deutschland und Europa bis zu seinem Tod 1984. Er kam bei einem Contra-Überfall in Nicaragua ums Leben.

Ich schreibe über mein Thema nicht als Literaturwissenschaftler, sondern als jemand, der sehr früh mit Nicaragua aus Gründen der Poesie als Verleger in Kontakt gekommen ist und seine Politisierung diesem Land und seinen Menschen, seinen Mythen, seiner Leidenschaften verdankt. Man kann auch sagen: Nicaragua leitete mein zweites Erwachsenwerden ein und schärfte meinen Blick auf die inneren Geheimnisse dieser uns fremden Welt. Ich verdanke Nicaragua mehr als ich diesem Land gegeben habe durch das, was man gemeinhin Solidarität nennt. Ich schreibe und erzähle als Sympathisant dieses Landes in seiner besonderen Phase (1969 bis 2004), von Begegnungen, von Freundschaften und von Phänomenen aus einer aufregenden Zeit.

Nicaragua pflegt von jeher in seiner Poesie, in seinen Volkserzählungen, aber auch in seinen Sonntagsreden, wie es sie überall auf der Welt gibt, zwei Mythen, die, über Jahrhunderte transportiert und fast unverändert geblieben, sich auffallend gleichen. Da ist am Anfang der neueren Zeitrechnung der Mythos der beiden historisch belegten Indio-Könige Nicarao und Diriangén, die das Land an der Meerenge von Zentralamerika während der Zeit der Conquista beherrschten. Die Grenzen waren allerdings damals nicht deckungsgleich mit dem heutigen Nicaragua, sie wurden erst nach der Vertreibung der spanischen Kolonialregierung gezogen; bis dahin gehörte Nicaragua zum Königreich Guatemala. Nicht die Spanier wurden vertrieben, das muss man betonen; sie blieben im Land und bildeten die Oberschicht der jeweiligen neuen Regierungen, die sie auch vorher schon gebildet hatte.

Nicarao, der sanfte Herrscher und Poet, der dem Land den Namen gab, suchte Versöhnung und Dialog mit den Spaniern. Diriangén, nach dem heute in Nicaragua immerhin noch sinnigerweise eine Streichholzmarke benannt ist und der in manchen sandinistischen Kampfliedern aufersteht, suchte die Auseinandersetzung mit den Waffen und lehnte jegliche Versöhnung ab. Er scheiterte wie alle, die sich den Herrschern aus der alten Welt widersetzten. Nicaraos Schicksal gestaltete sich allerdings nicht viel gnädiger: Er ließ sich taufen, um wenigstens seine Haut zu retten – und wurde noch am gleichen Tag aus fadenscheinigen Gründen hingerichtet. Wie seinerzeit der christliche Kaiser Karl der Große mit den sächsischen Adeligen, die zur Unterwerfung bereit waren, verfuhren 700 Jahre später die christlichen Spanier in Zentralamerika: Die gesamte Führungsschicht wurde ausgerottet. Diesen Vorfall allerdings finden wir heute selten in unseren Geschichtsbüchern – und bewirkt hat er auch nicht eine ewige Dauer der spanischen Herrschaft! Sie dauerte nur bis zum Beginn des 19. Jahrhunderts.

Vierhundert Jahre nach der Entdeckung und Befriedung des Landes trat der Dichter Rubén Darío in die Geschichte seines Landes und ganz Lateinamerikas. Er hieß eigentlich Félix Rubén García y Sarmiento, wurde 1867 in Metapa geboren und starb 1916 in León. Er schuf eine von der spanischen höfischen Dichtung unabhängige Poesie. Ja, er befreite die Sprache gleichsam und manifestierte damit die Unabhängigkeit des Kontinents. Nur kurze Zeit später begegnet uns eine weitere lateinamerikanische Heldengestalt aus Nicaragua, der Freiheitskämpfer und (selbstgenannte) General Augusto César Sandino, der den ersten Guerillakrieg der neueren Geschichte Lateinamerikas führte. Im Bewusstsein der Lateinamerikaner gehört er zu den Unsterblichen der Freiheit - neben Simón Bolívar, Emiliano Zapata, Pancho Villa oder Ché Guevara. Kein anderes Land Zentralamerikas hat solche starken identitätsbildenden Gestalten; kein Wunder, dass es Nicaragua gewesen ist, wo Freiheit ihre schönsten Höhenflüge und Unterdrückung ihre brutalsten Ausmaße hatte und dass sich dieses Land immer lautstark zu Wort meldete. Poesie und Rebellion waren seine Markenzeichen.

Beide genannten Pole sind identitätsstiftende Eckpfeiler des Bewusstseins der Nicaraguaner. Bei Sandino ist die Identifizierung verständlich, bei einem hochkarätigen Dichter wie Darío in einem Land mit seinerzeit 80% Analphabeten schon bemerkenswert. Sucht man einen Vergleich in unserer Kultur, so fällt einem nur Goethe ein, dem man vielleicht ähnliche identitätsstiftende Wirkung, wenn auch nur im Bürgertum, nachsagen kann. Bis heute hängt in der ärmsten Hütte auf dem Land in Nicaragua ein Bild Daríos. Man weiß, wer er ist, auch wenn man nicht schreiben oder lesen kann. Man kennt seine Gedichte, auch ohne sie lesen zu können. Sehr früh finden sich in seinem gewaltigen Werk, das leider nur in Bruchteilen in deutscher Sprache vorliegt, antiimperialistische Töne und politisch eindeutige Stellungnahmen. Er war ja nicht nur als Dichter eine Leitfigur, sondern er plädierte und kämpfte für die innere und äußere Autonomie des Kontinents. Er war von der unbändigen Sicherheit beseelt, dieses Lateinamerika stünde kurz vor dem großartigen Aufbruch, um dem Rest der Welt, vor allem den USA, Paroli zu bieten! Noch ein starker poetischer nicaraguanischer Mythos muss erwähnt werden, auch wenn er im Bewusstsein breiter Bevölkerungsschichten eine geringere Rolle spielt, aber unter den Poeten, Philosophen und Theologen eifrig diskutiert und konserviert wird: Es geht um die Fußspuren der Menschen und Tiere von Acahualinca. So heißt der ärmste Stadtteil von Managua; hier fand man bei Bauarbeiten vor mehr als 100 Jahren Spuren von fliehenden Menschen und Tieren, die sich bei einem Vulkanausbruch zu retten versuchten. Eindrucksvolle Spuren, die man bis heute besichtigen kann; für Nicaragua Sinnbilder eines Volkes unterwegs, eines Volkes auf der Flucht und auf der Suche; Heimatlosigkeit als Mythos, der leicht christlich umgedeutet und vereinnahmt werden kann als Sinnbild des wandernden Gottesvolkes auf dem Weg zur ewigen Heimat. Wenn man die Religiosität der Nicaraguaner bedenkt, kann man die ewigen Verflechtungen von Hoffnung, Heilssehnsucht und Revolution, wenn auch nicht ganz nachvollziehen, so doch als Eigenart eines Volkes auf den brodelnden Vulkanen akzeptieren.

Pablo Antonio Cuadra, der sich gern selbst PAC, also Friede nannte, hat diese Spuren mit allem Pathos, dessen lateinamerikani-sche Dichter fähig sind, vorgestellt und interpretiert, so nennt er auch sein bemerkenswertes Buch „Los Pies descalsos de Nicaragua", „Die nackten Füße Nicaraguas", es ist in den 70er Jahren erschienen und das erste grundlegende Buch über die Volkskultur der Nicaraguaner, Poesie und Literatur eingeschlossen. Das Buch ist auch eine Liebeserklärung an die eigene, unverfälschte Volkskultur und damit eine politische Absage an die Gefährdungen der eigenen Identität durch die bewunderte, gefürchtete und zugleich verachtete Übermacht der USA. Cuadra zeigt auch stolz sein Land als das der Vulkane und Dichter, das Volk des Aufstandes und des gewaltigen Wortes. In den Zeilen und dazwischen beschwört er den rebellischen Geist Nicaraguas und macht ihn dingfest an seinen Dichtern, in Manolo Cuadra, in Alfonso Cortéz, der wie Hölderlin geistesgestört in Ketten seine letzten Lebensjahre fristete und in Leonel Rugama, den Gue-rillero, der im Kugelhagel der Truppen des Diktators Somoza starb. Azanias Pallais ist zu erwähnen, der Priester aus der Hafenstadt Corinto, der zugleich ein wunderbarer Dichter, Freund der Huren und Bettler war. Während seiner Beerdigung, als der ganze Ort auf den Beinen war, denn man liebte ihn, wurde seine Bibliothek gestohlen und tauchte nie wieder auf. So etwas passiert nur in einem lesebegeisterten Land.

Dass gerade dieser Pablo Antonio Cuadra mit den aktuellen Revolutionären der Sandinistischen Befreiungsfront (FSLN) seit ihrem Sieg 1979 seine Probleme haben würde, war nicht voraus zu sehen. Heute, mit Distanz zu den Ereignissen der 80er Jahre, sehe ich in ihm durchaus einen unabhängigen Geist, der schon früh die Gefährdungen jeglicher Ideologisierung erkannte und es stoisch hinnahm, über 10 Jahre lang als Konterrevolutionär beschimpft und von großen Teilen der Gesellschaft gemieden zu werden. Auch sein Vetter Ernesto Cardenal machte seinen Frieden mit ihm erst nach seinem Tod.

Literatur kann keine Revolution machen, keine Schlachten gewinnen, wohl aber können Literaten politisch und militärisch Handelnde sein. Literatur kann die Feuer der Rebellion aber durchaus anblasen, wie auch die Feuer der Aufklärung Helligkeit schafften und zugleich auch den Rauch der Verneblung und Obskurantismus verursachten. All das ist möglich. Poetische Verse oder Slogans können die Massen mobilisieren und die treffenden, zündenden Worte finden, auch wenn uns das in unseren Breitengraden seltsam, und - nach dem Dritten Reich - verdächtig vorkommen mag.

Warum hat dieses Land mehr als andere eine Neigung zur Literatur, warum kann in Nicaragua Poesie als eine Art Volkssport bezeichnet werden? Wegen der alten india-

nischen Traditionen, die sich ja aus südlichen und nördlichen indianischen Einwandererschüben kulturell speisten? Wegen der Ausstrahlung eines Rubén Darío? Wegen der magischen Ausströmungen der Vulkane, wie manche meinen? Ein Dschungel geheimnisvoller Erklärungsmuster bietet sich an. Rational erklärbar ist dieses Phänomen allerdings nicht; nennen wir es einfach ein Wunder.

Wir haben es mit einer Weltgegend der Rebellion zu tun. Nicht erst seit Augusto César Sandino, der 1930 gegen die eigene Oligarchie und die US-Truppen die Waffen erhob. Ganz gleich, ob meine Gesprächspartner in Nicaragua aus konservativem oder sozialistischem Lager stammten: Stolz wiesen mich alle bei meinen mehr als 20 Besuchen darauf hin, dass in ihrem Volk ein Drang zur Rebellion und auch zur Poesie unübersehbar sei. Und später auf einem Plakat las ich: „Der Sieg der Revolution ist der Sieg der Poesie!" Das hört sich gut an.

Bei meinem zweiten Besuch in Nicaragua 1972 lud der später zur allgemein verhassten und verachteten Opposition gehörende Schriftsteller und Redakteur von La Prensa, Pablo Antonio Cuadra, aus dem Anlass meines Besuches eine Reihe von Künstlern und Schriftstellern ein – und ermöglichte mir einen ersten Blick hinter die Kulissen der damals undurchsichtigen, ungeduldig abwartenden nicaraguanischen Gesellschaft unter dem Diktator Somoza. Hier traf ich Carlos Mejía Godoy, einen begabten Musiker, und konstatierte erstaunt, mit welchem Ernst und Aufwand er und seine Mitstreiter sich auf das Land, in die Provinzen begaben, um Konzerte zu geben und eine Art Inventur der Volkskultur vorzunehmen und Texte zu sammeln, wie es früher deutsche Dichter der Romantik mit „Des Knaben Wunderhorn" getan haben.

Ein Lied, das in jenen Tagen von Carlos Mejía Godoy in La Prensa mit Noten veröffentlicht wurde (es handelte sich um „Jinto Jinjocuago"), war bald in allen Teilen des Landes bekannt und ich hörte es vier Tage später schon an der Atlantikküste. Eine wahrhaft revolutionäre Haltung, ein bisschen sehr pathetisch wie mir schien, was meiner Bewunderung keinen Abbruch tat, traf ich bei diesen versammelten Dichtern an. Ich traf den damals schon betagten José Coronel Urtecho, Onkel und Mentor von Ernesto Cardenal, der die jüngere Poesie entscheidend gefördert und mitgestaltet hat und später die klügsten Aphorismen zur Revolution schrieb; dann Carlos Martínez Rivas, den ich als den größten und wichtigsten Poeten Zentralamerikas schätzen lernte und den ich trotz seines Alkoholkonsums immer wieder besuchte, und sei es, um seine mit Worten und Satzfetzen beschriebene Wand über seinem Schreibtisch zu betrachten – wie sein schönstes Gedicht - oder ihm einfach zuzuhören – bis zu seinem alkoholgetränkten Ende. Er bekam ein Staatsbegräbnis, obwohl er den Sandinisten gegenüber in höhnischer Abneigung und voller Spott für ihre verbalen Kraftakte verharrte. Ohne allerdings selbst Teil der Opposition zu werden und sich instrumentalisieren zu lassen! Während Ernesto Cardenal mit einer gewissen (klugen) Einfalt, die ihm eigen ist, die strömenden Massen zum Platz der Revolution begeistert lobte, goss Martínez Rivas ätzenden Spott über sie und sagte: Schon morgen rennen sie einer anderen Pfeife nach...

Und die Wahlen 1990 gingen denn ja auch verloren, als der Krieg allzu viele Opfer forderte.

Ich traf 1972 auch Mario Cajina Vega, der schon in den 70er Jahren das programmatische Gedicht „Das Plakat" geschrieben hatte, einen Text, der vielfach zu Propagandazwecken benutzt wurde. Auch Mario

befand sich bald in der Opposition zur Sandinistischen Revolution – ebenso wie Cuadra und viele der jungen Poeten, die in den zehn Jahren Sandinismus keine Chance bekamen, veröffentlicht zu werden – und diese Chance auch selten suchten! Gerechterweise muss man sagen, dass auch Cardenal seine Gedichte nur in Einzelfällen drucken ließ, um den jungen Dichtern aus den Werkstätten nicht im Wege zu stehen angesichts der immer knapper werdenden Papierresourcen.

Was in jenen fast 10 Jahren vor dem Sturz des Diktators durch Lesungen, bewusstseinsbildende Texte und Verbreitung der Poesie in Schulen und literarischen Kreisen geleistet wurde, war vielleicht nicht direkt die praktische Vorbereitung der Revolution, aber es war Einflussnahme, Aufruf zur Rebellion, eine Stimmung wurde geschaffen ethisch-poetischer Ausrichtung und es war auch ein politischer Akt, Mahnung und Erinnerung an Sandino und an die Hoffnungen des Landes, die ja auf die Weissagungen des alten Weisen Häuptling Chilam Balam zurückgehen, der prophezeit hatte, dass Gerechtigkeit wie ein Donnerschlag auf die Erde fallen würde. Im Mittelpunkt dieses literarischen Lebens stand der Ruf nach Gerechtigkeit und Befreiung! Ihr Credo war, dass eine Revolution nicht um ihrer selbst willen gemacht wird, sondern für das bessere Leben des Volkes. Das wurde später oft vergessen, auch von vielen Dichtern. Hier war durchaus keine Agitprop-Literatur am Werke, es ging auch um Liebe, um Sexualität, um Befreiung der Frau, um das Niederreißen der Grenzen. Denken wir nur an Gioconda Belli, die mit ihren Plädoyers für die Befreiung der Sexualität eine eminent politische Autorin war und ist, auch wenn die Autorin zeitweise zu Beginn der Revolution im Büro des Innenministeriums für die Zensur der Tageszeitungen arbeitete.

Manchmal erwies sich die Poesie im Prozess der Umwälzungen als korrumpierbar. Sie war aber, von Ausnahmen abgesehen, frei und unabhängig, auch wenn es manchmal gute und ernstzunehmende Dichter waren, die schlechte Verse fürs Kaffeepflücken, für die Agrarreform oder für die Impfkampagnen formulierten. Das machte auch ihren Charme aus, und erleichterte es uns Europäern, das Visionäre dieser Revolution zu erkennen und auch sinnlich wahrzunehmen, verführte aber auch dazu, den eigenen Realitätsverlust angesichts der überschäumenden Begeisterung für normal und vernünftig zu halten.

Diese Gefahr, benutzt zu werden, haben die Dichter in Nicaragua früh gesehen, aber meist verschwiegen, um nicht Applaus von der falschen Seite zu erhalten - , ebenso wie 50 Jahre früher ihre Kollegen im Sozialismus der Sowjetunion, die dafür in den Gulag gegangen oder erschossen worden sind, weil sie die Glorifizierung dessen, was nicht zu glorifizieren war, nicht mitmachen wollten. Ernesto Cardenal, der berühmteste Dichter des Landes, hatte damit allerdings keine Probleme – und nannte Widersacher und Kritiker leichtfertig und allzu schnell Kreaturen der CIA oder Reaktionäre. Zugleich hat er nie aufgehört, ein gutes Gedicht ein gutes Gedicht zu nennen – auch wenn ihm der Inhalt nicht passen mochte. Letztlich war und blieb er ein Jünger der großen Dichter Ezra Pound und Novalis.

Die Glorifizierungen, auch solche, die Gott und die Bibel an die Seite der Revolution beschworen, erinnerten mich manchmal an Epochen der Propaganda des Dritten Reiches – und wenn ich davon sprach hieß es: Aber hier ist doch die Revolution in den Händen der Guten, der gerechten Sache! Wenn man das immer so genau wüsste – sage ich heute. Meine eigenen Zweifel begannen erst Mitte der 80er Jahre.

Die Grenzen zwischen den Literaten und den Kämpfern sah man nicht immer deutlich; ein Tomás Borge (Innenminister und Mitbegründer der FSLN) schrieb Gedichte, Leonel Rugama war ein begnadeter Dichter (Die Erde ist ein Satellit des Mondes) und fiel mit dem Gewehr in der Hand, auch der Mörder des alten Somoza war ein Dichter.

Viele der Kommandanten nannten sich gern Dichter, waren aber keine. Die Qualität der Poesie geriet in jenen ersten Jahren nach dem Sieg der Revolution oft unter die Räder – und wer das bekrittelte wie Martínez Rivas, der stand schnell abseits und wurde diffamiert.

Für Pablo Antonio Cuadra gab es keine Kompromisse, kein Mitmachen, bei welcher Ideologie auch immer. Er sah immer die Gefahr – und erlitt unglaubliche Schmähungen, die mir immer peinlich waren, weil ich ihn kannte und schätzte. Er verkaufte sich nicht; im Gegenteil sah er seine Rolle als Dichter in der Unabhängigkeit, im Freiraum für Kritik – die nach seiner Meinung jede herrschende Klasse braucht. Die auf der anderen Seite sahen ihn leichtfertig in den Fängen der CIA. Solche Grabenkämpfe nahmen kein Ende und verführten den Betrachter aus Europa mangels besserer Einsichten und Informationsmöglichkeiten oft dazu, sich der allgemeinen Beurteilung anzuschließen. Auch ich gestehe, dass ich PAC nach dem Sieg der Revolution nicht wieder aufgesucht habe – nicht aufsuchen konnte, ohne wichtige Kontakte zu gefährden. So verliert man leicht die Freiheit und Unabhängigkeit, die in der Nähe von Sprache und Dichtung immer sicher zu sein scheint. Es war ein Krieg der beiden Lager, jenseits und diesseits der Wahrheit, wie man das damals empfand – und es war schwer zu durchschauen, dass die Unfähigkeit zum Dialog das Problem war, nicht die Kritik!

Auf der „guten" Seite Cardenal, Gioconda Belli, José Coronel Urtecho, Michele Najlis, Daysie Zamorra, Rosario Murillo und viele andere - auffallend viele Frauen und weniger Männer; auf der anderen Seite, in der Opposition Autoren, die sich um Hohn und Spott, der auf sie ausgegossen wurde, nicht zu kümmern schienen. Waren sie die Handlanger Ronald Reagans, als die sie bezeichnet wurden? Vertraten sie die Sache der mordenden Contras, die der Reaktion? So einfach liegen die Dinge nicht, würde ich heute sagen, auch wenn ich damals die Ansicht vertrat, ein Mann in einem bestimmten Alter müsse entscheiden, auf welcher Seite er zu stehen habe! Heute meine ich, dass wir in Europa sowieso leicht reden haben und es war für uns wohlfeil, auf der richtigen Seite zu stehen. Innerhalb der Sandinistischen Befreiungsfront führten die unaufgearbeiteten ideologischen Probleme und Widersprüche dazu, dass das Fehlen demokratischer Strukturen niemals aufgearbeitet wurde. Die stärkste Gruppe, die Terceristas unter den Brüdern Ortega, kümmerte sich aus guten Gründen nicht darum: Bei einer demokratischen Wahl wären sie den charismatischen Figuren und Ultralinken wie Tomas Borge oder Henry Ruiz unterlegen gewesen. Sie hofften, auf diese Weise alles zu gewinnen, auch das Volk – aber sie verloren schließlich alles, nicht nur die Wahlen, sondern ihre Moral; alles das, was einmal ihr Wertvollstes gewesen war.

In den Jahren der Revolution war eines der am meisten umstrittenen Projekte der Kulturpolitik die Werkstätten der Poesie. Die Anfänge dieses Konzeptes gehen zurück auf Maira Jiménez aus Costa Rica, die in den 70er Jahren auf den Solentiname-Inseln mit den Bauern solche Werkstätten gegründet hatte und jetzt von Kulturminister Ernesto Cardenal eingeladen wurde, im ganzen Land solche Werkstätten ins Leben zu rufen. Das Projekt war volksnah und populär, richtete sich aber indirekt auch gegen die sogenannten akademischen Autoren, die etablierten, die schon eingeführten. Nicht nur aus diesem Lager kam die Kritik: Rosario Murillo, Ehefrau des Präsidenten Ortega, auf mehreren Feldern Gegner und Feind des Kulturministers und Konkurrentin – sie wäre allzu gern Ministerin geworden, aber das konnte sich ihr Ehemann nun doch nicht leisten -, sah in diesen Werkstätten die Wiederholung der sozialistischen Gleichschaltung, eine Art Bitterfelder Weg. Die Ergebnisse gaben ihr allerdings nicht Recht, auch wenn zahllose Poeme entstanden, die sich darin erschöpften, die Revolution zu loben und die USA zur Hölle zu wünschen. Tausende Gedichte entstanden, hunderte der besten, tatsächlich kritisch ausgewählt, wurden in kleinen einfach gestalteten Heften gedruckt, die um die ganze Welt gingen.

Ist ein Autor von Weltgeltung aus diesen Werkstätten hervorgegangen? Wäre das überhaupt ein Maßstab für das Gelingen des Versuches? Ist das Projekt ein Beispiel für beispielhafte Lese- und Literaturförderung? Um diese Fragen zu beantworten oder die Antworten zu belegen, ist noch zu wenig Zeit vergangen. Cardenal hat in den Jahren als Kulturminister diese Werkstätten mit Klauen und Zähnen verteidigt – nicht nur weil die Hauptkritikerin Rosario Murillo war, die er gern schon einmal eine Schlampe nannte, sondern weil Cardenal, der Visionär, hier ein Zeichen des Paradieses auf Erden sah – wie alles, was ihn an sein Experiment von Solentiname erinnerte. Er war geradezu ein Fetischist der Beteiligung des Volkes – und ist es geblieben. Der Vizepräsident und Romancier Sergio Ramirez sah wie viele der politischen Freunde von Cardenal das Projekt eher skeptisch, ohne ihm das direkt zu sagen. Als eine fragwürdige Sandino-Oper aufgeführt wurde, lobte Cardenal, der nun wirk-

lich nichts von Musik versteht, das Unternehmen überschwänglich – während Ramirez ironisch anmerkte, mit dieser Oper habe man den Feinden der Revolution eine wunderbare Waffe in die Hand gegeben. Die Solidaritätsbewegung war begeistert von den Werkstätten, wie sie von fast allen Projekten der Revolution begeistert war und hier ein Neuanfang, die Beteiligung aller, auch der Armen versucht wurde. „Participación" war das Zauberwort – etwas, das es hier in unseren europäischen Gesellschaften so nicht gab.

Wenn wir von der Revolution und der Literatur sprechen, dann unbedingt auch von jener Gruppe international renommierter Autoren, die die Sache der Revolution zu ihrer eigenen machten und sie verteidigten auch da, wo manchmal schon nichts mehr zu verteidigen war.

Ich nenne hier nur Julio Cortázar, den großen Argentinier, dessen Aufsätze zu Nicaragua ein ganzes Buch füllen. Und Eduardo Galeano aus Uruguay, der mir Mitte der 80er Jahre vertraulich von Verhaftungen und Willkürmaßnahmen erzählte. Günter Grass stand der Revolution mit Sympathie gegenüber und griff auch in die eigene Tasche, um ein kleines Werk für landwirtschaftliche Geräte (Werkstatt Julius Leber) zu finanzieren.

Ein Ernesto Cardenal mit seinem Potential an Leidenschaft und Sprachkraft wäre gern der Maxim Gorki oder der Majakowski der Revolution geworden – und gestorben, bevor das Ende kam. Es war ihm nicht vergönnt. Er war schließlich einer der Ersten, die die FSLN verließen. Alle, die etwas auf ihre Würde und ihren Patriotismus hielten, die meisten waren Dichter, schlossen sich ihm an, auch wenn sie verschiedene Gründe haben mochten: Einige gingen, weil sie vergeblich Demokratisierung forderten, andere wurden herausgemobbt. José Coronel Urtecho starb, bevor er gehen musste; die Ideologie, die verhär-

teten Fronten, der Druck des Contrakrieges, vertrugen keinen unabhängigen Kopf! Und davon hatte das bürgerliche Lager, dass das zivile Rückgrat der Revolution bildete, immer noch sehr viele.

Sergio Ramirez ist ein glänzendes Beispiel eines Schriftstellers, der aus Patriotismus und revolutionärem Bewusstsein bereit war, sich in den Dienst dieser Revolution zu stellen. Er brachte mehr Opfer im Kampf um die Macht, um die Zukunft seines Landes, als ein Mann bringen sollte. Bis er von Ortega und einer unsäglichen Clique seiner mediokren Parteigänger aus dem Parlament und der Partei, die sich immer noch Bewegung nannte, gefegt wurde. Er ging erhobenen Hauptes – und kehrte an den Schreibtisch zurück. Er, der die Gruppe der 12, also die sogenannte bürgerliche Opposition angeführt hatte, nahm damit auch Abschied von den heimlich versteckten Zielen dieser Revolution, die man im Kernzentrum der Macht wohl nur zu erreichen hoffte, indem man die Säuberungsstrategien und Geheimdienstpraktiken Moskaus und Ostberlins übernahm. Sein Buch „Adios Muchachos" ist keine Abrechnung, es ist ein Trauergesang – und ein Bekenntnis! Seinen Glauben an die Möglichkeiten einer gerechten Gesellschaft hat er nicht aufgegeben und ist auch heute noch in Übereinstimmung mit fast allen namhaften Autoren Lateinamerikas. Sein politisches Abenteuer hat seinem Ansehen auf der Welt nicht geschadet, zumal er an irgendeiner Art von Bereicherung, wie sie in der letzten Phase der Sandinisten-Regierung üblich wurde, nicht teilgenommen hat.

Hermann Schulz leitete von 1967 bis 2001 den Peter Hammer Verlag. Er veröffentlichte mehrere Bücher über Nicaragua und lebt heute als Autor in Wuppertal.

POESÍA A LA SOMBRA DE LOS VOLCANES

Vivencias y reflexiones sobre la literatura de Nicaragua

POR HERMANN SCHULZ

Para mí todo empezó al descubrir los poemas del cura, poeta y revolucionario Ernesto Cardenal, que por alguna que otra circunstancia misteriosa habían llegado a mi despacho de editor. Un comienzo fue también el encuentro de este escritor con la teóloga alemana Dorothee Sölle en 1973. Por aquel entonces, el poeta nicaragüense se encontraba por primera vez en Alemania, donde había sido invitado a leer su poesía en Colonia. Dorothee Sölle era la presentadora y desde el público tomó la palabra el nicaragüense Enrique Schmidt, que más tarde fundó, con amigos en Wuppertal, el movimiento de solidaridad por su país. Era imposible prever que aquellos encuentros inspirados por la poesía y la revolución llegarían a ser acontecimientos históricamente importantes. Dorothee Sölle, después del triunfo de la revolución, viajó varias veces a Nicaragua y llegó a ser una gran maestra de la teología de la liberación. También escribió un poema muy bonito sobre su primer encuentro con Ernesto Cardenal.

Enrique Schmidt acompañó el movimiento de solidaridad con Nicaragua tanto en Alemania como en Europa hasta su muerte en 1984. Fue asesinado en Nicaragua en un ataque de los contras.

Quisiera abordar mi tema no como científico literario, sino como alguien que – por ser editor – entró muy temprano en contacto con Nicaragua a través de su poesía; que debe su politización a ese país, a su gente y a sus mitos y pasiones. Cabría decir que Nicaragua me hizo madurar y ser adulto por segunda vez, agudizando mi mirada hacia los secretos escondidos de ese mundo tan extraño. Yo le debo más a ese país de lo que él me debe a mí, por lo que se suele llamar solidaridad. Yo escribo y cuento sobre encuentros, amistades y fenómenos de una época emocionante desde el punto de vista de una persona que simpatizó con ese país en sus decisivos momentos históricos (desde 1969 hasta 2004).

Ya desde siempre Nicaragua viene cultivando, tanto en su poesía como en sus cuentos populares y discursos domingueros – como los hay en todo el mundo – dos mitos casi idénticos, heredados casi sin modificar a través de los siglos. Al comienzo de la nueva era se sitúa el mito de los dos reyes indios Nicarao y Diriangén - personajes cuya existencia fue históricamente comprobada - que reinaban sobre el país del istmo centroamericano durante la conquista. Sin embargo, las líneas fronterizas fijadas sólo después de la expulsión del gobierno colonial español, no eran idénticas a las de la Nicaragua actual. En aquella época Nicaragua pertenecía a la capitanía general de Guatemala. Hay que subrayar también que no hubo expulsión de los españoles. Éstos permanecieron en el país formando la capa alta de los nuevos gobiernos, tal como la habían formado ya antes.

Nicarao, el apacible soberano y poeta, que dio nombre al país, buscaba reconciliación y diálogo con los españoles. Diriangén, en cambio, cuyo nombre sigue existiendo hoy día para designar una marca de cerillas y que resurge en canciones militares sandinistas, buscaba el conflicto armado y rechazaba todo tipo de reconciliación. Éste segundo, sin embargo, fracasó como todos los que se rebelaron contra los gobernantes del Viejo Mundo. El destino

de Nicarao tampoco fue mucho más favorable: aunque consintió a su bautismo para salvar el pellejo, fue injustamente ejecutado el mismo día. Tal como lo hizo el emperador cristiano Carlomagno con los nobles sajones dispuestos a someterse, así también lo hicieron 700 años después los españoles cristianos en América Central: la capa directiva fue enteramente exterminada. Este acontecimiento figura sólo raras veces en los manuales históricos; tampoco causó la perdurancia eterna del dominio español. Éste sólo se mantuvo hasta comienzos del siglo XIX.

400 años después del descubrimiento y la pacificación de su país el poeta Rubén Darío hizo su apariencia en la historia de Nicaragua y de toda América Latina. Su nombre de pila era Félix Rubén García y Sarmiento. Nació en Metapa en 1867 y murió en León en 1916 habiendo creado una poesía independiente de la poesía palaciega española. Se trata de una liberación lingüística, de un manifiesto de la independencia del continente. Sólo poco después aparece otro héroe nicaragüense, el guerrillero y (autonombrado) general César Augusto Sandino que encabezó la primera guerrilla de la historia reciente de América Latina. En la conciencia de los latinos él pertenece a los inmortales de la libertad – junto a Simón Bolívar, Emiliano Zapata, Pancho Villa o Ché Guevara. Ningún otro país centroamericano cuenta con héroes tan motivadores de identidad. No sorprende por lo tanto que Nicaragua sea el país en que las alas de la libertad alcanzaran tan grandes altitudes; en que destacaran la opresión y la crueldad o en que siempre se alzara la voz para defender sus intereses. Tanto la poesía como la rebeldía eran su estampa.

Estos dos polos son los pilares de la identidad y de la conciencia de los nicas. Referente a Sandino la identificación resulta comprensible; en cuanto al gran Darío, en cambio, parece más bien sorprendente, dado que el 80% de los nicas eran analfabetos en aquella época. Al buscar un fenómeno comparable en nuestra cultura, se me ocurre sólo Goethe, quien, aunque sólo en lo referente a la burguesía, tenía un efecto tan identificador. Hasta hoy día cada choza – por miserable que sea – tiene un retrato de Darío en la pared. Aun los que no saben ni leer ni escribir, saben quién es este poeta y conocen sus poemas sin saber leerlos. En su inmensa obra, de la que sólo pocas cosas se tradujeron al alemán, se encuentran ya temprano matices antiimperialistas y claras posiciones políticas. No sólo era un modelo como poeta, sino luchaba también por la independencia interna y externa del continente. Lo que le alentaba era la imperturbable seguridad de que América Latina no tardaría en emprender la gran marcha para hacer frente al resto del mundo, sobre todo a los Estados Unidos!

Hay que mencionar también otro mito nicaragüense de gran fuerza poética. Aunque este mito juega un papel subordinado en la conciencia de la mayoría de la población, sí se discute y se conserva con celos entre poetas, filósofos y teólogos. Se trata de las huellas de los hombres y animales de Acahualinca. Así se llama el barrio más pobre de Managua; aquí se hallaron, en obras públicas de hace más de 100 años, huellas de personas y de animales que huían de una erupción volcánica para salvar su vida; huellas impresionantes que aún se pueden visitar. Para Nicaragua son símbolos de un pueblo en camino, de un pueblo en huida y búsqueda; es el mito de los sin patria que tiende a usurparse fácilmente por el cristianismo y reinterpretarse como símbolo del pueblo divino que emprende el camino en búsqueda de su patria eterna. Teniendo en cuenta la religiosidad de los nicas, resulta aceptable – aunque no del todo comprensible – la mezcla entre esperanza, ansia de salvación y revolución, que es el rasgo característico de un pueblo que vive entre volcanes en actividad.

Pablo Antonio Cuadra que gustaba de llamarse PAC (o sea paz) ha presentado e interpretado estas huellas con todo el patetismo del que son capaces los poetas latinoamericanos. Por eso intitula su impresionante libro "Los pies descalzos de Nicaragua", que se publicó en los años 70. Es el primer libro básico sobre la cultura popular de los nicas, poesía y literatura incluidas. Siendo una declaración de amor a la propia y auténtica cultura popular, el libro es al mismo tiempo una afirmación política de la identidad nicaragüense, amenazada por la superioridad norteamericana, tan admirada, temida y despreciada. Cuadra presenta con gran orgullo a su país como el de los volcanes y poetas, como el pueblo de la rebeldía y de la gran fuerza literaria. Entre las líneas conjura el espíritu rebelde de Nicaragua, localizándolo en sus poetas, en Manolo Cuadra, Alfonso Cortéz, quien como Hölderlin pasó los últimos años de su vida con la mente perturbada y vegetando en la cárcel; en Leonell Rugama, el guerrillero que murió en las balaceras de las tropas del dictador Somoza. Hay que mencionar también al cura de la ciudad portuaria de Corinto, Azanias Pallais, que además de escribir maravillosos poemas amaba a prostitutas y era amigo de los mendigos. Durante su entierro, al que, por quererlo mucho, acudía la población entera de la aldea, su biblioteca entera fue robada y no reapareció nunca. Esto sólo puede ocurrir en un país con gran afición literaria.

No era previsible que precisamente este Pablo Antonio Cuadra tuviera problemas con los revolucionarios del Frente Sandinista después de su triunfo en 1979. Hoy, a gran distancia de los acontecimientos de los años 80, lo veo como un espíritu independiente, que descubría y soportaba estoicamente las amenazas que lleva consigo toda ideologización; que además de ser insultado y tratado de contrarrevolucionario, era esquivado por gran parte de la sociedad. También su primo Ernesto Cardenal sólo hizo las paces con él después de su muerte.

La literatura no puede emprender una revolución ni ganar batallas, pero escritores sí pueden ser actores políticos y militares. La literatura puede atizar el fuego de la rebelión, tal como el fuego de la Iluminación produce claridad, pero también puede crear el humo del anublamiento y del oscurantismo. Todo eso es posible. Versos poéticos y eslóganes son capaces de mobilizar las masas, si aciertan en escoger palabras aptas para incitar los espíritus, aunque a los que vivimos en estas latitudes y

hemos conocido el "Tercer Reich" esto nos parezca raro y sospechoso.

¿Por qué tiene Nicaragua, más que otros países, una afición a la literatura? Por qué puede afirmarse que en Nicaragua la poesía es una especie de deporte popular? Por las antiguas tradiciones indias alimentadas por la inmigración de indios que provenían del sur y del norte? Por el carisma de un Rubén Darío? Por las irradiaciones mágicas de los volcanes, como creen algunos? Hay un montón de explicaciones misteriosas que, sin embargo, no dan ninguna explicación racional del fenómeno. Califiquémoslo entonces de simple maravilla. Estamos hablando de una región, cuyo rasgo característico es la rebelión, y lo era ya antes de que Augusto César Sandino levantara las armas contra la oligarquía nacional y las tropas norteamericanas. Todos

mis interlocutores nicaragüenses, tanto conservadores como socialistas, afirmaban con orgullo que una característica inignorable de su pueblo era el afán por la rebelión y la poesía. Un día leí en un cartel: "El triunfo de la revolución es el triunfo de la poesía." Esto sí suena bien.

En ocasión de mi segundo viaje a Nicaragua el escritor y periodista de "La Prensa" Pablo Antonio Cuadra, que más tarde perteneció a la oposición en general tan odiada y despreciada, me invitó a una reunión con varios artistas y escritores, permitiéndome así una primera mirada a los bastidores de la impenetrable y - ante los cambios inminentes - impaciente sociedad somocista. Allí encontré al talentoso músico Carlos Mejía Godoy y con asombro me di cuenta de la seriedad y los esfuerzos con los que éste y sus compañeros iban al campo y a las provincias para dar conciertos, recopilar textos y hacer un inventario de la cultura popular, como lo hicieran antaño los poetas alemanes del romanticismo con "Des Knaben Wunderhorn". La partitura de una canción, que en aquellos días fue publicada en La Prensa por Carlos Mejía Godoy (se trataba de "Jinto Jinjocuago"), se difundió en corto plazo por todo el país y cuatro días después la cantaban ya en la costa atlántica.

En todos estos poetas encontré una actitud auténticamente revolucionaria; algo patética sí me parecía, lo que no disminuía, sin embargo, mi admiración. Conocí también al tío y mentor de Ernesto Cardenal, José Coronel Urtecho, ya entrado en años en aquella época, que contribuyó mucho al fomento y desarrollo de la poesía más reciente y que escribió los más bellos aforismos sobre la revolución. Conocí a Carlos Martínez Rivas, que aprecio hoy como el mejor y principal poeta de América Central. A pesar de su alcoholismo yo siempre volvía a visitarlo, sólo para contemplar la pared de su despacho, llena

de palabras y frases a medio terminar que me parecía como su más hermoso; o sólo para escucharle, hasta que finalmente el alcohol lo mató. Le dieron un entierro oficial pese a su antipatía frente a los sandinistas, cuyos actos verbales había comentado con escarnio y sarcasmo, sin estar dispuesto a afiliarse a la oposición ni dejarse instrumentalizar por ella. Mientras que Ernesto Cardenal elogiaba con entusiasmo y cierta (pero sagaz) ingenuidad que, le es propia, las masas que acudían a la plaza de la revolución, Martínez Rivas sólo las escarnecía con mordiente sarcasmo diciendo "Ya mañana seguirán a otro pelele". En efecto, las elecciones del año 1990, cuando tantas personas murieron en la guerra, fueron una derrota para los sandinistas. En 1972 encontré también a Mario Cajina Vega, que ya en los años 70 escribió el poema "El cartel", un texto empleado con frecuencia con fines propagandísticos. Mario se opuso pronto a la Revolución Sandinista – tanto como Cuadra y muchos otros jóvenes poetas que durante la década sandinista no tenían la oportunidad de publicar sus obras, aunque tampoco la buscaban. Hay que mencionar, sin embargo, que dada la gran escasez de papel, incluso Cardenal renunció a imprimir sus poemas a favor de los poetas jóvenes de los talleres. Todo lo realizado durante los 10 años antes del derrocamiento del dictador mediante lecturas públicas de textos iluminativos, mediante la difusión de poesía en escuelas y círculos literarios, no fue quizás una preparación directa de la revolución, pero sí influyó en ella. La creación de un ambiente tanto ético como poético fue un llamamiento a la revolución, un acto político y un recuerdo amonestador de Sandino de las esperanzas del país, que se basaban en las profecías del cacique Chilam Balam, un sabio que había profesado: "Como un trueno caerá la justicia a la tierra.". La literatura era la voz de la justicia y

de la liberación. Predominaba la convicción – que más tarde cayó al olvido - de que una revolución no se hace por hacerla, sino por mejorar la vida del pueblo. No se trataba, sin embargo, de una literatura de pura agitación política. Sus temas eran también el amor, la sexualidad, la emancipación de la mujer y la transgresión de límites. Pensemos por ejemplo en Gioconda Belli que, abogando por la liberación de la sexualidad, ha sido y sigue siendo una autora claramente política, a pesar del hecho de que después del comienzo de la revolución trabajara durante un tiempo en el departamento del Ministerio del Interior que censuraba los artículos de prensa.

A veces la poesía era corruptible durante el proceso revolucionario. Pero por lo general era libre e independiente, aunque de vez en cuando precisamente los poetas serios y buenos escribían versos de mala calidad en ocasión de la cosecha del café, de la reforma agraria o de campañas de vacu-

nación. Pero al mismo tiempo eso era su encanto y nos permitía a los europeos descubrir y sentir lo visionario de esta revolución, seduciéndonos a creer que nuestra pérdida del sentido de la realidad era normal y razonable.

Aunque los poetas nicaragüenses vieron pronto el peligro de ser instrumentalizados, muchos se callaron, porque no querían provocar el aplauso de los adversarios. Sabían que 50 años atrás sus colegas soviéticos habían sido fusilados o deportados al archipiélago Gulag, por no querer participar en la glorificación de lo no glorificable. El más famoso poeta de Nicaragua, Ernesto Cardenal, acusaba con gran facilidad a adversarios y críticos de ser agentes de la CIA o reaccionarios. Por otro lado siempre reconocía la buena calidad de un poema, aunque no le conviniera su contenido. Había sido y seguía siendo un discípulo de los grandes poetas Ezra Pound y Novalis.

Las glorificaciones de la revolución, incluidas las que reivindicaban a Dios y la Biblia, me recordaban a veces la propaganda del nacionalsocialismo, pero al afirmar esta impresión, me decían: "Pero aquí la revolución está en manos de los buenos, de la justicia!" Si esto se supiera siempre con seguridad, digo hoy. Pero en aquel tiempo mis primeras dudas sólo nacieron a mediados de los años 80.

Los límites entre poesía y combate no eran siempre evidentes. Tomás Borge (ministro del Interior y uno de los fundadores del Frente Sandinista de Liberación Nacional FSLN) escribía poemas; Leonel Rugma era un genial poeta ("La tierra es un satélite de la luna") y murió con fusil en manos; el asesino del viejo Somoza también era poeta.

Muchos de los comandantes gustaban de llamarse poetas, aunque en realidad no lo eran. Con frecuencia la poesía de aquellos primeros años después del triunfo de la revolución perdió la calidad y el que expresaba crítica al respecto – como lo hacía Martinez Rivas - era marginado y difamado.

Para Pablo Antonio Cuadra no había compromiso ni adhesión a ninguna ideología. Siempre estaba conciente del peligro y sufría increíbles injurias, que a mí me causaban mucha pena, porque yo lo conocía y apreciaba. Él no se vendía; al contrario veía su misión de poeta en la independencia, en la libertad de criticar; según él toda clase política reinante necesita ser criticada. Sus adversarios, sin embargo, lo veían influido por la CIA. Los "combates de trinchera" eran interminables y seducían al observador europeo, que carecía de información y por lo tanto de juicio crítico, a adoptar este punto de vista. Yo también admito ya no haber visitado a PAC después del triunfo de la revolución, ni tampoco podía hacerlo sin correr el riesgo de perder importantes contactos.

Así se pierden fácilmente libertad e independencia que parecen tan seguras en el mundo de la poesía y de la literatura. Era una guerra entre los dos lados, ninguno de ellos basado en la verdad, como se presentía ya por aquel entonces, y era difícil comprender que el verdadero problema era la incapacidad de comunicar y no la crítica!

Por el lado de los "buenos" se encontraban Cardenal, Gioconda Belli, José Coronel Urtecho, Michele Najlis, Daysie Zamorra, Rosario Murillo y otros muchos – con obvia preponderancia femenina; por el otro lado autores de la oposición, que no parecían hacer caso del escarnio y del sarcasmo que llovía sobre ellos. Eran los peones de Ronald Reagan como se los designaba? Defendían la causa de los contras asesinos, de los reaccionarios? Hoy yo diría que las cosas no son tan fáciles, aunque en aquella época yo pensaba que un hombre que había alcanzado cierta edad,

tendría que ser capaz de decidir de qué lado quería ponerse. Hoy día pienso que los europeos estamos siempre en una situación bastante cómoda como para juzgar y que no nos costaba mucho ponernos del "buen" lado.

El hecho de que los problemas y las contradicciones internas del Frente Sandinista de la Liberación quedaron sin resolver, tuvo por consecuencia que nunca se discutió la falta de estructuras democráticas. El grupo más fuerte, los terceristas bajo el mando de los hermanos Ortega, tenía muy buenos motivos por no ocuparse del tema: en el caso de que se hubieran realizado elecciones democráticas, las habrían perdido contra los carismáticos ultraizquierdistas Tomás Borge o Henry Ruiz. Así esperaban ganarlo todo, también al pueblo – pero terminaron por perderlo todo, no sólo las elecciones, sino también la moral, todo lo que un día había sido lo más precioso que tenían.

En los años de la revolución uno de los proyectos más discutidos de la política cultural fueron los talleres poéticos concebidos primero por la costarricense Maira Jiménez, que había fundado tales talleres en los años 70 con campesinos de las islas de Solentiname. Ella fue invitada por Ernesto Cardenal, el ministro de Cultura, a crear estos talleres en todo el país. El proyecto, muy cercano al pueblo, era muy popular, pero se dirigía indirectamente contra los ya establecidos autores "académicos". Por lo tanto la crítica no provenía sólo de éstos, sino también de la esposa del presidente Ortega, Rosario Murillo, que en más de un área fue adversaria y competidora del ministro de Cultura; ella también había aspirado al puesto de ministro, pero incluso a su marido eso le había parecido irrealizable. Para ella estos talleres equivalían a una nivelación socialista, algo como el "Bitterfelder Weg". Los resultados, sin embargo, no confirmaban esto, aunque se escribían innumerables poemas que sólo servían para alabar la revolución y maldecir a los Estados Unidos. Nacieron miles de poemas de los que los mejores, unos cientos, fueron elegidos por un jurado realmente crítico para ser recopilados en pequeños cuadernos sencillos y venderse en el mundo entero.

Han salido de estos talleres autores de fama internacional? Si fuera así, sería esto una prueba del éxito del proyecto? Es el proyecto un modelo para fomentar la literatura y la afición a ella? Todavía no ha transcurrido suficiente tiempo para contestar estas preguntas o comprobar posibles respuestas. En los años en que fue ministro de Cultura, Ernesto Cardenal defendió estos talleres con vehemencia – no sólo porque la crítica principal era Rosario Murillo, a quién calificó de hija de mala madre en más de una ocasión –, sino porque Cardenal, el visionario, veía en ellos un elemento del paraíso en la tierra, como todo lo que le recordaba su experiencia en Solentiname. Él era casi un fetichista de la participación del pueblo – y sigue siéndolo.

Sergio Ramírez, el vicepresidente y novelista, como muchos de los amigos políticos de Cardenal, veía el proyecto más bien con escepticismo, pero no se lo decía directamente. Al estrenarse una ópera sobre Sandino, Cardenal, que no sabe nada de música, la alabó con exaltación; Ramírez, sin embargo, opinó con ironía que aquella ópera era un arma perfecta para los enemigos de la revolución.

Los miembros del movimiento de solidaridad estaban entusiasmados con los talleres – como se entusiasmaban de igual manera con todos los proyectos de la revolución –, porque a su entender equivalían a un comienzo nuevo, al intento de hacer participar a todos, incluso a los más humildes. "Participación" era la palabra mágica, porque era algo que no existía de forma comparable en nuestras sociedades europeas.

Al hablar de la revolución y de la literatura, hace falta mencionar también a aquel grupo de escritores de fama internacional que hacían de la revolución causa suya, defendiéndola incluso cuando ya no lo merecía. Aquí sólo quisiera mencionar a Julio Cortázar, que escribió tanto sobre Nicaragua que sus textos llenarían un libro entero; al uruguayo Eduardo Galeano, que, a mediados de los años 80, me habló en tono confidencial de las detenciones y medidas arbitrarias de los sandinistas. También Günter Grass simpatizó con la revolución y contribuyó con una ayuda económica financiando una fábrica de maquinaria agraria (el taller Julius Leber). A Ernesto Cardenal, que tenía gran pasión y fuerza expresiva, le hubiera gustado llegar a ser el Maxim Gorki o el Majakowski de la revolución - y morir antes de la derrota. No le fue concedido. Al final él fue uno de los primeros que abandonaron el FSLN. A quienes les importaba su dignidad y el patriotismo – la mayoría entre ellos poetas – siguieron su ejemplo, aun teniendo motivos muy distintos. Algunos se fueron, porque habían reivindicado en vano la democratización; otros fueron acosados hasta que salieron del partido. José Coronel Urtecho murió antes de ser obligado a irse del partido; la ideología, el endurecimiento del conflicto, la presión causada por la guerra de los contras no toleraban pensadores independientes; y de éstos había aún muchos en la burguesía que formaba la base civil de la revolución.

Sergio Ramírez es el ejemplo modelo del escritor que estaba dispuesto a servir la revolución con patriotismo y conciencia revolucionaria. Luchando por el poder y el futuro de su país él sacrificó más de lo debido, hasta que Ortega y sus mediocres seguidores lo echaron del parlamento y del partido que seguía llamándose "movimiento" Ramírez se fue con la frente alta – y volvió a su despacho. Él, que había encabezado la oposición ciudadana, el grupo de los 12, abandonó así también las metas escondidas de esta revolución, que según los detentores del poder central sólo eran alcanzables imitando las purificaciones y prácticas de los servicios secretos de Moscú y Berlín Oriental.

Su libro "Adiós muchachos" no es un ajuste de cuentas, es más bien una elegía – y una confesión! No ha dejado de creer en una sociedad justa, coincidiendo en esto hoy todavía con los renombrados escritores latinoamericanos. Su aventura política no ha perjudicado su reputación internacional, dado que no participó nunca en los enriquecimientos tan frecuentes en la última fase del gobierno sandinista.

Entre 1967 y 2001 Hermann Schulz dirigió la editorial "Peter Hammer Verlag". Publicó varios libros sobre Nicaragua. Vive y escribe hoy en Wuppertal.

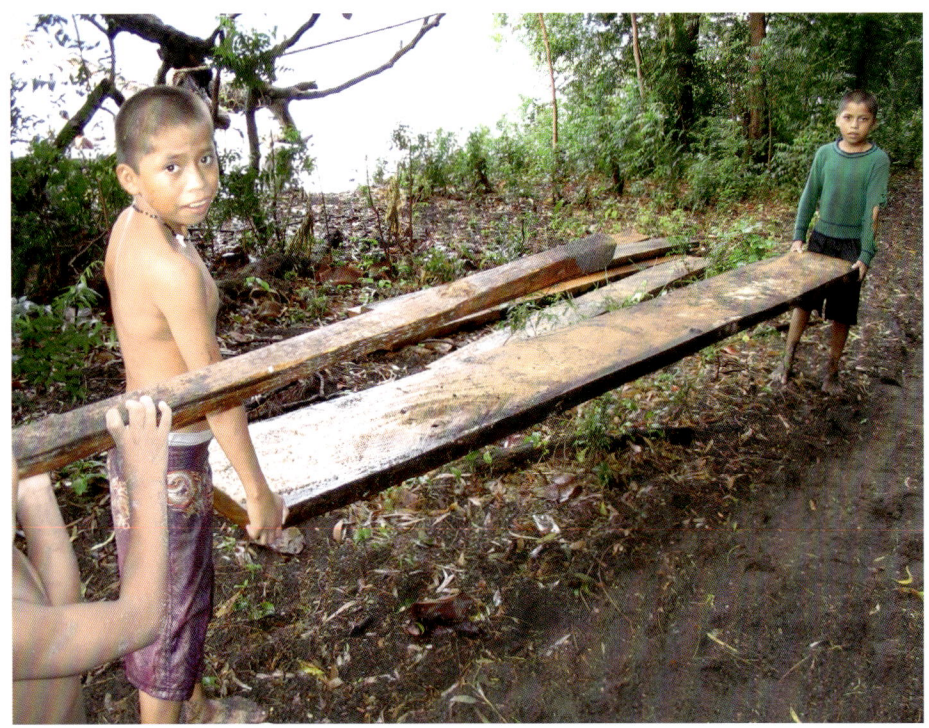
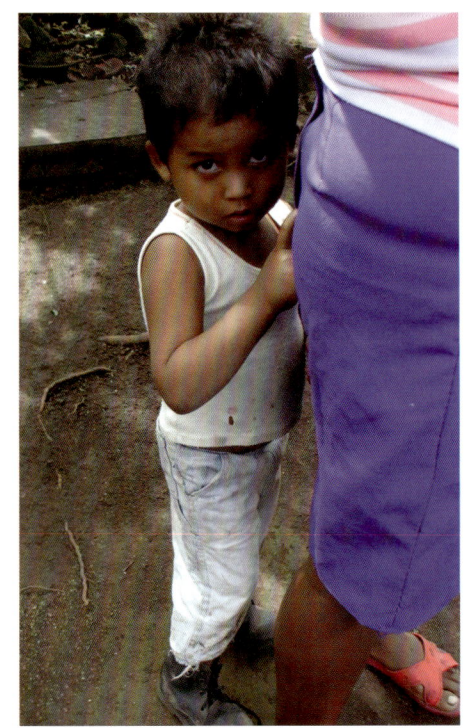

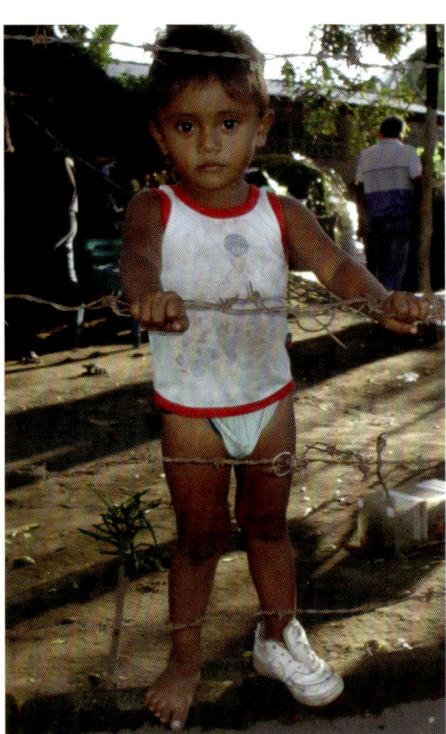

Nirgendwo habe ich Augen intensiver und lebendiger wahrgenommen als dort.

Ich habe die Blicke von Menschen in den unterschiedlichsten Lebenszusammenhängen gespürt, von neugierig, freundlich, dankbar zu melancholisch, traurig, von lustig, ausgelassen zu schüchtern, ängstlich, selten verzweifelt, aber nie verschlagen, feindselig oder falsch.

Mir ist bewusst geworden, dass in unserem Land der freie, offene, ausdrucksstarke Blick selten geworden ist, dass viele einen offenen Blickkontakt nicht mehr aushalten, ihren Blick senken oder tiefe Schatten die Klarheit ihres Blicks bedecken.

Als Lehrer, der täglich darauf angewiesen ist, die Augen seiner Schüler zu finden, muss ich, um erfolgreich arbeiten zu können, mit meinem Blick eine Brücke zu seinen Augen schlagen.

Wenn mir das nicht gelingt, weil ich auf leere Augen treffe, wird mein Bemühen auf Dauer erfolglos bleiben.

Wenn ich heute die gemachten Fotos aus meiner Zeit auf Ometepe in die Hand nehme, werde ich unmittelbar berührt von diesen glänzenden, ausdrucksstarken Augen. Selbst diese abgelichtete, zweite Wirklichkeit aus einem der entlegensten Winkel unserer Welt hat so unendlich viel Vitalität und Lebenskraft.

Zum Sinnbild für diese geöffneten Augen ist mir die Brillenaktion in einem abgeschiedenen Dorf auf Ometepe geworden, als ich einen alten Mann so entrückt und vollständig glücklich sah, als er in der etwaigen Hoffnung mit einer geschenkten Brille vielleicht wieder etwas von seiner Welt wahrzunehmen, freudetaumelnd seinen Angehörigen in die Arme fällt und dankbar stammelt: Ich kann wieder sehen!

Als wir nach unserer Ankunft in Managua abends mit dem Jeep durch die allmählich dunkel werdenden Straßen Nicaraguas fuhren, lernte ich etwas kennen, was ich so noch nie erlebt hatte. Jung und alt saßen

WENN ICH ZURÜCKBLICKE

VON GÜNTER GRÖß

Wenn ich zurückblicke auf meine Reise nach Ometepe vor einigen Jahren und überlege, was für mich die nachhaltigsten Erfahrungen waren, so wird mir folgendes klar:

Es sind weniger die spektakulären und aufregenden Ereignisse, an die ich oft und gern zurückdenke.

Sicher werde ich zum Beispiel die Umstände unserer dramatischen Flucht während und nach einem Erdbeben in Granada und die vielen Facetten konkreter Not in diesem armen Land nie vergessen. Doch wenn ich noch einmal zurückkomme in dieses Land, dann komme ich wegen der Menschen und ihrer Ausstrahlung. Das ist es, was mich begeistert und mir gut getan hat.

oder standen am Straßenrand und genossen die Kühle der hereinbrechenden Nacht, fröhlich unterhielten sie sich, spielten, winkten uns freundlich zu, eine Stimmung, wie ich sie nur vom Straßenkarneval bei uns kenne. Und überall geöffnete Türen, so offen, dass man in die verwinkelsten Ecken der Wohnungen hineinschauen konnte.

Unvorstellbar für unsere Verhältnisse ist dieses unvergessene Bild ein Sinnbild für die Freiheit und Offenheit dieser Menschen für mich geworden, die sich wie selbstverständlich auch in ihren Augen und Blicken widerspiegelt.

Heute sehe ich klarer denn je, ich kann von diesem Land und den Menschen, die hier leben, viel lernen. Wenn ich in Zukunft diese Region noch einmal bereise, dann in erster Linie, weil mir die Lust auf Leben und die Fülle von Leben gezeigt wird.

Die Not von Menschen ist überall und ist selbst in unseren Wohnzimmern allgegenwärtig.

Um sie wahrzunehmen und zu lindern muss ich nicht zwangsläufig in die Ferne ziehen.

Aber das pralle, volle Leben, ungeschminkt in seinen vielfältigen Facetten, das ist schon eine Reise wert.

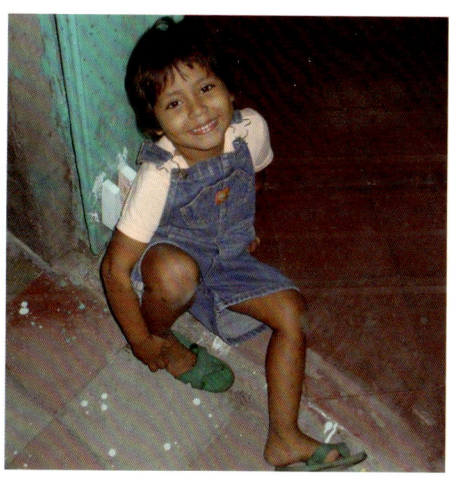

AL VOLVER LA VISTA ATRÁS

Por Günter Größ

Al volver la vista atrás, recordando mi viaje a Ometepe hace unos años y preguntándome cuáles fueron las experiencias más impactantes, me doy cuenta de lo siguiente: no son los acontecimientos espectaculares y emocionantes en que suelo pensar. No cabe duda de que nunca olvidaré por ejemplo las circunstancias dramáticas de nuestra huída durante y después de un terremoto en Granada ni las múltiples facetas de miseria concreta que vi en ese país tan pobre.

Sin embargo, si un día vuelvo a ese país, será por la calidez y la simpatía de la gente. Eso es lo que me fascina y me ha sentado muy bien. En ningún otro sitio del mundo había visto ojos tan vivaces como allí. Vi resplandecientes miradas en muy distintas circunstancias de vida. Miradas curiosas, amables, agradecidas y melancólicas. Otras tristes, alegres, desenvueltas y tímidas. A veces angustiosas, raras veces desesperadas, nunca hipócritas, hostiles o falsas. Me he dado cuenta de que en nuestro país las miradas francas, abiertas y expresivas se han enrarecido, de que muchos ya no aguantan una mirada abierta: bajan los ojos o tienen sombras profundas que cubren la claridad de la mirada.

Como profesor que necesita encontrar diariamente la mirada de sus alumnos para hacer un buen trabajo, tengo que tender un puente hacia sus ojos. Si no lo logro, porque encuentro una mirada vacía, mis esfuerzos serán en vano.

Al mirar las fotos que saqué durante mi estancia en Ometepe, veo ojos brillantes, expresivos que me emocionan siempre de nuevo. Así, incluso las fotografías de este rincón tan alejado del mundo, que son "sólo" una segunda realidad, disponen de muchísima fuerza expresiva.

Para mí, la "acción de los anteojos", realizada en una aldea aislada de Ometepe, ha llegado a ser un símbolo de esos ojos abiertos: cuando vi el entusiasmo y la felicidad desbordante de un anciano que esperaba volver a ver algo del mundo alrededor suyo con unos anteojos que le habían regalado; que se echó en los brazos de sus familiares balbuceando agradecido: "Puedo ver otra vez!".

Después de llegar a Managua al atardecer, cuando íbamos por las calles cada vez más oscuras de Nicaragua, vi algo que nunca había visto antes: jóvenes y ancianos estaban al borde de las calles, sentados o de pie, gozando de la frescura del atardecer, charlando alegremente, jugando y saludándonos con las manos, un ambiente que aquí sólo conozco del carnaval callejero; y en todas partes puertas abiertas, tan abiertas que se podían ver los rincones más escondidos de las viviendas.

Esta imagen tan inolvidable que a nosotros nos resulta difícil de imaginar, ha llegado a ser para mí el símbolo de la franqueza y de la apertura de esta gente que se reflejan también en sus ojos y sus miradas.

Hoy lo veo más claro que nunca: de aquel país, de aquella gente que vive allí, yo puedo aprender muchas cosas. Lo que me atrae y me anima a volver a esa región son en primer lugar las ganas de vivir y la abundancia de la vida que puedo encontrar allí.

La miseria existe en todas partes, está omnipresente incluso en los salones de nuestras casas. Para darse cuenta de ella y para mitigarla no hace falta viajar lejos. Pero para conocer la vida abundante y auténtica con su gran variedad de facetas, para eso sí vale la pena viajar.

WIR SUCHEN PARTNERINNEN FÜR OMETEPE

Das Ometepe-Projekt steht in der Träger-schaft der Evangelischen Kirchengemein-de Gummersbach-Derschlag und wird vom Ev. Kirchenkreis An der Agger un-terstützt. Dafür danken wir – im Namen aller ehrenamtlichen Ometepe-Mitarbei-terInnen - sehr herzlich.

Gesundheit und Bildung sind die beiden Schwerpunkte, für die wir uns seit vie-len Jahren in Zusammenarbeit mit un-seren nicaraguanischen Partnerinnen und Partnern engagieren.
Wir sind weiterhin auf finanzielle Un-terstützung angewiesen: für die Gehäl-ter der Ärzte, Zahnärzte und Schwe-stern, für die Lehrerinnen, den Fahrer der medizinischen Ambulanz, den Un-terhalt des Wagens, der dringend für Krankentransporte benötigt wird, für Medikamente, für Hilfe für mange-lernährte Kinder, für den weiteren Bau von Schlichthäusern für bedürftige Fa-milien, für Latrinen und für Kleinkre-dite - um nur einige Punkte unserer Ar-beit zu nennen.
Die Situation in Nicaragua für die Ar-men hat sich kaum verändert und die Schere zwischen arm und reich klafft in Nicaragua wie in allen Entwicklungs-ländern immer weiter auseinander.

Wenn Sie interessiert sind, Näheres über unsere Arbeit zu erfahren, dann haben Sie folgende Möglichkeit. Sie finden uns auf unserer Homepage
www.ometepe-projekt-nicaragua.de

Wir arbeiten zusammen mit:

Städtepartnerschaft Herne-Ometepe:
www.partnerschaftsverein-herne.de/ometepe

Stichting Ometepe Projekt, Niederlande:
www.ometepe.nl

Sister Islands Bainbridge Ometepe:
www.bosia.org

Sie können das folgende Material bestellen:
Der Verkaufserlös fließt in die Arbeit des Ometepe-Projekts Nicaragua.

Monika Höhn
Lust auf Nicaragua –
Kulinarische Reiseskizzen
Ganas de Conocer Nicaragua –
Esbozos Culinarios
Gronenberg-Verlag
212 Seiten mit vielen farbigen Fotos,
(zweisprachig deutsch-spanisch)
ISBN-Nummer 3-88265-245-4
€ 24,50   US$ 28,—

Monika und Michael Höhn
Unterwegs in Nicaragua -
Und Esmeralda tanzte
Szenen – Geschichten – Reiseerlebnisse
IATROS-Verlag
ISBN-Nummer 13: 978-3-937439-45-7
Das Buch hat 104 Seiten
und kostet 10 € - 13 US$.

Kartenlegespiel

Lust auf Ometepe?
Ganas para Ometepe?
Von Inka und Markus Brand
Spiel für 2 – 4 Spieler ab 7 Jahre
Dauer des Spiels: ca. 30 Minuten
(deutsch/spanisch/englisch)
€ 8 – 10 US$ zu bestellen
bei Höhn m.hoehn@t-online.de

Projektfilme

Ometepe –
Ein Paradies mit Widerhaken
Von Volker Hoffmann und Markus Adloff
20 Minuten - 10 € - 14 US$
Als DVD oder VHS-Video erhältlich

Ometepe-
Ein Paradies mit Widerhaken – Teil 2
Von Volker Hoffmann - 2008
50 Minuten - 10 € - 15 US$
DVD

Bei der Kampagne
„Wir suchen PartnerInnen für Ometepe"
möchten wir an diejenigen appellieren, die monatlich, halbjährlich oder jährlich einen selbstbestimmten Betrag überweisen möchten. Oder sich zu einer einmaligen Spende bereit erklären.

Konto-Nr. 10 10 10 60 16
Bank für Kirche und Diakonie
BLZ 350 601 90
Stichwort „Ometepe"

Unsere MitarbeiterInnen erteilen Ihnen gerne Auskunft:

Nuestros cooperadores están a su disposición para dar más información:

Deutschland/ Alemania:

Monika Höhn, Autorin
Michael Höhn, Pfarrer i.R. und Autor
Initiatoren des Projektes

Börnhausener Str. 2
51674 Wiehl
Fon 0049 2262/701466
Fax 0049 2262/701467
m.hoehn@t-online.de

Dr. Elke Alberts, Zahnärztin
Fon 0049 2262/ 97439
rudolf.alberts@t-online.de

Jürgen Neubert, Berufsschullehrer
Fon/Fax 0049 221/2976370
j.neubert@freenet.de

Christa Wülfing, Schulpfarrerin
Fon 0049 2261/41440
CWuelfing@web.de

Edith Fischer, Künstlerin
Fon/Fax 0049 2261/23241
Edith-fischer@gmx.net

Nicaragua:

Alcides Flores
Tel/fax: 00505/4856177
eMail:
hotel_santo_domingo@yahoo.com

Dr. Jorge Quintana
eMail: jrgquintana@yahoo.com

Dra. Mélida Luna
Tel/fax: 00505/4856177
eMail:
hotel_santo_domingo@yahoo.com

Dr. Roberto Alvarado
eMail: alvaaroba2000@yahoo.com

Sonia Kofler
Tel: 00505/5634675
eMail: sonia@villaparaiso.com.ni

Seguimos buscando personas que colaboren con nuestro proyecto Ometepe.

El proyecto está bajo los auspicios de la parroquia Gummersbach-Derschlag y está apoyado por la diócesis "An der Agger". En el nombre de todos los benévolos quisieramos expresar aquí nuestra gran agradecimiento por esta ayuda.

La salud y la educación son los dos pilares principales por los que, en cooperación con nuestros compañeros nicaragüenses, nos estamos comprometiendo desde hace muchos años. Seguimos, sin embargo, dependiendo de la ayuda económica de otros. En lo siguiente quisiera mencionar algunos puntos. Necesitamos dinero

- **para pagar a médicos, dentistas, enfermeras, profesores, al conductor del coche-ambulancia**
- **para el mantenimiento del coche que se utiliza para el transporte de enfermos**
- **para comprar medicamentos**
- **para ayudar a niños desnutridos**
- **para la construcción de casas para familias necesitadas**
- **para la instalación de letrinas**
- **para dar pequeños créditos**

La situación de los pobres en Nicaragua no ha cambiado y el abismo entre ricos y pobres va abriéndose cada vez más, tanto en Nicaragua como en otros países en vías de desarrollo.

Si usted tiene interés en obtener más información sobre nuestro trabajo, entre en contacto con nosotros por medio de nuestra página internet:

www.ometepe-projekt-nicaragua.de

Trabajamos juntos con:

Städtepartnerschaft Herne-Ometepe:
www.partnerschaftsverein-herne.de/ometepe

Stichting Ometepe Projekt, Niederlande:
www.ometepe.nl

Sister Islands Bainbridge Ometepe:
www.bosia.org

Si Usted quiere apoyar el proyecto financieramente, se puede dar ayuda para la campaña "Buscamos personas que colaboren en nuestro proyecto Ometepe". En este caso pueden dar una contribución mensual, semestrial o anual. Tambien nos alegramos de contribuciones de una sola vez.

La cuenta corriente es la siguiente :
Número de la cuenta : 10 10 10 60 16
Bank für Kirche und Diakonie
Número de identidad bancaria :
350 601 90
IBAN DE1635060190
BIC GENODED1DKD
"Para Ometepe"

Monika Höhn, Autorin, 1945 in Göttingen geboren. Gelernte Großhandelskauffrau und „Pfarrfrau". Viele Jahre aktiv in der Friedens- und Flüchtlingsarbeit. Öffentlichkeitsarbeit und zahlreiche Publikationen, besonders auch zu sozialkritischen Themen.

Michael Höhn, 1944 in Gießen geboren, in Düsseldorf aufgewachsen, studierte ev. Theologie und Sozialpädagogik. 1969 Vikar in Düsseldorf, 1971 – 79 Gemeindepfarrer im Duisburger Arbeiterviertel Bruckhausen, von 1979 – 2005 Berufsschulpfarrer in Gummersbach.
Zahlreiche Veröffentlichungen.

Monika und Michael Höhn leben in Wiehl. Sie gehören dem Verband deutscher SchriftstellerInnen (ver.di) an. 1993 riefen sie auf der Insel Ometepe im Großen Nicaragua-See – gemeinsam mit nicaraguanischen Freunden - ein Hilfsprojekt mit den Schwerpunkten *Bildung und Gesundheit* für die indigene Bevölkerung ins Leben.

Monika Höhn, autora, nació 1945 en Gotinga. Formación como comerciante al por mayor. Muchos años activa como una "mujer de parroquia en la iglesia trabajando en un foco social, además en el trabajo de paz y refugiados. Publicaciones numerosas y relaciones públicas especialmente con temas críticos sociales.

Michael Höhn, nació 1944 en Gießen, creado en Düsseldorf. Estudió de teología protestante y pedagogía social. 1969 vicario en Düsseldorf, de 1971 - 1979 parroco en el área de la clase obrera en Duisburg-Bruckhausen, de 1979 - 2005 cura en la escuela de formación profesional en Gummersbach. Publicaciones numerosas.

Mónika y Michael Höhn viven en Wiehl. Ellos pertenecen a la Asociación Alemana para Escritores (ver.di.). En 1993, ellos llevaron un proyecto de ayuda a la isla de Ometepe en el Gran Lago de Nicaragua – juntos con amigos nicaragüenses. El énfasis del proyecto es la *educación y la salud* para la población indígena.

**Herzlichen Dank
den Autorinnen und Autoren**

**Muchas gracias a las autoras y
los autores**

Alvarado, Dr. Roberto
Arzt im Ometepe-Projekt
Médico general en POA

Baltodano Paniagua de Albrecht, Nora
Lehrerin / *Profesora*

Castillo, Bosco
Ingenieur im Ministerium für
Umwelt und natürliche Ressourcen
Ingeniero MARENA, Ometepe

Flores, Alcides
Agraringenieur, Hotelbesitzer,
Bürgermeister a. D.
*Ingeniero agrónomo, dueño de la Finca
Hotel Santo Domingo, Ex-alcalde*

Cruz, Isania
Touristikfachfrau / *Licenciada en turismo*

Gaitán, Karla
Apothekerin / *Licenciada en farmacia*

Gonzales, Dr. Fabiola
Ärztin / *Médica*

Größ, Günter
Lehrer / *Profesor*

Gutiérrez, Manuel Antonio
Student / *Estudiante*

Hamilton Silva Monge, Manuel
Lehrer, Leiter des Museums in Altagracia
Profesor, director del Museo en Altagracia

Hernandez, Minerva Elizabeth Espinoza
Lehrerin / *Profesora*

Höhn, Jana
Dipl. Sozialpädagogin, Reisever-
kehrskauffrau, Trainerin
*Dipl.socio-pedagoga, comerciante del tu-
rismo, entrenadora*

Hombach, Bernhard
Deutscher Bischof in Granada
Obispo Alemán en Granada

Kofler, Sonia
Krankenschwester, Hebamme,
Hotelbesitzerin
*Enfermera, partera, dueña del hotel
Villa Paraiso*

Kooijmann, Barbara
Lehrerin / *Profesora*

Loría Ampié, Carlos
freischaffender Schriftsteller und
Übersetzer / Escritor y traductor

Luna Rocha, Dr. Mélida
Zahnärztin / *Dentista*

Martínez García, Flor María
Studentin / *Estudiante*

Ortiz, Alvaro
Elektromonteur und campesino
Electricista y campesino

Pérez, Antonio López
Priester in Altagracia, Ometepe
Padre en Altagracia, Ometepe

Platzer, Dr. Michael
Diplomingenieur
Ingeniero

Quintana, Dr. Jorge Ovidio
Agraringenieur, Lehrer, Poet
Ingeniero agrónomo, profesor, poeta

Ramírez, Socorro
Ernährungsberaterin im Ometepe-Projekt
Profesora

Ruiz, José Antonio
Student / *Estudiante*

Sandoval, Alvaro
Physiotherapeut im Ometepe-Projekt
Fisioterapeuta en POA

Sandoval Alemán, Martín Antonio
Dichter / *Poeta*

Schulz, Hermann
Schriftsteller / *Escritor*

Silva-Platzer, Marisol
Dipl.Ingenieurin für
Lebensmitteltechnologie
Ingeniera en Alimentos

Varela, Karla
Psychologin / *Psychologa*

Vargas, Abel
Maler / *Pintor*

Zürcher, Kaspar
Forstingenieur / *Ingeniero forestal*

Herzlichen Dank den ÜbersetzerInnen und RedakteurInnen

Muchas gracias a las traductoras y los traductores, las redactoras y los redactores

Baalmann, Gabriele
Lehrerin / *Profesora*

Jouy, Margot
Übersetzerin / *Traductora*

Kühn, Irina
Lehrerin / *Profesora*

Kühne, Augustin
Lehrer / *Profesor*

Lennartz, Sabine
Lehrerin
Profesora

Mayer, Hans-Ludwig
Betriebswirt / *Administrador de Empresa*

Schmidt, Maria
Lehrerin / *Profesora*

Weber, Benjamin
Politologe / *Ciencias políticas*

Wirtz, Dorothea
Lehrerin / *Profesora*

Verwendete Literatur
Literatura

Cárdenas Barrios, Dr. Harry E.
Informationen des Ministeriums der Gesundheit Altagracia, Ometepe
Informes de MINSA Altagracia, Ometepe

Länderkonzept Nicaragua
BMZ 12/2007
Loría, Carlos Ampié
Leyendas y cuentos populares Nicaragüenses
Nicaraguanische Legenden und Volkserzählungen
2. Auflage in Deutschland,
ISBN-Nr. 978-3-8334-8790-3
Erhältlich auch in Österreich und der Schweiz.In Nicaragua herausgegeben von Hispamer

Morales, María Eugenia,
Uriarte Cortés, Aura María
Medicina del campo, CEPA 1996

Quintana, Jorge Ovidio
Cosas del Alma, 2003

Quintana, Jorge Ovidio
Mala familia, 1995

Quintana, Jorge Ovidio
Poemas Indios en Espanol, 1992

Sandoval Alemán, Martin Antonio
Expresando mis sentimientos, 1996

Silva Monge, Manuel Hamilton
Ometepe en el Siglo XX

Anmerkungen von Seite 81ff
Karla V., Algo sobre mi

1 Silvio Rodriguéz und Pablo Milanés, kubanische Trovadores
2 Ricardo Arjona, Musiker aus Guatemala
3 Fito Paéz, Musiker aus Argentinien
4 Pablo Antonio Cuadra (1912-2002), nicaraguanischer Schriftsteller
5 Bezeichnung für Guatemalteken
6 Traditionelles Kleidungsstück aus Nicaragua

Anmerkungen von Seite 107ff
Dr. Michael Platzer

1 BCN – Banco Central de Nicaragua (2004) "Producción Agrícola de Exportación I y II, Producción de granos básicos, Producción pecuaria"; Gerencia de Estudios Economicos, Nicaragua
2 PLATZER, M.; CÀCERES, V.; FONG, N. (2003) „The reuse of treated wastewater for agricultural purposes in Nicaragua"; Proceedings, 4th International Symposium on Wastewater Reclamation and Reuse, IWA, Mexico City
3 OPS - Organicación Panamericana de Salud (2003) "Inventario de la situación actual de las aguas residuales domésticas en Nicaragua"; Organización Mundial de Salud, División de Salud y Ambiente (HEP), Washington D.C.

VOR DEM ABFLUG
NACH EUROPA EINE
LETZTE TASSE KAFFEE
IM FLUGHAFEN-
RESTAURANT
„LA CASA DEL CAFÉ"
VON MANAGUA?

DIE KAFFEE-
PFLÜCKERIN VOM
WANDBILD WIRD SIE
IHNEN GERNE
SERVIEREN.

ANTES DE LA SALIDA A
EUROPA UNA ÚLTIMA
TAZA DE CAFÉ EN "LA
CASA DEL CAFÉ" DEL
AEROPUERTO DE
MANAGUA?

LA COSECHADORA DE
CAFÉ DEL MURAL LE
SERVICIÁ CON GUSTO.